OS SANTOS
que abalaram o mundo

René Fülöp-Miller

OS SANTOS
que abalaram o mundo

Tradução
OSCAR MENDES

33ª edição

Rio de Janeiro, 2024

Título original em inglês
THE SAINTS THAT MOVED THE WORLD
Translated by Alexander Gode and Erica Fülöp-Miller

© René Fülöp-Miller

Reservam-se os direitos desta edição à
EDITORA JOSÉ OLYMPIO LTDA.
Rua Argentina, 171 – 3º andar – São Cristóvão
20921-380 – Rio de Janeiro, RJ
Tel.: (21) 2585-2000
Printed in Brazil / Impresso no Brasil

Seja um leitor preferencial Record.
Cadastre-se no site www.record.com.br e receba informações sobre nossos lançamentos e nossas promoções.

Atendimento e venda direta ao leitor:
sac@record.com.br

ISBN 978-85-03-00824-2

Capa: Hybris Design / Isabella Perrotta

Texto revisado segundo o Acordo Ortográfico da Língua Portuguesa de 1990.

CIP-Brasil. Catalogação na fonte
Sindicato Nacional dos Editores de Livros, RJ.

F974s
33ª ed.
Fülöp-Miller, René, 1891-1963
  Os santos que abalaram o mundo / René Fülöp-Miller; tradução de Oscar Mendes. – 33ª ed. – Rio de Janeiro: José Olympio, 2024.

  Tradução de: The saints that moved the world
  Inclui bibliografia
  ISBN 978-85-03-00824-2

  1. Antão, Santo, ca. 250-355 ou 6. 2. Agostinho, Santo, Bispo de Hipona, 354-430. 3. Francisco, de Assis, Santo, 1182-1226. 4. Inácio, de Loyola, Santo, 1491-1556. 5. Teresa, de Ávila, Santa, 1515-1582. 6. Santos cristãos – Biografia. I. Título.

15-2150
CDD – 922.2
CDU – 929:235.3

À minha mulher

ERIKA

*em agradecimento
pela sua inapreciável
colaboração.*

SUMÁRIO

Ao leitor moderno
páginas 9 a 25

Nota sobre René Fülöp-Miller
página 27

Santo Antão, o santo da renúncia
páginas 29 a 99

Santo Agostinho, o santo da inteligência
páginas 101 a 157

São Francisco, o santo do amor
páginas 159 a 273

Santo Inácio, o santo da força de vontade
páginas 275 a 329

Santa Teresa, a santa do êxtase
páginas 331 a 421

Bibliografia
páginas 423 a 430

AO LEITOR MODERNO

"UMA FILOSOFIA SUPERFICIAL INCLINA O PENSAMENTO DO HOMEM PARA o ateísmo, mas uma filosofia profunda conduz as mentes humanas à religião." Assim escrevia Lorde Bacon, cuja obra marca uma mudança decisiva na história do pensamento ocidental, a mudança da Idade Média com sua aceitação do dogma e da doutrina para a era moderna da prova científica e da experimentação.

Os grandes filósofos precursores do racionalismo do século XVIII eram bastante humildes para reconhecer os limites da experiência perceptiva. Curvavam-se respeitosos e reverentes diante das coisas para além da esfera da investigação racional.

Pierre Bayle, com sua filosofia cética, forneceu as bases do racionalismo esclarecido, mas admitia francamente que a razão basta quando muito para revelar erros e não para descobrir verdades. John Locke, o primeiro grande empírico britânico, fundador de uma filosofia do "senso comum", via, contudo, na razão apenas uma "função de revelação" e lembrava a seus leitores "quão restrito é o domínio, simplesmente um ponto, um quase nada, que nossos pensamentos podem abranger, em comparação com a vasta extensão que transcende nossas faculdades de pensar".

Alexander Pope, o poeta desta nova tendência filosófica, sugeriu, com delicioso sarcasmo, que deveríamos — desde que é razoável principiar duvidando de todas as coisas — reservar a força principal de nossa dúvida para duvidar da própria razão, aquela força que se aventura a provar as coisas de que devemos duvidar.

Entrementes as ciências empíricas, na sua busca das leis naturais, fizeram, uma após outra, assombrosas descobertas, induzindo, consequentemente, a razão a tirar a falaciosa conclusão de que somente ela possui a chave do verdadeiro conhecimento. Com crescente liberdade e ousadia, foi proclamada a teoria de que para a ciência nada poderia haver de sobrenatural e de incompreensível, e de que, pelo contrário, cada fenômeno, cada ocorrência, poderiam ser explicados por meio de causas naturais, jacentes inteiramente dentro dos limites da investigação empírica. Cada vez que uma nova lei da natureza era descoberta e formulada, a humilde modéstia, que tinha até então caracterizado os pais do empirismo, tornava-se mais fraca, enquanto que a arrogância confiada da razão humana continuava a crescer.

Até mesmo Kant, destinado a tornar-se um dos mais severos críticos da razão, definiu certa vez "o conhecimento como uma revolta contra os preconceitos e a intolerância da infância", e Hegel, o apóstolo da razão absoluta, saudou o esforço intelectual, "quando o homem firmou sua posição na cabeça, isto é, no pensamento e moldou a realidade em concordância com o mesmo", como o começo de uma era de novas glórias.

Mas a razão desapontou aqueles que tinham fé na sua soberania e olhavam o conhecimento como "a aurora de uma nova humanidade". A era da ilustração tinha começado como uma revolta contra os preceitos e a intolerância da Igreja, mas tão logo estabeleceu sua reivindicação de liberdade intelectual, ultimou sua emancipação e alcançou o poder com seu próprio direito, assumiu a mesma atitude de intolerância reacionária que havia combatido nos seus adversários de outrora. Esqueceu-se de que havia começado rebelando-se contra a tutela do dogmatismo escolástico e utilizou seu êxito simplesmente para substituir seus próprios preconceitos pelos preconceitos do pensamento escolástico. Um dogma da razão tomou o lugar do dogma da fé. A chamada "negra Idade Média" abriu caminho a uma "Ilustração mais negra".

Foi uma verdadeira ditadura da razão empírica que usurpou o poder no correr do século XVIII. Declarou, com autoritarismo arbitrário, que os resultados da percepção sensorial eram a única forma segura de verdade. Tudo quanto estivesse fora do reino dos cinco sentidos, tudo quanto excedesse os poderes humanos da compreensão racional, era estigmatizado como herético. O universo — incluindo o homem e todos os seus assuntos intelectuais e espirituais — assumiu o aspecto de um reino totalitário governado pela razão, por meio de uma administração de pesos e medidas de leis mecânicas da natureza.

Os cientistas do século XVII estavam preparados para completar as bases desta arrogante regra da razão. Eles próprios foram ainda capazes de visualizar as leis da natureza em harmonia com um plano divino de criação; para eles, saber e fé não tinham entrado em choque. John Kepler, por exemplo, o descobridor das três importantes leis do movimento planetário, sentira-se tão certo da presença de Deus no universo, como em sua própria alma. Sir Isaac Newton não admitia que a ideia da gravitação universal, por ele concebida, pudesse estar em conflito com sua fé em Deus. René Descartes — o primeiro a proclamar a supremacia universal da razão, o pensador que postulou a dúvida como o começo da busca humana da verdade e procurou explicar em termos mecânicos os movimentos das estrelas e a pulsação do coração do homem e do animal — estava contudo preparado para reconhecer Deus como a mais firme e a mais perfeita realidade, como a causa primeira e mais geral de todos os fenômenos. Blaise Pascal, a quem as matemáticas e a física devem a descoberta de princípios e leis de fundamental importância, combinou seu conhecimento das leis da natureza com sua fé nas leis de Deus. O mesmo é verdade no que se refere a Leibniz, o homem por intermédio de cuja obra a biologia progrediu até a posição de uma ciência exata. E até mesmo Voltaire, o grande livre-pensador do século XVIII, escreveu como derradeira confissão: "Morro adorando a Deus."

Depois a Revolução Francesa sentiu-se designada para depor Deus, como havia deposto os Bourbons. Pierre Gaspard Chaumette, procurador da Comuna de Paris, prestou homenagem à nova "Deusa Razão", em discurso proferido em 10 de novembro de 1793, na catedral de Notre-Dame. "A fé tem que ceder lugar à razão", disse ele. "O povo de Paris reuniu-se neste templo gótico, em que a voz do erro por tanto tempo ressoou, e onde hoje, pela primeira vez, as trombetas da verdade estão soando. Abaixo os padres! Não mais deuses senão aqueles que a natureza nos oferece!" E na Convenção, o cidadão Jacques Duport exclamou dramaticamente: "Natureza e Razão — são estes os meus deuses!"

A sistematização racionalista de todos os fenômenos da vida e da natureza, característica da ilustração do século XVIII, foi levada ao extremo pelas tendências materialistas e positivistas do século XIX. Cada nova conquista da ciência era superiormente encarada pelos agentes e propagandistas do racionalismo como mais um simples passo na direção do estabelecimento final de um Terceiro Reich universal de verdade empírica. O homem — sua consciência e sua alma — foi reduzido a um complexo de reações mecânicas, fisiológicas, bioquímicas, reflexo-lógicas, psicanalíticas ou lá o que sejam. Os valores culturais eram olhados exclusivamente como o produto de uma interação mecânica de causa e efeito. Ética, arte, ideais humanitários, todo o curso, enfim, da história humana, era concebido como sujeito às leis da "física social", da "biologia social", do "princípio de seleção", da "sobrevivência do mais apto" e do "materialismo histórico". Todos os fenômenos suprassensíveis, que não estivessem em acordo com esta concepção mecanicista de um mundo de matéria, eram rejeitados como contrários ao senso comum. A fé era sabotagem contra a razão onipotente; a religião um "ópio para o povo" ou o "regresso ao primitivismo infantil"; a ideia de Deus era simplesmente um sintoma de "desordens funcionais do cérebro".

Os espíritos criadores desta era, porém, os poetas e artistas, os que deviam pouco à razão e tudo à graça, recusaram submeter-se à ditadura da razão. Assim como seus grandes antepassados, assim como Dante, Petrarca, Miguel Ângelo, Dürer, El Greco e Bach haviam feito, continuaram a professar sua fé em Deus e na verdade maior das certezas suprassensíveis. "Só Vós podeis inspirar-me", escrevia Beethoven em seu diário, "Vós, meu Deus, minha salvação, meu rochedo, meu tudo; em Vós somente porei minha confiança." Balzac e Baudelaire rejeitaram com soberano desprezo a mesquinha vara da razão e reafirmaram a suprema realidade da fé. Feodor Dostoiévski, Nikolai Gogol, Francis Thompson, Gerard Manley Hopkins — todos estes derivaram a força de sua criação poética de sua crença em Deus. Até mesmo o cético Heine escreveu, num pós-escrito ao seu *Romanceiro*: "Sim, voltei a Deus. Sou o filho pródigo... A nostalgia do céu me dominou." Confessou: "Há, afinal de tudo, uma centelha divina em cada alma humana."

William Blake, gênio ao mesmo tempo na arte e na poesia, falava do senso físico da visão como um meio de atingir para além dos limites dos sentidos. "Não interrogo meu olho corpóreo ou vegetativo mais do que interrogaria", escrevia ele, "uma janela sobre uma paisagem qualquer. Eu olho através dele e não com ele." Acreditava na realidade das visões suprassensíveis, porque ele mesmo as tivera. Para Blake, "os tesouros do céu não são meras realidades do intelecto, são reais entidades celestiais! Uma visão não é uma nuvem de vapor ou um nada. Está organizada e minudentemente articulada para além de tudo quanto a natureza mortal e perecível pode produzir. Afirmo que todas as minhas visões me parecem infinitamente mais perfeitas e mais organizadas do que qualquer coisa vista pelos mortais".

Van Gogh, depois de passar toda a vida pintando camponeses, macieiras e girassóis, confessou, das profundezas de sua convicção religiosa que, se lhe tivesse sido dado fazê-lo, gostaria de ter pintado as figuras dos santos. "Teriam sido transformados em homens e mulheres semelhantes aos primeiros cristãos."

"Estou quite com a vida", disse Strindberg, num balanço final, "e o saldo mostra que a palavra de Deus é a única certa." Paul Claudel, finalmente, referiu-se à poesia como uma forma de oração pois, na sua pureza, é criação divina e dá testemunho perante Deus. Poesia e oração são apenas duas expressões de um único anseio da alma humana.

Entretanto, mesmo dentro das fileiras do exército da razão foram percebidos sintomas, frequentemente crescentes, de baixo moral e falta de disciplina. Houve bom número de mornos partidários, irresolutos, profanos, derrotistas. A linguagem de Schopenhauer foi a de um traidor e desertor. Falava da razão, dizendo ser ela "uma função parcial do pensamento" e insistia na afirmação de que "a esfera de existência própria do espírito humano" jaz para além do domínio dos sentidos. "O mundo físico não é mãe, mas simplesmente a ama do espírito vivo de Deus dentro de nós."

O golpe mais fatal contra a ditadura da razão, porém, foi preparado dentro do sacrário íntimo do próprio racionalismo, isto é, nos laboratórios e observatórios, onde a ciência exata, comissionada pela razão, estava ocupada na tentativa de provar com escalas e balanças, tábuas e fórmulas, que as leis mecânicas da natureza são universalmente válidas. À medida que os métodos de investigação se tornavam mais e mais refinados, os resultados por eles produzidos se revelavam mais e mais incompreensíveis, em termos puramente racionais. O físico austríaco Ernst Mach viu-se obrigado a afirmar que um exame mais crítico dos dogmas filosóficos da "ilustração" não podia encontrar neles outra coisa senão uma nova mitologia concebida em termos mecânicos. Exprimiu suas dúvidas quanto à aplicabilidade da razão no domínio da ciência natural e escreveu: "Quando pensamos ter logrado êxito na compreensão de um processo, o que aconteceu de fato foi ligarmos incompreensibilidades desconhecidas e incompreensibilidades conhecidas."

A semelhantes conclusões chegaram trabalhadores nos mais diversos ramos da pesquisa moderna. Para o estudante da astrofísica, os corpos do espaço estelar não mais apareciam como um sistema de estrelas, movendo-se, como num mecanismo de relojoaria, por caminhos perfeitamente calculáveis e permanentemente imutáveis. Pelo contrário, tornou-se evidente que o universo está padecendo de mudança contínua, que se dilata e se contrai, sem que sejamos capazes de dizer por quais razões e em concordância com quais leis.

Mas se a razão desiludiu o homem quando este contemplou o universo estelar, domínio do infinitamente grande, não menos o desiludiu no domínio do infinitamente pequeno, na região das entidades mais minúsculas, mal discerníveis pelo mais poderoso microscópio. No mundo das moléculas e dos átomos, verificou-se que o método da razão de pesar, de medir e de formular leis naturais não era mais aplicável a muitos respeitos.

Os cientistas chegaram à conclusão de que o que havia sido interpretado como leis da natureza não era nada mais, na realidade, senão resultados do cálculo das probabilidades. Este cálculo das probabilidades, com suas médias estatísticas, aplicava-se somente a enorme número de exemplos, a quase inumeráveis repetições de um e mesmo processo. No domínio do infinitamente pequeno, no mundo dos átomos e elétrons, porém, estes grandes números não mais podiam ser encontrados. Aqui prevalecia o poder que chamamos acaso: um destino microcósmico que zomba do cálculo da razão. De modo que se tornou de todo discutível se quaisquer leis, referentes aos processos moleculares individuais, poderiam ser racionalmente formuladas, ou se as forças humanas do conhecimento não enfrentavam aqui barreiras intransponíveis.

Quanto mais avançava a biologia, mais impossível achavam os biologistas reduzir a uma fórmula racional a vida até mesmo das plantas mais minúsculas. Eram obrigados a constatar que "o Newton da folha de erva ainda não aparecera e jamais apareceria".

Em suma, tornou-se cada vez mais evidente que a expansão do domínio da ciência corria paralelamente com uma contração da esfera dos fenômenos que a razão e o cálculo podiam explicar. A profecia materialista de que o fim do século XIX veria o fim das crenças religiosas reduzira-se a zero. A regra do pensamento puramente causalístico, que se esperava viesse durar mil anos, via-se forçada — precisamente pela expansão das descobertas científicas — a reconhecer sua posição verdadeira de nada mais do que um governo provisório. A profecia de Lorde Bacon de que "uma filosofia profunda conduz as mentes humanas à religião" revelava-se verdadeira.

A nova tendência na história do pensamento humano mostra-se claramente aparente nas obras do grande filósofo e psicólogo americano William James. Sua doutrina pragmática aceitou os dados da experiência como critério de toda a realidade. Sobre esta base, via ele nas experiências religiosas a corroboração pragmática da realidade de um princípio divino e nos fenômenos visionários a demonstração pragmática de um reino de fatos suprassensíveis. James foi também o primeiro a chegar à conclusão de que os fundamentos do espírito de religião não são incompatíveis com a ciência moderna e seus métodos de pensar.

Como verdadeiro campeão de uma crítica sem preconceitos, sustentou o direito do homem, e até mesmo sua necessidade, de crer. Assim, sua filosofia tornou-se a carta de uma tendência liberal e livre de pensamento que manteve a luta contra os preconceitos da razão dogmática. Durante um século, a fé estivera enclausurada no campo de concentração do materialismo racionalista. Descera ao subsolo e continuara a trabalhar nos domínios da poesia e do pensamento romântico, mas agora — graças a James — era libertada e restaurada em todos os seus direitos e honras.

E então — pouco mais de um século e um quarto depois que a Revolução Francesa havia estabelecido a ditadura da razão, com seu objetivo do domínio universal — outra revolução francesa explodia — desta vez uma revolução de pensamento. Nova tendência filosófica, sob a influência e liderança de Émile Boutroux e Henri Bergson, começou a minar a regra absoluta do racionalismo e a lutar pela restauração da validez das verdades metafísicas. Com William James, as verdades metafísicas tinham gozado de iguais direitos às verdades da razão e da percepção sensível, mas agora eram restauradas em sua antiga posição de poder soberano. Deus, a quem a Convenção Nacional havia exilado, podia voltar à França.

Esta nova fase do pensamento francês não concebia a religião como um vestígio do pensamento primitivo ou simples produto acessório de condições econômicas atrasadas, mas antes como uma categoria na vida espiritual do homem à qual a razão deveria ser subordinada.

À luz desta nova filosofia, Deus aparecia como uma *raison profonde*; o espírito que é o universo era a *action suprême*; a fé em Deus significava conhecimento do *acte de vivre*; a experiência mística constituía uma participação na *nature fondamentale* e os esforços éticos do homem significavam uma *restitution de Dieu dans la nature*.

A doutrina antirreligiosa do racionalismo e da Ilustração partira da França na sua correria pela conquista do mundo. A mesma coisa fez a nova tendência da filosofia pró-religiosa.

Foi dotada de uma base científica quando os resultados da pesquisa moderna tornaram possível reconhecer, para além dos limites da observação física, um princípio espiritual como o primeiro motor de toda a criação.

Kant afirmava que era seu dever "abandonar o saber para dar lugar à fé". Mas em contraste com ele, que assim estipulava radical separação entre ciência e religião, número sempre crescente de importantes físicos, astrofísicos, matemáticos e biólogos é agora de opinião que ciência e religião não são somente inimigas uma da outra, mas constituem, na sua íntima inter-relação, um quadro completo do mundo.

Aqui estão homens que lograram, graças aos mais modernos métodos de pensamento e de pesquisa, penetrar as ilimitadas distâncias do espaço imaterial, medir a velocidade imaterial da luz, sondar o mundo do infinitamente pequeno, dos átomos e elétrons, aplicar princípios matemáticos aos problemas do tempo, do espaço e da relatividade, desvendar os mais ocultos segredos das células vivas e dos desenvolvimentos orgânicos. E no curso de seu trabalho, uma concepção inteiramente nova do universo desdobrou-se diante deles, conduzindo-os cada vez mais distante da primitiva hipótese artificial e mecanicista do materialismo até a ideia de que o universo está modelado segundo uma ordem viva, concebida por um criador divino.

Estes cientistas modernos pensam de novo — como fizeram seus grandes precursores Kepler, Newton, Pascal — a respeito do criador e da criação, da lei física e da imanência divina, dos "dados sensoriais" e dos "dados de valor", como uma entidade harmônica. Apoiados por suas penetrantes investigações científicas, proclamam não somente suas descobertas factuais, mas também a validade eterna da verdade da fé.

"Com espantosa rapidez, dentro dos passados vinte anos, o homem estendeu sua visão", escreveu o grande físico americano Robert Andrews Millikan. "Lançou o olhar para o íntimo do átomo, corpo com a milionésima parte do diâmetro de uma cabeça de alfinete, e descobriu um núcleo infinitamente menor. Lançou depois o olhar para dentro deste núcleo e observou o entrejogo da irradiação sobre os elétrons, ao mesmo tempo dentro do núcleo e fora dele, e por toda parte encontrou maravilhosa ordem e sistematização. Mais uma vez o homem voltou seu microscópio sobre a célula viva e achou-a mesmo mais complexa do que o átomo, com muitas partes, cada uma exercendo sua função necessária à vida do todo. E mais uma vez, voltou seu grande telescópio para a nébula espiral, distante um milhão de anos-luz, e ali também encontrou sistema e ordem."

Considerando tudo isto, Millikan exclamou: "Haverá ainda alguém que fale a respeito do materialismo da ciência? Pelo contrário, o cientista se ajunta ao salmista de mil anos passados, ao testemunhar, reverentemente, que os céus proclamam a glória de Deus e o firmamento manifesta a Sua obra. O deus da ciência é o espírito da ordem racional e do desenvolvimento ordenado, o fator integrante no mundo dos átomos, do éter, das ideias, dos deveres e da inteligência."

Millikan, que investigou o poder penetrante dos raios cósmicos, que conseguiu isolar o elétron e medir-lhe a carga, concluiu, baseado nas suas descobertas científicas, que "há uma inter-relação, uma unidade, uma unicidade, em toda natureza e que, todavia, é ainda um mistério maravilhoso... A moderna ciência da realidade", escreveu Millikan, "está pouco a pouco aprendendo a caminhar humildemente com seu deus, e ao aprender esta lição, está contribuindo de algum modo para a religião".

Sir Artur Stanley Eddington, um dos principais astrofísicos ingleses dos tempos modernos, derivou de suas pesquisas sobre o movimento das estrelas, da evolução estelar e da relatividade, a conclusão de que uma investigação puramente física da natureza é limitada e necessita ser complementada por observações de um ponto de vista religioso.

"O objetivo da ciência", escreveu Eddington, "até onde alcança sua esfera de ação, é descobrir a estrutura fundamental subjacente ao mundo; mas a ciência tem também de explicar, se puder, ou mesmo humildemente aceitar, o fato de que deste mundo ergueram-se espíritos capazes de transmudar a mera estrutura na riqueza de nossa experiência. Se o mundo espiritual tem sido transmudado por uma cor religiosa para algo além do que está implícito em suas meras qualidades exteriores, pode ser permitido asseverar, com igual convicção, que isto não é uma interpretação errada, mas a ação de um elemento divino na natureza humana." Nas suas famosas conferências em Gifford, Eddington chegou à derradeira conclusão: "*Donc Dieu existe!*"

A frase de Galileu de que a natureza é um documento escrito na linguagem das matemáticas foi aceita, por todos os séculos passados, como um axioma das ciências "clássicas" da natureza. Matemáticos modernos, depois de terem estudado todas as sutilezas sintáticas e gramaticais desse idioma espiritual da natureza, dão às matemáticas a denominação de "linguagem da divindade". Sir James Hopwood Jeans, o astrônomo e físico inglês, é de opinião que o mundo universo é governado por leis matemáticas, inventadas e aplicadas por Deus. A concepção do universo, que Jeans derivou de suas pesquisas na cosmogonia e na dinâmica estelar, revela a mesquinha inadequação da ideia "esclarecida" de um universo-mecanismo de relógio e designa-lhe o lugar devido na pilha de ferro-velho dos pensamentos fora de uso.

"O universo", escreveu Jeans, "começa a assemelhar-se mais a um grande pensamento do que a uma grande máquina. O pensamento não aparece mais como um intruso ocasional no reino da matéria; estamos começando a suspeitar que, pelo contrário, devemos aclamá-lo como o criador e governador do reino da matéria — não, sem dúvida, nossos pensamentos individuais, mas o pensamento no qual os átomos, dos quais nossos pensamentos individuais brotaram, existe como pensamento."

Deus é a verdade derradeira da ciência moderna — quer se relacione ela com a extrema pequenez dos elétrons, quer com a grandeza extrema do universo.

Olhando através do buraco de rato espiritual do passado materialista, aparece o mundo estreito e escuro. Acima dele não existem alturas radiosas desdobrando-se. Os materialistas cientificistas de anos passados exibiam diante de todos os valores superiores uma atitude de indiferença cínica. Fossem eles Deus, alma, fé, arte, amor, coragem ou devoção — devia o materialista típico tentar "desbancá-los", ou pelo menos degradá-los e demonstrar sua dependência funcional de algum mecanismo de causa e efeito.

Na sua mais moderna fase, as ciências naturais foram capazes de libertar-se da filosofia falida do materialismo e dela afastar-se, de seu cinismo vazio diante da ideia de "valores". Graças às descobertas da ciência moderna, Deus voltou ao universo e dirige de novo os movimentos dos astros, a velocidade da luz, os giros de átomos e elétrons, bem como a sorte das almas individuais e o destino dos povos. E as leis de acordo com as quais Ele assim age são valores eternos — para toda a criação e para cada homem individualmente.

"No universo", escreveu Alfred North Whitehead, o eminente filósofo contemporâneo e professor de matemáticas aplicadas, "há uma unidade gozando de valor e, por sua eminência, repartindo valor. Chamamos a esta unidade Deus. Deus é aquele por meio do qual existe importância, valor e ideal para além do real; Ele é aquele que mantém a mira diante da experiência viva... O universo exibe uma criatividade com infinita liberdade, e um reino de formas com infinitas possibilidades; mas esta criatividade e estas formas são inteiramente impotentes para apartar a realidade da completa harmonia ideal, que é Deus."

Tais pontos de vista marcam o matemático Whitehead como um grande filósofo de orientação religiosa. "É a intuição teológica da religião", escreveu ele, "que dá à nossa visão da natureza a necessária completação. O caráter peculiar da verdade religiosa é a sua relação explícita com os valores. Traz para dentro de nossa consciência aquele lado permanente do universo pelo qual podemos interessar-nos..."

"Mas os valores têm paixão pela realização no mundo da ação e quando, por meio do processo criativo, entram neste mundo, dotam o momento transitório com a significação do permanente. Separada da visão religiosa, a vida humana é apenas um clarão de prazeres ocasionais, iluminando uma massa de cor e de miséria, uma bagatela de experiência passageira...

"Quando consideramos o que a religião é para a humanidade, e o que a ciência é, não haverá exagero em dizer que o futuro curso da história depende da decisão desta geração no que tange às relações entre elas. Temos aqui as duas forças gerais mais poderosas que influenciam o homem, a força de nossas intuições religiosas e a força do nosso impulso para a observação acurada e a dedução lógica. Há verdades mais amplas e perspectivas mais belas dentro das quais será encontrada uma reconciliação de uma religião mais profunda e de uma ciência mais sutil."

A perda de prestígio que o materialismo antimetafísico sofreu no domínio da natureza inorgânica foi bastante ruim; mas os resultados de sua tentativa de ganhar pé também nos domínios da vida e da consciência — em biologia, genética, psicologia e sociologia — foram completamente grotescos na perfeição de seu fracasso grosseiro. Pois aqui o materialismo veio a encarnar a realidade vigorosa das formas sempre mutáveis e dos acontecimentos que nunca se repetem. E quanto mais atrevidamente tentou ele atacar os problemas da vida — para deduzir fenômenos vivos de mortas leis mecânicas — tanto mais inadequadas se mostravam as coisas que ele tinha de apresentar à guisa de resultado.

Nas mesas de trabalho de seus laboratórios, nos fichários de seus estúdios, tinham os materialistas pilhas e mais pilhas de relatórios de fatos, de fórmulas físico-químicas, de testes psicológicos e de resumos estatísticos; a massa era impressionante, mas o significado desprezível. Os segredos da forma, dos acontecimentos espontâneos, do caráter e da personalidade, não podiam ser descobertos com a adição de somas e compilação de fatos. A atarefada colmeia da ciência materialista não podia deixar de desprezar a coisa mais importante: o divino espírito, único a poder explicar a multiplicidade sempre variante das formas orgânicas emergindo de moldes imutáveis.

Confrontada com os milagres da realidade viva, a técnica do materialismo racional verificou-se, em última análise, não passar justamente de "um erro que apenas 'macaqueava Deus', sendo simplesmente capaz de imitar o que já tinha sido criado, ou reduzir a pedaços o que já está dado a conhecer".

A Darwin, de cuja teoria da evolução a filosofia materialista tirou a coragem de adentrar-se mais e mais no reino dos fenômenos vivos, aconteceu certa vez que veio a perder, por um instante, diante do espetáculo de uma floresta tropical, o fio de seus princípios mecânicos e exclamou: "Nenhum homem pode permanecer aqui sem sentir que estas matas são templos cheios dos vários produtos do deus da natureza e que há no homem mais alguma coisa do que o hálito de seu corpo."

Desde os tempos de Darwin, nosso conhecimento das coisas vivas, e na verdade nossa concepção de toda a natureza, sofreu mudança fundamental. O falecido físico e fisiologista botânico Sir Jagadis Bose — fazendo uso de instrumentos especialmente construídos para dar com rigor medidas de uma precisão de um milionésimo de polegada — chegou à estupefaciente descoberta de que as árvores e as plantas são criaturas sensíveis. "As plantas têm corações e emoções e até mesmo o aço e outros metais podem sentir." Sir Jagadis não precisou ir a uma floresta tropical para sentir o espírito de Deus na natureza.

Pela mesma ocasião, mas trabalhando em campo inteiramente diverso, o anatomista do cérebro Constantino von Monakoff investigava, no seu laboratório na Suíça, a estrutura celular do tecido nervoso do cérebro e do nervo espinhal e verificou que os fenômenos mentais e espirituais não podem ser explicados pelos processos físico-químicos dentro do sistema nervoso, mas forçam o estudioso a voltar à suposição de um princípio divino como sua causa derradeira.

Quanto mais progride a ciência na sua investigação dos acontecimentos biogenéticos, quanto mais os toscos princípios de uma aproximação meramente quantitativa dos problemas psicológicos são deixados para trás, dando lugar à aproximação qualitativa dos métodos genéticos e dinâmicos, tanto mais evidente se torna que ela simplesmente não conceberá o homem como "aquela parte do mecanismo da natureza em que as funções de consciência e sensitividade têm sido condicionadas a um grau relativamente alto de eficiência". Muito pelo contrário! Devemos ter novamente a coragem de conceber o homem como a realização de um pensamento divino e compreender que crescimento e evolução significam o desenrolar de um plano traçado por Deus.

A certeza que Darwin teve de Deus foi uma sensação momentânea. Nas décadas que se seguiram, uma reorientação notável tem levado a ciência do homem — tanto nos seus ramos psicológicos como sociológicos — a se aproximar cada vez mais da aceitação de um princípio divino. O discípulo de Darwin, Herbert Spencer, interpretou a vida, o pensamento e a sociedade ainda em termos de matéria, movimento e força; mas comparadas com os relatos que os cientistas apresentam de suas pesquisas nos dias atuais, as obras de Spencer não são muito mais do que os penosos esforços de um iniciante, colocado lado a lado com o manuscrito de um escritor treinado, que domina a arte de exprimir novos pensamentos por meio do mesmo grupo de letras.

A lição que o eminente biólogo oxfordiano Sir John Scott Haldane deduziu de suas investigações expressa-se da seguinte forma: "O mundo da Natureza que nos cerca não é um simples mundo físico-químico ou biológico, mas um mundo no qual a personalidade está justamente tão encarnada como em nossos próprios corpos. Para certos propósitos práticos, podemos encará-lo como simples mundo físico-químico ou biológico, mas como o mundo de nossa experiência não é somente um mundo de personalidade, mas também de divina personalidade... não somente se manifesta a personalidade de Deus em nosso universo, mas nós mesmos, até onde lutamos em busca do que é divino, somos partícipes, embora imperfeitamente, da personalidade divina... O universo visível e tangível é muito mais do que o que pode ser interpretado em termos da ciência física tradicional. A derradeira interpretação é a interpretação espiritual pela qual tudo quanto é claramente definível no mundo visível e tangível é a manifestação de Deus... Separada da existência de Deus, vivo e ativo, a realidade não tem significação última... Devemos aceitar os resultados da ciência física como uma interpretação parcial, e então a religião é não somente compatível com as legítimas conclusões da ciência natural, mas a persecução intrépida e cheia de fé da ciência natural torna-se uma contribuição à verdade relativa — uma parte da própria religião."

Por mais de um século, o materialismo racional tem estado a litigar com a fé. Seus advogados apresentaram considerável número de testemunhas — físicos, matemáticos e biólogos, cujos depoimentos tinham por fim demonstrar que materialismo significa progresso, que ele possui qualificações excepcionais para chefiar e que a fé deveria ser acusada como uma retrógrada criminosa.

Nos tempos atuais, as coisas estão tomando um aspecto decididamente diferente. As vantagens estão claramente contra a razão. Cada vez mais os testemunhos recolhidos nos laboratórios e gabinetes da ciência exata mudam-se em provas para a defesa, e contra o materialismo têm sido ditas muitas coisas desagradáveis pelos seus próprios peritos e autoridades.

"A ciência", diz a testemunha Millikan, "é muitas vezes acusada de induzir a uma filosofia materialista. Mas o materialismo não é seguramente um pecado da ciência moderna. Se alguma coisa há que o progresso da física moderna haja ensinado, é que uma assertiva dogmática a respeito de tudo quanto existe ou não existe no universo, tal como foi descrito pelo materialismo do século XIX, não é científica, não é verdadeira. O físico tem tido o argumento de suas generalizações tão completamente inutilizado que aprendeu com Jó que é loucura multiplicar palavras sem conhecimento, como fizeram todos aqueles que outrora afirmaram que o universo deveria ser interpretado em termos de átomos inflexíveis, sólidos, desalmados, e de seus movimentos. A filosofia mecanicista abriu falência."

Mas a testemunha Sir John Scott Haldane vai até mais além, quando declara que "o materialismo, outrora teoria científica, e agora credo fatalista de milhares, nada mais é do que uma superstição"...

O júri, composto de mulheres e homens modernos, inteligentes e liberais, baseia seu veredicto nos pontos de vista expressos pelas testemunhas Millikan, Eddington, Jeans, Whitehead, Haldane. Anula-se o processo contra a fé. A razão, autora da queixa, passa agora a ser suspeitada como realmente culpada de atraso reacionário, mas o processo não é levado a rigor, pois parece que o novo réu está honestamente desejoso de corrigir seus erros.

O leitor moderno que abriu este livro sobre os santos e encontrou suas primeiras páginas devotadas a um exame geral das atitudes filosóficas e dos resultados da moderna pesquisa científica, receberá, de boa vontade, a seguinte explicação:

O exame geral, que acabamos de completar, pareceu indispensável para definir a posição filosófica e científica do autor e a base sobre a qual ele assenta esta nova apreciação dos santos, a descrição de suas vidas, a narrativa de seus feitos e a análise de sua importância cultural e sociológica no passado, no presente e consequentemente no futuro.

Ao escrever este livro sobre os santos, desejou, o autor, ao mesmo tempo, reconhecer a sua dívida e responder a uma evidente necessidade das tendências verdadeiramente progressistas do pensamento nos tempos modernos.

A maior parte dos livros de História à mão são meras repetições de seus predecessores dos séculos XVIII e XIX, cujos erros e conclusões cheias de preconceitos parece terem tido eles grande trabalho em conservar. Em consequência, mais obstruem do que esclarecem as vistas do leitor. Exaurem-se numa enumeração pedantesca e confusa de datas; tentam pintar como ideais de heroísmo e como grandes condutores da humanidade os que foram realmente torniquetes políticos e glorificados assassinos de povos; ou — pior de tudo — assumem ares científicos registrando, fiéis ao estilo do materialismo histórico, dados sobre produção, preços e índices de oferta e procura. Em consequência, as histórias de santos, de seus pensamentos e de suas ações, permaneceram como o domínio especial, ou dos escritores de tratados agradavelmente edificantes ou dos monomaníacos da psicanálise, que não ficaram sabendo que o século XIX já terminou e misturam as vidas dos santos dos séculos passados com histórias judiciárias de seus pacientes de Viena, Berlim e Nova York.

Todavia, o mais moderno credo científico levou a cabo completa justificação dos valores suprassensíveis na vida e na natureza. Nova época do pensamento humano começou. Nova "reforma" se processa e tenta reformar a fé ortodoxa na razão. Estamos sendo testemunhas de uma nova "renascença", que se ocupa em fazer voltar a apreciação do homem à sabedoria construtiva e à beleza da fé. Uma nova "ilustração" conduzirá à vitória, emancipará nosso pensamento da intolerância dogmática do materialismo, restaurará nosso privilégio de uma avaliação verdadeiramente sem preconceito da história e nos capacitará a avaliar plena e livremente os tesouros do passado.

Nós, homens e mulheres do século XX, sentimo-nos orgulhosos de nossa adesão ao ideal de justiça social, de nosso credo democrático, de nossos princípios humanos, de nosso desprezo por todas as formas de preconceito racial, de nossa compreensão de problemas econômicos, de nossos interesses e de nossas organizações de âmbito universal. Mas todas estas realizações são, em última análise, uma herança a nós confiada por um passado embebido na fé divina, e se reconhecemos que como guardas e curadores do passado estamos lutando por preservar e desenvolver os valores que nos foram transmitidos por uma antiga tradição, estamos também pagando tributo aos santos do passado que criaram aqueles valores e deram testemunho de sua excelência em tudo quanto praticaram.

Entre os santos, contam-se os primeiros proclamadores dos ideais humanitários, os primeiros combatentes pela justiça social, os primeiros defensores dos pobres. Consideravam todas as nações e raças iguais; o horizonte deles era verdadeiramente global; foram os primeiros libertadores dos escravos. Estabeleceram a santidade do trabalho e foram os primeiros a insistir na sua categoria ética. Elevaram a mulher à posição de companheira do homem e determinaram nova importância às suas funções na estrutura social. Foram os conselheiros espirituais da humanidade, os protagonistas da liberdade intelectual, os primeiros educadores e os fundadores dos primeiros institutos científicos. Quer estudemos a História de um ponto de vista político ou econômico, quer consideremos os domínios da cultura ou da ciência e da técnica, em toda parte vamos descobrir que os santos a proclamaram e por ela combateram, por essa espécie de cultura que hoje estamos lutando por preservar.

Além disto, as vidas dos santos contêm uma mensagem de beleza e de esperança. Todos os nossos tesouros culturais, os valores eternos e ideais do progresso moral, de caridade, de amor e de justiça, nossa apreciação da arte e o sentimento que temos da grandeza do mundo natural, são expressões de uma forma de energia criadora que tem seu fogo nas vidas dos santos e delas se irradia.

Mas se em troca perguntarmos o que foi que deu aos santos tais poderes criativos, capacitando-os a exercer decisiva influência sobre o curso cultural de séculos, subsequentes até ao presente e, sem cessar, até o futuro, a resposta é simplesmente que foi sua fé numa realidade sobrenatural que se situa acima da realidade dos sentidos; sua fé numa lei divina que é mais forte do que as misérias e necessidades da vida na terra; numa eternidade que é mais verdadeira do que o momento; numa ordem e numa beleza de que a confusão desenfreada da ordem e da beleza da existência terrena é apenas uma noção errônea. Acreditavam que o homem é capaz de entender as ordens de Deus, de harmonizar com elas as exigências da vida sobre a terra, de dar ao momento valor duradouro, e de ir no encalço de seus ideais até a sua definitiva realização.

Os santos acreditavam em Cristo, cujo reino, que "não era deste mundo", tornava-se uma realidade neste mundo.

Cristo, a quem os santos lutavam por imitar, empreendeu Sua divina missão na terra como um homem entre homens; sofreu e morreu sob as leis deste mundo e, contudo, n'Ele as exigências éticas, o amor e a beleza do princípio divino lograram plena realização na terra. Foi isto que encorajou os santos, que começaram suas vidas como homens e mulheres comuns, a seguir a Cristo; que os convenceu de que seriam capazes de alcançá-Lo se tivessem o cuidado, em todas as suas andanças, de nunca perder de vista Suas pegadas.

O que os elevou ao estado de santidade foi o fato de haverem eles logrado êxito em desembaraçar-se de seus baixos começos e de suas ligações mundanas, em dominar sua fraqueza inata de atingir as derradeiras alturas da existência humana.

É esta tentativa da parte dos santos que constitui a grande mensagem que as vidas que eles viveram e os exemplos que deram continuarão a apresentar a todos os tempos. Suas lutas e seus problemas, seus pensamentos e atos, refutam o pessimismo cultural, corolário natural de todas as formas de descrença materialista. Sua mensagem de otimismo é a simples verdade que o homem não é um brinquedo nas mãos de forças cegas, que não está condenado para todo o sempre a sustentar "uma guerra fratricida de todos contra todos", que não é o produto de condições materiais de produção e a vítima de irremediáveis males econômicos; que é uma criatura de Deus, um ser livre, o senhor e não o escravo de sua raça, de seu tempo e de seu meio — que está destinado a viver sobre a terra até que o germe da perfeição divina que nele permanece possa crescer e tornar-se forte.

A mensagem da experiência humana e dos feitos divinos dos santos é uma mensagem de consolação e de confiança.

Ao escritor francês Maurice Barrès certa vez perguntaram: "Para que servem os santos?" Respondeu: "Eles deleitam a alma!"

Dentre os 25 mil santos reconhecidos pela Igreja, cinco foram escolhidos para constar deste livro. São os cinco a quem a renúncia, a inteligência, o amor, a vontade e o êxtase habilitaram a dedicar-se a imitar a Cristo e a servir de guias no caminho para a perfeição humana.

R.F.M.

Croton-on-Hudson, setembro de 1945.

O autor agradece a sra. Steffi Kiesler, da Biblioteca Pública de Nova York, e a sra. Catherine Clark por tudo o que fizeram a fim de auxiliá-lo na sua tarefa.

NOTA
SOBRE RENÉ FÜLÖP-MILLER

Nasceu em 1891, na região Banat da Hungria, mais tarde cedida à Romênia. Seu pai era um emigrante alsaciano, sua mãe originária da Sérvia. A amplitude de seu conhecimento está em harmonia com a versatilidade de seu gênio. Como jornalista, editor e escritor, ele residiu em Viena, Paris, Budapeste, Moscou, Londres, Los Angeles, Nova York e muitos outros lugares. Firmou seu nome de escritor com a obra The Mind and Face of Bolshevism e as biografias de Lênin, Gandi, Tolstói, Dostoiévski e do papa Leão XIII. Escreveu também livros sobre o teatro russo e americano, e sobre ciência médica — como, por exemplo, seu best-seller, O triunfo sobre a dor —, e muitos outros assuntos de importância histórica e cultural.

Nos Estados Unidos, ele é mais conhecido como o autor de Rasputin, the Holy Devil e The Power and Secret of the Jesuits. Nestes livros, Fülöp-Miller revela as mesmas qualidades que avultam no presente volume da história dos santos: uma compreensão apaixonada, quase mística, dos problemas e experiências religiosas, aliada a um conhecimento claro e científico de todas as facetas da psicologia humana.

O homem que escreveu este livro foi discípulo dos famosos psiquiatras Babinski, Forel e Freud. Submeteu-se também, de livre e espontânea vontade, ao treinamento mental e espiritual dos "Exercícios" de Inácio de Loyola, e viveu como um eremita na curiosa república de monges na ilha grega de Atos, da qual retornou ao mundo — como pouquíssimos outros fizeram — para continuar sua carreira de grande escritor, abordando tópicos de eterno interesse humano.

SANTO ANTÃO

O Santo da Renúncia

Durante mil e quinhentos anos, as "tentações de santo Antão" cativaram a imaginação de artistas e escritores. A impressão que deixaram pode ser acompanhada desde os mestres da mais velha escola bizantina até Cézanne e Félicien Rops, dos mais remotos cronistas até Flaubert e Anatole France. Atanásio, o famoso bispo de Alexandria, conheceu pessoalmente Antão, o homem cuja vida e cujo caráter iriam manifestar tamanhos poderes infalíveis de fascinação. Na sua *Vita Sancti Antonii*, o bispo deixou uma descrição, em primeira mão, da personalidade e da estranha vida de Antão, que se estendeu por mais de cem anos. Além de ser a primeira narrativa da vida de qualquer santo, esta *Vita* é também a primeira biografia não limitada a simples cópia de acontecimentos exteriores, mas lança uma vista para o interior dos conflitos íntimos de seu biografado. Pode ser chamada a primeira biografia psicológica da literatura mundial. O autor foi um piedoso bispo do quarto século, sem qualquer espécie de dúvida religiosa a perturbá-lo. Lendas e milagres, visões sagradas e aparições do demônio eram para ele fatos tão reais como nomes de pessoas e lugares, ou datas. Seu herói foi o primeiro eremita, cujo ambiente e modo de vida são estranhos e por vezes incompreensíveis aos leitores modernos. Todavia, o conflito básico na vida deste homem foi um conflito eternamente humano, que não pode ser evitado por quem quer que lute por obedecer ao chamado de sua natureza mais elevada: o conflito entre a tentação carnal e a contenção espiritual.

Antão nasceu cerca do ano 251, na aldeiazinha de Coma, hoje chamada Quemã-el-Arune, na província de Beni Suef, no Alto Egito. Era filho de ricos coptas, cujas terras de plantio, de cerca de 130 acres, estavam localizadas às margens do Nilo, na província de Faium. Então, como hoje, era o Egito uma terra sem chuva. No alto, o céu ostentava-se eternamente azul e sereno. Havia apenas uma fonte de água, o Nilo. A prosperidade ou a penúria dos lavradores dependiam dos caprichos misteriosos do "grande rio". No inverno, na primavera e no verão, o Nilo era uma lúgubre e suja extensão de água, deslizando preguiçosamente ao longo de suas margens áridas e arenosas. Somente o esforço mais persistente e um imenso gasto de trabalho árduo podiam arrancar dele aquele mínimo de água que o homem, o animal e o solo requerem.

Dia após dia, o jovem Antão, com uma junta de búfalos, ocupava-se na tarefa de conservar em movimento a roda-d'água de seu pai. Era um típico felá jovem, de forte constituição e pele bronzeada, maçãs do rosto salientes, grandes olhos negros e densas pestanas — de rosto e estatura notáveis, resumo e repetição de seus antepassados. Ali ficava ele, encarapitado numa estranha espécie de assento, vigiando a procissão infindável, que descia água adentro e voltava a subir à margem, de potes de barro vazios e cheios, ligados aos raios salientes de uma roda vertical, montada sobre os dentes de uma outra horizontal, que os búfalos empurravam, vagarosa e constantemente, girando, girando, girando.

Enquanto não chegasse o outono, essa faina não podia ser interrompida. Depois, bem de súbito, o rio plácido e preguiçoso inchava e principiava a fluir com grande rapidez. Sua cor cinzenta passava a vermelha e verde. Continuava a subir; inundava suas margens; transformava a região, até as colinas na orla do deserto, num vastíssimo lago.

Finalmente, as águas baixavam e chegava a época do ano em que Antão devia acompanhar seu pai. Com as mãos transbordantes de sementes, semeava o grão na lama fértil deixada pelas águas do rio. Dentro em pouco, as margens do Nilo mudavam-se num brilhante campo de trigo ondulante. Uma ou duas colheitas, muitas vezes, graças à abundante riqueza do rio, tantas como seis colheitas, seguiam-se uma à outra, em rápida sucessão. Era o tempo da fartura e da abundância, em que o pai de Antão podia acrescentar novas somas às suas economias dos anos anteriores.

Desde a sua mais tenra infância, Antão conhecia o Nilo como a mesma e grande experiência central que fora para seus antepassados. Essa experiência lhe ensinava que os labores de todos os homens nada são em si mesmos. Que aquilo que o homem necessita, seu pão quotidiano e seus bens terrenos, é-lhe dado como graça. Para Antão e sua família, o doador dessa graça era o Nilo, mas no Nilo havia Deus que governava e expressava Sua vontade.

Naquela época, ninguém sabia de onde vinha o "grande rio" e onde se situava sua fonte. Não havia explicação para suas misteriosas cheias e secas, exceto que o próprio Deus passava a correr sobre as águas tumultuosas, ano após ano, para abençoar os campos dos homens.

No Nilo, Deus se manifestava em Sua onipotência, a onipotência da natureza; e na igrejinha da vila de Coma, o padre proclamava Seus divinos mandamentos. O pai de Antão vivia em estrita adesão àqueles mandamentos e transmitia ao filho o espírito de sua própria piedade inata e incondicional. A simplicidade e naturalidade de sua fé, características de todos os felás, estavam profundamente arraigadas na natureza peculiar da cristandade copta.

Esta religião não era realmente uma religião jovem ou nova. Todos os seus traços característicos haviam sido prefigurados na fé dos velhos egípcios. O deus Ámon do Alto Egito já tinha sido um deus em três pessoas, e Set, o assassino de Osíris, fora uma primitiva encarnação do demônio cristão. A introdução do cristianismo ali fora antes uma suave transição, sem ficção ou conflito, e nos cristãos coptas, como o pai de Antão, piedosa tradição de milhares de anos vivia latente com vigor ininterrupto.

Para Antão, a doutrina de Cristo era uma lei que não podia ser posta em discussão. Seu pai estivera sempre atento para conservar afastada dele qualquer influência externa que pudesse perturbar-lhe a pureza da fé. Enquanto outros meninos brincavam, jogavam e divertiam-se a valer, Antão ficava em casa e passava suas horas livres em piedosas orações.

Para o espírito do velho lavrador, a pior ameaça à salvação de seu filho era o saber mundano, tal como era cultivado nas escolas gregas. Os gregos eram estrangeiros intrusos no Egito e proprietários ou dirigentes de grandes propriedades, onde exploravam o felá nativo. O ódio racial, intensificado pelo ressentimento social, produzira no pai de Antão aguda desconfiança contra tudo quanto os gregos ensinavam em suas escolas. Um mero conhecimento das letras de seu alfabeto era, no seu modo de pensar, um passo falso inicial, fora do caminho da verdadeira fé. Uma vez caído no encanto daqueles símbolos mágicos, estava-se fadado a ser presa do ceticismo do pensamento grego, bem como da exploração por parte dos gregos senhores de terras. De modo que o jovem

Antão não foi mandado à escola e cresceu analfabeto. Sua bagagem espiritual e mental ficara limitada ao que o padre da igreja local tinha a oferecer nas suas leituras da Bíblia copta e nas piedosas lições que nela baseava.

À medida que o menino crescia e se aproximava da varonilidade, as belas moças felás da vizinhança começaram a atrair-lhe a atenção. Muitas vezes aquelas moças passavam por ali, caminhando através dos campos, altivas na graça de seu passo elástico, balançando habilmente os potes de barro na cabeça, os corpetes em forma de blusas soltas revelando naturalmente o contorno firme de seus seios cor de bronze. Antão parava e ficava a contemplá-las, como se fascinado pela beleza delas. Os outros rapazes podiam acompanhar as moças, podiam falar-lhes e gozar-lhes da companhia, mas Antão, o filho obediente, cumprindo as estritas ordens de seu pai, voltava para casa e rezava até poder libertar seu pensamento das sedutoras donzelas e concentrar-se de novo apenas em Deus.

Estava Antão com quase vinte anos quando, em rápida sucessão, morreram-lhe o pai e a mãe. Achava-se agora só, com exceção de uma irmã mais moça, ainda menor. Herdara campos, pastos e rebanhos e fazia o melhor que podia para dirigir a riqueza de seu pai que se tornara agora sua. Econômica e honestamente juntava dracma a dracma, ávido de aumentar as somas que seu pai lhe havia deixado. Passava seus dias em atos de piedade e retidão, justamente como antes da morte de seu pai, pois era um bom filho e vivia de acordo com as lições de sua primitiva educação. E quando este moço, privado da guia paterna, ouvia na igreja as lições tiradas da Bíblia, tomava-as como as ordens de um pai cuja autoridade era mesmo maior do que a do outro que havia morrido. Como filho obediente, esforçava-se cada vez com mais zelo, cada vez com mais rigor, por viver fielmente de acordo com os mandamentos de seu Pai Celestial. Nos anos de sua infância, esforçara-se por agradar a seu pai da terra, mas agora via cada vez mais claramente que era seu dever tornar-se digno da graça de Deus, lutando por atingir o mais alto grau de perfeição interior.

Um domingo de manhã, cerca de seis meses depois da morte de seus pais, estava Antão sentado no banco da família, na igreja da aldeia. Ali estava ele, belo e esbelto jovem, filho obediente, escutando atentamente as ordens de seu Pai. Seus olhos estavam presos aos lábios do padre. Os ouvidos tão atentos que nem uma palavra sequer poderia escapar-lhes. O padre lia o Evangelho segundo são Mateus: "E eis que alguém se aproximou e Lhe disse: 'Mestre, que coisa boa farei para ter a vida eterna?' E Jesus respondeu-lhe: 'Se queres entrar na Vida, guarda os mandamentos.' Disse-Lhe o jovem: 'Tudo isso tenho guardado; que me falta ainda?' Disse-lhe Jesus: 'Se queres ser perfeito, vai vender tudo o que tens e dá-o aos pobres, e terás um tesouro nos céus; depois vem seguir-Me.'"*

Antão levantou-se, deixou a igreja, foi e vendeu sua terra e seus rebanhos, e deu o dinheiro aos pobres da aldeia. Pois sentiu que as palavras que Cristo dissera ao moço rico da Galileia aplicavam-se a ele, o jovem rico de Coma.

Não sabemos o que aconteceu ao moço rico da Galileia e se ele executou as palavras que o Senhor lhe dissera, 250 anos antes da época de Antão. Mas isto sabemos: Antão, o rico jovem de Coma, que viveu no terceiro século depois de Cristo, cumpriu a exortação dirigida tanto tempo antes ao jovem da Galileia. Decidiu viver sua vida de acordo com o preceito de Cristo e é para nós o exemplo mais antigo e mais conhecido do que acontece a um homem que segue o pedido do Evangelho com todas as suas consequências.

Da noite para o dia, o rico jovem tornara-se pobre. Seu pão de todo o dia não mais estava garantido. Enfrentava agora todas as privações da pobreza.

No domingo seguinte, era um jovem mortificado, vestido com os farrapos da pobreza, quem se sentava na igreja aldeã de Coma e ouvia o padre ler o seguinte trecho do Sermão da Montanha: "Não andeis, pois, ansiosos pelo dia de amanhã, porque o dia de amanhã a si mesmo trará seu cuidado; ao dia bastam os seus próprios males."

E mais uma vez Antão sentiu que as palavras se dirigiam a ele. Levou sua irmã para um asilo de donzelas e tomou seu caminho para alcançar a perfeita solidão, onde não há necessidade de pensar nas coisas do amanhã.

A decisão de Antão significava completo rompimento com sua antiga vida. Para levá-la a efeito, necessitava do conselho de um homem de sabedoria e experiência. O padre da aldeia não poderia auxiliá-lo. Era um homem piedoso e vivia sua vida de acordo com a letra da lei, mas ao mesmo tempo, como era costume na Igreja Copta, era proprietário de terras e de outros bens terrenos e tinha mulher e filhos. Sua voz recitava o mandamento do Senhor, mas não sabia ele como poderia o conselho nele contido ser traduzido em atos práticos. Havia, todavia, naquela época, certo número de cristãos piedosos, que viviam no Egito, verdadeiros "homens retos", forçados a fugir às perseguições do imperador romano Décio, e que agora viviam para sua fé numa reclusão sossegada.

---

*As citações bíblicas a partir da 7.ª edição transcrevem-se da Bíblia Sagrada, segundo os originais hebraico e grego, tradução em língua portuguesa das Sociedades Bíblicas Unidas, Rio de Janeiro, 1947. (N. da E.)

Um destes homens tinha uma choupanazinha não longe dos limites de Coma e foi a ele que Antão procurou, para guiá-lo no dilema em que se achava.

Encontrou um ancião, envolto numa capa de pelo de camelo, que o abrigava em lugar da camisa que os lavradores coptas geralmente usavam. Possuía apenas uma dura esteira, sobre a qual dormia, e ganhava miserável paga, tecendo esteiras e cestos. Dele aprendeu Antão como opor-se às tentações mundanas, com a força da oração e do trabalho, como dominar os apetites sensuais, pelo jejum e pela mortificação; aprendeu quão importante era que seus alimentos lhe proporcionassem apenas mero sustento e que deveriam consistir em nada mais do que pão e água e algumas tâmaras. Antes de deixar o velho eremita, Antão aprendeu com ele a tecer esteiras e cestos de folhas de palmeira.

Todas estas coisas, porém, apenas diziam respeito, por assim dizer, às exterioridades do ascetismo. O caminho interior para o objetivo foi apontado a Antão pela natureza, a natureza característica do Egito. Quando ainda criança, já lhe haviam falado da onipotência de Deus, e que agora, no começo do seu noviciado ascético, mostrava-lhe o caminho que o afastaria do mundo dos homens para o mundo da absoluta solidão.

Na sua simples grandeza, a paisagem do Egito jazia diante de Antão como uma reprodução admirável do súbito rompimento que ele estava contemplando. Ao longo das margens do Nilo estendia-se a fértil província de Faium, funda e verde extensão de pastos e de campos, símbolo de vida e de abundância. Depois, subitamente, não muito distante dos limites da aldeia de Coma, toda aquela exuberância dava lugar a uma aridez inabitável, onde a própria natureza parecia ter-se tornado ascética. Não era isto precisamente a espécie de abrupta mudança que o mandamento do Evangelho exigia?

Envolto numa capa de pelo de camelo, despojado até mesmo da menor trouxa de bens terrenos, Antão adentrou-se no deserto. Encontrou um sarçal e escolheu-o para seu futuro abrigo, embora parecesse mais adequado como caverna de animais errantes do deserto, do que a morada de um ser humano. Em seguida, pensou afinal que distante de todas as tentações mundanas, libertado de todos os cuidados referentes às coisas do mundo, poderia começar sua vida de devoção imperturbável. Mas esta abrupta mudança da abundância da vida para a esterilidade e a solidão mostrou ser mais um problema para o moço egípcio do que para a paisagem egípcia. Na natureza, a vegetação luxuriante transformava-se abruptamente em aridez irremediável, contudo, eram coisas distintas e uma nada sabia da outra. Antão, todavia, tinha de passar de uma para outra, da abundância à esterilidade, da vida à solidão; e, embora não carregasse consigo bens terrenos de qualquer espécie, estava contudo carregando, inconscientemente, invisivelmente, a bagagem das recordações de tudo quanto deixara para trás.

Mal começara a acostumar-se à sua nova vida quando, com horrenda malícia, seu invisível pacote pôs-se a desempacotar, por si mesmo, os indignos despojos que continha: ponto por ponto sua vida inteira, a vida que ele tinha abandonado, o mundo a que havia renunciado. Via de novo seus campos cultivados e seu gado pastando, e teve saudade deles e sentiu quanto significavam para ele. Via o contorno firme dos seios cor de bronze das belas raparigas felás. Pensava frequentemente no dinheiro que recebera em paga de sua terra, o dinheiro que dera aos pobres. E de novo os algarismos, que ele recordava até ao último vintém, voltavam marchando pela sua mente, somando-se até um perfeito total. Fazia o que o velho "homem reto" lhe havia aconselhado que fizesse: empregava todos os seus esforços em concentrar-se na oração e buscava também refúgio no trabalho físico de tecer esteiras. Mas cada dia de sua vida solitária aumentava o poder de sua memória. Como seu perverso propósito fosse perturbar-lhe o trabalho e a devoção, começou a empregar toda espécie de ardis imaginosos: mostrava-lhe seus campos perdidos, produzindo cem vezes mais frutos, e seu gado perdido aumentando em proporções de grandes manadas.

Mas Antão replicava a isso rezando com mais fervor ainda, trabalhando ainda mais duramente. Tornou-se mais rigoroso em seu jejum, mais sem piedade na sua autopunição. Os pensamentos inimigos tinham que ser expulsos pela oração, pelo trabalho, pelo jejum, pela flagelação. Então uma noite, quando estava quase certo de que havia alcançado êxito finalmente, ao erguer a vista depois de rezar, viu diante de si uma moça. Carregava na cabeça um pote d'água e sua blusa estava aberta, mostrando-lhe o pescoço e o seio. Era uma das raparigas felás a quem vira muitas vezes passar pelos campos. A moça despojou-se de suas vestes e deitou-se por baixo do sarçal. Antão tentava não olhar, tentava buscar refúgio na oração. Mas a moça não desistia; passou a noite inteira a tentá-lo com todas as espécies de gestos lascivos. Ele, porém, conservava os olhos voltados para Deus, implorando-Lhe que viesse em seu socorro. Por meio das preces mais ardentes, resistiu à tentação. Quando por fim surgiu a aurora, a moça, como uma aparição, havia desaparecido no crepúsculo da manhã.

Mas imediatamente outra figura apareceu em seu lugar, igualmente real e igualmente verdadeira, como se a que o havia tentado durante a noite pela sua beleza se houvesse transformado agora na sua asquerosa contraparte.

Um negrinho de lábios grossos ali estava diante dele, inteiramente nu e destituído até mesmo do mais primitivo senso de vergonha, fitando-o com um olhar bestialmente degenerado. Parecia-se com um membro de uma daquelas tribos selvagens que viviam na floresta, ao longo da fronteira da Núbia, tribos profundamente desprezadas pelos egípcios, pela sua desenfreada sensualidade. Dois chifres adornavam-lhe a cabeça, sinal entre os negros das florestas do gozo da plena potência viril. A princípio, Antão teve medo daquela estranha figura, mas depois verificou, de súbito, que deveria ser o diabo e que ninguém mais senão o diabo estivera a tentá-lo a noite inteira, na forma da bela rapariga felá.

Quando a aparição notou que seu disfarce havia sido descoberto, revelou sua identidade, dizendo: "Sou o advogado da impureza e me chamam o espírito da fornicação. Quantos eu não atraí das veredas da castidade, com minhas tentações! A muitos iludi e a muitos derrubei; contudo, agora, quando te ataquei, como a outros tenho atacado, não fui bastante forte."

Encorajado por esta confissão de fraqueza da parte do atacante e cheio de desdém, Antão exclamou, pleno de orgulho: "Bem desprezível és, pois tua mente é negra e tens a força de uma criança!" Desta forma foi o espírito negro vergonhosamente derrotado e desapareceu instantaneamente.

Graças à sua firme resolução, Antão havia conseguido vencer as tentações daquela noite. Mas ao mesmo tempo fora levado a verificar uma força que, na sua piedade e castidade, não havia conhecido antes: a força poderosa do diabólico adversário! Mesmo neste primeiro ataque, o grande adversário havia dado a Antão uma prova de seu verdadeiro poder demoníaco. Antão havia renunciado ao mundo, mas o demônio sabia como dar entrada em sua solidão. Descera sobre ele com tentações mundanas, justamente quando todos os esforços de Antão estavam concentrados em Deus e havia-se apoderado de suas recordações, perturbando-o com fantasias e visões falazes.

Antão era um cristão devoto. Para ele, Deus era uma realidade, uma causa ativa, uma experiência viva. Os mandamentos de Deus eram ordens que tinham de ser cumpridas. Determinavam eles todos os atos de Antão. O adversário de Deus, o demônio, era para ele também uma realidade concreta. Quem o enfrentava, como o grande tentador, era o diabo encarnado, um ser real e tangível.

Não era Antão o primeiro, nem o último homem, a acreditar no demônio. Os velhos egípcios tinham-no visto sob a forma de Set e Tífon; os zoroastrianos, participantes da luta incessante da luz contra a treva, haviam-no encontrado com o nome de Arimã; sob o disfarce de Mara, havia tentado Buda, o Iluminado;

e tanto Jó como Cristo no deserto conheciam-no como Satanás, o mesmo acontecendo aos devotos partidários da fé cristã. Lutero sentiu-se tão encolerizado com a sua presença que lhe lançou um tinteiro. A crença irrestrita no demônio continuou Renascença adentro e no tempo dos humanistas e pintores, tais como Bosch, Breughel. Schongauer, Dürer, Grünewald, pintaram-no não precisamente como uma figura simbólica, mas como uma pessoa física em quem acreditavam do íntimo do coração.

Coube ao pensamento racionalista da Era da Ilustração despojar o diabo de sua realidade verdadeira e assim despojar as lutas do homem contra a tentação satânica de sua pungência dramática. Tudo quanto ficou foram conceitos abstratos e um problema moral.

Em nossa era, a consciência psicológica, com sua concepção do conflito do bem e do mal como um problema simplesmente psicomecânico na organização binomial do homem, tem concordado em reinterpretar as tentações do demônio como complexos perturbadores de nossos instintos animais. Estes são reprimidos pelo ego moralmente consciente para o subconsciente, onde mantêm uma luta subterrânea contra a ditadura do pensamento consciente. A fim de lograr acesso à esfera da consciência, os instintos recalcados tornam-se aptos a utilizar estratagemas hábeis. Assumem trajes e máscaras simbólicos.

Deste ponto de vista, o demônio aparece como uma simples máscara, ora obsoleta, dos desejos do homem, alucinação patológica de sua fantasia. De acordo com tal interpretação, as visões diabólicas de Antão eram símbolos meramente imaginativos dos instintos proscritos que seu ego ascético, no intuito de repudiar qualquer conexão com eles, visualizava com ingênuo engano de si próprio como fenômeno externo. A tentadora rapariga felá era uma projeção do próprio desejo ardente e rebelado de Antão; sob a máscara do rapaz negro das florestas da Núbia outra coisa não havia senão a própria cupidez detestada de Antão, e seu temor inicial, diante do aparecimento daquele rapaz, era simplesmente o medo de seu próprio subconsciente.

Contudo, quer o homem resista às tentações de sua mais baixa natureza com o contorno e forma do demônio, quer pense a respeito delas em termos de abstrações éticas, ou as visualize como a erupção de desejos recalcados — permanece o fato de que *existe* um poder que interfere em todas as aspirações mais elevadas do homem, poder ao qual toda vida humana tem de se ajustar. Crença no demônio ou interpretações éticas e psicológicas são simplesmente maneiras diferentes de explicar um mesmo e único fenômeno.

"Em séculos anteriores", disse Goethe, "os grandes pontos de vista sobre a vida eram concebidos em formas concretas; hoje nós os concebemos como ideias abstratas. Naqueles tempos, o poder criativo do homem era maior; hoje, é a sua habilidade analítica e poder de destruição."

Do anacoreta do quarto século, dotado de maior "poder criativo" e concebendo o tentador em forma concreta, não se podia, logicamente, esperar, ao combater o demônio, que usasse dos mesmos meios que os homens de hoje, quando acreditam no poder da análise e levam suas perturbações psicológicas ao estudo de especialistas diplomados. O exorcismo do "demônio", nos dias de hoje, é feito pela técnica de libertar do subconsciente elementos penosos e recalcados, elevando-os ao nível da consciência.

Antão concebia o demônio como encarnado e real e, como tal, lutava contra ele. Sua luta contra a tentação não podia ser simplesmente um processo de autoanálise intelectual, escancarando os recessos do subconsciente à luz da consciência; tornava-se um vigoroso drama de grande alcance. O herói deste drama é um valente combatente contra o Inimigo, contra o eterno adversário do homem, e ao termo desta sobre-humana luta, o mundo não vê um paciente curado, mas um santo vitorioso.

A luta de Antão com o demônio estava cheia de elementos que desafiam a compreensão racional, mas todos eles encontram explicação na "lógica visual" de um homem que era capaz de ver aquilo em que acreditava. Goethe, que possuiu em grau único a habilidade de observar e de decifrar o significado das coisas que o cercavam, e que, justamente por causa disto, viera a conhecer os limites da observação e da compreensão, escreveu certa vez: "Por que andarmos à busca da significação dos fenômenos, quando os fenômenos mesmos nos ensinam a lição?"

Para Antão, o asceta, as coisas materiais do mundo tinham um demônio, e o demônio era verdadeiramente "o príncipe deste mundo". Para escapar à garra do demônio, primeiro de tudo tinha ele que tentar ultrapassar o limite do poder do demônio. Devia mudar-se do reino dos vivos para o reino dos mortos. Para atingir isto, decidiu trocar seu refúgio, sob o sarçal, por um túmulo, o abrigo da morte, totalmente isolado do mundo e dos vivos.

No Egito, o túmulo tinha significação muito maior do que tem na nossa civilização. A vida temporal do homem era, para o egípcio, uma simples peregrinação no caminho para a vida eterna. Um abrigo terrestre era apenas um repouso para o viajante, mas um túmulo era uma "mansão de eternidade". Isto explica por que os túmulos estavam designados a desempenhar papel tão preeminente na cena egípcia. Verdadeira cidade dos mortos, eram eles cavados na rocha da montanha que borda o deserto líbio. Tinham a dureza e a perenidade do granito e de sua majestática altitude olhavam para baixo com desdém, para a efêmera mesquinhez das habitações de adobe dos vivos.

Para os cristãos coptas, que mantinham o velho conceito egípcio da efemeridade da vida sobre a terra e de que a vida depois da morte era a consecução da verdadeira essência de todo ser, o túmulo retinha sua importância fora do comum. Isto era especialmente verdadeiro aos olhos de um asceta, cujos atos e pensamentos se concentravam na mortificação da carne e para o qual o túmulo era o pórtico para a vida eterna. Contudo, a ideia de que uma pessoa viva decidisse fazer de um túmulo sua morada é difícil de compreender, não apenas do ponto de vista moderno, mas era igualmente desconcertante para os contemporâneos de Antão.

O antigo culto sepulcral egípcio forma interessante fundo histórico para este extraordinário projeto. O espinhaço de túmulos ao longo do deserto líbio tornou-se o palco preparado para um inigualável drama espiritual.

Pesados blocos de granito isolavam as "mansões de eternidade" do mundo lá embaixo e, durante séculos, ninguém tinha ousado penetrar naqueles túmulos. Antão pôs-se a caminho de seu novo abrigo, levando consigo um piedoso amigo da aldeia. Este amigo iria fechar a entrada do túmulo depois que Antão nele entrasse, deixando apenas uma estreita brecha, através da qual de vez em quando passaria o simples essencial de pão e água, sem o qual o próprio Antão não poderia viver.

Antão entrou e achou-se numa antessala em forma de abóbada, cuja fraca iluminação devia-se a uma réstia de luz que vinha da entrada. As paredes estavam cobertas de relevos representando cenas de caçada e animais sagrados de longínqua antiguidade, a espécie de decoração com que os velhos egípcios costumavam adornar os lugares de repouso de seus mortos.

Dali um escuro corredor conduzia ao túmulo propriamente dito, embaixo. Antão foi apalpando o caminho, cuidadosamente, em meio das trevas. Mas tão logo atingira o fim do corredor e entrara na sala subterrânea a que ele conduzia, uma voz colérica elevou-se dentre as trevas, dizendo: "Que estás fazendo aqui no reino dos mortos? Como ousas fazer o que vivente algum jamais ousou?" Eram palavras humanas que a voz proferia, mas os sons eram ao mesmo tempo tênues e penetrantes e pareciam vir do reino dos espíritos.

Antão recuou, mas havia aprendido a lição de suas experiências anteriores e soube imediatamente que tudo aquilo era mais uma vez obra do demônio. Fora certamente o demônio que ordenara ao espírito de um morto que voltasse ao lugar onde repousava seu corpo, a fim de impedir que Antão encontrasse qualquer paz no túmulo solitário. Mas Antão não desistiria de sua decisão de morar com os mortos. Começou a rezar. Ergueu a voz e rezou alto, ecoando as palavras de devoção em redor dele nas trevas. Mas um eco de centenas e milhares de vozes respondia dentre a treva, tentando mergulhar-lhe a oração num alarido de blasfêmias. Sabia ele que fora o demônio quem ordenara a vinda daquele coro especial, lá do reino dos mortos! Era o demônio, de cujo domínio mundano fugira ele, que estava agora tentando interferir em seus piedosos propósitos, por meio daquelas vozes diabólicas.

Deus não concede vida fácil àqueles a quem escolheu. Experimenta-os, entregando-os às tentações do mal. Entregou Jó, o mais piedoso dos homens, e até mesmo Jesus, Seu unigênito filho, às mãos do tentador. O mesmo fazia agora dando ao demônio mão livre para tentar a firmeza de Seu piedoso filho de Coma.

Grandes complicações tinha Antão com o demônio. Quando começava a rezar, suas piedosas palavras eram abafadas pelo barulho de gritos fantasmais. O demônio, porém, tinha grandes complicações com Antão, pois ele não se deixava intimidar pela algazarra diabólica e continuava simplesmente a cumprir seus exercícios de devoção. Assim a luta continuava, por dias e semanas, por meses talvez, ou mesmo por anos. Não se pode dizer quanto tempo durava, pois no túmulo não há relógio para bater horas. Não há sol ou lua para se erguer ou se pôr. Não há tempo no túmulo.

Das profundezas de sua miséria, chamava Antão: "Ó meu Senhor, ajudai-me e iluminai-me!" Mas logo que pronunciava estas palavras, via em torno de si uma multidão de centenas de milhares de luzes sulfúreas e de cada luz ouvia também uma voz separada. De repente, parecia que as vozes fantasmais e as luzes sulfúreas se misturavam. As vozes bruxuleavam como fogos-fátuos e as luzes explodiam num canto espectral. "Escuta, Antão! Viemos iluminar-te!" Isto era seguido por uma explosão de gargalhadas diabólicas e por uma trovoada de aplausos selvagens. Mas não havia ali bocas que pudessem gargalhar, nem mãos que pudessem palmear. Gargalhadas e palmas vinham de nenhuma parte, daquele mesmo escuro nenhures que havia mandado as vozes e as luzes, o reino dos espíritos, com os quais o demônio havia enchido o túmulo.

Antão redobrava seu rigor ascético. Durante dias, não comia nem bebia. Por longos trechos de tempo, negava-se qualquer sono, pois sabia que somente uma concentração mais intensa de sua alma poderia ajudá-lo a triunfar das maquinações do demônio. Mas os ataques aumentavam de fúria. Dir-se-ia que o demônio se alimentava do estômago vazio de Antão, matava sua sede na garganta ressecada de Antão e encontrava estranho repouso nas noites insones de Antão.

Quando se tornou claro que os fantasmas e suas zombarias haviam fracassado, o diabo recorreu a métodos mais drásticos de ataque. Ordenou a suas coortes que se encarniçassem contra o corpo enfraquecido de Antão, que o torturassem, que lhe dessem pontapés, coices e lhe batessem até ser vencida sua paixão pela prece. Os espíritos obedeciam e lançavam-se contra Antão com tal fúria que ele perdia os sentidos, caindo inconscientemente no chão.

Por esta ocasião, o amigo de Antão chegou ao túmulo, trazendo-lhe nova provisão de pão e água, mas quando deu o sinal na entrada, não recebeu resposta. Empurrou a pesada rocha para um lado e entrou. Chamou de novo e, quando de novo o silêncio foi a resposta, dominou seu medo e foi descendo vagarosamente pelo escuro corredor até o quarto inferior. Depois de por muito tempo apalpar o caminho em redor, encontrou por fim o corpo caído de Antão. Arrastou o corpo inerte do túmulo e carregou-o nos ombros até a igreja da aldeia de Coma.

A notícia de que o filho de Coma mais temente a Deus tinha sido encontrado morto excitou a vila inteira e logo a igrejinha se encheu de uma multidão de aldeões enlutados e soluçantes, que desejavam ajudar o padre a enterrar o corpo de Antão, ou simplesmente contemplar-lhe a veneranda face pela última vez. Um grupo deles, conduzido pelo amigo de Antão, foi encarregado de fazer o velório do cadáver, durante a noite. Mas em meio da noite, quando todos aqueles bons homens, com exceção do amigo de Antão, estavam profundamente adormecidos, aquele a quem estavam eles encarregados de velar, aquele a quem todos julgavam morto, ergueu-se de seu sono letárgico. Sentou-se, vendo seu amigo, acenou-lhe, chamando-o, e fez-lhe compreender que desejava ir embora. Sem uma palavra, saíram os dois cautelosamente, passando por cima dos vigilantes adormecidos e deixaram a igreja. Dentro em breve os dorminhocos acordaram e acharam o caixão vazio. Por esse tempo, Antão, apoiado no braço de seu amigo, estava a caminho de volta para o túmulo, onde tencionava prosseguir sua luta contra o demônio de novo.

Entrando no túmulo, gritou, desafiadoramente: "Aqui estou eu! Vê! Faze pior! Nada me separará jamais de Cristo, meu Senhor!" E depois começou a cantar as palavras do salmo: "Embora uma hoste acampasse contra mim, contudo meu coração nenhum medo sentiria."

Enraivecido pela desafiadora firmeza do obstinado homem de Deus, o diabo, com seu demoníaco poder, ordenou aos animais de granito dos frisos das paredes que se vivificassem. Imediatamente o túmulo se encheu do furor de animais que rugiam, silvavam e bramiam. Para onde quer que Antão se voltasse, por toda parte em redor dele, havia bandos de lobos, leões selvagens, leopardos, ursos e touros. Serpentes venenosas enroscavam-se em suas pernas. Olhos vorazes faiscavam na treva. Bocas ávidas ameaçavam devorá-lo. Chifres pontudos estavam prontos a escorneá-lo. Aranhas gigantescas teciam suas teias para prendê-lo.

Mas Antão, cheio de firmeza, recusava-se a esse novíssimo meio de intimidação de seu adversário, pois via claramente que aquelas bestas selvagens não passavam de produtos de um capricho infernal. Portanto, exclamou com toda a coragem: "Se alguma força tivessem, bastaria ter vindo um de vocês. Mas o Senhor privou vocês de força e dessa forma procuram amedrontar-me pelo número." E depois voltou-se para o próprio demônio e desafiou-o: "É um sinal de teu desespero haveres tomado a forma de animais selvagens. Olha para mim agora, a salvo dentro do baluarte de minha fé! Se realmente pensas que podes exercer teu poder sobre mim, não demores, bate!"

Então o diabo, na sua raiva impotente, ordenou a seus animais que arrancassem as paredes de granito do túmulo. Imediatamente obedeceram eles. Os leões e leopardos com suas poderosas patas, os ursos com sua força desajeitada, os touros com seus chifres, os lobos com seus dentes afiados, todos começaram a empurrar e puxar, a morder e roer, a cavar e esburacar, e as serpentes também ajudavam e os escorpiões e todos os animais rastejantes e coleantes do inferno, que o diabo havia convocado.

As paredes do túmulo começaram a tremer. Dentro em pouco, ruiriam e com elas o teto abobadado se desmoronaria. Mas então, repentinamente, em vez de abater-se, abriu-se! E um glorioso esplendor de luz radiante desceu em meio das trevas do túmulo. E em qualquer parte onde aquele clarão chegasse, a treva tinha de ceder e com ela desapareciam os monstros gerados pelo demônio.

Antão compreendeu que a luz significava a presença do Salvador e perguntou: "Onde estais vós, Senhor meu Jesus? Por que não viestes mais cedo para ajudar-me?"

Uma voz que promanava da luz respondeu, dizendo: "Antão, eu estava junto de ti todo o tempo. Estava a teu lado e vi tua luta; e porque enfrentaste virilmente teu inimigo, sempre haverei de proteger-te."

Quando Antão olhou ao redor, as paredes estavam de novo firmes no lugar e as bestas selvagens haviam voltado aos frisos esculpidos no rochedo.

Encarado por um psicanalista moderno, à sua mesa, o caso de Antão com o demônio, inclusive sua visão da luz, reduz-se, nada deixando senão um complexo de ilusões patológicas. O psiquiatra, desejoso de aplicar aos fenômenos religiosos o que aprendeu analisando sonhos em casos individuais, interpretaria as bestas vorazes do demônio como símbolos fálicos, representação típica de impulsos eróticos recalcados. À luz desta espécie de interpretação psicológica, a radiante visão de Cristo transforma-se, simplesmente, no conjunto de imagens ilusórias que é a expressão característica de um processo de sublimação.

Não obstante, na vida de Antão os acontecimentos do túmulo constituem a fase mais importante na gênese de sua santidade. Quando finalmente deixou o túmulo, Antão estava com trinta e seis anos de idade e atrás de si jaziam dezesseis anos, que gastara unicamente na sua luta com o demônio.

No dia em que Cristo apareceu diante dele, numa visão de luz, assegurando-lhe Seu auxílio, Antão deixou o túmulo e saiu para o deserto. Seguiu o caminho que muitos grandes santos e profetas antes e depois dele tiveram de seguir, antes de poderem cumprir sua missão. Moisés, Elias, João Batista, o próprio Cristo, são Paulo, e muitos e muitos outros.

O objetivo de Antão era o solitário monte Pispir, no deserto. Cruzou o Nilo, deixando para trás o deserto líbio, e penetrou no deserto da Arábia. A paisagem na sua extrema desolação era como um vasto túmulo da natureza. Uma grande extensão estéril e arenosa espraiava-se diante dele, manchada por esparsos e brunos cones de rocha nua. Havia vales petrificados como leitos de rios que secaram, e os poucos vestígios de vida e vegetação neste deserto, os sicômoros, tamargueiras e palmeiras dessoradas tinham o aspecto de fantasmas, com seus galhos estendidos como a querer agarrar o ar ressequido. Um silêncio de morte estendia-se pesado sobre esta terra, raramente interrompido pelo bafo estrídulo do tórrido simum, que soprava do Saara. A luz do sol abrasador era tão intensa que a paisagem parecia vítrea e irreal. E depois, repentinamente, o *zobaa*, o elevado turbilhão de areia, levantaria em remoinhos pilares de poeira até ao céu e o sol perderia sua força e o dia se transformaria em noite.

Com a maior dificuldade, Antão havia percorrido cerca da metade da distância através do deserto, quando se viu forçado a uma parada brusca. Diante dele, bem no meio da vastidão arenosa, jazia um imenso disco de prata. Fora sem dúvida a magia negra do demônio que largara aquela coisa cintilante ali na areia do deserto. Fracassara no seduzir Antão por meio de tentações voluptuosas; não obtivera êxito em atemorizá-lo com fantasmas, demônios e espíritos; de modo que agora tentara despertar nele a concupiscência das riquezas do mundo, esperando, assim, atingir seu alvo, que era desviá-lo da estrada direta para Deus.

Antão não podia ser enganado tão facilmente. "Oh!" exclamou ele. "Reconheço nisto obra tua. Mas deves saber que tua vontade não poderá prevalecer contra a minha!" Depois que pronunciou estas palavras, a prata desapareceu como se tivesse sido absorvida pela areia do deserto.

Poucas milhas adiante, estava Antão atravessando um barranco quando um enorme pedaço de ouro subitamente bloqueou-lhe o caminho. Seu brilho era tão intenso que até mesmo o ofuscante sol do deserto não podia igualá-lo. Antão parou apenas um instante, como encegueciado pelo áureo esplendor, e sua mão, sobre a qual parecia ter perdido o domínio, estendeu-se ávida para o precioso metal. Mas justamente a tempo conteve-se, verificando que era de novo o demônio, procurando tentá-lo instilando nele o desejo cobiçoso pelos bens terrestres. Censurou-se e concentrou-se na oração, esperando libertar-se da visão áurea. Mas o pedaço de ouro, como se fosse mesmo uma coisa real, não se movia. Então valeu-se de um ardil próprio. Numa pronta decisão, pulou por cima do pedaço de ouro, como alguém que saltasse sobre um fogo flamejante, e, sem olhar para trás, correu, o mais depressa que podia, adiantando-se cada vez mais no deserto.

Depois de muitos dias, alcançou Antão, finalmente, o oásis de Meiamum, o moderno Der-el-Memum, último pouso nesta parte do deserto. Era aqui que ele tinha de desviar-se da estrada principal, na sua caminhada em direção ao monte Pispir. Antes de deixar o oásis, fez um trato com uma das pessoas que ali viviam. Duas vezes por ano, esse homem lhe levaria uma provisão de pão a seu abrigo no deserto. Antão prometeu pagar-lhe, em troca deste serviço, com o produto de suas esteiras de palma.

O monte Pispir, com suas cônicas formações rochosas, de um castanho-avermelhado, podia ser tomado como o arquétipo dessa vasta e desolada região. Depois de uma dificultosa subida, Antão atingiu por fim o platô, coroado pelas ruínas, roídas pelo tempo, de um forte abandonado. Suas paredes derruídas proporcionavam abrigo a chacais do deserto e a multidões de répteis inimigos da luz do sol. Antes de poder estabelecer-se ali dentro, teve Antão de limpar a abóbada subterrânea, sob as ruínas do velho forte, que havia escolhido para sua nova morada. Pôs para fora ou matou toda persistente multidão de chacais, serpentes e escorpiões.

Mesmo depois, porém, não iria achar paz nem repouso. Olhava ao redor de seu novo esconderijo e logo descobria que estava cercado de demônios, que entravam e saíam, andando por ali, atarefados, no antigo quartel sob as ruínas, como se aquele houvesse sido sempre a morada deles. Como conscienciosos mercenários do inferno, estavam sempre exercitando sua tarefa, mas sem dúvida, como humildes subordinados que eram, não tinham a seu dispor a arte e a habilidade de seu patrão. O próprio diabo, depois de dezesseis anos de esforços infrutíferos para seduzir Antão, havia-se transferido para vítimas mais prometedoras e deixara a seus escravos o encargo de conservar Antão ocupado e vigiá-lo continuamente, no receio de que ele pudesse aproveitar-se de um momento de descuido para lograr escapar-se para o lado de Deus. Isto explica por que os métodos agora empregados pelos adversários de Antão para atraí-lo, desviando-o de Deus, fossem completamente estúpidos e mesquinhos.

Quando Antão, emaciado e exausto, após severo jejum, agachava-se a um canto de seu quarto, um diabinho barrigudo aproximava-se dele, estalando os beiços, dando palmadinhas na pança cheia e prometendo ao eremita faminto todas as espécies imagináveis de festins luculianos. Quando suas vigílias se prolongavam até o meio da noite, via-se subitamente cercado por uma multidão de diabinhos, fedendo a inferno, bocejando sonolentamente e oferecendo-se para arranjar-lhe uma cama confortável de penugem de aves, onde pudesse espichar-se e reconfortar-se por algum tempo. Quando ele estava com sede, traziam bandejas cheias das melhores bebidas e sentavam-se em alegre beberronia. Quando tentava concentrar-se em suas orações, faziam um infernal pandemônio e quando estava atarefado em tecer esteiras, arrebatavam-lhe das mãos o trabalho semiacabado. Alguns procuravam lisonjeá-lo e prometiam-lhe glória e poder; outros ameaçavam-no; outros ainda ridicularizavam-no; e todos os servos do demônio tentavam, cada um a seu jeito, desviá-lo de sua vida de piedade e devoção.

Eram, para Antão, um aborrecimento contínuo, uma peste constante, e cada vez que os afugentava dali, voltavam com nova e diferente série de ardis estúpidos.

Mas Antão, a quem o grande inimigo, com suas poderosas armas de sensualidade e concupiscência das riquezas terrestres, não fora capaz de conquistar, não poderia por certo abalar-se pelas tentações em miniatura de toda aquela mesquinha miuçalha do inferno. Não consentia que o desviassem de qualquer uma de suas piedosas observâncias. E sempre, quando chegava a ocasião da entrega de nova provisão de pão pelo homem do oásis, as esteiras acabadas estavam prontas, esperando por ele, na cisterna.

Durante vinte anos, Antão passou seus dias na companhia daqueles turbulentos diabos, rejeitando-lhes as ofertas a tempo e a hora, rezando, jejuando e tecendo esteiras. E talvez ali houvesse ficado nas ruínas do monte Pispir, até o fim de seus dias, combatendo os diabinhos, dia após dia, se não houvesse ocorrido no mundo exterior alguma coisa que, de repente, veio ocasionar uma mudança em sua vida.

O homem que fora contratado para provê-lo de pão caiu doente e certa vez mandou em seu lugar um rapaz. Era um garoto bem esperto e a estranheza de sua missão despertou-lhe a curiosidade. Depois de haver posto o pão na cisterna, começou a observar o forte do deserto. De repente, ouviu um barulho que provinha de alguma parte por baixo das ruínas, e quando caminhou naquela direção, seguiu-se uma explosão de vociferações injuriosas, dentre a qual podia claramente distinguir diferentes vozes. Isto o afligiu, pois não podia deixar de pensar que o eremita talvez estivesse sendo atacado por bandidos. De modo que continuou a olhar e afinal descobriu uma abertura, através da qual podia avistar o interior do quarto sob as ruínas. Com grande espanto seu, o eremita ali estava, sozinho.

Excitado por esta estranha experiência, o rapaz voltou a correr para o oásis e relatou tudo quanto tinha acontecido. No dia seguinte, um grupo de homens encaminhou-se para as ruínas. Também eles ouviram as vozes injuriosas; também eles olharam através da fresta e viram que o eremita estava sozinho. A história que contaram de volta levantou todo o Meiamum e logo, em consequência, a população inteira partiu em peregrinação ao monte Pispir para resolver o enigma.

Chamaram e bateram nas paredes, mas quando nenhuma resposta veio, decidiram forçar a entrada. Nesse momento o eremita saiu ao encontro deles, calmo e imperturbável, e, às suas impetuosas perguntas, respondeu, ainda profundamente envolto no seu caso com os demônios: "Não tenham receio! Se um homem tem conhecimento de seus meios, os diabos não lhe podem fazer dano."

Ouvindo esta calma menção aos diabos, os homens e mulheres que o cercavam foram tomados de um acesso emotivo. Quando Antão notou que muitos recuavam amedrontados, confortou-os, dizendo: "Aqueles demônios estão apenas fanfarronando, com seus estúpidos ardis. Falam e ameaçam. Mas são apenas demônios menores e uma oração fervorosa basta para embaraçá-los."

Tendo assim falado, Antão deu as costas e regressou a seu quarto sob as ruínas. Mas a multidão, profundamente excitada, ao saber que o eremita do monte Pispir tinha conseguido vencer o eterno inimigo do homem, o diabo, desceu para o oásis e enviou uma caravana para espalhar a grande nova por todo o deserto. Dentro em pouco foi conhecido em todos os oásis de todas as partes do deserto, ao longo de todo o Nilo e por toda Faium, que havia um homem vivendo no monte Pispir, que havia vencido o demônio. Um santo! E ali chegavam, vindas através do deserto, de todas as direções, inumeráveis caravanas, cujo objetivo era o santo do monte Pispir. As escarpas do deserto e o vale de Meiamum dentro em breve se converteram num vasto acampamento para uma multidão de milhares de pessoas. Muitos tinham vindo por simples curiosidade, desejosos de ver com os próprios olhos o santo que havia dominado o demônio. Mas havia alguns também, torturados de preocupações e cuidados, que tinham vindo para receber o conforto e conselho de um homem a quem a santidade dotara de uma sabedoria mais do que humana. Havia os aleijados e os cegos, que esperavam ser libertados de suas doenças pelo toque da mão de um santo. E finalmente as multidões daqueles que buscavam Deus e tinham vindo para ficar e aprender com Antão o segredo da vitória sobre o demônio.

Chegavam todos às ruínas e chamavam o santo, perguntando-lhe se podia ouvi-los e responder-lhes às perguntas. E como o próprio Senhor havia, em certa ocasião, cumprido Sua missão entre os homens, da mesma forma Antão, Seu discípulo e santo, teria de fazê-lo agora.

Perceberam os diabos das ruínas que seu tempo estava perdido, que Antão escaparia deles para sempre, por meio das boas obras que o aguardavam lá fora. Redobraram seus esforços, inventaram novos ardis e tentações, bloquearam a saída. Mas os quarenta anos que o Senhor lhes concedera para tentar e experimentar Seu santo estavam terminados. Enviou Seus anjos, em radioso esplendor, para as ruínas, e eles tomaram Antão, levando-o para o alto. Quando os diabos viram isto, tentaram evitá-lo. Mas os anjos disseram: "Se vocês conhecem alguma ação má praticada por este homem, falem, e nós o abandonaremos a vocês."

Desta forma, foram os diabos confundidos. Não podiam responder, e os anjos pegaram Antão e subiram com ele bem alto, sobre as ruínas, depositando-o depois delicadamente do lado de fora dos muros.

Na idade de vinte anos, o jovem Antão havia obedecido à ordem de Deus, tinha deixado o mundo dos homens e retirara-se para a solidão. Agora, na idade de quarenta e quatro anos, achava-se de volta entre os homens. Mas isto também de acordo com a vontade de Deus, pois Deus tinha escolhido Antão para guiar aqueles que ansiavam por guia, e havia muitos desta espécie em meio da multidão no monte Pispir.

Durante décadas, este homem estivera em contato apenas com seres sobrenaturais e, agora, repentinamente, achava-se, frente a frente de novo com criaturas mortais. Quão diferentes eram estes dois mundos! Os fantasmas e animais do túmulo, os diabos sob as ruínas, e em contraste com eles essa piedosa gente, em busca desesperada de Deus! Quão diferentes eram as vozes confusas, odientas e injuriosas dos demônios, das vozes pueris e confiantes de homens piedosos! Durante quarenta anos tivera Antão de defender sua própria alma contra o demônio, mas agora tornara-se tarefa sua libertar as almas dos outros das garras do diabo. O homem, que tinha dominado o demônio, tinha de revelar-se dominador de novo, quando chamado a executar o trabalho para Deus entre os homens. De sua própria vida solitária no deserto, tirava ele a força para ser um chefe de homens. Ele lhes ensinaria o que a solidão lhe havia ensinado. Seu exemplo mostrava-lhes como a prece, o jejum e o trabalho podem sobrepujar as tentações dos sentidos e abrir o caminho que leva para Deus. A parábola bíblica da árvore seca que deu fruto tornou-se realidade e a árvore humana do deserto e da solidão produziu o fruto de uma comunidade ascética de homens.

O forte do deserto tornou-se um centro de vida. Os barrancos e grutas, os túmulos abandonados e as cisternas secas transformaram-se em abrigos para homens que rezavam fervorosamente a seu Deus, cantavam salmos e jejuavam e mortificavam seus corpos. Sob a direção de Antão, o paradoxo de uma comunidade de eremitas, de uma sociedade de homens que haviam abandonado o mundo dos homens, começou a tomar forma. Um mundo crescia sobre o qual o Príncipe deste Mundo não tinha poder. Só assim podia consumar-se o triunfo de Antão sobre o demônio, pois agora não era mais um mero indivíduo enfrentando o arqui-inimigo com firme resolução, mas um novo mundo de homens, completo e independente.

Antão permaneceu entre seus discípulos, até que a solidão se tornou para eles o que fora para ele a trave mestra da vida. Depois deixou-os. Abandonou o monte Pispir e penetrou mais no deserto. Ali viveu numa caverna, sobre um monte que era ainda mais alto, ainda mais inacessível, ainda mais desolado. O poder que o demônio havia tentado exercer sobre ele fora vencido, e pela primeira vez, pôde viver sem ser perturbado na contemplação de Deus. Mas apenas dois anos de sua vida terrena permitiu Deus que ele devotasse à desinteressada visão das coisas celestiais. As notícias de que no meio do deserto novo mundo havia surgido — um mundo de esplendor celestial sobre a terra — tinham-se espalhado para além do deserto e de Faium. Tinham atravessado o Alto e Baixo Egito, alcançado a Síria e todas as terras vizinhas. Em toda parte, nas cidades e nas vilas, homens abandonavam seus lares, renunciavam a seus bens terrestres e seguiam para o deserto, metendo-se em cavernas e vivendo uma vida de renúncia e solidão. Assim, certo dia, o segundo refúgio de Antão no deserto foi de novo cercado por uma multidão de homens clamantes. Sua obra, começada no monte Pispir, continuara a crescer e a espalhar-se e agora o alcançara de novo, lá no alto da sua clausura da montanha. As ladeiras e cristas do monte Pispir já se haviam desde muito tornado demasiado estreitas e o deserto, abrangendo a Tebaida e a Nítria, estava coberto de colônias de anacoretas, que haviam seguido as pegadas de Antão, desejosos de imitar-lhe o modo de vida.

De novo, teve Antão de retomar sua obra entre homens. Sua obra, que o havia acompanhado e que agora exigia que ele a completasse.

Enquanto Antão vivia entre homens, dedicava-se de todo coração às necessidades dos homens. Mas quando, cumprida a sua tarefa, retirava-se de novo para uma caverna isolada — e cada vez penetrava mais fundo no deserto, mais alto nas montanhas, e mais completamente isolado —, tornava-se de novo o mais solitário dos solitários, o santo da solidão. Como mediador entre Deus e os homens, tinha de viver por vezes em completa solidão, para ouvir a voz de Deus em toda a sua pureza e clareza, depois regressar ao convívio dos homens a fim de transmitir-lhes as palavras de Deus e deixar que Seus mandamentos assumissem realidade terrestre entre eles.

Como da fortaleza de um rei da solidão, do retiro montanhoso Antão olhava do alto o vasto reino de renúncia que seu exemplo havia feito crescer no deserto. Cinco mil homens, criaturas da piedade de Antão, mudos no seu silêncio, devotados em suas orações, presos no círculo de seus atos divinos, levavam ali uma vida de absoluta devoção às coisas eternas. A força do exemplo que ele dera tinha feito de Antão o chefe soberano de cinco mil homens livres, súditos por voluntária disciplina.

Depois, num dia do ano 311, o mundo exterior irrompeu no reino de espiritualidade sem fim de Antão. Uma torrente de angústia galgou até Antão. Um homem de Alexandria subiu até sua caverna e, com toda excitação com que o sofrimento mundano gosta de exprimir suas queixas, disse: "Em Alexandria, centenas e centenas daqueles que professam sua fé em Nosso Senhor Jesus Cristo são castigados em público, são enviados para as minas ou lançados na prisão, são torturados e queimados ou, para divertir a multidão no circo, são alimentados para servir de pasto a animais selvagens na arena." O homem continuou a explicar que o imperador Maximino Daia tinha ordenado a perseguição, e que oficiais romanos e gladiadores a estavam levando a cabo. Falava como alguém para quem a perseguição pelos carrascos do mundo significa dor e a quem a dor pode inspirar medo. Antão escutava-lhe as palavras como alguém que esteve face a face com o demônio encarnado. Esta história a respeito de editos imperiais e do fato de oficiais romanos que tentavam induzir os cristãos de Alexandria a abandonar sua vida de piedade não podia torná-lo cego ao fato de que o mesmo adversário de Deus, que o havia tentado em sua solidão, estava usando da fraqueza dos homens, lá embaixo na cidade, para levar adiante seus planos diabólicos. Resolvido a enfrentar seu velho adversário lá fora no mundo, com a mesma impávida confiança em Deus que tivera na solidão do deserto, Antão deu ao homem o seguinte recado: "Diga-lhes que irei!"

Antão deixou o deserto agora pela primeira vez. Estava com sessenta e um anos. Pôs-se a caminho de volta ao mundo, homem alto, pálido e emaciado pelo jejum, a barba e o cabelo desgrenhados. Seu único traje era uma branca pele de carneiro, que lhe descia até aos pés, e levava na mão direita um pesado cajado.

Desceu a íngreme encosta, atravessou com dificuldade a fulva areia do deserto e, seguindo as margens verdes do Nilo, continuou sempre a andar, até alcançar por fim as muralhas de Alexandria. Entrou na cidade pela Porta do Sol.

Até então, tudo quanto vira Antão do mundo fora Coma, a aldeia de sua infância, que consistia numas poucas choupanas de barro, e o deserto com seus arbustos e túmulos, suas ruínas dilapidadas e suas cavernas. Agora, pela primeira vez, punha o pé numa grande cidade, a segunda grande cidade do Império Romano e a mais populosa e mais bela do Oriente.

Um novo mundo cheio de cor estendia-se diante dele, em todo o turbulento alvoroço de uma cidade oriental. Via gregos de capas curtas, romanos de toga, judeus barbados de cafetãs de linho, árabes com albornozes, egípcios usando roupas listradas de várias cores, negros, cartagineses, e todos falando ao mesmo tempo nas suas muitas línguas nativas. Os olhos de Antão, acostumados ao matiz castanho-escuro, à calma estagnada dos rochedos do deserto, estavam deslumbrados por aquela orgia de cores, de movimentos; e seus ouvidos, acostumados ao silêncio infrangível, mal toleravam aquela maré afogante de barulho.

Poucos passos além da Porta do Sol, achou-se Antão cercado por uma multidão que gesticulava e vociferava, oferecendo cestos de frutas, jarros cheios d'água, doces, comida, tapetes, roupas, todas as mercadorias que tinham para vender. Ao mesmo tempo, prestidigitadores e truões, mágicos e dançarinos, tentavam atrair-lhe a atenção. Os diabos do monte Pispir não tinham sido mais persistentes e enfadonhos. Era aquilo o mercado de Racótis, o quarteirão egípcio de Alexandria.

Escapando daquele confuso turbilhão, Antão chegou ao pé de uma imponente escadaria, flanqueada por dois obeliscos e tendo como cúpula um gigantesco arco. Levava a um suntuoso edifício, adornado dos mesmos estranhos animais que Antão havia visto nos túmulos do deserto. Eram os relevos de Ápis, o boi sagrado, e o edifício, um templo do deus egípcio Serápis, era o centro da doutrina pagã nesta parte do mundo.

Caminhava agora Antão por uma longa avenida, ornada de ambos os lados por colunatas de mármore. Aqui via ele longas fileiras de pilares de pedra. Coroando cada um deles, havia uma cabeça esculpida, também feita de pedra e sem corpo. Eram os bustos de famosos filósofos gregos, eretos ao longo da rua que levava ao centro da cidade. Suntuosos edifícios de muitos andares atraíam-lhe a atenção. Atingira a parte mais elegante da cidade, o Bruquíon, onde as mansões dos ricos, os prédios da administração e os teatros municipais estavam localizados. Quanto mais andava, mais profundamente se sentia envolvido num mundo estranho e desconhecido. Era mais difícil para ele abrir caminho através da turbulenta multidão, do que através das massas infindáveis de areia no deserto. A cada poucos passos era obrigado a parar.

Homens passavam, trajados de mantos coloridos, com flores e animais bordados, gordas bolsas presas aos cinturões, como prova de sua riqueza, os vermelhos calções adornados de estrelas douradas que cintilavam mais ofuscantemente do que o pedaço de ouro no barranco do deserto. Mulheres de toucados escarlates roçavam nele, e, com suas túnicas transparentes, exibiam seus encantos mais desavergonhadamente do que a nua moça felá sob o sarçal.

Quando afinal chegou a um parque onde bordos, abetos e larícios ofereciam sombra e frescor, sentiu-se muito mais exausto do que sob o crestante sol do deserto.

O crepúsculo surpreendeu-o perto do porto, com seus longos cais de granito. A noite caiu, mas não lhe trouxe descanso para os olhos e os ouvidos. O barulho do porto misturava-se ao bramido do mar, e uma luz cortava as trevas, mais fantástica do que os fogos-fátuos dos espíritos infernais no túmulo. Era a luz do famoso farol, símbolo do grande porto, erguendo-se a uma altura de quatrocentos pés, na pequena ilha de Faros.

Na madrugada da manhã seguinte, o turbilhão colorido da vida metropolitana estava de novo em pleno curso. Antão, contudo, não se mostrava impressionado por ele. Como tampouco ficara impressionado pelo pedaço de ouro no deserto! Para ele a pompa da cidade não passava de uma ilusão diabólica. E assim continuou a andar, até chegar por trás da deslumbrante fachada de Alexandria, onde o diabo prosseguia sua obra abertamente, onde seus obedientes servos torturavam os piedosos discípulos de Cristo.

Os "obedientes servos do demônio" eram oficiais imperiais, juízes, legionários, guardas de prisão, carrascos, que levavam a cabo as perseguições cristãs que Maximino Daia, o imperador romano do Oriente, havia ordenado. Daia era um pagão supersticioso e pensava que a causa do declínio do império estava no desprazer dos velhos deuses, encolerizados pela tolerância que se tinha para com o Deus dos Cristãos. Para reconquistar o favor dos deuses e salvar o império, Daia ordenou que os cristãos abjurassem sua fé e se sacrificassem aos deuses oficiais. Aqueles que o recusassem deveriam ser mortos, sacrificados aos grandes deuses de Roma. O império decadente, perdida a coragem militar, face a face afinal com o colapso econômico, era presa de terrores supersticiosos, via em cada desastre a obra de poderes demoníacos e reagia contra tudo isto com fanática crueldade.

Nos tribunais de Alexandria, sentenças e mais sentenças eram dadas contra os cristãos; as prisões estavam apinhadas deles; eram arrebanhados em estreitas celas e tratados como réus de alta traição. Eram supliciados, chicoteados e torturados, e, quando ainda assim se recusavam a abjurar sua fé, eram mandados para a Tebaida, para trabalhos forçados nas pedreiras de pórfiro.

Na antessala do hipódromo, havia sempre grupos de cristãos, vestidos apenas de peles de animais, esperando sua sorte — serem lançados às feras na arena. Fora dos muros da cidade erguiam-se piras sobre as quais outros teriam de sofrer a morte de mártires.

A alta e branca figura do santo do deserto, como visitante vindo de um mundo melhor, apareceu de súbito na prisão de Alexandria, em meio da multidão de cristãos algemados. Viera para consolar os que sofriam, para fortalecê-los na sua fé. Trazia-lhes a palavra de Deus, que lhes fora negada por tanto tempo, pois seus padres estavam na prisão, suas igrejas fechadas e seus escritos sagrados queimados em público. "Sede fortes na fé", dizia ele. "A vitória é vossa, pois dentro em breve vossas cadeias serão partidas e gozareis da glória celeste."

E unissonamente respondiam os prisioneiros:

"Se morrermos com Ele, viveremos com Ele.
Se padecermos com Ele, reinaremos com Ele.
Se O negarmos Ele nos negará."

Guardas rigorosos eram postados nas portas da prisão. Ninguém tinha permissão de entrar. Mas quando a estranha figura do santo macilento se aproximava, os guardas enchiam-se de respeitoso temor e, em vez de detê-lo, afastavam-se para um lado e deixavam-no passar.

Carcereiros empedernidos mantinham vigilância sobre os prisioneiros, mas não impediam o estranho de saudar os fiéis com o proibido sinal da cruz. Não algemavam, mas deixavam-no entrar e sair à vontade. Este homem, que ousava entrar ali por sua livre escolha, não agia assim por sua própria força apenas. Tal ousadia não podia ser imaginada. Deveria ser aquele estranho Ser, o Deus dos Cristãos, que o assistia e inspirava, dando-lhe força.

No acampamento, onde os condenados a trabalhos forçados aguardavam a partida, ouviu-se subitamente a voz do santo do deserto: "Permanecei fortes na fé! Vossa marcha para o exílio vos conduzirá ao triunfo e à vitória." Os olhos das vítimas tornavam-se brilhantes. De hinos nos lábios, partiam como se o fizessem para uma jornada de prazer e alegria. Os guardas batiam nos presos para apressá-los. Mas nenhum guarda ousava tocar o santo, que permanecia no meio deles. Sua intrépida coragem só poderia ser o dom de um demônio poderosíssimo.

Nas câmaras de tortura, alinhavam-se os prisioneiros para serem flagelados. O santo aparecia entre eles. "Sede fortes na fé!", dizia ele. "O Senhor cicatrizará vossas feridas!" E os gemidos de dor transformavam-se em hinos de louvor. Nenhum chicote se levantava contra o estrangeiro, de receio do cajado que ele trazia na mão, o qual só poderia ser o instrumento de um poder mágico.

Na antessala do hipódromo, em meio dos cristãos envoltos em peles de animais, apareceu o santo do deserto e disse bem alto: "Sede fortes na fé! Aquele que padece conquistará!" E nenhum dos incrédulos ousava lançar uma pele de animal sobre os ombros do santo. Se batesse no chão com seu cajado, a terra se abriria e tragaria quem quer que ousasse insultá-lo.

Fora dos muros da cidade, cristãos estavam sendo queimados. De olhos moribundos viam o santo, que aparecia subitamente entre eles. Ouviam a voz do mensageiro de Deus, que os confortava e aconselhava a permanecerem fortes. Morriam com um sorriso nos lábios e sua derradeira palavra era: "Creio!" Depois, enquanto se empilhava lenha para novas fogueiras, o santo ficava ali perto, gritando no mesmo elevado tom de voz o mesmo desafio: "Creio!" Contudo ninguém ousava erguer um dedo contra ele.

O juiz do mais alto tribunal não despachava intimações para obrigar o estrangeiro a comparecer perante ele, mesmo que fosse mais culpado do que os outros cristãos, mesmo que tivessem sido mais flagrantes suas ofensas aos deuses oficiais, pois fora ele que havia incitado os outros a permanecerem firmes na sua adesão ao Deus estrangeiro.

Contudo, mesmo que não houvesse sido intimado, certo dia surgiu o santo em meio dos acusados sentados no banco dos réus. Viera de espontânea vontade. "Sede fortes na fé!", disse ele, confortando os prisioneiros. "Se fordes condenados aqui, sereis absolvidos no Céu!" Depois, cada um deles, chegada a sua vez, afirmou sua crença: "Creio!" E eram levados para fora. Por fim, ninguém mais restou no banco dos prisioneiros, senão o santo. O promotor de justiça não havia preparado processo contra ele e o juiz abandonou o tribunal a toda a pressa.

O governador era responsável perante o imperador pela meticulosa execução dos editos imperiais. Deveria ter sido dever seu deter aquele homem cujas atividades, em Alexandria, não podiam ser interpretadas senão como perigosas para a segurança do Estado. Contudo, o governador nada fez para intimar o estrangeiro a comparecer à sua presença. Temia o desprazer do imperador e dos deuses, mas temia mais ainda a cólera desse estrangeiro, que era tido como feiticeiro e mágico.

Certa manhã, estava o governador em seu gabinete, quando entra um homem correndo, com a notícia de que o terrível estrangeiro se aproximava do palácio. "Detenha-o!", ordenou o governador. "Não permita que ele entre no meu palácio!" Mas nenhum dos guardas do portão e nenhum dos servos de dentro teve a coragem de bloquear-lhe a passagem. Sem ser molestado, acertou o caminho para a sala do governador e lá entrou. O governador estava por demais tolhido para pronunciar uma palavra e pôde apenas escutar mansamente a trovejante arenga que o estrangeiro proferiu no seu dialeto copta. Durante todo o tempo, olhava cheio de temor para o nodoso cajado, pois qualquer movimento dele poderia indicar que o estrangeiro estava a ponto de invocar-lhe o mágico poder para escancarar a terra e tragar tanto o governador como seu palácio. Quando a branca figura por fim se foi e o governador viu-se ainda ileso em seu gabinete, lançou um profundo suspiro de alívio.

Todos da pagã Alexandria lançaram um profundo suspiro de alívio quando o "demônio da cristandade", com seu nodoso cajado de feiticeiro, abandonou a cidade. O "demônio" fora embora mas sua mensagem permanecia. Continuava a viver e demonstrava sua energia vital, auxiliando os cristãos perseguidos a manter sua heroica resistência.

Quando Antão deixou Alexandria era já o ano 312. A derradeira perseguição, a derradeira tentativa organizada de desarraigar a religião cristã chegava a seu termo.

De volta ao deserto, retomou Antão sua vida de solidão. Durante os anos que se seguiram, anos que ele gastou afastado do mundo e do tempo, na contemplação de Deus, teve lugar uma decisiva mudança histórica no mundo, para além de seu desértico domínio. "Nosso número crescerá, mesmo que a vossa espada tente reduzir-nos, pois o sangue dos mártires é sementeira de cristãos!" Estas proféticas palavras, proferidas no começo da era das perseguições cristãs, foram finalmente realizadas. Romanos e mais romanos, de todas as estradas da vida, de todas as classes sociais, convertiam-se à fé da Cruz. Altos oficiais, dignitários, soldados, homens e mulheres, até mesmo cortesãos da roda do imperador pagão, saudavam-se uns aos outros, abertamente, com o sinal da cruz.

O novo imperador, Constantino, o Grande, estava-se preparando para uma decisiva batalha contra seu rival Maxêncio. Desceu dos Alpes para o norte da Itália e ali implorou a seu deus Apolo que o favorecesse com um sinal. Mas Apolo conservou-se silencioso. Seu tempo de sinais e milagres havia passado.

Depois, subitamente, no azul sem nuvens do firmamento, viu Constantino aquilo que ele sabia ser o símbolo de fé adotado pelos cristãos. E por baixo dessa visão flamejante, leu estas palavras, escritas a fogo: "Com este signo vencerás!"

Compreendeu a profecia e adotou a Cruz como sua divisa. O monograma das duas primeiras letras do nome de Cristo estava inscrito em grego no estandarte imperial e gravado nos escudos dos soldados. Dessa forma, pôs-se o exército em marcha para a batalha decisiva contra Maxêncio. Na ponte Milviana, fora de Roma, Constantino derrotou seu adversário e chegou à conclusão de que o Deus dos Cristãos havia ganhado aquela vitória para ele. Convencido da invencibilidade da Cruz, promulgou em Milão o famoso edito de tolerância, pelo qual eram concedidos aos cristãos plena proteção e o direito de livre culto público. Dentro de poucos anos, a fé perseguida tinha-se tornado a religião oficial do império.

Um dia, o pequeno oásis de Meiamum encheu-se de agitação. Havia chegado uma caravana tal como nunca vira antes o deserto. Nobres suntuosamente trajados, montados em camelos, acompanhados por escravos, intérpretes e guias. Depois chegou uma caravana de camelos de carga, trazendo toda espécie de equipamentos de viagem, água e alimentos, roupas e tendas. Os viajantes haviam vindo de muitíssimo longe. Haviam partido da capital do império, cruzaram o oceano e o deserto, sendo Meiamum seu destino. A história que contavam era difícil de acreditar pelos habitantes simples do oásis. Vinham por ordem de Constantino, o "divino imperador", e traziam uma mensagem para o santo do deserto. A aldeia inteira porfiava em pôr-se a serviço dos nobres visitantes que pagavam profusamente cada sugestão ou auxílio que recebiam. Alguns dos aldeões que, de vez em quando, carregavam água e alimento para o monte Pispir em troca de esteiras prontas de palha, ofereceram-se para escoltar os estrangeiros até o limite do "reino das cavernas". Uma cisterna seca, no sopé da montanha, onde costumavam eles depositar provisões, marcava o ponto além do qual não lhes era permitido ir. Não havia guardas, não havia sinal de advertência, mas a lei tinha suas raízes na reverência do coração deles, que lhes proibia, na sua indignidade, de pôr o pé sobre o domínio sagrado daqueles que haviam renunciado ao mundo.

Os aldeões disseram a senha. Depois de algum tempo, um homem emaciado, de aspecto rústico, emergiu de uma das cavernas, visivelmente atemorizado pelo extraordinário espetáculo ali na cisterna. Levou algum tempo a destacar-se suficientemente de seu mundo de solidão, de prece e de mortificação, para compreender as coisas mundanas que os estrangeiros estavam discutindo. Finalmente compreendeu que estavam ali por ordem do "imperador dos cristãos" e traziam uma carta do supremo chefe para o santo do deserto. Explicou que não podia ser guia deles, porque não sabia onde estava o santo. Apenas dois homens, em todo o povoado, sabiam o caminho, mas o retiro deles achava-se quase a duzentas cavernas mais no alto, em alguma parte, em meio do caos de rochedos e barrancos. Levaria um dia, concluiu ele, para ir e voltar da cisterna com um dos homens que poderia servir-lhes de guia.

Os emissários do imperador tiveram de esperar pacientemente na cisterna. No dia seguinte Macário, o homem que conhecia o caminho, apareceu. Esquadrinhou, suspeitoso, os estrangeiros, com suas roupas suntuosas, da cabeça aos pés, pois queria ficar inteiramente certo de que não eram eles justamente uma outra daquelas visitas ardilosas do demônio. Foi-lhe novamente dito, mais de uma vez, que estavam ali por ordem do "imperador dos cristãos" e, finalmente, concordou em guiá-los até padre Antão. Mas tinham de deixar, junto à cisterna, todos os seus camelos e escravos, sua bagagem, seus odres de água, sua comida e suas roupas.

Caminharam através de uma terra cheia de silêncio. Os homens que viviam ali permaneciam invisíveis, ocultos em suas cavernas. Afundando-se na areia, galgando as ladeiras rochosas e descendo de novo através de vales e barrancos, era aquela uma caminhada árdua para a gente corrompida da cidade. Caminharam durante dois dias e duas noites e, quando finalmente atingiram o lugar onde o santo se achava retirado, sentiam-se exaustos, extenuados, torturados pela fome e pela sede.

Macário subiu até a caverna para anunciar a chegada da missão do imperador. Mas, ao alcançar a abertura, parou reverentemente e depois voltou. O santo estava ocupado com suas devoções e não podia ser perturbado. Suas orações duravam horas. Quase um dia inteiro se passou, até que houvesse ele terminado e Macário pudesse anunciar a chegada dos estrangeiros.

"Padre", disse o discípulo, "o imperador dos cristãos enviou um legado trazendo-lhe uma carta."

Mas Antão não se mostrou impressionado. "Não lhe deveria causar surpresa", disse ele, "que o imperador me tenha escrito, como um homem a outro homem. Mas pode surpreendê-lo saber que Deus acaba agora mesmo de falar-me!"

Com solenes cerimônias, o legado entregou a Antão o rolo imperial. Quebrou o selo e desenrolou o papiro. Como não era hábil na arte de ler, e entregou o documento a Macário, para que este pudesse interpretar-lhe o conteúdo. "O imperador — disse Macário — teve conhecimento de vossa santa vida e vos pede que o aconselheis como poderá ele viver e governar no verdadeiro espírito de Nosso Senhor. Pede-vos que lhe envieis vossa resposta e que lhe mandeis vossa bênção." Antão, nada familiarizado com a arte de escrever, confiou a Macário a tarefa de traçar sua resposta nas costas do papiro. Quanto a essa resposta, não teve hesitação. Certo, como poucos outros haviam sido, de como devia ser a vida no espírito do Senhor, ditou sem uma pausa: "Praticai a humildade e desprezai o mundo, e lembrai-vos de que no dia do juízo, tereis de prestar contas de todos os vossos atos."

Enquanto os emissários do imperador se curvavam profundamente e se empenhavam nas cerimônias prescritas de despedida, Antão fez o sinal da cruz sobre eles e retirou-se de novo para o interior de sua caverna. O legado regressou, levando ao imperador do mundo o conselho rigoroso que o santo da renúncia lhe havia dado.

Dentro em pouco o humilde oásis de Meiamum tornou-se um florescente centro turístico. As simples choupanas de barro foram transformadas em estalagens e os aldeões tornaram-se carregadores d'água, comerciantes e guias através do labirinto de rochedos, até o monte Pispir e seu povoado de anacoretas. Desde que o imperador dos cristãos havia enviado seus emissários a pedir o conselho do santo do deserto e sua bênção, a natureza dos viajantes, que paravam em Meiamum para indagar do povoado dos eremitas, havia mudado. Não eram mais exclusivamente peregrinos, metidos em burel, porém, mais e sempre mais frequentemente, cristãos nobres e ricos, que vinham para imitar o exemplo dado pelo imperador e pedir a padre Antão para lançar sua bênção sobre seus negócios seculares. No começo, chegavam estes homens principalmente de Alexandria e das próximas cidades egípcias, mas depois de certo tempo apareceram entre eles outros que tinham vindo da Síria e até mesmo de bem mais distante, da Itália. Às vezes, delegações inteiras, tais como as das municipalidades de Ravena e Milão, pararam em Meiamum, a caminho para verem o famoso santo do deserto.

Lá na cisterna, cada novo recém-vindo era interrogado rigorosamente por Macário, o discípulo de Antão. "Por que viestes aqui? Que desejais?" Se o recém-chegado era um peregrino vestido de burel, ávido de ficar e achar refúgio naquele reino de renúncia do mundo e da mundanidade, Macário escoltava-o pelo caminho íngreme, até a caverna do padre, que lhe ensinava o modo de vida agradável a Deus. E a palavra da senha era "Jerusalém!"

Mas se o homem era um simples turista, um daqueles que se apresentavam na cisterna com ricas roupas e bolsas repletas amarradas ao cinturão, desejando obter do santo seu conselho e sua bênção para seus negócios mundanos, Macário levava-o primeiro à sua própria caverna. Ali instruía-o na doutrina que Padre Antão havia resumido para o imperador do mundo: "Praticai a humildade, desprezai o mundo, e lembrai-vos de que no dia do juízo, tereis de prestar contas de todos os vossos atos." Somente depois é que o levava até à caverna do santo. E a palavra de senha era "Egípcio!". Antão saía, erguia a mão, abençoando, e retirava-se de novo para sua caverna.

A despeito deste cuidadoso exame de que estava encarregado Macário, o número de "egípcios" continuava a aumentar. Perturbavam Antão na sua contemplação divina. Um dia, Macário subiu com um peregrino e a senha com que anunciou sua chegada foi: "Jerusalém!" Não recebeu resposta. Entrou na caverna. Estava vazia.

Naquele mesmo momento, o velho eremita estava bem distante, descansando sobre um rochedo de onde podia avistar toda a Tebaida. Havia caminhado um dia inteiro, buscando um retiro onde pudesse retomar sua vida de solidão, desconhecido e tranquilo. Mas aonde quer que fosse, encontrava o deserto habitado por anacoretas cansados do mundo. Seu reino havia-se espalhado bem adentro da Tebaida e em parte alguma havia um lugar onde pudesse ocultar-se daqueles que o buscassem.

A noite chegou e passou. Nova aurora brilhou e ele não podia ainda decidir qual caminho tomar. Então viu à distância uma imensa nuvem de areia, movendo-se rapidamente na sua direção. Quando chegou ela mais perto, viu, em meio da nuvem de poeira, homens armados de lanças e sabres, montados em camelos e cavalos, e rebanhos de cabras e gazelas domesticadas. A primavera havia chegado e, na primavera, os beduínos estavam de mudança do deserto para as terras distantes, ao longo da costa, em busca de novas pastagens para seus rebanhos.

Antão decidiu juntar-se àqueles nômades do deserto. Não sabiam, nem cuidavam de saber quem fosse o velho. Mas o destino deste e o deles convergiam na distância. Depois do primeiro dia de jornada, chegaram a uma parte do deserto ainda inteiramente desabitada. Eram longos trechos sem nada mais senão areia e além desta rochedos e barrancos. Durante três dias viajaram juntos através daquelas regiões desoladas.

Os companheiros de Antão eram pagãos a quem o deserto havia ensinado a andar com sede e com fome. Antão era um asceta que andava com sede e com fome, por causa de sua fé. Compreendiam-se uns aos outros no seu poder de renúncia. Os beduínos eram silenciosos, porque o deserto havia-lhes ensinado a ser calados. Antão era silencioso porque obedecia a um mandamento interior. Compreendiam-se uns aos outros ao serem silenciosos. Os nômades pagãos, eternos emigrantes, estavam mais perto dele do que os cristãos ricos que viviam nas mansões do mundo.

Juntos cruzaram a vastidão central do deserto árabe. Depois, Antão e seus companheiros atravessaram a planície de Bacará. Longe, à distância, à sua direita, passaram pelo monte Colzin, a cujos pés, muitos séculos no futuro, iria ficar a cidade de Suez. Chegaram para descansar a um platô, onde encontraram uma fonte e algumas palmeiras raquíticas, com frutos maduros. Dali podiam descortinar a linha costeira e, para além do oceano, os picos do monte Sinai. Os beduínos tinham ainda um dia de viagem até chegarem às verdes pastagens à margem do mar Vermelho. Mas Antão havia chegado a seu destino. Perto da fonte, havia uma caverna e nela poderia ele viver sua vida de absoluta reclusão.

Ali permaneceu durante vinte anos. Vinte anos de culto sossegado, que foram para ele um momento eterno de bendita absorção em Cristo e Deus. Mas para seus companheiros cristãos lá no mundo, estes mesmos vinte anos foram uma sucessão vexatória de querelas teológicas, a respeito da definição correta do conceito de Deus e da divindade de Cristo.

Desde a conversão de Constantino, o cristianismo não foi mais uma seita perseguida. Era agora uma religião poderosa, e os cristãos tinham de defrontar diferentíssimos problemas. Como a mais premente das tarefas de fortificar sua Igreja, estava a formulação de um dogma definitivo; só este poderia garantir a difusão universal e a permanência de sua fé. O resultado foi uma áspera controvérsia a respeito da natureza de Cristo. Basicamente, era esta a questão: dever-se-ia considerar o Senhor, cujas iniciais ornavam agora os escudos das legiões do imperador e cuja Cruz de martírio aparecia com grandeza simbólica nas praças de mercado das cidades e burgos, como um Deus que havia assumido forma humana ou simplesmente como um homem que atingira uma perfeição quase divina? O conflito era de consequências fatais e sua decisão formou o dogma que tem permanecido como fundamento da Igreja estabelecida desde então.

Para os gregos pagãos, com sua clareza racional, a doutrina cristã da identidade de Deus Pai e de Deus Filho tinha sempre parecido "estranha loucura". Mesmo entre a cristandade grega, algumas destas dúvidas sobreviviam. Então Ario, presbítero de Alexandria, tentou tornar a fé cristã mais prontamente acessível ao espírito cético e especulativo dos gregos. Repôs o insondável mistério em termos racionais. Estribando-se na autoridade de certas passagens da Escritura, insistia que só Deus era incriado e eterno e concluía disto que Cristo tinha que ser uma criatura de Deus e, como tal, sujeito às leis da instabilidade e da transição. Com este dogma, que ia a meio caminho da razão humana, Ario conquistou os gregos de Alexandria, filosoficamente adestrados, bem como, mais tarde, por meio de hábil popularização de seus sermões, grandes massas do povo comum.

Alexandre, o arcebispo ortodoxo de Alexandria, olhava a inovação de Ario como perigosa heresia. Ordenou ao presbítero que cessasse de difundir sua doutrina, e, quando Ario se recusou a obedecer, Alexandre excomungou-o.

Ario reagiu com clara rebelião. Pediu a muitos dos mais influentes bispos da Igreja Oriental — entre eles Eusébio, o bispo da sede imperial de Nicomédia — que examinassem seus ensinamentos e conseguiu assegurar-se a sanção e o apoio deles. Assim, o padre excomungado veio a tornar-se o cabeça de uma considerável facção, um perigoso adversário da cristandade ortodoxa.

Nesta crise, a doutrina tradicional foi vigorosamente mantida pelo jovem diácono Atanásio. Sua eloquência tinha o mesmo poder de fascinação da de Ario e, por meio dela, conseguiu comunicar novo vigor e vitalidade à doutrina da identidade de Deus e de Cristo. Como fundamento para essa controvérsia, de que Deus Pai e Deus Filho eram um só, citava as próprias palavras de Cristo: "Eu e meu Pai somos só um."

Em breve a apaixonada controvérsia entre Ario e Atanásio ultrapassou os limites da diocese de Alexandria. Bispos e padres da Síria à Itália, da Espanha às praias do mar Negro, eram partidários veementes pró ou contra uma ou outra causa. Todavia, não apenas teólogos, mas as massas e as classes, a população inteira, tomaram parte na disputa. Altos dignitários imperiais, bem como marinheiros de mais baixa extração, operários, bem como ociosos parasitas estavam nela envolvidos. Tão grande era a excitação que verdadeira revolta rebentou na própria cidade de Alexandria. Dentro em breve, toda a cristandade estava dividida em dois campos opostos e o problema da identidade de Deus e Cristo viera a tornar-se um problema político, afetando o império inteiro.

O próprio imperador teve de interferir, tentando servir de mediador entre as facções combatentes.

Constantino era de coração ainda realmente um pagão e, a princípio, todo aquele conflito lhe pareceu uma rixa pedante de teólogos. Seu poder como chefe, porém, estava dependendo, em larga escala, de seus partidários cristãos, e assim decidiu-se a preservar a unidade da Igreja a qualquer custo. Sua tentativa de mediação, enviando um delegado a Alexandria, fracassou e, em 325, convocou um concílio geral, a realizar-se em Niceia, perto da sede imperial de Nicomédia, onde um credo compreensivo e unitivo deveria ser formulado.

Trezentos bispos, de todas as partes do mundo, compareceram à convocação do imperador. Vieram do Egito e da Ásia Menor, da África, da Espanha e da Itália, das montanhas do Cáucaso, da Armênia e da Pérsia. Vieram de navio, através do mar da Ascânia, ou por terra, a cavalo, a jumento, a mula, acompanhados de padres e escravos.

O imperador empregou toda a pompa de sua soberania para prover de uma sede digna este primeiro grande concílio da Igreja. Funcionários da corte — até havia pouco perseguidores mortais dos cristãos — estavam em festivo serviço e as armas dos legionários — usadas não havia muito em cruéis tentativas de suprimir a fé cristã — eram erguidas para saudar os hóspedes que chegavam. Em solene procissão, a guarda imperial escoltava os bispos até o palácio.

O próprio concílio, com seus agudos contrastes, era um acontecimento que o mundo jamais vira igual. No salão da assembleia, magnífico altar fora erigido e, diante dele, o imperador estava sentado num trono de ouro. Dali presidia ele com seu traje de pesada seda púrpura, bordado de pedras preciosas. A dignidade de seu porte, a contenção de sua fisionomia, eram a majestade encarnada. Mas a seus pés, mais embaixo no salão, os bispos, com suas apaixonadas disputas, ofereciam um espetáculo de turbulenta discórdia. A maior parte deles trazia ainda as marcas do martírio que haviam sofrido. Com corpos mutilados, escaldados, queimados ou cegos pelos seus opressores, estavam agora engajados numa luta pela verdade de sua doutrina. "Cristo é um homem!" "Cristo é Deus!" "A verdade é razão!" "A verdade é mistério!" "A Escritura prova que há um só Deus!" "A Escritura prova que Cristo é Deus!"

Os bispos combatiam em grego. O imperador só falava latim, mas via os disputantes excitados e o montante de suas palavras era-lhe sumariado por um intérprete. Era-lhe difícil compreender a causa de tanto barulho.

O problema como tal deixava-o frio. Desejava um acordo e isto dissera no apelo que dirigira em latim aos bispos em assembleia.

Para satisfazer o desejo do imperador, tentaram os bispos estabelecer uma definição de Cristo que pudesse mostrar-se aceitável por todos. "*Homo-ousion*", sugeriu um dos chefes ortodoxos, "igual em essência". "*Homoi-ousion*", corrigiu um dos bispos arianos, "semelhante em essência". A diferença era apenas de um i, a menor letra do alfabeto grego. Com renovada fúria a contenda incendiou-se de novo a respeito da correta definição de Cristo e a respeito do i, que deveria haver ou não haver nela.

"A respeito de que estão eles discutindo agora?" — perguntou o imperador, cuja paciência estava sobremodo esgotada. "A respeito de uma letra!", respondeu o intérprete. Mas os contestantes sabiam que o i, que os separava, era também uma separação do céu e da terra, de Deus e do homem.

Constantino ficou cansado do debate infindável e insistiu por uma decisão.

Quando os votos foram lançados, "*homo-ousion*" triunfou sobre "*homoi-ousion*", Atanásio sobre Ario, Cristo Deus sobre Cristo Homem, o mistério sobre a razão. Duzentos e vinte bispos assinaram o credo de identidade de essência. Os que se recusaram foram estigmatizados como heréticos e o anátema da Igreja lançado contra eles. Por decreto imperial, a decisão do concílio tornou-se lei obrigatória em todo o império.

Aparentemente, fora restaurada a unidade da Igreja. Mas a decisão do concílio e o anátema da Igreja não eram bastantes em si mesmos para erradicar a heresia da razão. Era banida do largo do mercado, mas vivia por trás de portas fechadas, na conversa secreta e nas cartas confidenciais.

A derrota em Niceia estimulou Ario para que lutasse com maior determinação. Era um organizador nato e sabia como entrar em contato com seus ocultos simpatizantes, tanto no Ocidente como no Oriente, nas alcovas de senhoras como nas galés, nas mansões episcopais como nas barracas. Sabia como fazer uso, tanto dos modos da população como das intrigas da corte. Conhecia bem a impressão que causavam os chavões simples e o valor publicitário das melodias populares e conseguia encaixar sua doutrina numa canção, com todas as marcas de uma alusão direta.

Dos púlpitos, era proclamado o credo de Niceia, o mistério da divindade de Cristo; mas as multidões da rua cantarolavam a canção da heresia ariana: "Cristo foi apenas um homem!" E cada vez mais casualmente, a canção rebelde das multidões da rua era ouvida nos lares, em reuniões privadas ou em banquetes em Nicomédia. Uma lei imperial tornou ofensa, suscetível de punição, a adesão à doutrina ariana. Mas a irmã do imperador, Constância, cortesãos de Nicomédia e até mesmo Eusébio, o bispo da sede imperial, eram simpatizantes de Ario. E dentro em pouco, os bispos arianos exilados estavam de volta a suas sés e os bispos atanasianos incorriam em desfavor. De modo que veio a acontecer que a heresia "fosse protegida e mantida dentro do aprisco que a condenara".

A pressão que os arianos pudessem vir a suportar aumentava e o imperador, a cuja solicitação fora Anio exilado, insistia agora pela sua reintegração na Igreja. Atanásio, que fora feito arcebispo de Alexandria em cumprimento dos derradeiros desejos de seu predecessor Alexandre, rejeitou a recomendação do imperador. Chegou, então, sua vez de ser mandado para o exílio. Após a morte de Constantino, regressou ele à sé episcopal e a cidade lhe fez entusiástica acolhida. Toda Alexandria estava cintilante de luzes e a estrada do porto até o seu palácio coberta de preciosos tapetes.

Mas removidos os tapetes das ruas e apagadas as luzes, o bispo regressante contemplou sua cidade à luz do dia comum. Notou então, com grande desgosto, que a doutrina herética havia aproveitado sua ausência, lograra acesso até o âmago de seu domínio, clandestinamente aqui, em lamentável confissão ali e, afinal, mesmo em aberta rebelião. Quando pregava de seu púlpito, não estava mais dirigindo-se a um rebanho unido na fé. A congregação de fiéis estava intercalada de oponentes arianos que faziam o melhor que podiam para interromper o sermão. A revelação divina era contestada pela força de doutrinas da razão e a casa do Senhor assemelhava-se a um foro de debates públicos.

Por todo o Ocidente e também em largas porções do Oriente, tinham os arianos adquirido força. Agora o Egito, a derradeira fortaleza restante da fé ortodoxa, estava ameaçado de tombar vítima da doutrina herética. Se o Egito caísse, Cristo perderia seu derradeiro e mais forte bastião.

Com todo o fervor de sua fé, Atanásio tentou reconquistar os desertores, mas em sua fria razão os heréticos permaneciam incomovíveis. Podia ele citar as Escrituras ou referir-se aos padres, mas cada prova era contraditada por outra, cada passagem da Bíblia confrontada com uma que provava o contrário e cada argumento dele suscitava um contra-argumento dos outros. Em virtude de seu poder episcopal, Atanásio excomungava os heréticos, mas estes carregavam com orgulho seus anátemas, convictos de que eram eles que estavam lutando e sofrendo pela verdadeira fé.

Naquele tempo, não era ainda o papa reconhecido como autoridade infalível em matéria de dogmas. Os imperadores cristãos reclamavam o direito de decidir disputas religiosas dentro de seus reinos.[1] E o novo imperador, Constâncio, filho de Constantino, era partidário do arianismo. Parecia haver uma conspiração diabólica do mundo inteiro contra a divindade de Cristo.

Mas se o mundo não podia prestar auxílio, o deserto poderia. No deserto havia um santo que tinha visto a divindade de Cristo, que havia-lhe falado dentre uma visão de luz sobrenatural. Cristo havia-o recebido por Sua divina graça, havia-lhe enviado Seus anjos e o libertara dos demônios das trevas.

Era um testemunho vivo da divindade de Cristo. E foi para ele que Atanásio apelou nesta hora de necessidade.

Escolheu seus emissários dentre seus mais fiéis partidários. Sobre camelos e mulas, partiram no cumprimento de sua missão. A tarefa que tinham diante de si, de encontrar o santo e trazê-lo a Alexandria, não era nada fácil. Por fim chegaram à cisterna do monte Pispir e indagaram onde estava o santo, mas não receberam resposta. Desde o dia em que Macário fora ver Antão e encontrara sua caverna vazia, não tentara acompanhar o eremita. Sabia e compreendia que Antão desejava ficar sozinho com Deus. Agora a Igreja estava à sua procura, porque o próprio Nosso Senhor Jesus Cristo estava em perigo, e Macário e seu companheiro e discípulo Amanas prontificaram-se a satisfazer o pedido dos delegados do bispo de ajudá-los na sua difícil busca.

Viajaram do monte Pispir e Tebaida. Os homens que viviam ali eram eremitas em suas cavernas e nenhuma caverna sabia coisa alguma da outra. Repetidas vezes atravessaram o oásis, mas todas as suas indagações a respeito de um homem que saíra para o deserto, havia uns vinte anos passados, foram baldadas. Não havia estradas que conduzissem através daquele oceano de areia e as marcas que as caravanas deixavam atrás de si eram rapidamente cobertas pela areia amontoada. As montanhas nos desertos eram um labirinto de rochedos, escarpas e gargantas. E ali estavam os delegados em busca de um homem que havia decidido viver isolado. Era uma aventura sem esperança. Mas recusaram-se a perder a esperança. Haviam viajado dias sem fim. Seus odres de água esta-

---

[1] O dogma da infabilidade papal só foi definido por Pio IX, pela Constituição "Pastor Aeternus". Entretanto mesmo antes competia sempre ao papa dar a última decisão em questões de fé, bem como convocar concílios e presidi-los por um delegado seu. Independentemente de qualquer autoridade imperial, coube a Pedro reunir o Primeiro Concílio de Jerusalém, conforme narram os Atos dos Apóstolos no c. XIV, vers. 6 e seg. (N. do T.)

vam vazios. O vento do deserto impelia nuvens de poeira e pilares de areia no caminho deles. Miragens iludiam-nos. Suas energias estavam a ponto de ceder. Mas eles não voltaram. Viajaram para diante, cada vez mais para dentro do deserto. Tinham de encontrá-lo. E o encontraram.

O fato é que um beduíno, a quem finalmente encontraram, lhes forneceu a informação certa. Lembrava-se de que havia muito tempo, quando era ainda menino e viajara com seu pai, através do deserto, para encontrar novas pastagens para seus rebanhos, ao longo das praias do mar Vermelho, tinham levado consigo um velho silencioso, que havia ficado depois num platô das montanhas. Conduziu-os ao lugar onde o haviam deixado.

"Jerusalém!" exclamou Macário. E o velho santo de noventa anos saiu da caverna, com a nevada barba chegando-lhe até os pés. "A Igreja do Senhor desejava falar-vos, padre Antão."

Quando Antão se viu face a face com os emissários da Igreja, encheu-se de reverência e caiu de joelhos. O piedoso menino lavrador de Coma ainda estava vivo no velho. Envergonhados com tamanha humildade, os visitantes ergueram-no e lhe transmitiram o motivo de sua missão. Com toda a prolixidade do pedantismo teológico, explicaram a infeliz controvérsia que havia irrompido a respeito da divindade de Cristo. Macário traduzia tudo quanto os delegados diziam em grego, palavra por palavra, em copta.

Para Antão, porém, aquilo permanecia grego. Era-lhe difícil compreender o que tudo aquilo queria dizer. "A Igreja vos chama", interpretou Macário, "para que possais dar testemunho da divindade de Cristo."

Antão tinha permanecido obediente filho da Igreja. Os pedidos da Igreja eram para ele autênticas ordens de Deus. Justamente como outrora havia respondido ao apelo para distribuir seus bens e sair para o deserto, estava pronto agora a obedecer. Mas a linguagem da Igreja tinha mudado desde que ele a ouvira pela última vez da boca do padre da aldeia de Coma e, a princípio, não pôde compreender inteiramente o que dele se esperava. Dar testemunho da divindade de Cristo? Não era isso o mesmo que lhe pedirem para dar testemunho de que o sol estava brilhando lá em cima no céu? "Ora!" exclamou ele. "Não a veem eles?"

"Os verdadeiros cristãos, sim, mas os arianos..." E explicaram-lhe a heresia de Ario, como tinha começado a contenda e que muitos bispos e membros do clero e até mesmo o imperador cristão tinham ficado do lado de Ario.

Não podia ele entender aquilo. De súbito lembrou-se de uma visão que certa vez contemplara acima da fonte. Havia um altar ali, à brilhante luz do dia, e jumentos o cercavam, tentando derrubá-lo. E quando os delegados fizeram outra tentativa de explicar-lhe a diferença entre *"homo-ousion"* e *"homoi-ousion"*, interrompeu-os, dizendo: "Não precisais ir mais adiante. Compreendo. Os jumentos estão tentando derrubar o altar. Irei."

Ajudaram o velho a montar num camelo e tomaram a curta estrada através do deserto, pelo caminho de Suez, até Alexandria. Certa manhã de primavera, do ano 338, chegaram às portas da cidade. Amparado por seus discípulos, Antão entrou em Alexandria. A turbulenta multidão mostrava-se cheia de reverência, à vista de seu majestático aspecto, e abria passagem para ele e seus acompanhantes. Nenhum mensageiro havia anunciado a chegada de Antão; nenhuma recepção solene fora preparada; mas a mera presença dele impunha respeito e obrigava a multidão a recuar para um lado, fazendo ala à sua passagem, na solenidade silenciosa de uma espontânea acolhida. Era um santo que caminhava pelas ruas de Alexandria.

Os mercadores cerraram suas tendas, os braços das balanças foram trancados, os ferreiros, oleiros e agiotas fecharam suas barracas, os padeiros não fizeram pão, os açougueiros não cortaram carne, no porto tanto o pescado como cargas valiosas foram largados nos cascos dos navios, as tavernas ficaram desertas, os fogões nas cozinhas apagaram-se, as mulheres esqueceram-se do pó e do carmim, os ricos não pensavam em suas bolsas, e de todas as casas fluía gente para a rua, pois ninguém queria perder o espetáculo da passagem de um santo. A pompa suntuosa de Alexandria foi esquecida. A cidade dava a aparência de um lugar de jejum e penitência.

Diante das portas da basílica, centenas de cristãos, bem como de pagãos, judeus e heréticos, tinham-se reunido cedo, pela manhã, todos esperando ouvir as palavras que o santo iria pronunciar. O arcebispo tinha planejado celebrar o santo ofício na manhã seguinte, mas a multidão impaciente persuadiu-o a fazê-lo na noite daquele mesmo dia. Não havia tempo para ornamentar a basílica. Estava fracamente iluminada por umas poucas velas. O trono do arcebispo, reservado para o santo hóspede, estava posto no semicírculo da abside, perto do altar. Ali sentou-se Antão com seu traje de burel branco, com o clero à sua esquerda, trajado com pompa eclesiástica.

O arcebispo, usando o pálio branco, como sinal de seu poder pontifical, subiu ao púlpito. Depois de uma curta oração, leu trechos dos Apóstolos e dos Profetas. Depois veio o sermão. "Acreditamos — disse ele — em um só Deus, pai onipotente, criador de todas as coisas visíveis e invisíveis. E em Nosso Senhor

Jesus Cristo, filho de Deus, o qual foi gerado pelo Pai, que é da substância do Pai, Deus de Deus, Luz da Luz, verdadeiro Deus de verdadeiro Deus, gerado, não criado, de uma mesma substância com o Pai, por quem tudo que há no céu e na terra foi feito, o qual por nós homens e pela nossa salvação desceu à terra e se tornou carne, fez-se homem, padeceu e ressuscitou no terceiro dia..."

Uma voz em meio da multidão protestou. Antão ficou espantado diante desta indecorosa interrupção da cerimônia religiosa, e voltou-se para Macário, a fim de saber o que a voz tinha dito.

"O Senhor — traduziu Macário — era apenas um homem, criado por Deus e sujeito à morte e à transição."

Antão ergueu-se. Seu elevado porte permanecia ereto ao lado do altar. As colunas ao longo das vias públicas de Alexandria não eram mais desempenadas do que o santo nonagenário. Os ouvidos da multidão estavam atentos como um só ouvido, os olhos olhavam como um só olho, eletrizados pela imponente figura do santo.

"Eu O vi!", exclamou ele.

Era a voz de um homem para quem a verdade sobrenatural de Cristo se tornara real pela experiência direta e pela visão. Havia um tom decisivo nessa voz que não podia ser abalado por qualquer especulação ou contra-argumento. Nenhum raciocínio, nenhuma contradição poderia tocar as palavras do santo. Um arrepio correu pelas naves: "Ele O viu! Ele viu o próprio Senhor!"

E sem esperar pelo sinal do arcebispo, a multidão caiu de joelhos e entoou fervorosa oração. O espírito tinha-se apoderado dela, como nos tempos das primeiras comunidades apostólicas. E enquanto a multidão permanecia no êxtase desse culto, o bispo subiu ao altar e celebrou o santo rito à mesa do Senhor. Lá no alto, o coro cantava e o povo respondia: "Pois a Sua misericórdia dura eternamente."

No altar, as cortinas do sacrário foram abertas e o povo avançou, comprimindo-se, para participar da sagrada comunhão. E os heréticos também entravam em grande número, arrependidos e prontos a abjurar sua falsa doutrina, a fim de serem considerados dignos da participação do sacramento de novo.

Os tempos haviam mudado desde a última visita de Antão a Alexandria. Na manhã seguinte, o governador apareceu diante dele e pediu-lhe: "Pai, temos necessidade de vós! Ficai conosco e continuai vosso ministério entre os homens!"

Mas a tarefa de Antão estava cumprida e ele replicou: "Peixe, fora d'água, morre; o mesmo acontece a monges que ficam com homens do mundo: desviam-se de seu voto de quietude. Por isso, assim como deve o peixe apressar-se em entrar na água, devemos nós voltar depressa para a montanha."

Quando Antão partiu de volta para o deserto, os doentes em seus leitos e as crianças em seus berços eram carregados até ele na rua, para que pudesse lançar-lhes a bênção. Atanásio acompanhou Antão até as portas da cidade. Ali tirou seu manto episcopal e deu-o ao santo para que o levasse de volta para o deserto, como sinal da gratidão da Igreja.

A fé no Cristo Eterno, como fora professada por Antão em Alexandria, estava destinada a tornar-se o credo dominante da cristandade. No momento, porém, formidáveis obstáculos permaneciam no caminho de uma vitória ortodoxa final. Imperadores arianos perseguiam a verdadeira fé com todo o seu poder e força, e o próprio Atanásio foi enviado três vezes ao exílio. Os povos jovens do norte, entre eles os vândalos e godos, que invadiram o império com forças indomáveis, abraçaram o cristianismo sob sua forma ariana. Por fim, nenhuma interferência mundana, nenhuma perseguição brutal pôde quebrar a fé em Cristo Deus. Os grandes padres das eras que se seguiram, inclusive Ambrósio e Agostinho, professaram-na e, finalmente, sob o imperador Teodósio, o mesmo fez todo o império cristão.

"O próprio cristianismo estivera então em jogo", disse Carlyle a respeito da época da contenda ariana. "Se os arianos tivessem vencido, o cristianismo ter-se-ia reduzido a simples lenda."

De fato, se naquele tempo o Cristo ariano houvesse vencido o Filho de Deus, Seus sublimes ensinamentos poderiam ter-se reduzido meramente a uma daquelas doutrinas éticas, que passam tão depressa, com os mutáveis padrões de moralidade. Somente um Deus poderia manter Seu lugar nos corações dos homens durante quase dois mil anos e exercer Seu poder de redenção, que hoje como antigamente, dá alívio e bênção aos fiéis. E não é apenas a Igreja Católica que repousa sobre o dogma da divindade de Cristo. A mesma garantia de que Deus apareceu sob forma humana deu à mensagem luterana sua força viril.

Se Cristo tivesse sido simplesmente um homem, a alegria jubilosa da fé cristã não poderia ter nascido. Não haveria ressurreição, nem milagre do Espírito Santo, nem graça, nem sacramento, nem redenção. Não haveria a misericordiosa Mãe de Deus, não haveria Natal, não haveria Páscoa.

Os áridos conceitos do racionalismo ariano não poderiam ter jamais engendrado as obras-primas imortais da arte cristã. Foi a ascensão de Cristo que inspirou o movimento para o céu das pesadas massas de pedra, erguendo-se em pilastras e colunas, e os arcobotantes, as arcadas e abóbadas das igrejas e catedrais góticas. O sofrimento terrestre de um Deus irradia das cores ardentes dos mosaicos em Ravena. O poder de redenção do filho de Deus é louvado nos painéis do altar dos Van Eyck, em Gand. O abençoado conhecimento de que um Deus viveu na Terra guiou o seráfico pincel de Fra Angélico. E todos os seus anjos, bem como as amoráveis madonas de Memling, Rafael, Murillo, as crucifixões, piedades, ascensões de Dürer, Grünewald e todos os grandes pintores e escultores, o milagre inteiro de cor, linha e forma da arte cristã, no Ocidente, brotaram exclusivamente da mais fervente absorção em conhecimento através da fé. El Greco, o visionário santo, utilizou seu gênio para mostrar a luz sobrenatural na qual o Senhor apareceu a santo Antão e outros grandes santos. Finalmente, a fé no Redentor inspirou as obras de Dante, de Dostoiévski e de muitos outros, capacitando-os a ocupar o lugar elevado que mantém para nós, hoje, no reino das letras.

A pequena confusão que Ario inventou está esquecida. Mas a grande música de Cristo, o Redentor, soará através de toda a eternidade. Se tempo vier em que Sua Igreja não mais exista, a música a que a fé n'Ele deu origem continuará a proclamar Sua verdade, a espalhar alegria sobre a Terra, até ao dia do Juízo Final. Em todas as centenas e centenas de obras de John Sebastian Bach, em todas as suas cantatas, missas, paixões, hinos, está vocalizada a oração de alguém cuja fé se acha profundamente arraigada na confiança certa em Deus Redentor. É a Ele que Bach louva nas suas fugas, nos recitativos, nas árias e coros da *Paixão segundo são Mateus* e na *Missa em si menor*. No *Oratório* de Händel, uma voz de solo rejubila-se: "Sei que meu Redentor vive!"; e coro e orquestra respondem, num hino regozijante de "Aleluia!" Na *Missa Solemnis*, de Beethoven, há o poderoso tema do *"Et incarnatus est!"*. "Deus encarnado" tornou-se uma verdade eterna. Mil e seiscentos anos antes, santo Antão havia dado testemunho disso na basílica de Alexandria.

Depois que Antão voltou de Alexandria para o deserto, teve sua vida solitária interrompida somente uma vez mais. Aconteceu isto quando foi ver são Paulo de Tebas. Piedoso jovem de nobre linhagem, Paulo havia fugido para o deserto no ano 250, planejando ocultar-se ali durante o período das perseguições de Décio. Passadas as perseguições, não pôde decidir-se a voltar para o mundo. Desde seus vinte e um anos não havia mais deitado os olhos sobre qualquer homem ou mulher. Notícia alguma a seu respeito havia chegado ao mundo lá de fora. Sua vida decorrera em isolamento silencioso.

SANTO ANTÃO

Quando Antão foi visitá-lo, em 342, Paulo havia passado noventa anos no deserto e estava com 113 anos de idade. Naquele tempo, o próprio Antão estava com mais de noventa. Desde sua partida do monte Pispir, era a quarta vez que tinha deixado sua solidão. Três vezes descera de sua altura para responder a um chamado de auxílio dos homens. Desta vez, porém, abandonava sua caverna a pedido de Deus, para ir ao encontro de um santo homem, um homem de sua própria espécie e mais velho do que ele na sua piedosa renúncia.

As crônicas descrevem sua descida entre os homens; sua subida até Paulo, o mais velho santo do deserto, é descrita numa lenda. São Jerônimo, para quem a lenda era a mais alta forma de verdade com que relatar este grande encontro, transmitiu-o à posteridade.

A jornada de Antão levou-o ao longo de uma cordilheira de montanhas através do deserto, de uma desolada caverna a outra ainda mais desolada. Mas a lenda ergue a caminhada de Antão a uma esfera em que ocorrem coisas sobrenaturais, em que a realidade anda humildemente ao lado e em que a razão se conserva silenciosa.

Monstros, meio homens, meio animais, serviam-lhe de guias através das ínvias regiões. Na terceira manhã, viu ele, à luz da alvorada, uma loba, semimorta de sede, desaparecer dentro de uma caverna. Antão acompanhou-lhe o trilho, pois estava certo de haver atingido seu alvo. Quando chegou à boca da caverna, chamou: "Vós que admitis a entrada dos animais do deserto, não a negareis a um filho dos homens! Andei à procura. Encontrei! Agora peço para ser recebido."

A estas palavras, são Paulo saiu da caverna com a loba. Os dois homens cumprimentaram-se, chamando-se pelos próprios nomes, que lhes tinham sido comunicados pelo próprio Deus. O Senhor havia prometido a Paulo enviar Antão, antes de o chamar a Si, a fim de que ainda uma vez pudesse ele falar, ser humano a outro ser humano, depois de nove décadas de silêncio e solidão. Os dois idosos santos conversaram a respeito das coisas da eternidade.

Somente uma vez foram interrompidos. Um corvo chegou voando para eles. Trazia no bico um pão e colocou-o diante deles. "Vede! — disse Paulo — Deus nos manda nossa comida. Durante sessenta anos recebi a cada dia meio pão; mas com a vossa chegada, Cristo dobrou a ração de Seus soldados."

Terminada a refeição, ambos passaram a noite em oração. Paulo sabia que era sua última oração na terra, pois estava ciente de que a visita de Antão anunciava sua partida deste mundo. Havia chegado a hora de seu regresso a Deus.

Para poupar a seu visitante o espetáculo de sua morte, pediu a Antão que voltasse à sua caverna e lhe trouxesse o manto da Igreja, que recebera de Atanásio. Antão satisfez-lhe o desejo e apressou-se em voltar à sua caverna. Três dias de viagem separavam sua caverna da de Paulo. Longa jornada para tão velho homem! Mas Antão cobriu esta distância com a velocidade de um passarinho.

Quando Antão chegou de novo à caverna, encontrou Paulo de joelhos, a rezar. Ajoelhou-se também para rezar. Mas depois percebeu, pela rigidez do corpo de Paulo, que era um morto que ali estava de joelhos, na atitude da prece.

Profundamente pesaroso, Antão tomou o corpo do santo para preparar o lugar de seu derradeiro repouso. Não tinha instrumentos para cavar uma cova. Mas ao circunvagar a vista, sem saber como fazer, viu dois leões que caminhavam na sua direção. Poucos passos adiante pararam e, com suas garras, começaram a cavar uma cova. Antão depositou o corpo nela e cobriu-o com o manto da Igreja. Ajoelhou-se ao lado da cova para chorar a morte de são Paulo e ouviu o eco de sua voz multiplicado num grande coro de lamentação. Quando ergueu a vista, viu todos os animais do deserto reunidos em torno do túmulo. Tinham vindo chorar a perda de seu amigo.

O próprio Antão foi agraciado com mais quatorze anos de vida na Terra.

O jovem de Coma, que há tanto tempo havia seguido o conselho do Evangelho e trocara os bens terrestres e os deleites mundanos pelas privações e reclusões numa caverna, havia completado cem anos. Os peregrinos que chegavam agora à caverna do rígido asceta encontravam um velho bondoso, radiante de alegria e serenidade. Seus visitantes chegavam muitas vezes com a tristeza no coração; talvez sofressem alguma doença ou estivessem enredados nos cuidados do mundo. Mas bastava verem-no para mudar a tristeza em alegria, a doença curada e tranquilizados os espíritos dos oprimidos pelos cuidados mundanos. Quanto às numerosas pessoas que iam pedir-lhe conselho, recebia-as com agrado e uma só palavra sua de bondade era bastante. As nuvens rompiam-se e toda a escuridão e confusão desapareciam.

Um homem de Alexandria relatou, ao voltar de uma visita ao santo no deserto, que, quando estava esperando diante da escura entrada da caverna, percebera subitamente que a escuridão da mesma era na realidade um brilho radiante e que a caverna parecia uma abóbada cheia de luz sobrenatural. Quando o santo saiu, foi como se um corpo de luz emergisse de uma massa de esplendor informe.

O homem, cujo ser inteiro brilhava com tanto conforto e alívio, passara oitenta anos no deserto. Sua irradiação era fruto de severa renúncia; sua sabedoria havia amadurecido na sossegada reclusão, distante do mundo; os tesouros de sua alma tinham vencido por meio de terríveis privações. Ele, que havia abandonado a vida do mundo, obtivera abundância de vida. Nele está revelada a eterna verdade de um dos segredos da existência humana: as energias mais plenas e mais profundas só podem ser libertadas pela solidão e pela renúncia.

O temor de Deus tinha impelido Antão a abandonar o mundo e o temor de Deus tinha-o tornado o rigoroso senhor de seu corpo e de sua alma. Ao alcançar seu centésimo ano, o temor de Deus havia-se transformado em amor, e a negação tornava-se triunfante! Agora Antão podia dizer: "Não temo a Deus. Amo-O. E o amor afugenta o medo." O que até agora tinha ele alcançado por meio do temor de Deus, o amor lhe dava agora em abundância. Como uma mensagem de alegria, entregava-a a seus discípulos, ele, que havia jejuado durante a vida, ensinava agora que o amor vale mais do que o jejum. Ele, que tinha mortificado seu corpo durante oitenta anos, aconselhava aos que o seguiam: "Alimentai-vos bem, porque quando o arco está demasiado tendido se parte!"

Obedecendo ao Senhor, com temor e veneração, Antão havia deixado seu retiro do monte Pispir para ir ter com os homens; atendera-lhes ao apelo indo até Alexandria. Mas de cada vez que cumprira este dever, havia-se apressado em voltar para a solidão de sua caverna. Era bem distante dos homens seus semelhantes que ele buscava servir ao Senhor. Agora, no seu amor a Deus, via em cada coisa criada uma revelação do Senhor, e sua obra entre os homens veio a ser para ele uma devoção tão profunda, como suas orações numa caverna solitária. No amor de Deus aprendera a amar os homens. Não temia que, por causa dos homens, viesse a negligenciar o Senhor e por isso ouvia-os com toda a paciência. Nada e ninguém era insignificante demais e até mesmo os vasos mais frágeis e aqueles que haviam decaído da graça podiam estar ainda certos de seu amor.

Lá embaixo no deserto, grupos de eremitas haviam, naquela ocasião, formado comunidades monásticas. Um dia, um deles foi visitar Antão. Seus irmãos o haviam expulsado porque caíra ele vítima de toda espécie de tentações. Antão ajudou-o e mandou-o de volta para que fosse readmitido. Mas ele apareceu mais uma vez diante de Antão, queixando-se: "Eles recusam-se a aceitar-me, padre!" E de novo Antão mandou que regressasse, encarregando-o da seguinte mensagem: "Um navio naufragou no mar e perdeu toda a carga que levava, e à custa de muito esforço, o navio vazio conseguiu afinal chegar à terra. É desejo vosso afundar o navio que voltou a salvo do mar?" E os irmãos aceitaram-no de volta, dando-lhe o lugar que tinha antes entre eles.

Enquanto vivera no temor do Senhor, Antão tinha visto o deserto cheio de demônios. Agora ele amava a Deus, e o deserto tornou-se uma revelação do Criador, pois o via através dos olhos de quem ama. Durante horas, durante dias sem fim, sentava-se em frente de sua caverna, profundamente absorto na contemplação do panorama do deserto, que se estendia lá embaixo. A natureza tornou-se o primeiro livro que o santo iletrado podia ler. Grandes pensamentos, os pensamentos de Deus, estavam inscritos na rocha e na areia, na nuvem e na palmeira. E enquanto ficava sentado ali observando, enchia-lhe a alma a mesma profunda devoção que sentia quando de joelhos rezava lá dentro da caverna, pois a grandeza de Deus era a mesma dentro e fora, e a mesma piedade invadia sua oração e sua contemplação da natureza.

Um sábio homem de Alexandria, que passava seus dias na solidão, absorvido na leitura de livros, na esperança de aprender o derradeiro significado das coisas, ouviu falar do sábio eremita e tratou de ir vê-lo. "Compreendo — disse o filósofo a Antão — que um homem prefira viver sem os outros homens, mas não posso compreender como seja possível viver recluso, sem o consolo dos livros." Mas Antão respondeu: "Meu livro é o mundo de todas as coisas criadas e quando desejo ler as palavras de Deus nele, encontro-o aberto diante de mim."

Enquanto viveu no temor de Deus, tinha Antão passado seu tempo, nos momentos não tomados pela oração, em tecer esteiras, pois aprendera do honesto velho de Coma que o trabalho pode servir para dissipar a tentação. O temor se mudara em amor, tudo, inclusive seu trabalho, tornava-se uma expressão de amor.

Certa manhã, quando tinha mais de cem anos, Antão dirigiu-se à fonte para refrescar os lábios ressequidos. De repente, compreendeu que aquela água que bebia era uma mensagem divina de bênção e de fertilidade. A água era a água viva de Deus. Um gole dela mudou-o. E ao voltar à sua caverna, a mensagem que ela continha invadiu-lhe todos os pensamentos. Não caminhava através de estéreis tratos de rochedos e areia. Caminhava sobre a terra de Deus. E ao baixar a vista, via que o solo árido tinha-se mudado em acres férteis, em virtude da magia da água viva. Caminhava e o solo mostrava-se coberto de brotos verdes, folhas espontavam no ar e, a cada passo que avançava, as hastes cresciam, amadureciam em espigas de grão fértil. Como havia feito tantos anos antes, quando jovem lavrador, Antão parava e apalpava as espigas com as mãos como se avaliasse a colheita vindoura. Quando voltou para sua caverna, entrou no escuro dela deixando atrás de si o esplendor de um campo de trigo amadurecido. Quem se ajoelhou para rezar era um antigo anacoreta, mas nele batia o coração de um jovem lavrador que dava graças pelos dons da terra.

O campo de trigo diante da caverna era apenas uma visão. Larga extensão de areia semeada de rochedos esperava Antão quando de novo ele saiu. Mas naquela visão, o Senhor tinha expressado Sua vontade com uma comparação e uma metáfora: "Lavra a minha terra!", disse Ele. E Antão agiu de acordo com sua visão. Suas mãos estavam ávidas de obedecer ao receberem ordem de semear e ceifar.

De alguns dos peregrinos, obteve Antão os instrumentos mais essenciais e alguns punhados de sementes. Cavou um buraco perto da fonte. A fonte encheu-o. Com sua pá, cavou regos longitudinal e perpendicularmente ao solo do deserto. A água acompanhou-o. Ergueu represas em redor e a água inundou o lugar que ele havia delimitado como seu campo, embebendo-lhe as crostas ressequidas pelo sol. O solo árido do deserto estava mudado em marga úmida e fértil. Antão tomou suas sementes e semeou-as largamente. E depois de algum tempo, as folhas começaram a espontar e as hastes cresceram e brotaram grãos. O que fora uma visão viera a tornar-se realidade. O deserto florescia. Chegado o tempo, Antão reuniu sua colheita, separou o grão da palha, moeu-o entre duas pedras, fez com ele uma massa, tirou faísca de pederneira, soprou um fogo — e sobre a rocha aquecida cozeu seu primeiro pão.

Duas mãos solitárias haviam realizado este milagre, haviam transformado o platô deserto em acres férteis. Mãos acostumadas a rezar meteram a pá dentro do solo, cavaram, semearam e colheram a messe. Um homem habituado à oração havia transformado as vastidões estéreis num campo de trigo, pois a oração daquele que tinha vivido no temor do Senhor mudara-se, por meio do amor, na oração criadora de trabalho.

Com esta experiência do milagre do crescimento e da fertilidade, nova forma de piedade rebentou em Antão, a piedade da participação na grandeza de Deus. E ao tempo da colheita, foi como se a terra estivesse a proferir um amém cheio de gratidão!

Com seus férteis campos, Antão escrevia seu nome no livro da criação. Era a assinatura de um santo lavrador. O lavrador de Coma tinha obtido a perfeição como lavrador de Deus.

Como tal, encontram-no seus últimos visitantes: um lavrador de Deus, um santo que semeava e regava, reunia a colheita e cozia seu pão. E este eremita lavrador, embora homem idoso, tinha ainda o vigor inquebrantável e o viço da juventude; seu corpo estava ereto, o passo elástico, os olhos claros e penetrantes e a voz poderosa e ressonante. Completara cento e três anos e conservara tão jovem virilidade depois de uma vida de privações e de mortificação da carne, exposta ao sol comburente e aos ventos impiedosos do deserto e a todas as maneiras e espécies de temperatura.

Seus visitantes olhavam aquele vigor juvenil como prova de miraculosa intervenção de Deus. Era, contudo, um milagre que se confirma perfeitamente com os resultados das modernas investigações. Os quadros estatísticos do cientista americano T. S. Young, por exemplo, demonstram que as pessoas que gozaram excepcionalmente de longa vida estavam, na sua totalidade, acostumadas a uma forma frugal de existência. Como o professor Raymond Pearl, do Hospital Johns Hopkins, um dos mais conhecidos peritos em questões de longevidade, resumiu na afirmativa de que "a marcha de nossa vida é o marcador de passo de sua duração!"

De plena posse de seu vigor na idade de cento e cinco anos, Antão foi finalmente arrebatado pela morte. Nenhuma doença, nenhum declínio de vitalidade anunciaram a vinda do fim; mas um dia, quando estava trabalhando em seu campo, de enxada na mão, pronto a cortar a messe, a voz de Deus informou-o de que aquela deveria ser a última colheita que ele faria.

Dessa forma, uma estranha e maravilhosa vida tinha chegado a seu termo, uma vida da qual oitenta anos tinham sido passados em absoluta solidão. Considerado do ponto de vista de nosso tempo — que só conhece uma pressa febril e uma vacuidade bocejante — é quase inconcebível que um homem houvesse passado tão longo espaço de tempo em rigorosa reclusão, e ainda mais, satisfeito com ela. Mas para Antão, cem anos de vida com Deus eram apenas um dia de eternidade. Há algo de afim com isto na mais moderna concepção científica do fenômeno do tempo. Desde Bergson que já não é mais óbvio que o tempo deva ser medido com matemática exatidão, como se fosse apenas um acontecimento externo e absoluto. Tornou-se necessário considerá-lo também como um fator interno e psicológico. Assim considerado, seu progresso não depende de relógios e almanaques, pois conquista permanência de acordo com a intensidade da vida interior do homem. Suas unidades são "anos da alma".

Quando Antão sentiu que sua derradeira hora estava a aproximar-se, enviou seus discípulos favoritos, Macário e Amanas, a seus filhos do deserto com a mensagem de que aqueles que desejassem vê-lo mais uma vez se apressassem em vir. Quando eles chegaram, eram mais do que ele esperava. Pois todos os habitantes do deserto haviam vindo: os eremitas de seus distantes rochedos; os cenobitas do Nilo, já congregados em grupos, sob a direção de um abade; os anacoretas do deserto nítrio e os do deserto de Esquetis, que viviam em regiões impérvias e não tinham outro guia senão as estrelas. Velhos barbados e adolescentes de ramos de palmeiras nas mãos, com uma cruz nos peitos. Era um exército de peregrinos, mas não tinham vindo para marchar diante de um general que passasse em revista suas tropas; tinham vindo porque um pai amoroso desejava despedir-se de seus devotados filhos. Caminhou ao longo de suas fileiras, abençoou-os e pediu-lhes que perseverassem em seus hábitos de devoção a Deus, e quando chegava diante de algum que tinha uma pergunta ou um derradeiro pedido a fazer, escutava-o cheio de paciência e respondia com toda a simpatia e bom conselho.

Em peso e quantidade, o pão que Antão tinha preparado era suficiente apenas para uns poucos visitantes. Mas satisfez a todos eles, como no tempo do milagre dos cinco pães do Senhor. Quando a festa do amor terminou no deserto, o hospedeiro retirou-se para sua caverna, pois sua derradeira hora tinha chegado. Mais uma vez, rezou fervorosamente e, voltando-se para seus discípulos Macário e Amanas, disse: "O Senhor está me chamando."

Pediu para ser enterrado num lugar sem nenhum sinal ou símbolo, pois desejava que seu corpo pertencesse à terra e não aos homens.

E Antão morreu em 17 de janeiro do ano 356 de Nosso Senhor. Havia encontrado por fim seu derradeiro lugar de repouso; ninguém sabia onde. Na primavera seguinte, a terra em redor de sua caverna começou a reverdecer de novo, quando o grão cresceu e em breve estava pronto para ser de novo colhido.

Também a semente que Antão tinha semeado pelo exemplo de sua vida ascética em breve brotaria e daria fruto. O deserto era a sua nativa morada, mas difundiu-se e espalhou-se, cresceu e amadureceu por todo o mundo, através dos séculos. Estava por vir o tempo em que as colônias de eremitas nas cavernas e túmulos e ruínas haveriam de transformar-se nos conventos e mosteiros da Idade Média, semelhantes a fortalezas.

O abandono do mundo realizado por Antão inspirou o movimento monástico dos séculos posteriores. Teve seu ponto de partida na ideia negativa de renúncia e desenvolveu-se no sentido de tornar-se um fator criativo na vida cultural dos tempos subsequentes. Assim o nome de Antão, o iletrado, ficou inscrito, graças à obra que seu exemplo produziu, na história cultural de toda a humanidade.

Os começos primitivos da forma monástica de vida desenvolveram-se no deserto egípcio, enquanto Antão se achava ainda entre os vivos. Um de seus discípulos, chamado Pacômio, havia reunido um grupo de eremitas na solitária ilha de Tabenis, no Nilo, organizando-os, sob sua chefia, numa comunidade devocional. Ao tempo da morte de Antão, havia não menos de nove ou dez desses grupos, contando cada um com cerca de mil monges. Outro discípulo de Antão, Hilarião, transplantou a semente de ascetismo do deserto do Egito para a Palestina, onde fundou numerosas colônias de anacoretas, vivendo juntos, sob a direção de um superior, em congregações de celas separadas, que vieram a ser conhecidas como lauras. Hilarião tornou-se o apóstolo do monasticismo oriental, pois as lauras difundiram-se rapidamente da Palestina para a Síria, para a Pérsia, Babilônia e outras partes, pelo Oriente.

Para estas primeiras comunidades, um conjunto de regras específicas, as regras da castidade, da pobreza e da obediência, que no correr do tempo assumiram a importância de votos básicos para todas as formas de monasticismo, foi formulado por são Basílio, o Grande, que havia começado sua carreira como orador pagão e, tendo-se dedicado a uma vida de ascetismo cristão, veio a ocupar, por fim, a sede episcopal de Cesareia.

A difusão do monasticismo no Ocidente, onde iria ser de tão duradoura significação cultural, efetuou-se graças aos efeitos de um livro, a *Vita sancti Antonii*, de Atanásio, um desses documentos escritos cujo impacto tem mudado a face da Terra. Atanásio era um admirador de Antão. Dos vinte anos de sua vida no exílio, passara seis como eremita entre eremitas no deserto egípcio, e quando veio a escrever sua narrativa da vida de Antão, produziu um relato do milagre de uma vida toda devotada a Cristo.

A primeira cidade sacudida pela mensagem contida neste livro foi precisamente a menos cristã do novo império da cristandade: a cidade de Roma.

Em Roma, a velha fé pagã tinha-se mantido, a despeito do fato de ter sido o Cristianismo declarado a religião oficial do império. No Senado, poderosa facção de pagãos lutava por proteger seus direitos tradicionais. Nas basílicas cristãs, os cristãos oravam a Cristo, mas nos templos, os pagãos continuavam a sacrificar a seus deuses. Enquanto que mulheres e crianças eram predominantemente partidárias da nova fé no Redentor cristão, seus maridos e pais permaneciam fiéis aos deuses do passado. A estrutura social de Roma não tinha sido realmente afetada pela doutrina cristã. A nobreza, os patrícios e os ricos continuavam sua vida de abundância e luxo, que lhes era tornada possível pelos escravos e pelos pobres que eles exploravam e desprezavam. Até mesmo os cristãos, cujo Evangelho ensinava diferente modo de vida, não podiam escapar ao fascínio das convenções sociais. Todos em Roma, pagãos e cristãos igualmente, viviam na excitação do luxo e dos prazeres mundanos. Era a fuga de uma civilização perseguida pelo senso de sua ruína iminente.

Os homens, enfatuados pelo orgulho, sempre em busca de melhores posições e de mais cargos, em nada pensavam senão em dinheiro e poder. As mulheres gastavam o tempo em rendas e folhos de camisa. Vestidas com trajes suntuosos, com cabeleiras de ouro, aquelas bonecas empoadas e pintadas eram transportadas em liteiras de marfim, de banquete a banquete, de dança a dança, até que, exaustas ao peso de suas joias, buscavam o apoio de seus escravos, para levarem-nas a seus leitos de ócio. Até mesmo os padres cristãos, que interpretavam o Evangelho na igreja, tinham sucumbido às tentações dessa vida. Com roupas elegantes, perfumados com finos perfumes, o cabelo cuidadosamente cacheado, os dedos carregados de anéis, saíam aos saltinhos na ponta dos pés, a visitar os palácios de seus paroquianos, muito preocupados em não mancharem a pelica macia de seus sapatos. Uma religião havia triunfado, mas não o seu espírito e os vencedores, agora poderosos e ricos eles próprios, tinham esquecido a doutrina de seu Mestre, o Galileu, que declarara não possuir nenhum bem terrestre.

Era este o mundo em que o livro de Atanásio lançou sua história da vida de santo Antão. Contava a vida de um lavrador egípcio, que havia renunciado ao mundo e a todos os seus bens e prazeres, que tinha vivido na pobreza sua vida de devoção e de privação, para ser capaz de seguir a verdadeira doutrina de Cristo. Foi pelo chocante contraste entre esta forma ascética de vida e as dissolutas orgias dos romanos daquele tempo que a *Vita* de Atanásio, causou tão profunda e abaladora impressão na consciência da sociedade romana.

Um homem no distante Egito tinha dado o exemplo. E mulheres em Roma, tanto pagãs como cristãs, foram as primeiras a alistarem-se numa tentativa de emulação com a vida ascética do santo do deserto. Entre elas havia descendentes das mais nobres famílias, dos Júlios e Marcelinos, dos Gracos e Cipiões. Uma a uma, foram libertando seus escravos, distribuíram as fortunas herdadas, rejeitaram esplêndidos pretendentes, trajavam-se como os pobres e rivalizavam umas com as outras em levar uma vida de privações e de castidade como virgens e viúvas, cujo amor pertencia ao Senhor. Uns após outros foram os palácios convertidos em conventos e mosteiros. Dentro em pouco, os homens também foram arrebatados pelo entusiástico exemplo delas. Senadores e cônsules abandonaram seus cargos e honrarias, trocaram suas togas de púrpura e as roupas custosas de seus cargos por humildes buréis e viviam a vida de monges, em pobreza e devoção.

Quando são Jerônimo chegou, como jovem estudante, de seu lar na Dalmácia, à cidade de Roma, onde desejava completar seus estudos de direito e de teologia, descobriu que a vida naquele centro de prazeres mundanos já estava profundamente afetada pelos ideais do ascetismo cristão e, dentro em pouco, ele também foi inteiramente dominado pelo fascínio do novo movimento. Ele próprio, em período posterior, iria passar considerável espaço de tempo como eremita, nas terras desertas de Cálcis, mas agora, a pedido de Marcela, nobre romana, cujo palácio no Aventino servia de quartel-general do movimento monástico, tornou-se o dirigente, chefe e conselheiro do círculo ascético de Roma.

O movimento do monasticismo espalhou-se de Roma para a África setentrional. Expandiu-se para a Gália e por toda parte do mundo ocidental e, à medida que sua esfera de influência se estendia, ganhava força até que pôde imprimir sua marca característica nos séculos seguintes.

O mesmo temor de Deus, que havia levado Antão, o pai do movimento monástico, à solidão do deserto, inspirava agora todos aqueles, e numerosos que repudiavam seus desejos naturais e humanos e recusavam cumprir seus elementares deveres como membros de uma sociedade mundana, que trocavam suas casas por cavernas no deserto ou por celas em conventos e mosteiros, que distribuíam suas fortunas para viver uma vida de penúria, que abandonavam seus amigos e famílias para viver na solidão, em condições contrárias aos instintos e hábitos da natureza humana, que renunciavam a todos os pedidos de participação nas atividades sociais e cívicas, a fim de passar seus dias na oração e nas práticas devotas.

O temor de Deus — que é o primeiro chamado da voz da consciência — induzia aquelas multidões de homens e mulheres a voltar as costas a uma sociedade decadente, que jazia prostrada na sua impiedade mundana. O temor de Deus encorajava-os a retirar seu apoio de um Estado construído sobre um sistema de exploração do pobre e de injustiças perpetradas pelos ricos. Aquele mesmo temor de Deus produziu aqueles excessos horripilantes de flagelação e jejum, cujos relatos enchem páginas e páginas da história do primitivo monasticismo.

Um tempo chegou, no desenvolvimento do movimento monástico, exatamente como na vida de Antão, em que o temor de Deus foi transformado em amor de Deus; e então os mais gloriosos capítulos da história monástica dos séculos seguintes foram escritos. O que havia começado como um movimento antissocial veio a mudar-se agora em importante fator social. O repúdio à mundanidade engendrou nova forma de afirmação de vida, e os homens e mulheres, que abandonaram sua tarefa no mundo, tornaram-se os criadores de uma nova cultura e de uma nova forma de sociedade.

A importância da força cultural, que irradiava dos conventos e mosteiros e tinha suas primitivas origens nas cavernas do deserto, é atestada pela história da primitiva Idade Média.

As intrincadas distinções de posição e dignidade que engendra o impiedoso egoísmo das sociedades mundanas perderam toda a sua significação nas humildes cavernas e celas de anacoretas, monges e monjas, que olhavam os mais pobres dos pobres como seus iguais, como filhos do mesmo Pai, como unidos a eles por um laço de universal fraternidade. Graças a esta ascética autorrenúncia, que havia brotado do amor a Deus, simpatias semiadormecidas pelo sofrimento alheio despertaram com ardente impetuosidade e a comiseração passiva tornou-se ativa, em forma de auxílio prático.

Em cavernas e celas, onde não havia nem patrões orgulhosos, nem servos desprezíveis, uma comunidade de trabalhadores livres veio a formar-se. Ali, onde cada qual vivia do trabalho de suas mãos, o trabalho retomava de novo a nobre posição que lhe tinha sido consagrada pelos profetas lavradores e operários, pelo filho do carpinteiro de Nazaré e pelo fabricante de tendas de Tarso. Aquilo que a piedade exigia, as mãos trabalhadoras estavam prontas a executar. O poder de uma vontade, que havia sido acerada na disciplina ascética, tornava possível que anacoretas, monges e monjas concebessem seus planos de assistência aos necessitados, numa escala tão compreensiva, que podem muito bem ser denominados os primeiros grandes trabalhadores sociais. No quarto século, eremitas no deserto egípcio cultivavam o solo árido com o suor de seus rostos; semeavam e colhiam e reduziam sua própria e escassa ração, ao passo que enviavam cargas inteiras de navio à Líbia e a Alexandria para alimentar os indigentes dali.

Nossa era orgulha-se justamente de suas realizações de bem-estar social, de seus hospitais, de suas casas para velhos e pobres, mas não deveria esquecer que todas essas instituições devem sua existência, em última análise, aos homens e mulheres ascetas, que trabalharam no quarto século da era cristã. Naquele tempo, Fabíola, nobre romana, pertencente ao círculo ascético de são Jerônimo, fundou o primeiro asilo para os pobres na cidade de Roma. E Basílio, o bispo monástico de Cesareia, construiu fora dos portões de sua cidade outra Cesareia para os doentes e os pobres e erigiu nela os primeiros hospitais.

Santo Atanásio, santo Ambrósio e santo Agostinho falavam de caridade e trabalho como "conselhos de perfeição", em verdadeira vida monástica. O gesto espontâneo de dar, de uma só vez, toda uma fortuna herdada, não era mais bastante em si mesmo; requeria-se caridade contínua e o trabalho era olhado como o instrumento dessa caridade. Mas foi somente por intermédio de Bento, de Núrsia, o primeiro fundador de uma ordem religiosa no Ocidente, que o trabalho e a caridade lograram a posição de princípios obrigatórios. Para os monges de Bento era um dever alimentar os pobres, vestir os nus e tratar dos doentes. Em sua regra, "Ora e labora, pois a preguiça é a inimiga da alma", unia ele intimamente a absorção espiritual e o trabalho manual numa idêntica piedade.

Bento iria desenvolver o monasticismo de Antão na mais poderosa instituição cultural do Ocidente, mas começou sua carreira inteiramente dentro do espírito da fuga renunciativa do mundo, que tinha também animado os começos do seu precursor egípcio. O filho de ricos patrícios de Núrsia, justamente como o filho de ricos lavradores de Coma, partiu todos os seus laços mundanos e refugiou-se na solidão. Na garganta de Subíaco, escolheu uma caverna em um rochedo alcantilado, ligado ao mundo exterior por um simples desfiladeiro de acesso extremamente aventuroso. Ali passou vários anos, praticando a mais austera penitência, até que um dia, atraídos pela sua santa vida, outros homens chegaram, ávidos de ser discípulos seus e de aceitar sua direção para seguir o seu exemplo. Bento fundou seu primeiro mosteiro para um grupo inicial de doze discípulos e, com o correr do tempo, como houvesse aumentado o número de seus seguidores, onze outros mosteiros, dos quais o famoso Monte Cassino foi o último e o mais importante. Assim, a primeira ordem religiosa do Ocidente, a Ordem dos Beneditinos, estava formada. Iria tornar-se da mais extrema significação para o desenvolvimento total da vida cultural europeia.

Esta magnífica instituição não tinha sido planejada pelo eremita asceta em sua caverna de Subíaco. Desenvolveu-a como chefe escolhido por seus companheiros, de acordo com o espontâneo crescimento e progresso de sua obra. A Ordem dos Beneditinos, como o disse o cardeal Newman, era "antes um crescimento do que uma estrutura". Bento viu-se diante da tarefa de estabelecer uma regra para uma comunidade de discípulos. Todas as pequenas exigências da vida quotidiana passavam pelas regras gerais, sumariadas na famosa regra beneditina, que veio a ser a base do monasticismo ocidental para os quatro séculos seguintes. A regra beneditina proporcionava às comunidades monásticas, relativamente instáveis, a sólida estrutura de uma instituição organizada. Os laços frouxos que haviam mantido juntos grupos de indivíduos piedosos, foram substituídos por uma união permanente, que somente a morte podia dissolver. Aqueles que abandonavam suas famílias no mundo tornavam-se membros de uma família espiritual de monges. Aqueles que deixavam suas casas e lares no mundo mutável encontravam nos mosteiros uma casa imutável, uma casa do espírito, que jamais poderia ser perdida. Aqueles que renunciavam a seu trabalho centralizado no mundo eram colocados pelas regras num trabalho de padrão organizado, cujo produto se acumulava para um grupo e nunca para um único indivíduo. A autoflagelação foi substituída pela autodisciplina; a mortificação do corpo pela devoção ao trabalho. De modo que, quando Bento teve conhecimento, uma vez, de certo eremita cujo exagerado ascetismo o levara a encadear-se a um rochedo, dentro de sua estreita caverna, mandou-lhe esta mensagem, a respeito da nova vida de piedade: "Quebre as cadeias, pois o verdadeiro servo de Deus está encadeado não a rochedos pelo ferro, mas à retidão pelo Cristo."

Nos mosteiros beneditinos, tanto o trabalho como a contemplação e o culto foram regulados por um estrito esquema e cada monge tinha suas tarefas específicas. O irmão lenhador rachava lenha, o irmão moleiro moía grãos, o irmão lavrador cavava o solo, o irmão cozinheiro preparava a comida; o irmão jardineiro trabalhava no jardim e os monges, nas oficinas, faziam utensílios, instrumentos e toda espécie de petrechos.

Escolástica, a irmã de Bento, que tinha seguido seu exemplo e fundara numerosos conventos que colocara sob a mesma regra beneditina, mandava que suas freiras fiassem, tecessem e fizessem roupas.

Graças às regras de trabalho de Bento, os mosteiros e conventos tornaram-se instituições que se bastavam a si mesmas, sem nenhuma dependência do mundo exterior. Somente esta emancipação da necessidade de pedir e aceitar o que outros tinham a oferecer pôde engendrar a capacidade de dar e auxiliar, num espírito de completo desinteresse, sobre o qual está baseada a caridade cristã. Somente o cultivo planejado dos campos, a produção planejada nas oficinas podiam proporcionar o excesso permanente de víveres e suprimentos, que garantiam a efetividade da esmola beneditina. O lugar da caridade esporádica foi tomado pelo trabalho organizado da assistência social. O que era feito por aqueles monges beneditinos, em mosteiros bem distantes no espaço, em eras separadas por séculos, tudo formava um só todo, em virtude da estrutura da ordem, numa grande e total realização. Ultrapassava os limites dos mosteiros individuais, prolongava além da conta o espaço de vida de monges individuais. Ao beneditino, individualmente, não importava poder terminar o trabalho começado, poder viver para ver a colheita das sementes que havia semeado. Os que viessem depois dele continuariam a mesma espécie de trabalho e o completariam. Era apenas a certeza de que a ordem duraria que tornava possível aos beneditinos conceber seus vastos planos, que lhes dava a coragem de embarcar numa aventura que nenhum monge, que nenhuma geração de monges e que nenhum mosteiro poderia jamais ter esperança de levar a cabo.

A glória das realizações beneditinas só pode ser apreciada de encontro ao negro pano de fundo do tempo. Bento nascera em 480, pouco depois da queda dos derradeiros imperadores romanos. Sua vida, sua obra e as grandes consecuções de sua ordem coincidem no tempo com a migração de povos, que marcou o fim da civilização da Antiguidade. O mundo mediterrâneo jaz devastado na vigília de exércitos combatentes, como os do general romano do Oriente Belisário, e dos godos, vândalos e lombardos invasores. A disposição de ânimo prevalecente era a da destruição iminente. As cidades estavam destruídas, a própria Roma jazia em ruínas, os distritos rurais estavam despovoados. Guerra, fome, pobreza eram os flagelos da terra.

E então, em meio de um velho mundo decadente, ergueu-se nos mosteiros reclusos dos monges beneditinos o novo mundo da Idade Média. Esses monges, que se haviam retirado do caos da época para viver enclausurada solidão, suas vidas de calma serenidade, haviam descoberto o caminho que conduzia a um novo começo. Enquanto lá fora, no mundo, hordas obcecadas pelas paixões belicosas destruíam sem razão ou senso as vidas de homens e o produto de seu trabalho, os monges conservavam-se afastados das paixões mundanas e mantinham-se tranquilamente a trabalhar para construir de novo. Sua caridade estava imune ao ódio partidário e ao preconceito e acolhia de boa vontade quem quer que chegasse, solícita no auxílio e no consolo. Onde hordas turbulentas de guerra tinham devastado os campos, monges sossegados moviam-se para cavar o solo novamente. E, no meio do caos e da devastação, cuidavam de seus jardins floridos e dos campos frutíferos de grão. O que Alarico e Átila haviam talado e arruinado, os hábeis monges punham-se a reconstruir pacientemente. Em um mundo devastado pela guerra, lançavam eles novas pontes e abriam novas estradas.

No correr do tempo, o exemplo deles inspirou também homens e mulheres fora das paredes dos claustros. Onde quer que fossem vistos monges cavando e arando, devotados a seu trabalho como uma nova forma de culto, homens e mulheres piedosos de todas as classes do mundo leigo ofereciam-se voluntariamente para tomar parte na grande obra de reconstrução. E à medida que o espírito desta nova piedade do trabalho invadia grandes extensões de terra, os campos reabilitados estendiam-se mais e mais longe pelas regiões rurais, e mais e mais homens e mulheres voltavam a seus trabalhos nas oficinas e nas fazendas. Descobriam o caminho de volta a uma vida construtiva, e as regras de são Bento, escritas para monges, tinham-se tornado uma mensagem de esperança para o mundo em geral.

Bem cedo, os mosteiros beneditinos tornaram-se pontos de realização da tarefa de reconstrução. Todos aqueles em cujos corações o desejo de edificar e preservar estava ainda inflamado, todos aqueles que ansiavam por se libertar da destruição e da decadência, retiravam-se para os mosteiros e submetiam-se às regras de são Bento.

No ano 540, o patrício Cassiodoro, a quem o rei dos godos, Teodorico, o Grande, fizera ministro, decidiu retirar-se do mundo para a quietude de um mosteiro. Profissionalmente era um dignitário no Estado dos ostrogodos, mas em seu coração permanecera um romano e via, com a mais profunda tristeza, como a cultura do passado, que ele estimava, estava minada pelos atos dos novos governantes. Parecia-lhe que os mosteiros eram os derradeiros santuários onde os remanescentes da velha herança cultural poderiam conservar-se a salvo, onde um esforço sistemático da parte dos monges poderia conseguir preservar e desenvolver o saber dos antigos, em benefício das gerações vindouras. Filósofo e monge, Cassiodoro colecionou os vestígios da antiga literatura e agiu como o grande curador desses monumentos do passado "de modo que o mundo não fosse completamente submergido no barbarismo". Transformou sua casa de campo, em Brútio, num mosteiro, que se compunha não só de celas e de uma capela, mas também de uma biblioteca e de um chamado "escritório", prescreveu a seus monges, como forma de serviço religioso, o trabalho de preservar e copiar antigos códices. Monges de negros buréis curvavam-se sobre velhos papiros, traçando pacientemente letra por letra, transcrevendo e traduzindo manuscrito após manuscrito. Dentro em breve, os outros mosteiros da regra beneditina seguiram o exemplo dado por Cassiodoro e, com o correr dos tempos, formaram-se inteiras bibliotecas de cópias e traduções. A estes labores de preservação devem as eras antigas o conhecimento dos escritos dos Padres da Igreja, são Jerônimo, santo Ambrósio e santo Agostinho, mas também o conhecimento dos poemas de Virgílio e Horácio e os escritos em prosa dos clássicos romanos.

De modo que os mosteiros beneditinos tornaram-se, ainda em vida de seu fundador, santuários de antiga sabedoria e centros de uma nova forma de saber. O treinamento no pensamento antigo, combinado com a concentração monástica, gerou a força intelectual que constituiu a nova cultura da Idade Média.

É de simbólica importância que Monte Cassino, ponto de partida do novo progresso, tivesse sido construído no mesmo ano que viu também a dissolução da Academia, derradeiro baluarte do antigo saber. A Ordem Beneditina é o elo que liga a Antiguidade aos Tempos Modernos.

Seu interesse pelo saber capacitou os monges beneditinos a tornarem-se os mestres dos povos jovens, a manter a continuidade da tradição educacional que, de outra forma, poderia ter sido destruída durante a migração dos povos. Cassiodoro escreveu vários compêndios sobre as artes liberais, bem como uma gramática e, dentro em pouco, todo um corpo de monges dessa poderosa ordem aplicou-se à tarefa do magistério. Onde quer que os beneditinos fundassem novo mosteiro, organizavam também nova escola ou academia. Foi dessas instituições educacionais que se originaram as universidades da Idade Média.

Com o monge beneditino Gregório, o monasticismo, que havia tanto tempo se iniciara no deserto egípcio, atingiu seu mais alto poder no mundo político. Gregório foi coroado papa e a história o denomina Gregório, o Grande. Pertencia aos Anícios, família de patrícios romanos, e fora, a princípio, um dos pretores. Mas ele, como antes Cassiodoro, sentiu-se arrastado de sua posição de destaque para a quietude de uma cela monástica, pelos ideais que estavam formando um novo mundo, por trás das paredes protetoras dos mosteiros. Transformou sua casa ancestral, no monte Célio, no mosteiro de Santo André. Além disso, fundou seis mosteiros beneditinos na Sicília.

Cassiodoro havia enriquecido o monasticismo com o saber romano; Gregório acrescentou a habilidade organizadora romana ao caráter monástico. Seus extraordinários talentos estenderam sua influência para além de sua estreita cela até ao mundo exterior e, em 590, quando o clero, o senado e o povo romano o aclamaram papa, não houve uma voz sequer dissidente. Naquela época, já possuía o papa o poder de um governante absoluto. Quando Gregório subiu ao trono papal, caiu este poder pela primeira vez nas mãos de um monge. Sentia que sua posição de poder universal era uma pesada carga e, algum tempo depois de ter tido de abandonar a quietude de sua cela para ocupar a sé apostólica, escreveu numa carta a um de seus amigos: "Reflito que desanimadora altura de avanço externo atingi, ao cair da elevada altura do meu repouso."

Sob suas vestes pontificais, permaneceu fiel ao negro burel dos monges beneditinos. Estava investido do poder papal, mas como simples monge de sua ordem continuou a praticar a regra da caridade. Quando soube um dia que, a despeito de seus mais estrênuos esforços para aliviar a miséria dos pobres, um mendigo em Roma tinha morrido de fome, insistiu em que isso foi culpa sua. Flagelou-se e redobrou seus esforços para restringir o sofrimento da pobreza. Foi então que tornou obrigação de toda igreja pôr de lado parte de suas rendas para auxiliar os necessitados.

O papa planejou estender o poder da Igreja de Roma sobre o universo inteiro e decidiu conquistar para a cristandade as regiões pagãs da Bretanha e da Gália. Mas era um monge beneditino, no trono papal, quem estava traçando planos para esta campanha de conquista. Desde Júlio César, era esta a segunda tentativa da parte de Roma para estender seu domínio às Ilhas Britânicas. Quando César quis conquistar a Bretanha, enviou para lá seis de suas legiões; o monge papal, pensando na conquista, enviou quarenta monges beneditinos. As legiões de César estavam armadas até aos dentes quando atravessaram o canal para, de Dover, entrarem terra adentro. As regras de guerra que Gregório tinha para seus quarenta monges eram amor e caridade, e as armas de conquista o Livro dos livros e hinos de sua própria composição. Com canções nos lábios, os conquistadores monásticos marcharam através das florestas de Kent até Cantuária, onde o rei Engelberto tinha sua corte. Em vez de tomar-lhes as terras, traziam para elas uma nova religião e uma nova cultura. A doutrina de sua fé estava estampada num livro que apresentaram a seus exércitos anglo-saxões e, uma vez que os anglo-saxões não sabiam ler ou escrever, aqueles previdentes monges, que tinham vindo difundir o Evangelho, trouxeram consigo gramáticas e cartilhas. Onde quer que trabalhassem, fundavam escolas. E dentro em pouco, graças aos monges beneditinos, o cristianismo, cartilhas e escolas estendiam também seu domínio pela Irlanda, pela Gália e terras teutônicas.

Todavia, este grande monge no trono papal, por intermédio de quem a fé fora levada aos povos do Norte, por intermédio de quem tinham sido eles trazidos à órbita da civilização mediterrânea; que veio a ser chamado o derradeiro dos Padres da Igreja, porque, com seus escritos, completou o trabalho de consolidação espiritual que seus predecessores tinham começado; este grande monge beneditino dera à Igreja e a toda a civilização ocidental outro presente mais maravilhoso ainda: o dom da arte da música. Santo Atanásio e santo Hilarião, no Oriente, e santo Ambrósio, no Ocidente, tinham levado suas congregações de fiéis a cantar os louvores de Deus, mas foi somente por meio de Gregório, o Grande, que o canto e a música receberam valor de prece, pois estabeleceu-os como partes integrantes da missa. Fora dotado do poder criador de um gênio musical e empregou-o para desenvolver, sobre as bases de melodias gregas, as solenes formas recitativas do cantochão ritual, conhecido pelo nome de canto gregoriano. Assim salvou a herança musical da Antiguidade, preservando-a na Igreja e transmitindo-a aos séculos subsequentes.

Já velho, afligido pela gota, este papa ainda passava horas e dias na escola de canto que fundara, incansável na tarefa de fazer seus monges partilharem de seu próprio sentimento pela pureza do som e ensinando-lhes a arte de cantar para maior glória de Deus. Graças aos esforços rigorosos deste inspirado mestre de música, o culto cristão veio a ser um culto de melodia e de canto e o cristianismo uma fé cantante. E aqueles que ainda estavam fora da Igreja foram arrastados para seu redil, desde que ela se tornara uma Igreja de cantorias, em muito maior número do que o dogma, a escola e o sermão teriam sido capazes de atrair. Dentre eles foram recrutados os primeiros estudantes leigos de música, que depois sairiam para ser os primeiros professores de canto e de música da Europa ocidental. Foram os começos e deles brotou a grande música ocidental, que nas fugas de Bach abraçou céu e terra.

Durante muitos séculos depois da morte de Gregório, a Ordem dos Beneditinos manteve a direção da herança cultural dos antigos e dos materiais de construção da civilização nascente. Finalmente, no século X, esta grande ordem sucumbiu como tudo mais que está exposto ao mundo, ao mesmo eterno tentador a quem Antão, o "pai do monasticismo", tinha visto sob a forma do demônio. As tentações que fizeram cair a Ordem Beneditina, como caíram outras muitas ordens também no correr dos tempos foram a riqueza e a avareza. Mas sempre e em toda parte, o monasticismo encontrava caminho de volta a seu ideal e fim originais, tão logo regressava à sua velha severidade ascética, à pobreza, à renúncia e à quietude. Quando quer que isso acontecia, o monasticismo tirava disso nova energia criadora, capacitando-o a atingir novas alturas nas suas realizações. Todas as grandes figuras da história das ordens monásticas: são Bernardo, o místico de Clairvaux; santo Anselmo de Cantuária, o fundador do escolasticismo; Alberto Magno, o Doutor Universal; santo Tomás de Aquino, o Doutor Angélico; são Francisco de Assis, o Trovador de Deus; são Boaventura, o Doutor Seráfico; todos eles fortaleceram-se na solidão, exercitaram-se na renúncia e permaneceram fiéis a seu voto de pobreza. Por mais que estes monges ocidentais dos últimos tempos da Idade Média possam ter diferido do eremita do deserto egípcio, que não sabia ler nem escrever, pertenciam todos ao seu parentesco espiritual. Na sua austeridade ele é, inconfundivelmente, o antepassado comum de todos eles.

Nos mosteiros cristãos, estabeleceu-se o ascetismo como uma poderosa instituição que persistiu através de muito mais de quinze séculos e tornou-se, ao mesmo tempo, uma força que ajudou a determinar o curso da história. Contudo, a essência da ideia ascética está muito mais profundamente arraigada do que qualquer específico credo religioso. Profundamente inerente à alma humana, é não somente a aspiração de um plano espiritual mais elevado, mas também a convicção de que tal ideal pode ser atingido apenas por meio da solidão, por meio da renúncia dos bens terrestres, por meio do exercitamento do corpo e da alma, em suma, por meio de um modo ascético de vida.

A palavra "ascetismo" volta a uma base grega que significa "praticar" e foi aplicada a atletas que viviam reclusos e abstinentes, enquanto se exercitavam para uma disputa na arena. O cristianismo aplicou esta palavra ao treinamento espiritual da alma para suas disputas com as tentações da natureza animal do homem. Sempre que indivíduos ou grupos de indivíduos tentaram erguer-se acima do nível da natureza comum, escolheram a solidão como seu novo lar, fizeram da pobreza sua condição e da abstinência seu modo de vida.

Na Índia, o berço de toda a nobreza espiritual, os brâmanes dos primitivos tempos védicos retiravam-se para a solidão e viviam como eremitas, a fim de conseguirem penetrar os derradeiros arcanos do ser. Para os hindus, o grande deus Xiva, em quem estão conjugados os princípios de destruição e restauração, deu o exemplo da vida ascética. Formavam uma imagem visual dele distante do mundo, na solidão do mais alto pico da cordilheira do Himalaia, sentado numa pele de tigre e absorto na meditação, dirigindo o curso do mundo, somente graças ao pensamento concentrado. Na doutrina dos iogues, a prática do ascetismo foi formulada em sistema definido, que é uma das mais velhas tradições espirituais do homem. Buda passou sete anos de solidão silenciosa sob uma figueira, até atingir aquela ilustração oniabrangente que transformou o antigo príncipe Gautama num Buda, isto é, num Iluminado. E os monges e monjas budistas cantavam as "imortais canções de sua serena sabedoria".[2]

Os padres do deus egípcio Serápis eram ascetas. Eram-no também os membros das seitas greco-judaicas dos essênios e terapeutas. O profeta Maomé retirou-se para uma caverna perto de Meca, a fim de preparar-se para sua grande obra, e mais tarde o ascetismo desempenhou parte essencial na piedade maometana. Os místicos de todas as áreas e de todas as fés asseguram-nos que a *unio mystica*, a verdadeira união com Deus, só é atingível na solidão e graças a um modo ascético de vida. E finalmente, o protestantismo, o acérrimo adversário do monarquismo, produziu a severidade ascética de Calvino e de Cromwell, produziu os puritanos e o pietismo.

Não somente o instinto religioso, mas também a experiência espiritual dos grandes filósofos e modeladores do pensamento ético confirmam o valor da vida ascética. Todos estão concordes em que a verdadeira compreensão só pode ser obtida por aqueles que se submetem a severa disciplina, a alguma forma de ascetismo, pois nada mais pode tornar possível aquela concentração plena, sem a qual a razão permanece estéril. Heráclito, o pai da filosofia, viveu na solidão. A doutrina idealística de Platão está baseada numa visão ascética de vida. Aristóteles chamou a vida dos buscadores de prazeres de bárbara. Os estoicos, os cínicos, os neoplatonistas, Espinosa, Pascal, Schopenhauer, Tolstói, todos ensinaram que a verdadeira vida, o verdadeiro conhecimento e a verdadeira serenidade são obtidos apenas graças à subjugação dos mais baixos instintos. O grande filósofo Kierkgaard publicou seu primeiro grande livro, *Uma de duas*, sob o pseudônimo de "Victor Eremita", o eremita vitorioso. E até mesmo Nietzsche, que proclamou sua "alegre sabedoria" como um evangelho anticristão, desenvolveu

---

[2] Há diferença muito grande entre o *ascetismo cristão* e o que se pratica em qualquer outra religião, como, por exemplo, no budismo. Naquele, o ascetismo é um *meio* e não um *fim* e é empregado para assegurar a plenitude da vida. É uma forma de *vida*. Nas outras religiões, é praticado como um *fim em si*, sem se levar em conta o elemento *positivo, vital*. Por isso é que o cristão não é um *maniqueísta*, que odeia o *corpo*. Quando Cristo afirmou que a *carne* era fraca, não se referiu ao *corpo* e sim à *natureza* humana, gafada do pecado (*N. do T.*).

sua doutrina na solidão ascética. De Dante e Petrarca a Keats e aos românticos e até mesmo aos escritores do passado mais recente, os poetas vivem a cantar os louvores da solidão e da renúncia. E até mesmo os clássicos germânicos, cujo único interesse era "viver a vida", sentiam necessidade de repouso no "claustro mais recluso", para entrar em comunhão com seu "eu mais calmo".

Não somente o Apocalipse, de são João, foi escrito, na solidão de uma gruta, em Patmos. Ernest Bertram afirma que todos os livros de importância universal foram concebidos em alguma Patmos, no deserto, no cativeiro, num exílio forçado ou imposto voluntariamente. "Não sabeis", escreveu ele, "que a voz do que chama sai sempre do deserto e que as coisas que devem ser ditas a um povo e de um povo devem amadurecer nos campos do isolamento?" E de fato, até mesmo os grandes, cujas obras e realizações foram destinadas a servir às necessidades e objetivos do mundo do dia — os pioneiros, os exploradores, os inventores e reformadores sociais —, todos eles insistem em suas biografias e confissões que o pré-requisito de toda a verdadeira grandeza é a solidão, a pobreza, a negação de si mesmo — forma monástica de vida, diferente apenas em grau.

Em santo Antão, o ascetismo atinge o patético de um grande exemplo. Na sua vida, a negação de si mesmo é levada à intensidade de um drama ou de uma epopeia. O interior do deserto egípcio é um cenário que parece transferir a ação para uma atmosfera de irrealidade. A pobreza de Antão torna-se o símbolo e protótipo de toda a pobreza; seu poder de renúncia tem as dimensões de heroísmo mitológico. Nas suas tentações, o sobrenatural mistura-se com acontecimentos naturais, como se dá em todas as grandes obras literárias. Por causa disto, sua pessoa e sua vida juntam-se a outros assuntos míticos, tornando-se um tema perenemente fascinante de arte. Não há retrato de Antão como ele foi na realidade. Há apenas o retrato que a imaginação dos artistas criou, sob a impressão do que é conhecido a respeito de seu caráter e de sua vida. Mas esta figura, precisamente porque ninguém jamais lhe determinou os contornos exatos, juntamente com o pano de fundo insólito e mágico e com as aparições sobrenaturais que caracterizam todas as fases de sua vida, permitiu que as artes desenvolvessem tal abundância de representações variadas, que os retratos de Antão constituíssem capítulo especial na história da pintura e da escultura.

Começando com a arte idealizadora do cristianismo primitivo, passando pela escultura romântica, pela pintura gótica em todos os estágios, pelo início, apogeu e fins da Renascença, até aos estilos modernos e ultramodernos, não há período, não há movimento ou escola de arte que não haja produzido em seu próprio espírito específico, com suas próprias técnicas específicas, sua própria versão específica do tema antonino. A maior parte dos grandes artistas, especialmente nos tempos modernos, enriquece a tradição do tema antonino com sua interpretação pessoal. Esculpiram seu santo Antão em pedra; pintaram-no em tela; gravaram-no em cobre; desenharam-no sobre um fundo de ouro iluminado ou colocaram-no atrevidamente dentro da paisagem e do meio de suas próprias vidas. Pincel e agulha, cor e linha, luz e treva — todos os artifícios da arte serviram para tornar sua figura mais impressivamente verdadeira. Mestres italianos e espanhóis, holandeses e flamengos, franceses e germânicos, tentaram recriar em visões artísticas o rosto desconhecido, a figura desconhecida do santo do ascetismo, quer na idealização linear estilizada das convenções medievais, quer por meio do realismo comovedor e imóvel dos tempos modernos, quer ainda com técnicas impressionistas ou expressionistas.

Os irmãos Hubert e Jan Van Eyck, os inventores da pintura a óleo, no século XV, exibiram nos painéis de seu altar-mor, em Gand, para edificação dos fiéis, um grande colorido livro de pintura, com um dos compartimentos laterais ocupado por santo Antão, no meio de um grupo de monges que acompanhavam seu santo mestre na adoração ao Cordeiro de Deus. Lucas Van Leyden, o grande mestre da arte holandesa da Renascença, pintou santo Antão no seu encontro pessoal com são Paulo de Tebas. Vítor Pisano, um dos pioneiros da primitiva Renascença na Itália setentrional, pô-lo em um de seus famosos painéis. Pinturicchio, o mestre da escola da Úmbria do século XV; Paolo Veronese, junto com Tintoretto, o derradeiro grande representante da escola veneziana; José Ribera, o místico hispano-italiano e fundador da escola napolitana; Guido Reni, o pintor da escola eclética do Barroco italiano; todos eles o glorificaram nas cores esplendorosas de sua rica paleta. Na Espanha, os principais pintores dos séculos XVI e XVII, que acrescentaram sua interpretação à tradição do tema antonino, são Francisco de Zurbarán, o mestre do retrato monástico-ascético, e Diogo Velásquez, o mais antigo precursor da arte moderna. Albert Dürer, em quem a velha arte germânica atingiu a consumada perfeição, pintou o santo do deserto egípcio como um símbolo eternamente válido da abnegação universal, sobre o fundo de sua cidade natal de Nuremburgue. E até mesmo Lucas Cranach, cujas reações e atitudes eram as de um protestante profundamente convicto, que pintou os únicos quadros conhecidos da vida de Lutero, o reformador e revoltado contra o monasticismo, contribuiu com sua representação de santo Antão, a qual só pode ser interpretada como uma expressão de respeito pelo pai do monasticismo.

As obras mais impressionantes e mais poderosas na tradição antonina são, contudo, aquelas que tratam do tema das tentações. Uma delas recua até ao século XI, tempo em que a escultura romântica havia atingido seu ponto mais alto. Na abadia de Vézelay, na Borgonha, a mesma igreja em que são Bernardo de Clairvaux pregava seu misticismo ascético, há, esculpida em pedra, sobre um dos capitéis, uma representação de triunfo de santo Antão sobre o demônio. Esta obra foi executada por uma época que havia assistido à progressiva secularização da Ordem dos Beneditinos e que, alarmada por este desenvolvimento, havia redescoberto a doutrina original do ascetismo e encontrado os meios de salvar o monasticismo da decadência final com a formação de novas ordens, como as dos cluniacenses, dos cistercienses e cartuxos, com sua renovada acentuação de rigor e austeridade. Foi uma época cheia do espírito de reforma ascética e bem preparada para apreciar a significação de Antão como símbolo vivo. No capitel em Vézelay, está ele de pé, flanqueado por demônios atacantes, numa pétrea imperturbabilidade, no rosto uma expressão de serenidade triunfante, própria do asceta, cuja fortaleza está arraigada em Deus. Nesta antiga obra, o drama das tentações mantém-se estático, pois é conservado, por assim dizer, não só pela rigidez do material, mas também pelo convencionalismo artístico do tempo. Foi somente no século XV, quando a arte se emancipou dos grilhões do formalismo medieval, que o tema pôde ser tratado com os livres tons móveis da ação dramática. Naquele tempo, os trabalhos anônimos de trabalhadores ligados pela tradição cediam lugar às criações do gênio individual de personalidades artísticas. As convenções eram substituídas pela observação e os artistas percebiam e formavam não só suas visões do mundo de além, mas também o mundo da natureza no seu realismo universal.

Desta geração de individualistas, de mestres do realismo, surgiu, pela primeira vez, um pintor aparentado em espírito com Antão, o torturado defensor de sua alma, contra uma hoste agressiva de demônios. Foi Jerônimo Bosch, holandês do século XV; acostumado ao espetáculo da fertilidade luxuriante das planícies da Flandres, habituado a viver entre robustos flamengos, cujas vidas se centralizavam em torno dos prazeres da comida e da bebida, Bosch sentiu-se, não obstante, atraído pelo austero jejuador e habitante do deserto, Antão, pois se achava ligado a ele por profunda afinidade espiritual. A vida de Jerônimo Bosch fora torturada pelo mesmo conflito entre o bem e o mal. A este pintor flamengo, justamente como a Antão, o bem e o mal apareciam em personificações visionárias. Ele também via o demônio, ora sob o disfarce de horríveis monstros, ora sob todas as espécies de formas sedutoras. Mediante esta identidade de experiências, Bosch e Antão, a despeito do abismo de séculos que os separava, eram irmãos.

As contribuições de Bosch para a tradição antonina não são precisamente as obras de um grande pintor realista da escola flamenga tratando certo tema; são as criações de um homem cujo coração e cuja alma tinham vivido e sofrido e lutado por abrir seu caminho, através de todas as ilações do problema antonino. Quando o pintor Bosch tomou do tema tradicional para executar sua versão própria das tentações de santo Antão, pintou realmente, ao mesmo tempo, todos os conflitos de sua vida pessoal. O que Baudelaire afirmou alhures, aludindo a si mesmo, permaneceu verdadeiro, igualmente quando se trata de Bosch: "Não somente o santo, mas também o gênio, tem um demônio contra o qual deve combater." Fascinado pelo tema que conhecia tão bem, Bosch dedicou dez de seus mais maravilhosos quadros às tentações de santo Antão.

A representação realista das tentações de santo Antão pelo demônio, começada por Jerônimo Bosch, foi enriquecida e difundida pelo seu conterrâneo Pieter Brueghel, o Moço, ou "Hell Brueghel", que o tornou um drama universal, cujo palco é, simultaneamente, a alma do homem e a vida exterior, toda a natureza, o Universo inteiro. Na escola de seu pai, PieterBrueghel, o Velho, seus olhos haviam sido exercitados, desde a infância, em ver pessoas e cenários tais como exatamente são. Aprendeu a reproduzir as várias coisas em seu ambiente concreto, com consumada precisão. Mas seu eu artístico, seu gênio independente, era capaz de perceber igualmente bem o mundo invisível que está oculto por trás do mundo visível dos corpos e formas do natural. De modo que reconhecia como lei básica de toda a existência e desenvolvimento uma dualidade eterna, uma tensão polar de criação divina e de destruição satânica.

Este princípio invade todos os detalhes da magnífica visão de Brueghel dos fatos e acontecimentos terrestres, que ele reproduzia nas suas pinturas, com toda a sua habilidade técnica e maravilhosa disposição de cores. Via os variegados deleites do mundo, mas também seus abismos traiçoeiros; a beleza ridicularizada pela feiura; a exuberância sem freios dos gozadores de festas e folganças, juntamente com a ruína trágica sobre a terra, mas também as sombras opressivas da noite, que o inferno ergue das regiões inferiores; via a linha reta cortada pela tortuosidade e a paz do povo e da terra assombrada por hordas de demônios.

No desejo ardente de Antão pela pureza, pela bondade, na sua aspiração para Deus e nas complicações com a impureza, com o mal, nas lutas com o demônio, na tentação sob o sarçal, no túmulo, sob as ruínas e na sua caverna — todos os elementos que comunicam tão elementar poder às concepções realísticas de Brueghel tinham sido condensados em símbolos sempre válidos de significação mítica. Assim, as representações de Antão feitas por Brueghel, compostas de elementos do mundo que ele tinha visto e dos infernos que tinha visualizado, tornaram-se uma confissão impressionante de um artista e ser humano. Nos seus quadros de Antão, a natureza não fornece simplesmente o fundo; toma parte ativa no drama. Os demônios não são meros fantasmas ou visitantes de um mundo sobrenatural. São produtos da natureza, mestiços, nos quais se misturam os traços dos holandeses e de demônios. Enquanto Dürer se contentava com colocar a figura destacada de seu Antão egípcio, de pé, em meio da região de Nurembergue, Brueghel lançava mão da história inteira que havia ocorrido no deserto e tinha-a como acontecida ali em casa, na Holanda.

Mas os holandeses Brueghel e Bosch não estavam sozinhos no seu tempo, com suas representações realísticas das tentações de santo Antão. Na Itália, Parentino tratou o mesmo assunto, e na Alemanha, os dois grandes artistas Schongauer e Grünewald. Martim Schongauer, de Colmar, na Alsácia, fez seu famoso desenho das tentações de santo Antão, que deleitou tanto Miguel Ângelo a ponto de levá-lo a copiá-lo no seu próprio estilo. Schongauer acentuou o contraste entre o bando infernal de demônios e o homem que triunfou sobre eles em virtude de sua vontade ascética. Naquele agressivo pesadelo de caninos e garras, de dentes e unhas, de bicos e de patas, o santo mantém sua fortaleza e até mesmo sua veste e seu manto, seu cabelo e sua barba estão inteiramente intactos.

Matthias Grünewald, em quem a arte moderna vê, com Velásquez, seu mais antigo precursor, foi além de seus contemporâneos e aproximou-se do problema de um ângulo que está o mais perto possível da familiarização com o pensamento e o sentimento modernos. Não se limitou a uma reprodução dos acontecimentos externos do drama, mas pintou também a ação interior, psicológica. Seus retratos de santo Antão foram feitos para o altar-mor de Isenheim, que um mosteiro da Ordem dos Antoninos havia instalado, em 1516, e fora dedicado a 17 de janeiro, dia de santo Antão. Este foi esquecido em obediência a um propósito piedoso, mas um pintor moderno, um mestre da introspecção psicológica, é o seu autor. Nos painéis do altar, Grünewald apresenta o ascetismo em suas duas mais importantes fases: combatente e triunfante. Aqui, pela primeira vez, vê-se um Antão mergulhado no horror das profundezas mais fundas de sua alma. A expressão da busca desesperada em seus olhos, o gesto de desesperada defesa de sua mão, todo o porte desse homem falam-nos do terror inominável da tentação, da qual está a ponto de cair vítima. O painel oposto mostra, em agudo contraste, o pacífico idílio de Antão e são Paulo, como hóspedes de Deus, esperando no deserto montanhoso o lendário pão que o corvo que se aproxima traz para eles.

O elemento de realismo fantástico que já caracterizava as primeiras tentações foi conscientemente levado a um auge grotesco pelo flamengo David Teniers e pelo francês Jacques Callot. Teniers pintou os diabos nas ruínas, como animais grosseiros, e deu a todos os seus demônios um ar de rusticidade holandesa, ao passo que Callot imprimiu a marca de seu gênio pessoal nas suas traduções em gravura das criações fantásticas de Brueghel.

Em 1845, Gustave Flaubert, autor de *Madame Bovary* e fundador e protagonista do romance realista, parou um dia na galeria do palácio Balbi, em Gênova, completamente fascinado diante das *Tentações de santo Antão*, de Brueghel. A fascinação que o manteve ali durante horas não foi apenas o encanto de uma grande obra de arte. Era a fascinação que se apodera de um homem que se encontra face a face com seu destino. Pouco depois de seu regresso de Gênova, Flaubert comprou uma gravura que Callot havia feito segundo a pintura de Brueghel. Pendurou-a no seu escritório, em Croisset, onde permaneceu até sua morte. Deu-lhe a inspiração para a sua obra seguinte. Com ardente entusiasmo, começou a trabalhar na primeira versão de seu famoso livro *La Tentation de Saint Antoine*. Durante dezoito meses trabalhou nela dia e noite, num dos períodos mais criativos de sua vida. "Onde estais", exclamava ele mais tarde. "Ó felizes dias de santo Antão, quando eu punha por escrito o meu ser inteiro!"

A concepção de *Madame Bovary* interrompeu sua obra. Mas tão logo terminara seu grande romance, Flaubert voltou às tentações, para formatá-las em outra melhor moldura. "Estou trabalhando de novo no santo Antão", afirmava ele numa carta daquele tempo. "Estou escrevendo! Estou suando! É maravilhoso! Há momentos em que este trabalho é mesmo mais do que um delírio!" Viajou para o Oriente, foi ao Egito visitar os autênticos lugares em que Antão havia combatido o tentador, e depois de sua volta de Constantinopla, escreveu nova versão de sua dramática história. Mas não estava satisfeito ainda. Estudou centenas de fontes; as notas em cima de sua mesa iam-se empilhando e, finalmente, começou a terceira e definitiva versão. "É o trabalho de minha vida", escreveu ele. "Desde que a primeira ideia dele me ocorreu, em Gênova, tenho estado com o pensamento incessantemente posto nele."

Vinte anos de suas melhores forças criativas foram devotados a esta obra. Era uma profunda certeza de sua afinidade com santo Antão, o que fascinava este romancista do século XIX. "Eu mesmo sou o Antão da *Tentation*", escreveu ele. "Gastei minha vida negando a mim mesmo os mais inocentes prazeres; gastei minha vida trabalhando duramente, de acordo com uma disciplina estritamente regulada. Por que encontro tal alívio na solidão? Certamente porque há um monge vivo dentro de mim. Tenho, muitas vezes, admirado aqueles homens que viveram suas vidas solitárias na renúncia ou na contemplação mística." Certa vez, explicou seu modo ascético de vida dizendo que um homem que quer ser um artista perdeu o direito de viver como os outros homens. E durante algum tempo, ele mesmo afagou a ideia de retirar-se para um mosteiro onde pensava poder encontrar a reclusão extrema que o artista nele exigia.

Quão profundamente arraigadas fossem as tendências ascéticas de Flaubert, revelaram-no seus hábitos e modo de trabalho. Seu temperamento artístico era por natureza insubordinado e sem limites, mas passou anos e anos preso à sua mesa, combatendo com a disciplina imposta a si mesmo a enchente de conceitos imaginativos que ameaçava dominá-lo como verdadeiras tentações. Reprimiu todos os traços de seu ingênito sentimentalismo e continuou a praticar seu ascetismo literário, até que seu estilo, especificamente pessoal, "prosa flaubertiana", com a sua impassibilidade impessoal, houvesse atingido a perfeição. O mote que este combatente dos demônios literários colocou à frente de sua *Tentation de Saint Antoine* foi: "Messieurs les démons, laissez-moi donc!" Por favor, deixem-me só! A inspiração, que Flaubert tinha recebido do pintor do século XVI, foi transmitida por ele, através de sua obra, aos artistas dos tempos modernos. E então a arte e a literatura engajaram-se num processo de cruzamento fertilizador esplêndido, por meio deste tema. Desta forma, grande número de artistas franceses foram profundamente influenciados pela obra de Flaubert, entre eles Félicien Rops, Paul Cézanne e especialmente Henri Rivière, cuja série de quarenta quadros, dedicados às tentações de santo Antão, inspirou, por sua vez, escritores e poetas, para tentarem novas interpretações do tema antonino. Rivière, que pertenceu ao *Chat Noir*, aquele grupo de artistas de Montmartre, cuja denominação proveio de um conto de Edgar Allan Poe, logrou recriar as tentações de santo Antão no espírito de sua própria época, de modo que o velho tema foi penetrado de nova significação. Como Dürer, sentiu a eterna atualidade do problema; mas ao passo que Dürer tomou simplesmente o asceta egípcio e colocou-o no seu quadro, na paisagem familiar de Nurembergue, de costas voltadas para a cidade e para sua vida, Rivière tomou da inteira história dramática das tentações e transferiu-a do Egito para a Paris de seu tempo.

Rivière, como Rops também, meteu seu diabo dentro de modernos trajes de gala. Ao transferir Antão de sua caverna de eremita na Tebaida para Paris, transformou-o num parisiense e tentou-o com todos os vícios da grande cidade. Nas *halles*, que Zola chamava o estômago de Paris, o diabo mostra-lhe, na purpúrea luz da alvorada, montanhas de frutas e vegetais e carcaças acabadas de abater, a fim de seduzi-lo à glutonaria. À noite leva-o aos bulevares e ali lhe mostra os tentadores prazeres da metrópole. Para despertar-lhe a cobiça, o demônio conduz Antão a uma casa de jogos e convida-o, sob o disfarce de crupiê, a aventurar apenas um franco ou dois. Assim continua, num giro insensato por toda Paris. Finalmente, como se emergisse de um pesadelo, Antão está de volta ao deserto. Ajoelha-se diante de seu crucifixo. Anjos vêm-se aproximando, prontos a socorrer a alma do redimido e subir com ela ao céu.

Anatole France, o primeiro dos grandes céticos modernos, foi sensibilizado por Antão, o combatente do Senhor, por meio de um quadro de Rivière, que trouxe à tona as questões desse santo. Durante muito tempo, dedicou-se de todo o coração ao estudo da psicologia do ascetismo. Que houvesse feito assim, não deve ser tomado como prova apenas de outro dos muitos interesses deste artista, baseado no exercício do epicurismo e da ironia voltairiana. Por trás da máscara do cético, mantinha-se vivo algo do "estranho menino", como o próprio Anatole se refere ao seu eu infantil, cuja maior ambição tinha sido tornar-se um santo. Este menino, que não havia ficado satisfeito com a ideia de poder vir a ser "membro do Instituto", como seu pai, mas que desejava tornar-se "membro do calendário dos santos", cortou certa vez, na entusiástica prossecução de seu objetivo, a poltrona de seu pai, para dela extrair a crina de cavalo de que necessitava para fazer para si um regular traje de penitência.

Mais tarde, este mestre da zombaria e do espírito escreveu seu romance *Taís*, também conhecido em forma de ópera. Nele relata a história de uma cortesã, a quem o asceta Pafnúcio converte à santidade, mas a secreta admiração de Anatole pelos santos, que conservara no íntimo desde a mocidade, fê-lo escolher santo Antão como o verdadeiro herói desta obra. O santo egípcio é também o tema de um dos mais brilhantes ensaios de Anatole. Nele chama Antão "o caráter mais fascinante da História".

A Igreja colocou Antão na comunidade de seus santos, mas no mundo cá fora, sua imortalidade foi glorificada pelas artes.

SANTO AGOSTINHO
O Santo da Inteligência

No tempo em que morreu santo Antão, na idade de cento e cinco anos, no Monte Colzin, no deserto, santo Agostinho mal tinha ultrapassado a primeira infância. Nascido no ano 354, na pequena cidade de Tagasta, na parte oriental da província africana da Numídia, estava este santo destinado a exercer, por meio de suas obras teológicas e filosóficas, decisiva influência sobre o desenvolvimento cultural do mundo ocidental.

O extremo alvo perseguido por estes dois santos era o mesmo. Tanto Antão como Agostinho lutavam por aproximar-se de Deus. Mas os caminhos que seguiram para atingir o alvo comum eram basilarmente diversos. Todos os seus problemas, todas as suas lutas e experiências, todos os seus esforços e atitudes, suas vidas inteiras, tanto interna quanto externamente, foram diferentes, como o dia e a noite.

Antão atravessou os anos da sua primeira infância, quase exatamente um século antes de Agostinho, quase exatamente cem anos mais perto do tempo da vida de Cristo na terra. Antão cresceu no Egito, região cristã de antigas tradições religiosas Agostinho, na Numídia, a moderna Argélia, colônia romana sem tradição.

A aldeia natal de Antão, Coma, estava localizada às margens do Nilo e sua existência inteira dependia dos benefícios do grande rio. O lugar de nascimento de Agostinho, a cidade provincial de Tagasta, estava localizada no ponto de junção de várias estradas militares e devia sua prosperidade ao dinheiro que soldados e viajantes gastavam em seus bazares e banhos, em seus circos, teatros e outros lugares de diversão.

As primeiras impressões que Antão, a criança do Nilo, recebeu de seu meio foram inspiradas pela presença de Deus na natureza; para o menino citadino, Agostinho, as primeiras impressões estavam ligadas à busca mundana dos negócios e do prazer.

"Tende fé nas coisas eternas e renunciai às coisas passageiras", era a mensagem do Nilo ao jovem Antão; e o deserto convidava-o, chamava-o: "Aqui onde o túmulo da ociosidade humana não tem lugar, vereis o Senhor face a face. Abandonai-vos à oração e sereis abençoado."

"Tende fé nas coisas do momento e gozai-as para contentamento de vosso coração", era a lição que o jovem Agostinho aprendia nas ruas de Tagasta. Os bazares e lugares de prazer seduziam-no: "Entrai! Aqui há prazer, aqui há alegria! Tudo quanto necessitais é de dinheiro, se quiserdes conhecer a delícia da vida."

Quão diferente também era a atmosfera nos lares de seus pais e a primeira educação que moldou os caracteres desses dois santos.

Os pais de Antão eram coptas ortodoxos e todas as suas ações e reações eram determinadas pelas exigências de seu credo.

Os pais de Agostinho não partilhavam a mesma fé. Seu pai, Patrício, era pagão, e mãe, Mônica, cristã. Disputas dogmáticas foram a primeira impressão que Agostinho recebeu em assuntos de religião humana.

Disputas e falta de harmonia constituíam quase que inteiramente a primitiva e básica experiência que Agostinho teve na casa de seus pais. Patrício e Mônica, na realidade, não viviam um *com* o outro, mas antes *contra* e separados um do outro.

O exemplo que o pai de Antão dava a seu filho era o de um lavrador industrioso. O pai de Agostinho era um funcionário inferior da administração provincial, descuidado e indolente. A família de Antão vivia sob a disciplina de um homem austero e de princípios puritanos. No caso de Agostinho, o chefe da família era um libertino sem princípios, que não levava muito a sério seus votos maritais.

Não eram apenas as relações de Patrício com Mônica que tornavam seu pai um modelo extremamente desaconselhável para o filho. Seu caráter desigual, seu temperamento desenfreado, desqualificavam-no completamente para o papel de educador. Era complacente quando acontecia estar de bom humor, mas quando se achava nos transes de um de seus subitâneos acessos de cólera, repartia castigos sem razão ou discriminação. Sua violência irascível e sua arbitrariedade desarrazoada causavam mais duradoura impressão sobre Agostinho que sua indulgência bem-humorada. Para Antão, a disciplina de seu pai significava guia e adestramento; para Agostinho, uma injustiça e um infortúnio. Antão admirava seu pai. Obedecia-lhe, amava-o. O pai de Agostinho só merecia de seu filho desprezo, temor, ódio.

A contenção de Mônica, que formava tão chocante contraste com o caráter de seu marido, só podia servir para intensificar a falta de respeito de Agostinho a seu pai. Como cristã devota, Mônica ensinava a seu filho que existe um Deus, todo justiça, todo bondade, que devemos considerar como nosso pai verdadeiro e que é a Ele, acima de todos os outros, que devemos obediência e respeito.

Quando o pai de Antão morreu, teve ele simplesmente de transferir seu amor, respeito e obediência, de seu procriador para o Criador.

Na mente juvenil de Agostinho, sua dupla dependência de seu pai na Terra e do Pai celeste a princípio produziu apenas confusão, resultando disto rejeitar ele tanto a autoridade paterna de Patrício como a de Deus.

Na mocidade de Antão, a educação formal não desempenhou papel algum. Para o desenvolvimento de Agostinho, foi de decisiva importância. Os primeiros anos na escola não foram, é verdade, de valor saliente para a inculcação de modelos morais e éticos na mente do jovem Agostinho. A vara era o símbolo da autoridade nas mãos dos professores e o progresso na leitura, na escrita, na aritmética e no bom procedimento era apressado pela aplicação de surras periódicas. Deste modo, Agostinho veio a considerar a educação como sinônimo de coação e castigo. Suas lições e estudos eram um tormento penoso.

As primeiras recordações de Agostinho são pecados caracteristicamente pueris de comissão e omissão. Não gostava de estudar, escreveu ele nas *Confissões*: "Aquelas primeiras lições de leitura, escrita e aritmética, considerava-as eu uma grande carga e castigo, como o grego mais tarde. Preferia muito mais brincar do que estudar. E por meio de inúmeras mentiras enganava meu preceptor, meus mestres, meus pais, a respeito de meu gosto pelo brinquedo, de minha avidez de ver espetáculos vãos e da pressa em imitá-los."

Para satisfazer esse irresistível anseio por jogos e diversões, Agostinho não recuava diante da trapaça e da falsidade. "No jogo", admite ele, "buscava muitas vezes a luta desleal, sendo eu mesmo dominado, entretanto, pelo vão desejo da preeminência." E seu desejo de ser vitorioso em todas as disputas era tão forte que não podia suportar a ideia de ter de admitir derrotas e preferia antes fraudar que ceder. "Roubava igualmente da adega de meus pais", escreveu ele, "para poder ter coisas para dar aos meninos que me vendiam o gosto de jogar comigo."

Mônica tudo tentou para levar seu filho ao caminho direito. Como devota cristã, enaltecia-lhe a glória de Deus e admoestava-o para que fosse constante na oração. Agostinho, contudo, só rezava quando estivera a fazer alguma travessura e desejava escapar ao castigo. Então rezava fervorosamente, "quebrando as cadeias de sua língua", na esperança de que Deus o livrasse da cólera dos mais velhos. Quando suas faltas eram descobertas e o ardor de sua oração se verificava incapaz de escudá-lo contra a punição, imediatamente abandonava sua fé em Deus.

Embora Agostinho tivesse sido educado por sua mãe na fé cristã, não fora batizado. Era costume da época não administrar o batismo a crianças, mas apenas a adultos, bastante amadurecidos para apreciar a significação e responsabilidade do sacramento batismal.

Certa vez, o menino Agostinho pediu para ser batizado. O motivo, porém, de desejar confessar sua fé em Deus não era menos egoísta do que a finalidade de suas anteriores orações. Tinha sido derrubado por um severo ataque de febre gástrica. Quando as dores se tornaram muito fortes, foi ele dominado pelo terror da morte. De repente, lembrou-se de que sua mãe tinha louvado o Senhor, como o único auxílio no perigo e na dor. Pediu para ser batizado. Sua aflita mãe estava a ponto de satisfazer-lhe o pedido, quando ele recuperou a saúde inesperadamente, de um dia para outro. Seu temor da morte passou e com ele... seus pensamentos de Deus.

O que Agostinho veio a ser mais tarde realizou-o em oposição ao que fora a princípio.

Isto é particularmente verdadeiro quando consideramos seu desenvolvimento, além dos anos de infância, através da adolescência e primeiros tempos da virilidade até a época da mudança e conversão. Pois o mau menino cresceu para ser um rapaz dissipador e um homem inconstante e volúvel. Apesar de todos os desacordos, tanto o displicente pai de Agostinho como sua mãe, de espírito prático, eram de opinião que seu filho deveria seguir uma carreira proveitosa. Para ajudá-lo nisso, nenhum sacrifício seria demasiado grande para eles.

Patrício, a quem Agostinho descreveu como "um pobre cidadão de Tagasta", vivia de um modesto rendimento e nada tinha em seu nome, a não ser uma casinha e uma vinha. Nunca estava livre de apertos financeiros, mas ainda assim, cada vintém que podia poupar punha de parte para a educação do filho a fim de assegurar-lhe um futuro de êxito e de prosperidade.

Na idade de treze anos foi Agostinho enviado à próxima cidade de Madauros. Na escola de lá, teria de preparar-se para se tornar professor de retórica, que naquele tempo era, do ponto de vista financeiro, uma profissão bastante promissora.

Em Madauros, o preguiçoso aluno de Tagasta tornou-se, de repente, um esforçado jovem estudante. Contudo, esta inesperada sede de saber confinou-se inteiramente aos valores intelectuais da tradição pagã. Em casa, havia Agostinho falado quase que exclusivamente o dialeto púnico da Numídia, mas agora sentiu-se cativado pelo brilhante encanto do latim, a língua da sociedade polida, e, com ele, pela rica tradição da literatura pagã de Roma. Foi particularmente impressionado por Virgílio, cuja influência pode ser vista no estilo de seus posteriores escritos em prosa. De modo que aconteceu que Agostinho, que iria ser um dos mais importantes autores da Igreja cristã, recebeu sua primeira inspiração da literatura pagã.

Agostinho progrediu rapidamente em seus estudos. Mas no fim de dois anos, teve de voltar de Madauros a Tagasta porque seu pai não podia mais sustentá-lo nos estudos. O período de ociosidade que se seguiu, coincidente com toda a confusão e intranquilidade da puberdade, serviu somente para acentuar seus instintos mais baixos.

Criança e não mais criança, homem porém não inteiramente homem, neste período de transição entre duas fases de seu desenvolvimento sexual, a malignidade de um menino misturou-se turbulentamente com os excessos desenfreados de um rapaz. As más companhias que frequentava não deixavam tampouco de influir nele. Como criança, havia saqueado a adega e a copa de seus pais, para poder subornar seus companheiros de jogo. Agora ele furtava por encontrar estranho deleite no malfazer.

Encontra-se viva descrição disto em suas *Confissões*. "Havia uma pereira perto de nossa vinha, carregada de frutos, que não eram tentadores nem pela cor, nem pelo gosto. Alguns de nossos companheiros perversos foram tarde da noite e tiraram pesadas quantidades de peras, não para comê-las, mas para lançá-las, de fato, aos porcos. Era abominável aquilo, mas me aprazia. E uma vez que o prazer que eu sentia não estava nas peras, provinha ele da própria ofensa, que a companhia de camaradas pecadores ocasionava."

Foi nesse tempo que como uma tempestade violenta, a herança da sensualidade africana paterna irrompeu nele. Patrício olhava para isso com alegria e orgulho. Mônica, com horror e medo.

O próprio Agostinho relata como ele e seu pai foram, certa vez, a um dos banhos romanos de Tagasta. Aqueles banhos públicos eram muitas vezes visitados em virtude de razões puramente sociais e não somente por pessoas que queriam fazer exercícios físicos ou tomar parte em jogos e disputas atléticas. Em certas seções, homens e mulheres podiam banhar-se juntos. Foi ali que Patrício teve a primeira prova da virilidade de seu filho. "O rapazinho está ficando um homem completo", disse ele consigo mesmo, deleitadamente. E quando voltou para casa, falou com a mulher a respeito, meio divertido e meio orgulhoso, pois saboreava a ideia de ver-se cercado de todo um bando de netos. Mônica, porém, ficou profundamente aflita, pois reconhecia, instintivamente, que agora sua influência sobre o filho iria ficar cada vez mais reduzida. E, de fato, o período da puberdade marcou o tempo em que Agostinho se emancipou completamente da autoridade de sua mãe.

Com impiedosa autocrítica, admite Agostinho, nas suas *Confissões*, as eróticas aberrações de sua adolescência; acusa-se de "corrupção carnal" e lamenta que "as sarças de desejos impuros crescessem viçosas sobre minha cabeça e não houvesse mãos capazes de arrancá-las". Tinha igualmente de censurar-se por ter "manchado a fonte da amizade com a imundície da concupiscência", e continuou a dizer: "Não respeitava a medida do amor, de espírito a espírito, brilhantes limites da amizade, não podendo discernir a clareza cristalina do amor do nevoeiro da luxúria. Ambos ferviam confusamente dentro de mim e impeliam minha inconstante juventude para o precipício de desejos ímpios e mergulhavam-me num abismo de perversidade. Naquele décimo sexto ano de idade de minha carne, a loucura da luxúria dominou-me e eu resignei-me inteiramente a ela."

Quando Mônica o intimava a desistir de sua conduta licenciosa, considerava-lhe as palavras como "tagarelice de mulher". Escreveu ele: "Seguir-lhe os conselhos seria para mim uma vergonha, pois eu tinha vergonha de não ser sem-vergonha. Meus depravados companheiros poderiam rir-se de mim." Igualá-los ou mesmo ultrapassá-los na depravação era, naquele tempo, sua maior ambição. Assim agia o homem que estava destinado a tornar-se o mais austero censor de si mesmo e dos outros, que iria seguir o rastro do mal até sua verdadeira fonte no pecado original e na corrupção da humana grei.

Depois de um ano de grande economia e graças ao auxílio de um amigo rico, chamado Romaniano, Patrício conseguiu juntar o dinheiro necessário para que seu filho continuasse os estudos. Na idade de dezessete anos,

Agostinho foi, assim, enviado para um curso adiantado na escola de retórica de Cartago.

Naquele tempo, era Cartago a metrópole da África e estava localizada nas vizinhanças da moderna Túnis. Para um moço do tipo de Agostinho, aquela grande cidade colonial, com sua população sensual e amante do prazer, era um paraíso e um sonho tornado realidade. Sua estada ali marcou o zênite de sua carreira de complacência, o nadir de sua moralidade, a mais ímpia estação ao longo de seu caminho para a santidade.

Cortesãs do Egito e voluptuosas raparigas da Numídia passeavam convidativamente pelas ruas. Lugares de prazer ofereciam a perspectiva de orgias desregradas e palhaços de toda espécie trombeteavam a promessa das mais cruas qualidades de diversão. A tentação do gozo desenfreado da vida, que havia sido mantida em freio pelo provincianismo de Tagasta, achou liberdade na vulgaridade sem peias de uma grande metrópole. "Segui para Cartago", escreveu Agostinho nas *Confissões*, "onde ressoava aos meus ouvidos um referver de amores." E depois explicou: "Eu não amava ainda, mas amava o amor. Buscava o que podia amar, em amor com o amor, e odiava a minha própria segurança. Pois ardia por saciar-me com coisas baixas e ousava tornar-me de novo desregrado, com estes vários e tenebrosos amores. E a despeito de minha imoralidade desbriada, graças a uma excessiva vaidade, esforçava-me por ser elegante e cortês."

Foi em Cartago que Agostinho veio a sentir-se enfeitiçado pelo teatro. Não era apenas um espectador entusiasmado que nunca perdia um espetáculo. Era escritor teatral e abrasava-o a ambição ardente de lograr fama como ator.

Contudo, o que o atraía para o palco não era tanto a arte do drama, mas antes a representação semissentimental, semicínica da vida social sem moralidade, com a qual ele mesmo se comprazia.

Cortesãs, libertinos, devassos, impostores, bobos e parasitas, alcoviteiros e proxenetas eram os heróis e heroínas; adultério, sedução de donzelas inocentes, traições de irmãos e amigos, desprezo pela ética e pela moral, zombarias e chacotas aos deuses, eram os temas de todas aquelas peças.

Mais tarde, santo Agostinho descreveu, de coração penitente, o efeito que o teatro tivera sobre ele na mocidade: "As peças de teatro arrebatavam-me, cheias de imagens de minhas misérias e de nova lenha para minha fogueira... Regozijava-me com amantes, quando eles gozavam um do outro corruptamente e participava de seus perniciosos prazeres, embora fossem estes imaginários e só se realizassem no palco. E quando um perdia o outro, entristecia-me com eles, como se aquilo houvesse realmente acontecido comigo."

Às vezes, o jovem amante do prazer lembrava-se da advertência de sua mãe para que não se esquecesse de Deus, e mais por causa dela do que por causa da salvação de sua alma, ia assistir, uma ou outra vez, à cerimônia religiosa. Mas durante a missa, o filho de Patrício tratava logo de descobrir alguma bela mulher, cuja cabeça, curvada em oração, e cujo rosto, cheio de solene reverência, ateasse seu desejo apaixonado. Durante as cerimônias sagradas, Agostinho mantinha-se a imaginar como poderia conseguir atrair a atenção da bela adorada, e enquanto os fiéis uniam suas vozes em oração, ele cochichava palavras sedutoras aos ouvidos da jovem ajoelhada a seu lado.

Finalmente cansou-se das constantes flutuações de suas "paixões tenebrosas" e decidiu formar um daqueles concubinatos, naquele tempo considerados toleráveis, mesmo entre cristãos. Melânia era uma moça cristã das classes mais baixas, fato que pode explicar por que nunca legalizou ele suas relações com ela. Sua vida com ela, portanto, não era satisfatória apenas porque não fora consagrada pelo sacramento do matrimônio. Nenhuma relação profundamente humana podia ligar aquele homem àquela mulher, pois Agostinho não era feliz em seu amor, atormentava-o o ciúme e sofria por ser um escravo de sua concupiscência carnal. "Meu Deus de Misericórdia", exclamava ele, "quanto fel misturastes à minha concupiscência! Entrava às ocultas na prisão do gozo e era logo agrilhoado por cadeias de supervenientes amarguras, para que pudesse ser castigado com as barras de ferro ardente do ciúme e da suspeita, dos temores, das cóleras e querelas. Tornei-me experiente da diferença que existe entre a autocontenção do casamento ajustado e a troca de amor luxurioso."

Depois de haverem vivido juntos um ano, a concubina de Agostinho deu à luz um menino. Deram-lhe o nome de Adeodato, dádiva de Deus. Patrício, porém, teve negada a alegria de ver seu neto. Morreu no ano do nascimento de Adeodato. A pedido de Mônica, consentiu, no leito de morte, em receber o sacramento do batismo. Agostinho contava agora dezoito anos de idade.

Como um pai de uma família, que tinha a seu cargo uma mulher e uma criança, Agostinho estava ansioso por terminar seus estudos o mais depressa possível, a fim de poder ganhar a vida, ensinando retórica. Estava bem qualificado para esta espécie de trabalho, pois tinha um dom natural de eloquência.

Aqui, de novo o paradoxo característico da vida deste santo tornava-se evidente. Tudo quanto fazia nos seus anos juvenis parecia levá-lo para longe de seu destino final, e até mesmo seu talento qualificava-o para tudo, menos uma carreira de santidade.

De modo que seus esforços, naquele tempo, tenderam para aquisição de habilidade profissional que o capacitasse a destacar-se nos tribunais de justiça, onde sua tarefa deveria ser a de dar ao torto a aparência de direito. Esforçou-se por tornar-se um mestre numa arte "que atrai a glória para os astutos" e era, fundamentalmente, uma arte de enganar.

Quando afinal obteve o grau que lhe dava o direito de estabelecer-se como retórico diplomado, foi dominado pela cobiça da riqueza e do dinheiro. "Naqueles anos", escreveu ele, "ensinava retórica, e, dominado pela cobiça, vendia a minha loquacidade àqueles que amavam a vaidade e buscavam a ilusão."

Nesse tempo em que Agostinho estava ainda completamente emaranhado na sensualidade, na cupidez e em vãos empenhos, experimentou, contudo, pela primeira vez, uma profunda necessidade de introspecção. Foi isto ocasionado pela leitura de um livro, que o estadista e filósofo pagão Cícero tinha escrito, quase um século antes de Cristo.

Exigia-se a leitura de Cícero aos estudantes de retórica, nos tempos de Agostinho. Três de suas obras tratam da arte retórica e discutem as regras que governam o uso mais eficiente dos planos e ardis da eloquência. A prosa de Cícero foi considerada um modelo de perfeição em estilo latino. Como ambicioso jovem, que desejava sobressair-se, Agostinho iniciou o estudo deste autor e, indo além dos limites determinados, leu também *Hortênsio*, ensaio sobre o valor da filosofia.

Este ensaio de Cícero não foi conservado e dele só conhecemos citações fragmentárias. Nele, o famoso retórico Hortênsio mantinha aparentemente uma discussão com três filósofos, um dos quais era o próprio Cícero. Hortênsio falava em louvor da retórica e dava-lhe valor muito mais alto do que a qualquer outra realização humana. Os filósofos, embora cada um representasse escolas diferentes de pensamentos, estavam de acordo em que o amor da sabedoria, que é a Filosofia, eleva o homem acima do nível da existência comum e proporciona-lhe incomparável superioridade e felicidade.

Esta obra causou duradoura impressão em Agostinho. "Pois", como ele mesmo disse, "não para aguçar minha língua empreguei aquele livro, nem infundiu ele em mim seu estilo, mas sim, seu assunto. Não como ele dizia, mas o que tinha ele a dizer, atraiu-me para seu lado." Reconheceu subitamente a baixeza de sua vida e a vaidade das coisas que ele até então considerava seu alvo mais glorioso. "Este livro", escreveu ele, "alterou minha mente e fez-me ter outros propósitos e desejos. Aspirava eu, com desejo incrivelmente ardente, por uma imortalidade de sabedoria."

A impetuosa decisão de Agostinho de levar, dali por diante, uma vida de maior dignidade e mérito permaneceu, porém, como um piedoso desejo. Sua busca da verdade foi cedo desviada de novo pelo chamariz das vaidades mundanas.

A verdade das deduções filosóficas não podia levar a cabo uma transformação do ser interior de Agostinho. Para isto, seria preciso um choque mais poderoso, mais profundo e mais ativo. Contudo, a intranquilidade e a insatisfação que o *Hortênsio*, de Cícero, plantou na alma de Agostinho marcaram pelo menos o primeiro passo preparatório na sua conversão final.

Até aqui, Agostinho havia sido um jovem leviano, que se abandonou completamente a seus instintos e anseios carnais. Mas agora estava ele, de repente, dividido em dois. Uma metade continuava na sua velha vida, enquanto que a outra olhava para ela com desprezo. Agostinho era empuxado para trás e para diante, entre suas naturais inclinações e suas aspirações espirituais. Sofria com este conflito em sua alma e vivia profundamente descontente consigo mesmo.

No seu desamparo, pegou da Bíblia que sua mãe Mônica lhe dera quando ele partira e que ela havia enaltecido como a fonte de toda sabedoria. A linguagem de Virgílio e de Cícero, porém, havia desenvolvido nele um gosto bastante exigente e o latim tosco da primeira tradução da Bíblia, a chamada *Versão Itálica* ou *Ítala*, era-lhe de todo desagradável. Além disso, o conteúdo da Bíblia não podia atraí-lo. Havia algo de repulsivo em todas aquelas histórias, cujo significado simbólico lhe escapava naquelas eternas exortações à castidade e à pureza, naquela insistência a respeito da humildade e da renúncia, que ele era incapaz de praticar, e a ameaça de que cada pecador acabaria no inferno.

"A santa Bíblia é uma coisa de baixo acesso", concluía ele. "Para nela penetrar, seria preciso não ser maior do que uma criança, ou então curvar bem a cabeça e o pescoço." E mais adiante, explicava: "Não era eu tal que pudesse entrar nela ou curvar meu pescoço. Contudo, necessário era o tornar-se pequeno. Mas eu desdenhava ser pequeno e, cheio de orgulho, considerava-me um grande." Desta forma, ficou desapontado e pôs a Bíblia a parte. Durante treze anos completos não haveria de abri-la de novo.

Começou a andar em busca de outra doutrina de salvação que pudesse ajudá-lo a lançar uma ponte sobre o abismo entre sua vida tal como era e tal como deveria ter sido. Tentando caracterizar sua fútil procura, disse de si mesmo: "Naqueles anos, era eu um espírito transviado. Por isso, caía entre homens orgulhosamente cegos, excessivamente carnais e loquazes. Não obstante gritavam eles: Verdade! Verdade!... e falavam-me muito disto, mas a verdade não estava neles. Falavam e ensinavam falsidades." Nestes termos falou o grande Padre da Igreja mais tarde a respeito da seita dos maniqueus, em cujas doutrinas havia outrora esperado encontrar a resposta à sua busca da verdade.

O fundador do maniqueísmo era um pintor persa, chamado Manes. Nascera pelo ano 215, depois de Cristo. De acordo com sua doutrina, era ele a mais perfeita encarnação de Cristo, espécie de personificação do Espírito Santo. Ensinava uma estranha mistura de elementos tirados do dualismo místico da doutrina da luz e da treva, de Zoroastro, de regras de conduta budistas, de profecias cristãs e especulações gnósticas.

Todos estes ingredientes heterogêneos, que um pensador claro e lógico jamais teria tentado combinar, misturavam-se uniformemente na imaginação artística do pintor Manes. Para seu espírito, nada havia de estranho na justaposição de mitos cosmológicos com os mandamentos bíblicos e passagens de especulação filosófica. O resultado desta mistura colorida de elementos contraditórios era uma doutrina de salvação, que correspondia perfeitamente ao caráter contraditório da vida íntima do jovem Agostinho.

O dualismo maniqueísta, com seu princípio de luta perene entre os poderes da luz e das trevas, exerceu a maior das atrações sobre Agostinho. De acordo com Manes, era uma luta que regredia ao começo dos tempos, quando o Deus Chefe se fracionou no Deus da retidão e da luz e em seu adversário Satanás, representante da treva e do mal. O universo inteiro tomou parte na luta — o mundo da matéria bem como o homem que foi formado de luz e trevas — e constituiu um campo de batalha para as forças do bem e do mal.

Em tudo isto via Agostinho uma explicação da discórdia de sua alma, que lhe causava tantos e tão implacáveis sofrimentos. Além de que — e isto era mesmo mais importante — Manes libertava-o da responsabilidade de todas as suas fraquezas e pecados. Suas mais elevadas aspirações correspondiam simplesmente à parte de luz de sua alma e as coisas que o arrastavam para baixo eram culpa da treva que fazia parte de sua existência, como de todas as outras coisas do mundo.

A aplicação prática que os maniqueístas faziam de sua doutrina era igualmente bem-adaptada ao estado mental de Agostinho naquela época. Manes rejeitava a "força brutal de mandamentos", que Agostinho achara tão passível de objeções na Bíblia. Estava pronto a fazer concessões à inata fragilidade da natureza humana e dividia os fiéis em duas classes: os "escolhidos", que eram obrigados a praticar a mais estrita penitência, e os "ouvintes", de quem nada se esperava que pudesse ir além de suas forças. Tal doutrina de ética acomodatícia tornava possível ao mais fraco dos fracos obter a salvação de sua alma.

Como aderente ao maniqueísmo, Agostinho voltou à sua cidade natal, planejando abrir uma escola para retóricos. Por natureza, não era destituído de amor-próprio. Voltava agora para casa com um diploma de retórico; havia-se distinguido entre seus companheiros, na grande cidade de Cartago e, acima de tudo, chegara com a convicção de que, como maniqueísta, mantinha o monopólio de todas as formas de verdade. Esta convicção veio a tornar-se nele arrogância chapada.

Um vaidoso professor de retórica e um grande proselitista da verdade maniqueísta — eis o que era Agostinho quando se estabeleceu de novo em Tagasta. Sua conduta grave e a pretensiosa exibição de saber em tudo quanto dizia impressionavam muitos de seus conhecidos, que se haviam mostrado antes prontos a predizer o pior dos futuros para o filho de Patrício. Quase todos os seus antigos companheiros de classe tornaram-se seus alunos e muitos deles, que estavam prontos para receber o batismo cristão, fizeram-se maniqueístas graças à sua influência. Não havia argumento que aquele retórico de inteligência aguda não pudesse refutar; não havia dúvida que o convicto advogado do maniqueísmo não fosse capaz de dissipar.

Todos de Tagasta prestavam-lhe homenagem! Todos menos uma única pessoa: Mônica! Como mãe amorável havia-lhe perdoado todos os pecados da juventude. Mas agora, quando seu filho se pavoneava pela sua cidade natal como arrogante apóstolo da heresia de Manes, seu zelo cristão prevalecia sobre o amor materno. Quando Agostinho chegou tão longe a ponto de tentar convertê-la à sua doutrina, a paciência esgotou-se e mostrou-lhe ela a porta da rua. Agostinho foi obrigado a mudar-se para a casa de um rico protetor Romaniano.

Todos em Tagasta ouviam as conferências do famoso filho, mas Mônica permanecia em casa, afligindo-se por conta daquele filho transviado. No seu desespero, foi a Madauros, a mais próxima sede episcopal, e, em pranto, implorou do bispo um conselho que lhe indicasse a maneira de reconduzir seu tresmalhado filho ao caminho direito da verdadeira fé. O velho bispo ouviu-lhe os lamentos e, tentando consolá-la, disse-lhe: "Volte para casa, e Deus a abençoe, pois não é possível que o filho de tais prantos venha a perecer." Mônica tomou estas palavras como uma profecia. E, na verdade, embora a princípio de uma maneira quase imperceptível, sua realização começou a efetuar-se pouco depois disso.

O acontecimento que colocou Agostinho na predestinada estrada que o afastaria da heresia maniqueísta foi um choque espiritual: a dolorosa perda de seu amigo favorito, que havia brincado e ido à escola com ele e que o havia acompanhado também nas suas aberrações maniqueístas. "De verdadeira fé cristã", confessou Agostinho, "havia-o eu desviado para aquelas fábulas perniciosas e supersticiosas, por causa das quais minha mãe tanto se lamentava. Comigo, ele agora pecava em espírito, nem podia minha alma estar sem ele."

Um dia, este amigo caiu gravemente enfermo. Durante uma crise, enquanto parecia estar semiconsciente apenas do que se passava em redor dele, recebeu o batismo cristão. Pouco depois seu estado melhorou.

"Tão logo pude falar com ele", relata Agostinho nas suas *Confissões*, "(e pude fazê-lo tão logo esteve ele em condições, pois raramente deixava-o, dada a extrema afeição que nos ligava) tentei brincar com ele a respeito daquele batismo que recebera enquanto se achava semi-inconsciente. Mas ele recuou tremendo de mim como de um inimigo, e ordenou-me, se quisesse continuar seu amigo, que evitasse tal linguagem. Fiquei desanimado, mas não disse nada, pois desejava esperar até que ele recuperasse inteiramente a saúde. Poucos dias mais tarde, na minha ausência, foi ele atacado de novo pela febre e morreu."

A perda de seu amigo mergulhou Agostinho num "delírio de dor". Com subitaneidade de relâmpago, percebeu a terrível verdade: que uma pessoa a quem a gente amou pode morrer, que a vida é efêmera. "Sentia que minha alma e a alma dele eram uma só alma em dois corpos. Em consequência, minha vida tornou-se para mim um horror, porque eu não poderia viver dividido."

Até aqui o jovem Agostinho havia vivido para os prazeres da vida, mas agora, pela primeira vez, graças ao pesar que o dominou, quando seu mais querido amigo foi-lhe arrebatado, experimentava a verdadeira essência do sofrimento. Com a fúria de uma força elementar, a dor cravou suas garras em sua alma, privou-o, ao fanático apóstolo da heresia, de toda a sua dogmática confiança e deixou-o devastado e na mais extrema confusão.

"Diante deste pesar", escreveu ele, "meu coração entenebreceu-se de todo: tudo quanto via diante de mim era morte. Meu país natal era um tormento para mim, e a casa de meu pai uma estranha infelicidade; tudo quanto havia eu partilhado com meu querido amigo tornou-se tortura insuportável sem ele. Meus olhos buscavam-no por toda parte, mas não lhes era concedida a graça de vê-lo; odiava todos os lugares, porque neles eu não o via."

Agostinho abandonou sua profissão de professor em Tagasta. Fugiu para Cartago e buscou alívio nas turbulentas distrações da grande cidade. Mas não encontrou. "Para onde", perguntava ele, "fugiria meu coração de meu coração? Para onde fugiria eu de mim mesmo? Para onde não acompanhar a mim mesmo?"

A violência de sua dor ensinou a Agostinho uma verdade que até então nunca lhe havia entrado na mente: a verdade de que há no homem alguma coisa que a simples razão não pode apreender, um ego inconsciente, possuído de tal poder, que pode acabar de um só golpe com todas as conclusões da razão, com todas as aspirações e com toda a segurança laboriosamente adquirida.

Cheio de confusão e de extremo desespero, encarava ele este fenômeno do poder desconhecido de seu próprio eu, de sua própria alma. "Tornei-me, então, um grande enigma para mim mesmo", escreveu ele. "E perguntava à minha alma por que estava tão triste, mas não sabia ela o que me responder."

Durante algum tempo, procurou encontrar lenitivo nos ensinamentos de Manes. O maniqueísmo, porém, este sistema de pensamento em que todo o universo, da matéria a Deus, era explicado, que tinha uma resposta para cada pergunta, uma réplica para cada argumento, fracassou miseravelmente em face do fenômeno vivo de uma alma humana em desespero, não conhecia explicação alguma para o mistério do ego e do ser, nem consolação para a inexprimível tristeza causada pela morte de um amigo muito amado.

O tempo abrandou o pesar de Agostinho; mas a questão que havia surgido permanecia sem resposta. O enigma que ele viera a ser para si mesmo exigia uma solução. Seu próprio eu era agora o problema fundamental de todos os seus pensamentos e esforços.

Seu pensamento inquieto começou a lançar vistas para outros sistemas, em busca de uma solução para o problema que lhe não dava sossego. Mergulhou no estudo dos mais diversos sistemas da filosofia antiga. Não encontrava aquilo que havia decidido encontrar, mas no correr de seus estudos cruzou com várias ideias novas e deduções lógicas, que serviram para abalar sua fé na resistência de boa quantidade dos princípios maniqueístas.

Aconteceu que, justamente naquela ocasião, o famoso bispo maniqueísta Fausto fosse a Cartago, realizando um ciclo de conferências. Agostinho esperava que uma discussão com Fausto esclarecesse as contradições que ameaçavam minar sua fé maniqueísta.

Fausto era um retórico confiante em si mesmo, de grande habilidade, enquanto podia acompanhar sua própria linha de pensamento, mas a impaciência apaixonada das indagações de Agostinho causou-lhe não pequenos embaraços. Sentiu-se arrebatado por aquele jovem, com sua insaciável sede de saber e seus desconcertantes "se" e "mas", e finalmente teve de admitir que não podia responder às perguntas apresentadas, porque a doutrina de Manes não tinha respostas para elas.

"Pelo que todos os meus esforços tendentes a progredir naquela seita chegaram definitivamente a cabo", escreveu Agostinho depois desta entrevista altamente insatisfatória. Tinha Agostinho, naquela ocasião, vinte e nove anos de idade.

Começou nova fase em seu desenvolvimento. Voltou aos ensinamentos da Academia, que naquele tempo tinha atingido um estágio de completo ceticismo. Os Acadêmicos eram herdeiros espirituais dos velhos cínicos, que haviam afirmado que se devia duvidar de todas as coisas e que a mente humana é incapaz de apreender a verdade. Negavam que uma doutrina filosófica ou um sistema de crenças pudesse estar de posse da chave do saber verdadeiro.

Agostinho havia abandonado a ideia de descobrir um apoio espiritual em qualquer dos sistemas estabelecidos de pensamento. Nada tinha sobre que assentar senão seu próprio pensamento. Como cético, tinha que voltar a seu próprio eu, como base de todas as suas deduções. Como começasse a analisar seu próprio ser, logo descobriu em si mesmo a fonte do bem e do mal que tinha tentado descobrir com tão apaixonado zelo.

Enquanto tinha acreditado na doutrina dualística de Manes, de acordo com a qual o mal é obra de um deus das trevas, Agostinho havia raciocinado, como ele mesmo se expressou, que "não somos nós que pecamos, mas alguma força estranha dentro de nós. Minha arrogância rejubilava-se por estar livre de culpa. Preferia desculpar-me e acusar alguma outra coisa. E justamente este era meu incurável pecado, pensar que eu não era um pecador. Mas agora verificava que, na verdade era eu, somente eu, quem pecava".

Isto, contudo, foi apenas um primeiro passo. O que se seguiu foi a comprovação de que a livre escolha da vontade do homem torna-o um agente independente na decisão entre o bem e o mal.

"O que me ergueu até a luz", escreveu Agostinho, "foi saber muito bem que tinha uma vontade livre, como sabia que vivia. De modo que, quando eu queria ou não queria uma coisa, estava bastante certo de que nenhum outro, senão eu mesmo, queria ou não queria e verificava sempre mais claramente que ali estava a causa do pecado."

O conhecimento de que a origem do bem e do mal jaz na alma humana era o começo do que chamamos consciência que, no desenvolvimento de Agostinho, marcou o passo mais importante para diante.

Em completo contraste com santo Antão, para quem o bem e o mal eram forças externas que assumiam a forma de anjos e demônios, Agostinho sabia agora que tanto o bem como o mal, tanto o certo como o errado, tinham suas raízes no próprio homem. No caso de Antão, a luta contra o poder das trevas tinha lugar em túmulos e cavernas — no caso de Agostinho, no reino invisível da alma humana. Antão combatia o mal exorcizando o demônio; a arma de Agostinho eram a sabedoria e o conhecimento!

Nem um século separava os dois santos. E, contudo, que tremenda mudança se operava na luta do homem pela perfeição! O que parecera ser um problema no mundo exterior, era agora um problema na própria alma do homem.

Nos primeiros séculos da era cristã, as tendências espirituais eram largamente determinadas pelo pensamento e pelos atos dos santos. A transição de Antão para Agostinho significa, assim, uma transição definitiva na história espiritual do Ocidente: de um estado de inconsciência, a alma humana havia despertado para a plena certeza de sua própria realidade.

A vida de santo Antão — a despeito de seu estranho cenário de cavernas e túmulos do deserto, a despeito de aparições demoníacas e excessivo ascetismo — apresenta-se com contornos perfeitamente claros ao pensamento moderno. A vida de santo Agostinho, por outro lado, permanece estranhamente problemática, embora seu ambiente seja muito mais familiar e embora suas dificuldades e complicações sejam de uma espécie geralmente tão humana. O curso da vida de Agostinho é marcado por insolúveis contradições. Seus acontecimentos exteriores são uma série de incompatibilidades, aparentemente sem objetivo. Contudo, o fato que exerce a mais completa pressão sobre a confusão da carreira de Agostinho é a natureza extraordinária de seu desenvolvimento mental, que se ergue em claro contraste com suas experiências e sua conduta, nisto que segue uma linha perfeitamente reta e clara, que o leva — a despeito de ocasionais passos em falso — aos mais altos picos do pensamento humano.

Aos trinta e três anos de idade, o desenvolvimento mental de Agostinho e sua vida exterior progrediram em dois planos diferentes, que nada tinham em comum. Seu pensamento acompanhava sua tendência para o alto, como se estivesse plenamente certo de seu objetivo final e, durante todo este tempo, os acontecimentos externos de sua carreira moviam-se ao longo da linha sinuosa da mais baixa mediocridade. Embora no curso de seu desenvolvimento espiritual alcançasse as mais decisivas conclusões de ética e moralidade, sua própria vida, sua conduta e suas ações permaneciam totalmente livres de sua influência. Durante décadas a alma indagadora de Agostinho, e Agostinho, vanglorioso retórico, viveram como dois seres separados, sem interesse um pelo outro ou mesmo em declarada hostilidade.

Depois de sua conversação com Fausto, Agostinho reconheceu que o maniqueísmo era uma ilusão fútil. Contudo, não tirou consequências deste conhecimento para suas próprias ações. Durante anos, continuou como membro da seita dos maniqueus. Comparecia às suas reuniões, utilizava-se de seus amigos maniqueus quando podiam servir-lhe de auxílio na sua carreira.

Encorajado pelos seus amigos maniqueus, que lhe podiam fornecer excelentes cartas de apresentação, decidiu deixar a África e tentar a sorte na capital do império. O maior obstáculo a atravessar-se no caminho deste plano era Mônica, a mãe de Agostinho, cujos temores pelo seu filho transviado tinham-na feito acompanhá-lo a Cartago. Quando soube de sua decisão, implorou-lhe que ficasse com ela em Cartago, pois não podia suportar a ideia de que, na distante Roma, pudesse ele viver inteiramente fora da sua influência materna.

Indiferente a suas lágrimas e a seu desespero, Agostinho resolveu enganá-la. Na noite de sua partida, ela o acompanhou até ao porto, mas ele garantiu-lhe que tinha de ir a bordo somente a fim de despedir-se de um amigo que partia para Roma. Conseguiu convencê-la de que deveria esperar por ele na igreja de são Cipriano, ali perto. Passou ela a noite ali em oração, esperando desesperadamente por seu filho, cujo navio, enquanto isso, havia deixado a África, dirigindo-se, a toda a força das velas, para o continente europeu. Pela manhã, Mônica deixou a igreja e seguiu para o porto para verificar quão cruelmente a havia iludido seu filho.

Em Roma, a caça de fortuna por Agostinho continuou em condições mudadas, mas sem maior êxito. Suas altas esperanças, pelas quais havia enganado sua mãe, não se realizaram. Toda a aventura em Roma permanecia sob o signo de uma má estrela. Pouco depois de sua chegada, caiu doente de um mal que parece ter sido uma espécie de malária. Durante semanas, bordejou entre a vida e a morte. Desamparado e sem meios financeiros, ficou sob a completa dependência da caridade de um maniqueu, que o havia recebido como confrade de sua seita religiosa. Depois de haver recuperado a saúde, Agostinho abriu uma escola de retórica, mas foi um completo fracasso. Conseguiu matricular numerosos estudantes, mas quando chegou a hora do pagamento, todos haviam desaparecido.

Naquele tempo, era Roma uma cidade rica. As ruas estavam orladas de palácios de mármore e um portão dourado se erguia junto ao outro. Agostinho, porém, professor de retórica, vivia nos bairros pobres, perto do monte Aventino.

Depois de bem pouco tempo, começou a pensar de novo em mudar-se para alguma parte. Pensou em Milão como o campo mais promissor para seu trabalho. Roma, na verdade, era a capital do império, mas o ponto central da vida social do Ocidente era Milão, pois era ali que o imperador tinha sua residência.

Inesperadamente, circunstâncias favoráveis tornaram possível a Agostinho realizar seu plano, mais cedo do que tinha esperado. Aconteceu que o prefeito romano Símaco, chefe de poderosa facção pagã, tivesse chegado da corte em Milão, com ordem de procurar em Roma um bom retórico, qualificado para assumir o magistério da retórica na residência imperial.

Quão pouco estivessem os protetores maniqueístas de Agostinho cientes de sua apostasia íntima, pode-se deduzir do fato de terem feito pesar toda a sua influência sobre Símaco para induzi-lo a dar o lugar, em Milão, a seu correligionário de Tagasta.

Símaco, chefe do partido pagão, mostrava boa disposição em favor de todas as seitas anticristãs. Mandou chamar o jovem retórico e ficou tão impressionado e satisfeito com sua familiaridade com a literatura pagã, que o despachou imediatamente para Milão, com as mais calorosas recomendações e à custa do Estado.

Como protegido do prefeito romano, foi Agostinho recebido de braços abertos pela alta sociedade e cordialmente acolhido na corte imperial. Milão parecia realmente abrir para ele a gloriosa carreira que há muito vinha sonhando.

Referindo-se a este período de sua vida, escreveu Agostinho em suas *Confissões*: "Minha miserável e pecaminosa juventude tinha passado e entrei na maturidade, contudo, quanto mais longe avançava em anos, maior se tornava minha vergonhosa nulidade."

Mas era ali em Milão que a conversão de Agostinho ao cristianismo iria por fim realizar-se. Foi em Milão que recebeu o batismo cristão de santo Ambrósio, bispo daquela diocese.

Os nomes de santo Agostinho e de santo Ambrósio estavam destinados a brilhar na história como os nomes dos primeiros grandes "doutores da Igreja". Seu primeiro encontro, contudo, foi inteiramente frio e impessoal.

O motivo que induziu Agostinho a visitar Ambrósio não foi, de modo algum, seu interesse pelos ensinamentos cristãos, mas antes a tentativa de estabelecer-se nas boas graças do mais poderoso homem de Milão, se não de todo o império do Ocidente. Ambrósio, primeiro homem de Estado entre os bispos do Ocidente cristão, tinha sido, desde o começo do governo de Graciano, o conselheiro dos imperadores cristãos e ocupado a posição mais influente na corte de Milão.

O bispo recebeu seu visitante com cordialidade e benevolência. Mas a cordialidade e a benevolência eram simples manifestações da natureza de Ambrósio. Seu gabinete episcopal era acessível a todos. Quem quer que tivesse um pedido a fazer podia entrar sem ser anunciado. Por mais opressiva que pudesse ser a carga de seu trabalho, este dignitário da Igreja sempre achava tempo para ouvir os pedidos e queixas de seus numerosos visitantes. No caso de Agostinho, deixou transparecer, contudo, certa reserva evidente. Esse inquieto jovem africano, que chegara como protegido do chefe pagão Símaco, e que, além do mais, tinha reputação de ser maniqueu, não impressionou muito favoravelmente o bispo. Quando as visitas de Agostinho se foram tornando mais e mais frequentes, veio a considerá-las mesmo como uma grande maçada. Às vezes, quando Agostinho entrava, estava o bispo absorvido na sua leitura. Então não permitia a si mesmo qualquer interrupção e continuava o que estava fazendo, sem dar a menor atenção ao seu visitante. Agostinho ficava por ali, no maior embaraço. Tentava dizer alguma coisa, mas nada havia que o encorajasse. Ambrósio nem mesmo a vista erguia e, por fim, Agostinho ia saindo à sorrelfa, sem que parecesse ter sido pelo menos notado.

A despeito da frieza de Ambrósio, Agostinho sentia-se cada vez mais fortemente atraído pelo santo bispo. Era o romano típico que em Ambrósio o fascinava, pois durante toda a sua carreira, que o tirara do posto de prefeito consular para fazê-lo pastor da cristandade, Ambrósio tinha mantido a atitude imponente, a liberdade e a segurança natural de um romano de nobre estirpe. Nada podia ter impressionado mais profundamente o inquieto e desordenado jovem africano do que o equilíbrio sereno daquele patrício.

"Comecei a gostar dele", escreveu Agostinho, referindo-se a Ambrósio, "a princípio, não como mestre da verdade, pois, naquele tempo, não procurava eu a verdade na Igreja." Encarava o bispo como um ideal digno de emulação. Só uma coisa o espantava: o fato de levar Ambrósio vida de celibatário que ele descreveu como um "método penoso".

Todos os domingos, Ambrósio pregava um sermão na basílica de Milão. Sua reputação e o poder de sua eloquência faziam daqueles sermões um dos acontecimentos importantes na vida da cidade. Todos os domingos ia Agostinho ouvir a prédica do bispo. Ambrósio falava como um bispo cristão, mas a clareza de seu pensamento e a precisão de sua linguagem demonstravam que seguira a escola de Cícero, Teofrasto e de todos os outros grandes escritores da antiguidade clássica. Como poucos outros, dominava os recursos retóricos da descrição realística, da interpretação alegórica e mesmo da sátira cáustica.

"Eu escutava avidamente", explicou Agostinho, "não com a veneração que lhe devia, mas simplesmente para julgar-lhe a eloquência. E assim abeberava-me no seu modo de expressão, mas não prestava atenção ao que ele dizia e até mesmo não ligava importância àquilo. Mas afinal, juntamente com as palavras que mergulhavam em mim, penetraram em meu pensamento seu conteúdo e seu significado." Sua experiência foi de novo a que tinha sido no caso do *Hortênsio*, de Cícero. A beleza formal induziu-o a prestar atenção também ao significado que ela continha.

Na interpretação de Ambrósio, as mais contraditórias passagens da Bíblia impressionavam tão clara e belamente Agostinho, porque aprendera a tomá-las, não literalmente, mas a apreender-lhes a verdade alegórica.

E contudo disse, referindo-se a este período, que a verdade cristã "estava dentro e eu fora. Estava para além do espaço, mas eu ainda me aferrava a coisas no espaço. E assim as coisas mais baixas erguiam-se acima de mim e arrastavam-me para baixo".

Antes de ir para Milão, Agostinho havia devotado toda a sua vida à vaidade, à ambição e ao prazer. Agora, quando a fama e o sucesso pareciam estar definitivamente dentro de seu alcance, perdeu todo o constrangimento e senso da vergonha. Lisonjeava quem quer que tivesse ele razão de considerar um patrono de influência em potencial. Como retórico, produzia panegíricos de encomenda e misturava o direito e o torto, com grande habilidade, para servir aos objetivos de seus clientes.

Tinha agora rendas bastante gordas. Todavia, não estava sozinho em companhia de sua concubina e de seu filho Adeodato. Também moravam com ele sua mãe Mônica e seu irmão mais moço, Navígio. De modo que tinha a seu cargo cinco pessoas e isto, juntamente com suas pomposas ambições sociais, requeria boa quantidade de dinheiro.

Cada menor ou maior êxito acrescentava combustível à sua ardente ambição. Sonhava com uma grande fortuna e posição influente. Aquilo a que aspirava era nada menos do que o lugar de juiz-presidente em Milão, com honorários suficientes para lhe permitirem a aquisição e manutenção de uma grande propriedade no campo.

Para facilitar sua carreira, pensou que seria desejável o casamento com uma moça de uma família rica e nobre. O único obstáculo no caminho de tal plano era a presença de sua concubina, moça de parentesco pobre e baixo. Tinha sido companheira fiel dele durante mais de dezesseis anos, tinha-lhe dado um filho, mas agora, estimulado pela sua desordenada ambição, despachou-a simplesmente de volta à sua casa, na África, não lhe consentindo nem mesmo a consolação da companhia do filho. Pouco tempo depois, tratou casamento com uma moça de uma das melhores famílias de Milão. Tinha razão para esperar dela um belo dote.

A moça tinha apenas doze anos de idade e a cerimônia nupcial teria de ser adiada por dois anos. Desde que, como confessava a seus amigos, era incapaz de passar uma noite que fosse sem mulher, tomou outra amante imediatamente depois da partida de Melânia.

Era agora o mais procurado retórico de Milão e, no tempo devido, a mais alta honra lhe seria concedida. O camareiro-mor, de acordo com o chefe do exército, encarregou-o de escrever o panegírico do imperador Valentiniano II, no dia do seu décimo terceiro aniversário, o qual deveria ele ler em pessoa, como parte de um programa de cerimônias na corte. Agostinho sabia, tão bem como qualquer outra pessoa do império, que o jovem imperador era um rapazola totalmente insignificante, mero boneco nas mãos de sua dominadora mãe Justina. Mas isto não era bastante para impedi-lo de compor um elogio magistral.

Sentiu-se completamente delirante de orgulho e deleite. Contudo, sua exuberância foi interrompida, por um breve instante, por uma experiência séria e bastante significativa: o espetáculo de outro ser humano em estado de embriaguez. Acompanhado de seus amigos, estava ele a caminho do palácio imperial, onde iria pronunciar seu discurso, quando encontrou, em uma viela escusa, um mendigo inteiramente bêbedo e que, na sua embriaguez, parecia estar gozando da mais completa satisfação. Agostinho parou um instante e observando a louca conduta do feliz mendigo, disse a seus amigos: "Olhem para ele e vejam como se rejubila descuidadamente. Não queremos nós somente atingir aquele completo regozijo a que chegou antes de nós aquele mendigo? E talvez jamais o alcancemos, pois o que ele obteve, graças a umas poucas moedas mendigadas, eu mesmo estou planejando lograr por meio de rodeios e meandros bastante enfadonhos. Decerto sou mais instruído do que ele, mas o saber não me proporciona a alegria que ele descobre no vinho, e que faço eu com meu saber? Utilizo-me dele para instruir os homens ou simplesmente para agradar aos poderosos e às multidões, para ganhar dinheiro e honrarias extremamente tolas? Mesmo agora, estou publicamente a caminho de aparecer como elogiador pago. Nesta mesma noite, curtirá o mendigo a sua bebedeira e despertará de cabeça clara. Eu, porém, bêbedo de vanglórias irei dormir com ela e levantar-me-ei com ela dias seguidos."

Que pungente autoanálise! Contudo exauriu-se nestas palavras dirigidas a seus amigos e não excedeu a duração de um momento. Agostinho não voltou para trás. Caminhou diretamente para o palácio e principiou seu elogio, "cheio de mentiras, de modo que o mentiroso pudesse conquistar o favor daqueles que lhe conheciam as mentiras".

Assim, continuaram as coisas durante muito tempo. Com sua inteligência, reconhecia Agostinho a sombria vileza de sua vida, mas a despeito deste conhecimento, não interrompia sua existência vã e inútil. "Muitas vezes", escreveu ele mais tarde, a respeito dessa época, "prestava atenção ao que me havia eu tornado e descobria que estava num mau caminho. Isto entristecia meu coração, mas apenas me fazia redobrar minha iniquidade e minha vergonha."

Afinal, conseguiu erguer-se das profundezas da iniquidade e da vergonha aos píncaros da glória e da perfeição. A introspecção, o conhecimento da sua própria alma, levaram-no ao conhecimento da existência inteira e elevaram-no, não apenas ao plano da santidade, mas fizeram dele um dos mais importantes pensadores do mundo ocidental. Antão, seu ascético precursor, atingiu a santidade por meio da renúncia; Agostinho alcançou-a por meio da força de sua inteligência. No caso de Antão, Deus revelou-se a uma alma forte na fé; no caso de Agostinho, Ele finalmente respondeu à busca de um homem que estivera a buscá-Lo muito tempo antes de conhecê-Lo ou mesmo de encontrar a entrada que conduz a Seu reino.

Porque Agostinho, o "mercador de palavras", o desenfreado caçador de fortuna de Milão, estava possuído do mais profundo e do mais incorruptível poder de introspecção. Sua profunda perspicácia estivera, demasiadas vezes e por demasiado tempo, escravizada pelos mais baixos instintos de sua natureza, mas a despeito de tudo isto, a busca apaixonada da verdadeira compreensão persistia, intata e impávida, no seu espírito. E mesmo mais do que isto! Sua paixão pelo entendimento tirava forças de seus fracassos e da fragilidade de sua natureza física. A força misteriosa que podia induzir Agostinho a agir mal, em face do que ele sabia ser melhor, tornou-se para ele um problema que jamais lhe daria novamente sossego.

"Já sabia", escreveu ele, "que temos a liberdade de escolha entre o bem e o mal", e continuava a descrever a desesperada luta que tinha de travar dentro de sua alma. "Procurando arrancar a vista do espírito daquele poço, era eu nele mergulhado de novo, e quantas vezes mais o tentasse, outras tantas nele seria de novo mergulhado. Mas quando me erguia altivamente, as coisas inferiores estavam colocadas acima de mim e exerciam pressão sobre mim e em parte alguma havia alívio ou espaço para respirar. Acometiam minha vista por todos os lados, em multidões e hordas, e, em pensamento, as imagens de corpos intrometiam-se, quando eu me estava voltando para Ti, como se me quisessem dizer: 'Para onde vais, indigna e baixa criatura?' E estas coisas haviam brotado de meu pensamento. E isto me erguia para Tua luz, que eu conhecia tão bem ter uma vontade, quanto ter vida. Quando, portanto, estava querendo ou não querendo fazer alguma coisa, estava eu mais do que certo de que não era ninguém, senão eu mesmo, quem estava querendo e não querendo; mas daquilo que eu fazia contra a minha vontade, estava eu igualmente certo, sofria antes de fazê-lo e julgava que não seria falta minha, porém meu castigo, e rapidamente confessava a mim mesmo que a minha punição não seria injusta. Mas dizia de novo: 'Donde me vem esta vontade de fazer o mal e esta recusa de fazer o bem? Quem pôs isto dentro de mim e plantou em mim a raiz da amargura?' Com estas reflexões era eu de novo derrubado e sufocado."

Os amigos de Agostinho desempenharam papel decisivo no seu desenvolvimento. O pesar, que a perda de um amigo querido lhe causara, fora o ponto de partida de sua introspecção. Agora, de novo, uma experiência, na qual amigos desempenharam a parte principal, capacitou-o a alargar seu conhecimento da própria alma e a avançar na direção de uma forma mais alta de sabedoria. Porque na troca de ideias com seus amigos, Agostinho veio a reconhecer que o problema da origem do mal, que tanto o preocupava, era um problema da humanidade em geral, o maior problema humano de todos os tempos.

"Vivíamos juntos como amigos e, muitas vezes, tínhamos ocasião de trocar nossas sombrias ideias sobre a origem do mal", escreveu Agostinho, referindo-se, em particular, a seus companheiros Alípio e Nebrídio. Estes dois tinham-lhe sido fiéis desde o começo de sua carreira. Alípio juntara-se a ele em Tagasta e Nebrídio, em Cartago. Sua superioridade intelectual havia-os fascinado a tal ponto que o haviam acompanhado em todas as coisas, através de todos os seus erros tortuosos, até suas mais recentes análises éticas. Cada palavra de seu ídolo tinha para eles o valor de uma revelação. Contudo, enquanto Agostinho parecia ficar satisfeito com a simples detenção intelectual da solução de seus problemas, eles, por sua parte, faziam o melhor que podiam para adotar-lhe a sabedoria como modelo para suas ações e conduta na vida quotidiana. Este procedimento deles mostrava a Agostinho o vasto abismo que separa o saber do homem de sua conduta. Aqui via ele dois jovens que tentavam ser bons e fazer o bem ao máximo de suas possibilidades e que, não obstante, vacilavam e eram de vez em quando remergulhados no mal.

Algo que aconteceu a Alípio mostrou a Agostinho, com cegante claridade, de que é capaz a força do mal. Alípio fora um apaixonado apreciador do circo. Seu maior deleite tinham sido as lutas de gladiadores. Mas agora, sob a influência de Agostinho, tentou combater sua paixão pelo circo e evitava tudo quanto pudesse reacendê-la de novo na sua alma. Um dia sucedeu, como Agostinho descreveu o acontecimento em suas *Confissões*, "que Alípio encontrou por acaso certos conhecidos seus e companheiros de estudos que voltavam de um jantar. E eles, com familiar violência, levaram-no, apesar de sua recusa e de sua resistência, para o anfiteatro durante o desenrolar daqueles mortíferos entretenimentos. Repetidas vezes protestava ele: 'Embora arrastem vocês meu corpo para ali e ali me sentem, não podem forçar-me a voltar a vista ou o pensamento para aqueles horrores. Estarei, pois, ausente, ainda que presente de corpo, e assim triunfarei tanto de vocês como deles.' Ouvindo isto, carregaram-no não obstante para lá. Mas ele, fechando os olhos, impedia que seu espírito escapasse... e bom seria que tivesse também tapado os ouvidos, pois quando na luta alguém caiu, um estrondoso clamor da multidão abalou-o tão fortemente que, dominado pela curiosidade, abriu os olhos. Tão logo viu aquele sangue, imediatamente embriagou-se de ferocidade, não se voltou, mas fixou os olhos nele, estremeceu repentinamente, e sentiu-se deleitado com a execrável luta, embriagado pela sangrenta diversão".

Descrevendo suas discussões com seus dois devotados amigos, Agostinho escreveu: "Éramos três mendigos que se juntavam para ouvir as lamentações uns dos outros. E à medida que ficávamos a indagar do propósito e significado das coisas, a despeito do amargor que resultava de nossos atos mundanos, encontrávamos a treva sem luz alguma. Por quanto mais tempo permaneceríamos presos ali dentro? Fazíamos muitas vezes esta pergunta, mas isto não mudava nossas vidas, porque não tínhamos encontrado segurança a que nos agarrássemos, abandonando nossa confiança em tudo mais."

O que mantinha Agostinho neste estado de confusão era o fato de continuar seu pensamento a vaguear ocioso dentro dos estreitos limites de pontos de vista materialistas. Isto tornava impossível para ele conceber a existência de um mundo puramente espiritual. "Eu não podia", dizia ele, "pensar em qualquer coisa como real a não ser o que meus olhos mortais percebiam. Mesmo a respeito de Deus, não podia eu pensar de outro modo senão em forma humana, ainda como um ser físico, infinito em extensão e enchendo o espaço do mundo. Tão pesado era meu espírito, tão necessitado de claridade e luz, que eu estimava ocioso e vão o que não tinha extensão no espaço e não podia ser visto em um corpo. Por consequência, a natureza do mal permanecia oculta para mim."

Agostinho deveu sua emancipação das garras do materialismo aos escritos dos neoplatonistas, que lhe foram recomendados por alguns de seus amigos filósofos de Milão. A mais forte impressão foi a que recebeu das *Enéadas*, de Plotino, livro acessível na tradução latina do famoso Mário Vitoriano. A doutrina neoplatônica do "logos", a "eterna palavra" que é Deus, ensinou-o a aceitar a verdade que não está incorporada na matéria; tornou-lhe possível a compreensão da essência espiritual de todas as coisas criadas. À luz desta visão neoplatônica, reconhecia também a divina homogeneidade do bem e do mal; compreendia que o mal não é uma força independente, que não tem existência por si mesmo, mas é produto de um erro de volição, o resultado de uma vontade que se desviou do Ser supremo.

Mas se a doutrina neoplatônica ensinou-lhe a realidade de uma verdade espiritual eterna, não lhe deu ainda a energia para mudar seu modo de vida. Sua negação teorética do mal não era uma estrada reta que ele pudesse seguir. O que estava faltando nos escritos dos neoplatonistas era o conselho prático sobre o que um fraco ser humano deveria fazer a fim de dominar sua fragilidade. Comentando este ponto, escreveu Agostinho: "Em todas aquelas páginas nada se dizia a respeito do sacrifício de um coração contrito, de um espírito conturbado, da salvação do povo e do cálice de nossa redenção. Ninguém ouvia ali a chamar: 'Vinde a mim todos quantos laborais.' Pois uma coisa é do cume arborizado da montanha ver a terra de paz e não encontrar o caminho para ela, embalde tentar caminhos intransitáveis, e outra manter-se no caminho que a ela conduz, guardado pelas hostes do general celeste. Assim, buscava eu o caminho mas não o encontrei, senão quando abracei aquele 'mediador entre Deus e o homem, o homem Cristo Jesus', chamando-me e dizendo-me: 'Eu sou o caminho, a verdade e a vida.'"

O que o neoplatonismo apresentava simplesmente como uma doutrina sublime, assumia, no cristianismo, a forma de uma realidade viva e ativa. O "lógos", a "eterna palavra", tinha-se, em Cristo, tornado carne. Aquele que pudesse acreditar n'Ele, que pudesse acompanhá-Lo e ver n'Ele a corporificação tangível de uma essência puramente espiritual, tinha alcançado um ponto em que a obtenção do puro espírito e de Deus era possível.

O neoplatonismo mostrou a Agostinho o caminho que conduz à "pátria da bem-aventurança", mas foi o cristianismo que lhe ensinou a "habitar nela". Aquele que tinha, em certa ocasião, falado tão desdenhosamente da Sagrada Escritura, que havia chamado de livro para crianças, reconhecia agora que ela continha a mais alta verdade, que "Deus tinha conservado oculta dos sábios e revelado aos simples e inocentes".

As epístolas de são Paulo foram finalmente a chave que abriu à compreensão de Agostinho as verdades da doutrina cristã. Mergulhou ele no estudo daquelas cartas e descobriu que eram escritas por um homem que conhecia, por experiência real, a força transformadora do espírito.

Depois disto, acontecimentos de importância interna e externa ocorreram, em rápida sucessão, arrastando o pensador Agostinho, profundamente mergulhado nos escritos de Paulo, cada vez mais fortemente para a órbita dos ensinamentos cristãos.

Foi principalmente devido à influência do bispo Ambrósio que a atenção de Agostinho focalizou-se mais plenamente sobre os valores positivos do cristianismo. Até aqui Agostinho havia admirado em Ambrósio as virtudes romanas de um dignitário influente da Igreja e a suprema habilidade retórica, mas a heroica atitude de Ambrósio em face das renovadas perseguições cristãs, iniciadas por Justina, mãe do imperador, demonstrou-lhe a irresistível força que a verdadeira fé cristã pode comunicar a seus fiéis. A luta que se acendeu entre a imperatriz ariana e o bispo ortodoxo foi um acontecimento que, durante dias, trouxe toda Milão numa excitação ofegante. O fato de Mônica, de todo coração, ao lado do bispo, ter sido envolvida no conflito, aumentou naturalmente o interesse de Agostinho pelo que estava acontecendo.

A imperatriz tinha caído completamente sob a influência dos arianos e exigiu que uma igreja de Milão fosse reservada para uso de sua seita favorita. O bispo Ambrósio, como representante do cristianismo ortodoxo, recusou firmemente satisfazer o pedido da imperatriz. Confiante na sua autoridade imperial, Justina decidiu resolver o caso publicando um decreto em nome do imperador. Ambrósio recusou-se a obedecer, pois sentia que representava um poder maior do que o Império Romano. Era o representante do reino de Deus. Na sua cólera, a imperatriz recorreu à força e mandou um destacamento de soldados contra o renitente bispo.

Na crítica manhã em que os soldados imperiais tiveram ordem de apoderar-se da igreja para os arianos, o bispo ordenou a seu rebanho que comparecesse a uma missa cedo na basílica. Mônica, um dos mais fiéis partidários de Ambrósio, estava presente e foi ela quem relatou a Agostinho o que aconteceu na basílica.

A igreja estava repleta. O bispo, de pé no púlpito, lia uma lição da Bíblia. De repente, um homem entrou correndo e gritou excitado: "Os soldados vêm aí!" Agora ouviam-se claramente os passos em marcha dos soldados. Mas Ambrósio não se perturbou. Continuou com seu sermão. Estava lendo um trecho do livro de Jó, explicando o grande sofrimento que o Senhor impusera ao homem reto para experimentar a força de resistência de sua fé.

Os soldados tinham tido ordem de pôr cerco à basílica até que o bispo e seu rebanho capitulassem. Mas Ambrósio preferia morrer a abandonar a casa do Senhor aos heréticos. Permaneceu no seu posto.

Os fiéis tinham ido simplesmente assistir à missa cedo. Não haviam levado alimento e a basílica estava tão superlotada que não existia lugar onde alguém pudesse deitar-se e descansar. Passou o dia e quando a noite caiu, não somente os corpos dos fiéis, mas também suas orações tinham-se fatigado. Somente graças a um grande esforço podiam os fiéis manter-se. Alguma coisa deveria ser feita para confortá-los. Então a voz do bispo fez-se ouvir num hino. A aflitiva situação dele e de seus fiéis, a chegada da noite, a basílica fracamente iluminada, os soldados lá fora e os fiéis lá dentro, a crença de que a verdade de Cristo estava em jogo, tudo isto, mas acima de tudo a crença da verdade de Cristo, ascendeu nos ritmos do hino de Ambrósio. Era sublimemente solene e contudo simples e familiar, como uma canção popular de rua, e todos na basílica, homem, mulher ou criança, foram capazes de cantá-lo em coro:

> "Deus, que criaste tudo quanto existe,
> que os céus governas e que os dias vestes
> de luz, e à noite, dás o benefício
> do sono, que os sentidos fracos torna
> capazes de empreender novos esforços,
> de angústias aliviando o pensamento
> e acalmando o tumulto dos pesares,
> permite, quando a sombra em nossa volta
> rasteja e envolve tudo em densa treva,
> que a fé não tenha noite nem tristeza
> e de seu brilho nova luz irrompa.
> Vontade e firme coração, não durmas,
> dormi vós, pensamentos de impiedade.
> Venha a fé dominar as seduções
> ardentes do torpor e da lascívia.
> Liberta-me, Senhor, das armadilhas
> dos sentidos e faze com que eu sonhe,
> dentro do coração, Contigo apenas.
> Que o ocioso inimigo não consiga
> perturbar com receios meu repouso."*

Toda a igreja retumbava ao som do hino. Perigo e privação foram esquecidos. A fadiga do corpo e da alma desapareceu. Nada mais havia na basílica senão a crença firme na divindade de Cristo, e esta crença, esta fé inabalável continuou a cantar a noite inteira.

Ao romper do dia seguinte, os soldados mantinham ainda cercada a basílica, mas os primeiros raios de sol nascente, caindo obliquamente através das estreitas janelas da igreja, inspiraram ao bispo um novo hino da manhã.

---
*Tradução de Mílton Amado.

Era um canto que dava aos fiéis a força de persistir na oração e na sua constância:

> "Ó esplendor da glória cintilante
> de Deus, Tu, cuja luz a luz ensombra,
> luz da luz, que és da luz a fonte viva,
> dia que os dias todos iluminas...
> Chega a manhã no seu rosado carro.
> Venha o Senhor, nossa manhã perfeita.
> Venha o Verbo de Deus, único Pai,
> e louvemos, no Filho, o Pai perfeito."*

Ambrósio dividiu seus fiéis em vários coros e fê-los a cantar seus hinos em alternadas vozes masculinas e femininas. E todos os fiéis eram como se fossem um só, no seu desejo de cantar os louvores de Deus, o mais perfeito, o mais belo que pudessem. E à medida que o dia avançava, quatro dos melhores hinos de Ambrósio, quatro dos mais magníficos hinos da Igreja Cristã, foram compostos pelo bispo e aprendidos e cantados repetidas vezes pelos fiéis, dentro da basílica de Milão, que os soldados imperiais mantinham em cerco. Tais foram os começos das grandes dádivas à cultura do mundo ocidental, que veio a ser conhecida como hinologia ambrosiana.

Dois dias e duas noites se passaram. Na manhã do terceiro dia, quando o bispo e seu rebanho ainda se recusavam a submeter-se às exigências da imperatriz, Justina ordenou a seus soldados que tomassem a basílica de assalto. As portas foram forçadas, justamente quando os fiéis estavam cantando outro hino que Ambrósio havia composto para eles. O coro de vozes profundas masculinas respondia ao tema dado pelas vozes suaves das mulheres e crianças. Quando os soldados viram e ouviram o rebanho de fiéis de Ambrósio, contra os quais tinham vindo para expulsá-los de sua igreja, pararam, depuseram suas espadas, cujo tilintar poderia perturbar a solenidade do hino e, como um só homem, caíram de joelhos cantando os louvores de Cristo em quem Deus tinha assumido a forma humana, como era ensinado por Ambrósio e negado por Justina.

O poder das espadas havia perdido para o poder da canção. Ao mesmo tempo, porém, a Igreja Cristã do mundo ocidental tinha conquistado uma nova

---
*Tradução de Mílton Amado.

arma, o evangelho dos hinos, cujo poder de melodia e de ritmo se exerceu sobre as almas de homens e mulheres por toda parte, ganhando-as para a causa de Cristo. Destes começos da hinologia ambrosiana desenvolveram-se, séculos mais tarde, a grandeza e a força da música sacra gregoriana.

Na cristologia de são Paulo, o espírito indagador de Agostinho havia afinal descoberto a resposta à sua busca da verdade. Agora o filho pródigo estava pronto para voltar à sua mãe, pois suas palavras inspiradas de fé não mais o impressionavam como "tagarelice de mulher". A profecia do velho bispo de Madauros iria tornar-se verdadeira: "O filho de tais lágrimas não poderá perecer."

Como rapaz desobediente e, mais tarde, como conceituado retórico tinha-se Agostinho em tão elevada conta que não prestava atenção ao que sua mãe dizia. Agora, homem maduro, adquirira a humildade infantil para escutá-la. Ele ficou profundamente abalado, ao ouvir de Mônica a narração do que sentira, durante aqueles três dias passados com o rebanho de Ambrósio na basílica assediada. O coração de Agostinho uniu-se ao dela numa flamejante admiração pelo heroico bispo, possuidor de uma fé firme, capaz de instilar a mais alta forma de coragem e de confiança ao coração humano.

Os hinos, que deviam sua existência aos dias atribulados do cerco, deram força maior à união de Agostinho na fé com sua mãe. O que havia impedido Agostinho por tanto tempo de simpatizar com o espírito do cristianismo era, acima de tudo, a rigidez de suas exigências éticas. Nos hinos de Ambrósio, ele ouvia, pela primeira vez, a suavidade conciliatória de uma confiança simples e fervorosa em Deus. Estes hinos, além disso, afagavam-lhe o senso de perfeição formal e de beleza clássica, pelo ritmo e pela melodia. Contudo, se estava verdadeiramente dominado pela sua solene grandeza, acima de tudo era porque sentia neles um elemento ausente das mais perfeitas obras dos antigos, não somente de sua música, mas de sua arte em geral e mesmo das maiores realizações de seus filósofos. Não tinha um termo claro para designar aquilo, mas era algo que podia falar diretamente à alma humana, que podia consolar os desconsolados e tinha poder de prometer redenção para os mergulhados no mais profundo desespero. Era função desta arte dar conforto à alma do homem, aliviar e cicatrizar as feridas de seu coração.

Nas suas *Confissões*, descreveu Agostinho a impressão que os hinos de Ambrósio causaram nele quando os ouviu pela primeira vez, ao lado de Mônica, na basílica de Milão. "Quantas vezes não chorei", escreveu ele, "ouvindo aqueles hinos e cânticos, tocado até ao mais fundo da minha alma pelo doce coro das vozes! Fluíam dentro de meus ouvidos e a verdade, instilada em meu peito, despertava em mim o amor da devoção."

A decisão de começar nova vida em Cristo estava amadurecida na alma de Agostinho. Dar-lhe execução, porém, implicava a pronta realização de grandes sacrifícios. Teria de dominar o seu velho eu, praticar a castidade, esquecer o sucesso e a fama e abandonar todas as doces complacências de uma vida de conforto e de facilidades. Fraqueza de coração e temor impediram-no de dar o passo decisivo.

Como mestre de exposição psicológica, Agostinho descreveu a luta que seu espírito teve de travar contra "a inércia de seu coração", contra "a relutância da carne" e contra "a resistência de seus hábitos". Escreveu ele: "Sentia-me doente e atormentado, acusando-me bem mais severamente do que era costume meu, agitando-me e torcendo-me nas minhas cadeias, até me sentir inteiramente arrebatado, cadeias aquelas pelas quais, agora apenas levemente, estava ainda ligado. E dizia mentalmente: 'Ah! que se faça agora, que se faça agora!' E ao falar, quase chegava a uma resolução. Quase a tomava, mas não tomava. Contudo, não recaía na minha antiga condição, mas dela me colocava perto e tomava fôlego. E de novo, tentava e pouco me faltava para alcançá-la, e um tanto menos, e depois quase a tocava e agarrava; e contudo não chegava até ela, nem a tocava, nem a pegava, hesitando morrer na morte de viver na vida; e o pior, a que eu estivera habituado, prevalecia mais comigo do que o melhor, que eu não tinha tentado. E no mesmo instante em que eu estava a ponto de tornar-me outro homem, quanto mais perto de mim se aproximava, maior o horror que me penetrava; mas não me forçava a recusar, nem a desviar-me, mas mantinha-me em suspenso."

"Todas as bagatelas de bagatelas, e vaidades de vaidades, minhas velhas amantes, ainda me arrastavam; sacudiam minhas vestes carnais e murmuravam baixinho: 'Vais separar-te de nós? E desde esse instante, não estaremos mais contigo para sempre? E desde esse momento, isto ou aquilo não mais será lícito, a teu ver, para sempre?' E que sugeriam elas com as palavras 'isto ou aquilo?' Que mundo de impurezas sugeriam elas! Quanta vergonha! E agora eu as ouvia já bem pouco, não se mostrando abertamente e contradizendo-me, mas murmurando, por assim dizer, por trás de minhas costas e furtivamente puxando-me, à medida que me afastava, para me forçar a voltar a vista para elas. Contudo, retardavam-me de modo que hesitava em romper e despojar-me delas e saltar para onde era chamado, ouvindo um desenfreado hábito dizer-me:

'Pensas que podes viver sem elas?' Mas agora dizia isto fracamente, pois daquele lado para o qual tinha eu o rosto voltado e para o qual receava ir, a casta dignidade da continência me aparecia, prazenteira, mas não dissolutamente alegre, honestamente convidando-me a segui-la, sem duvidar de nada, e estendendo suas santas mãos, cheias de uma multiplicidade de bons exemplos, para receber-me e abraçar-me. E ela sorria para mim, com uma encorajadora zombaria, como se dissesse: 'Não podes fazer o que aqueles outros podem? Ou pode um ou outro fazê-lo por si mesmo e não antes no Senhor seu Deus? O Senhor seu Deus a eles me entregou. Por que confias em tua própria força e dessa forma não consegues manter-te? Lança-te sobre eles; não temas que Ele te retire Seu apoio e te faça assim cair; repousa sobre Ele sem temor, Ele te receberá e te curará.' E eu corava além da medida, pois ainda ouvia o murmúrio daquelas bagatelas e permanecia em suspenso."

Por suas próprias energias não teria sido ele capaz de encontrar um caminho que o tirasse daquele beco sem saída. Necessitava de uma mão guiadora que o conduzisse para fora do seu estado de vacilação incerta. Com isto no pensamento, foi ver um velho padre chamado Simpliciano, que há muitos anos havia iniciado o prefeito romano Ambrósio nos dogmas da fé cristã. A ele confessou Agostinho suas aberrações carnais e seus conflitos espirituais, pedindo-lhe conselho e ajuda.

É observação frequente que um pormenor aparentemente sem importância, uma alusão fortuita, uma frase casual, podem, muitas vezes, determinar todo o futuro curso de uma vida humana. Foi isto o que aconteceu no caso de Agostinho. No decorrer de sua conversação com Simpliciano, falou a respeito dos livros que lhe tinham influenciado o pensamento e, entre outros, mencionou a tradução das *Enéadas*, de Plotino, por Vitoriano.

"Vitoriano, Mário Vitoriano", interrompeu o velho padre. "Conheço-o muito bem! Batizei-o!"

E contou a Agostinho a história da conversão de Vitoriano à fé cristã.

Era um homem de parentesco africano. Um dos mais célebres autores pagãos e retóricos de seu tempo. A cidade de Roma honrou-o, erigindo-lhe a estátua no fórum de Trajano, ainda em vida. No apogeu da carreira, encetou o estudo da Bíblia cristã, somente porque desejava refutar seus princípios em outro de seus brilhantes ensaios. Mas aconteceu que as coisas que ele se dispusera a refutar lançaram seu fascínio sobre ele, até que não pôde mais resistir ao ardente desejo de tornar-se cristão e combater com todas as forças pela causa da verdade cristã. Foi ter com Simpliciano e pediu-lhe que o batizasse. De acordo com os costumes da época, o batismo era uma cerimônia pública e tinha de ser precedido pela abjuração do candidato de sua velha religião, fazendo ele solene confissão de seu novo credo. Simpliciano estava pronto para dispensar o famoso retórico, orgulho da filosofia contemporânea pagã, dessa embaraçosa confissão pública. Mas Vitoriano não quis aceitar tais favores especiais. "Proferi tantas palavras vazias e falsas em público", declarou ele, "que não há motivo para que me esconda agora que professo a verdade." E corajosamente confessou sua nova fé, diante de imensa multidão.

Agostinho ficou profundamente afetado por esta história. Soava-lhe aos ouvidos como uma exortação. Um retórico pagão, cujo saber pagão lhe havia proporcionado as mais altas honras e distinções, tendo chegado à conclusão de que o que ensinava era falso, de que a verdade real jazia na fé em Cristo, não havia hesitado em abandonar a maior glória que um retórico pode atingir durante sua vida. Ele, Agostinho, chegara à mesma conclusão, mas não tinha tido a coragem de tirar dela a mesma consequência. Seu êxito como retórico era nada em comparação com aquilo que Vitoriano tinha sido chamado a sacrificar. E contudo continuava ele a vacilar!

Pouco tempo depois, estava Agostinho, uma tarde, a conversar com seu amigo Alípio, quando recebeu a inesperada visita de seu compatriota Ponticiano, que ocupava importante posição na corte. Ao entrar na sala, viu Ponticiano, com grande admiração, em cima da mesa de jogo em que Agostinho e seus amigos iam começar uma partida de dados, uma cópia das epístolas de são Paulo. Ponticiano era cristão, portanto nada mais natural que a conversa se voltasse para o assunto do credo cristão. No correr do debate, Ponticiano veio a falar da vida do estranho eremita, santo Antão do Egito.

Agostinho sentiu-se fascinado pela história do filho do modesto lavrador, a quem uma simples citação da Bíblia, ouvida por acaso na igreja, induzira a abandonar todos os seus bens terrestres, dominar seus apetites carnais e passar a inteira vida futura na austeridade e na renúncia, a fim de obedecer às leis de Cristo. Sentiu-se profundamente envergonhado. O filho de um simples lavrador tinha precisado apenas de uma única sentença do Evangelho para começar sua nova vida; e ele, o sábio professor, a quem o estudo dos escritos de Paulo tinha convencido da verdade dos ensinamentos de Cristo, ele que durante mais de dois anos tinha ouvido todos os domingos o mais eloquente bispo da Igreja interpretar o significado do Evangelho, ele continuava a vacilar e a adiar o começo da nova vida que havia reconhecido como verdadeira.

A confusão de Agostinho tornou-se completamente insuportável quando seu visitante lhe falou a respeito de dois de seus amigos, altos dignitários da corte, que tinham lido a *Vita sancti Antonii*, de Atanásio, e ficaram tão profundamente abalados por ela, que não hesitaram um instante em abandonar suas posições lucrativas e trocar todas as alegrias de suas vidas mundanas por uma vida de austeridades ascéticas em emulação com o exemplo dado pelo santo lavrador de Coma.

Logo que o visitante saiu, Agostinho voltou-se para seu amigo Alípio e exclamou num turbilhão de vergonha e de amarga autoacusação: "Que faremos agora? Não percebes? O ignorante pulou para cima e tomou o céu à força, e nós, com todo o nosso saber, continuamos a demorar. Altos dignitários da corte abandonam tudo e começam nova vida, mas nós persistimos em nossas vidas de iniquidade e de imundície."

O desgosto de si mesmo enchia seu coração e ameaçava sufocá-lo. Mais uma vez ainda, seu velho eu reunia toda a sua força para uma permanência definitiva. Era a derradeira luta da carne contra a alma, do prazer contra as aspirações mais altas. Numa excitação frenética, arrancou os cabelos, cobriu os olhos e rebentou numa explosão de lágrimas: "Ó Senhor! Quanto tempo ainda? Quanto tempo ainda? Amanhã, sempre amanhã! Por que não hoje? Por que não agora? Por que esta hora verdadeira não dá fim à minha miséria?"

Chegara a hora de sua conversão. O que aconteceu à sua alma, durante esta crise de sua vida, foi descrito por ele em uma das mais impressionantes passagens de suas *Confissões*: "Agora que uma profunda reflexão tinha, das secretas profundezas de minha alma, arrastado e amontoado toda a minha miséria, diante da vista de meu coração, desencadeou-se em mim tremenda tempestade. Ergui-me e corri para o jardim, afastando-me de Alípio, pois me sugeria o jardim que a solidão era o que mais me convinha para chorar. Foi o que se deu comigo naquela ocasião e ele o percebeu, pois acredito que havia falado alguma coisa, em que o som de minha voz parecia abalado pelo pranto e naquele estado havia-me levantado. Permaneceu, então, onde estivéramos sentados, cheio do mais completo espanto. Corri — como, não sei — para baixo de certa figueira, dando livre curso às minhas lágrimas, e as torrentes de pranto de meus olhos jorravam um sacrifício aceitável por Ti.

"Estava eu a chorar, na mais amarga contrição de meu coração, quando ouvi a voz de um menino ou de uma menina, não sei precisar, vinda de uma casa vizinha cantando e repetindo muitas vezes: 'Pegue e leia; pegue e leia!' Imediatamente mudou minha atitude e comecei a considerar, com toda a gravidade, se era usual em crianças, em qualquer espécie de jogo, cantar palavras tais. Nem me recordava de ter ouvido alguma vez palavras semelhantes. Assim, reprimindo a torrente de minhas lágrimas, levantei-me, interpretando aquelas palavras como sendo uma ordem do céu para que eu abrisse o livro e lesse o primeiro capítulo que se apresentasse à minha vista, pois soubera que Antão, entrando por acaso na igreja, no momento em que era lido o Evangelho recebeu a advertência, como se o que estava sendo lido fosse dirigido a ele: 'Vai vender tudo o que tens e dá-o aos pobres, e terás um tesouro nos céus; depois vem seguir-me.' E com este oráculo foi que ele se converteu imediatamente a Ti. De modo que, apressadamente, voltei ao lugar onde Alípio estava sentado, pois ali havia deixado o volume dos apóstolos, quando dali saíra. Agarrei o livro, abri-o, e, em silêncio, li o parágrafo sobre o qual meus olhos caíram em primeiro lugar: 'Não na devassidão e na embriaguez, não na lascívia e na luxúria, não na contenda e na inveja; mas confia em Nosso Senhor Jesus Cristo e não faças provisão para a carne, para satisfazer a sensualidade.' Não li mais adiante, nem era preciso que o fizesse, pois instantaneamente, ao terminar a sentença, por uma luz, por assim dizer de confiança, que me penetrou no coração, toda a treva da dúvida desapareceu.

"Fechando o livro e pondo meu dedo entre as folhas, ou outra marca qualquer, com uma atitude tranquila, comuniquei a Alípio o que comigo se passava. E ele outro tanto revelou a mim do que nele se operava e que eu não sabia. Pediu-me para ver o que eu tinha lido. Mostrei-lho e ele leu mais além mesmo do que tinha eu lido e não sabia o que continuava. Era isto na verdade: 'Acolhei aquele que está fraco na fé', que ele aplicou a si próprio e mo revelou. Com esta advertência sentiu-se ele revigorado e graças a uma boa resolução e propósito, bastante em acordo com seu caráter (no que, com vantagem, sempre foi bastante diferente de mim), sem demora nem inquietação, juntou-se a mim. Dali fomos ter com minha mãe. Contamos-lhe o acontecido; ela encheu-se de júbilo. Relatamos-lhe como viera isso a acontecer; ela vibrou de contentamento e de triunfo, e abençoou-Te a Ti, que és 'capaz de dar em abundância e excesso, bem além do que pedimos ou pensamos', pois percebeu que lhe dera mais por mim do que ela costumava pedir, com seus lamentosos e dolentíssimos gemidos. Porque soubeste converter-me tão bem a Ti, que não busquei mais nem uma mulher, nem qualquer outra das esperanças deste mundo, permanecendo naquela regra de fé a que Tu, tantos anos antes, me havias conduzido numa visão. E mudaste seu pesar em alegria, muito mais plenamente do que ela havia desejado."

O jugo de seus apetites carnais fora alijado; o encantamento de sua ambição desfeito. Na idade de trinta e dois anos, o sensual Agostinho renunciou às mulheres; o "vendilhão de palavras" estava pronto a desistir de seu magistério de retórica, a fim de levar uma vida em acordo com a verdade de Deus.

No seu caminho para Damasco, Saulo havia-se transformado em Paulo com uma subitaneidade de relâmpago. Antão ouvira na igreja as palavras do padre, levantou-se e foi distribuir seus bens. Mas Agostinho não era um homem de decisões súbitas. Suas manifestações não eram determinadas por impulsos súbitos. O arrebatamento emocional no jardim tinha-o simplesmente libertado das derradeiras garras de sua natureza interior, até então capaz de reprimir as elevadas aspirações de sua inteligência, impedindo-a de atingir as derradeiras alturas do pensamento em Deus.

A conversão no jardim, ocorreu várias semanas antes do fim do corrente ano letivo. De alma e coração, sentia-se Agostinho desprendido de seus deveres de professor, mas a fim de evitar publicidade, decidiu prosseguir com seu trabalho até o tempo das férias. Neste mesmo tempo, dissolveu suas relações amorosas, com toda a habilidade de um homem do mundo. Deixou a Alípio o encargo de despachar, da maneira mais jeitosa possível, sua nova amante, enquanto que Mônica teria de levar avante sua decisão de romper seu noivado.

Antão interpretara sua conversão como significando que deveria retirar-se para a solidão de uma caverna no deserto. Agostinho, que era um homem de inteligência, escolheu diferente caminho até Deus. Terminadas as aulas, retirou-se em companhia de sua mãe, de seu irmão, de seu filho, de Alípio e de numerosos outros amigos para uma aprazível casa de campo, em Cassicíaco, que seu amigo Verecundo lhe havia emprestado. Não vivia ali como penitente, mas antes como um filósofo, que voltara as costas ao mundo, a fim de gozar a verdadeira bem-aventurança do pensamento puro. Sem ser perturbado, em prazerosa simplicidade e cercado pelo círculo estimulante de parentes e amigos, passava a mais agradável das férias, em discussões estéticas e filosóficas, frequentemente suavizadas e animadas por gracejos e risadas. Mônica não era apenas a governante desta família de celibatários. Tomava também parte nas suas indagações intelectuais. "Mulher no traje", escreveu Agostinho a respeito de sua mãe naquela época, "homem na fé e no vigor do pensamento, com toda a tranquila segurança da idade, o amor de uma mãe e a devoção de uma cristã."

Em Cassicíaco, o pensador Agostinho determinou-se a tarefa de reexaminar, à luz de seus novos padrões, todas as coisas que sua inteligência tinha até então sido incapaz de aceitar como válidas. "Desejava", disse ele certa vez, "estar tão bem informado a respeito tanto das coisas metafísicas como das coisas visíveis, estar tão certo e seguro delas, como estava de que sete e três são dez."

Agora era ele o centro de uma espécie de academia, segundo o modelo antigo. Ele e seu grupo discutiam todos os problemas de ciência, filosofia e literatura, os poemas de Virgílio, os escritos dos neoplatonistas e de todas as outras escolas da filosofia pagã. Seis dias cheios foram gastos para firmar a questão de se a felicidade poderia ser obtida sem o saber.

Ao lado de tudo isto, dedicava também Agostinho seu tempo a escrever alguma coisa. Deu uma forma literária final a seus diálogos com amigos, escreveu curtos trabalhos, "Da vida feliz", "Da ordem", "Contra a nova Academia" e compôs um de seus mais profundos ensaios, "Do mestre", sumário de suas conversações com seu filho Adeodato, que, a despeito de seus quinze anos, era, como dizia ele, seu igual na inteligência e de todo o grupo reunido em Cassicíaco.

Aproximando-se o fim das férias, Agostinho escreveu ao bispo Ambrósio, pedindo-lhe para ser aceito como convertido e para receber o santo sacramento do batismo na Páscoa. Ao mesmo tempo, pediu sua exoneração do cargo de professor de retórica. Não querendo ainda provocar sensação, explicou seu pedido de exoneração como consequente de seu estado de saúde. A não ser que estava realmente sofrendo grande perda de fôlego e haver sua voz perdido em força e sonoridade, achava-se ainda em boa forma.

Em abril de 387, regressou Agostinho a Milão, a fim de preparar-se para o batismo. Estudou as doutrinas de Cristo e compôs vários livros seus, todos os quais — tanto no assunto como na forma — acompanhavam de perto o modelo do pensamento antigo. Escreveu a respeito de retórica, dialética, geometria, aritmética, filosofia, a respeito dos elementos da música e das sete artes liberais.

Durante este período compôs também seus dois famosos livros de *Soliloquia*, que são, possivelmente, as mais reveladoras de todas as obras deste homem que encontrou seu caminho para Deus pela força de sua inteligência. "Tende confiança nas condições de vosso pensamento", diz a razão como resumo do argumento dos *Soliloquia*. "Tende confiança na verdade, pois a própria verdade vos diz que vive dentro de vós, que é imortal e que não pode perder-se por causa da morte física. Afastai-vos de vossa sombra e voltai-vos para dentro. Não podeis perecer, a não ser perdendo a verdade que não podeis deixar que se perca." E Agostinho replica à razão: "Ouço-vos, tomo coragem, começarei de novo a viver."

Os problemas de que se ocupou Agostinho durante este tempo que precedeu imediatamente seu batismo eram, em suma, a essência da ciência e da filosofia clássica. Estava destinada a tornar-se parte da grande estrutura do pensamento cristão, pois a função característica de Agostinho, o primeiro grande pensador e gênio intelectual da era cristã, foi fazer uso do tesouro imortal de ideias do mundo decadente dos antigos, como material de construção para a ascendente cultura cristã do Ocidente.

Na noite de véspera da Páscoa, Agostinho, juntamente com Alípio e seu filho Adeodato, foi batizado pelo bispo Ambrósio. Em solene cerimônia, que simbolizava o renascimento do convertido da morte no pecado a uma nova vida em Cristo, professou ele sua fé no Redentor.

Depois do batismo, decidiu Agostinho voltar à África. Sua sede de fama e de sucesso tinha-o afastado de sua terra natal para o continente europeu. Como convertido, desejoso de viver dali por diante a serviço de Cristo, sentiu necessidade urgente de desandar os passos dados e voltar ao ponto de partida de sua carreira.

Todos os membros do pequeno grupo de cristãos que o acompanharam em sua nova vida em Cristo eram africanos. E africano foi também quase tudo que o influenciou na sua carreira como santo. Era africano Plotino, o fundador do neoplatonismo, cujos ensinamentos foram instrumentos da conversão de Agostinho. Africano era Vitoriano, o homem cuja tradução lhe tinha tornado acessíveis os escritos neoplatonistas e cuja conversão o havia impressionado como gloriosíssimo exemplo. E, finalmente, era africano o eremita Antão, cuja vida exemplar havia-lhe causado tão profundo choque que todo o futuro curso de sua vida na terra foi decidido por ele.

Antão e Agostinho não eram os primeiros africanos a fazer importantes contribuições para o crescimento e desenvolvimento do cristianismo. Orígines e Tertuliano, os maiores cristãos dos primeiros dois séculos, tinham sido ambos africanos e a poderosa escola de Alexandria uma instituição africana.

Três continentes trabalharam juntos na formação da cultura do cristianismo. A fé cristã surgiu na Ásia Menor; foi-lhe dada a situação de um poder mundial pelo Império Romano e pela Europa; mas na formação dos moldes tipicamente cristãos e ocidentais de pensamento, pode-se dizer que a África desempenhou o papel realmente decisivo.

O navio que transportaria o pequeno grupo de africanos de regresso à terra natal partiu do porto romano de Óstia. Foi ali que Agostinho passou os últimos poucos dias de espera, antes do tempo determinado para a partida. Durante esses dias, sofreu uma dolorosa perda. Mônica morreu. Tinha então cinquenta e três anos. Ele estava com trinta e três.

"Não posso exprimir o afeto que ela me dedicava e com quanta muito mais veemente angústia sofria as dores de mim em espírito do que sofrera a de minha gestação na carne", escreveu Agostinho mais tarde, a respeito da morta cujo leal coração só viera a apreciar devidamente desde o tempo de sua conversão. "Minha vida e a dela tinham-se tornado uma só e agora aquela vida única era separada violentamente, pois ela me havia deixado."

À mãe de seu renascimento espiritual, dedicou Agostinho imortal monumento numa passagem de suas confissões, onde fala de sua derradeira e extaticamente mística conversa com Mônica, realizada em uma tarde do começo do verão, poucos dias antes da morte dela.

"Ela e eu estávamos a sós, encostados a certa janela que dava para o jardim da casa, onde então nos achávamos. Estávamos discorrendo juntos, sozinhos, e falávamos a respeito da vida eterna. Erguendo-nos com mais ardente afeto para o 'Uno', passávamos gradativamente, através de todas as coisas corpóreas, até chegar ao próprio céu, de onde o sol, a lua e as estrelas lançam sua luz sobre a terra; sim, remontávamos mais alto ainda, graças ao êxtase íntimo, e conversávamos; e chegávamos às nossas próprias mentes e íamos além delas, de modo que podíamos chegar àquela região em que a vida é a sabedoria por quem todas as coisas são feitas, para a qual o 'foi' e o 'será' não mais existem, mas apenas o 'ser', já que é eterna. E enquanto íamos discorrendo sobre ela e por ela anelávamos, de leve a roçamos com um arrebatamento total de nosso coração."

Era a verdade eterna, a guardiã de todas as coisas, que eles tocavam graças ao esforço de seus "ativos pensamentos". "Quando estávamos falando a respeito destas coisas, o mundo inteiro em torno de nós desaparecia. Os tumultos da carne eram silenciados, aquietadas as imagens da terra, da água e do ar, aquietados também os polos do céu. Na verdade, a própria alma se impunha silêncio, aquietados todos os sonhos e imaginárias revelações, cada palavra alta e sinais de silêncio e o que quer que existe apenas em transição, tudo aquietado, e, neste extremo silêncio havia apenas um pensamento desperto, que contemplava a derradeira face da sabedoria: Deus. Suspirávamos e ali deixávamos presos os primeiros frutos do espírito e voltávamos às expressões vocais de nossa boca, em que a palavra falada tem começo e tem fim."

Nesta conversação, em que mãe e filho erguiam-se acima das coisas do mundo e uniam-se numa mística visão das verdades eternas, vemos Agostinho e Mônica, pela primeira vez, como santo Agostinho e santa Mônica, os quais a Igreja venera.

A terra, na qual o corpo de sua mãe fora enterrado, não o queria deixar ir. Adiou sua volta à África por mais um ano. Passou este tempo em Roma. Mas parecia ser uma cidade diferente da que ele havia deixado não fazia muito tempo, quando todas as ambiciosas esperanças de fama e de sucesso do jovem retórico haviam naufragado. Então havia olhado para ela, do ponto de vista de sua carreira individual. Agora vinha ele como uma pessoa mudada e via em Roma a cidade eterna do cristianismo, o lugar de sofrimento dos mártires, a Roma da Igreja. E somente agora, viera a conhecer realmente a Igreja Cristã, cuja fé havia abraçado, na sua organização como instituição universal e espiritual. Sua estada em Roma foi o aprendizado do homem destinado a tornar-se um dos maiores mestres, dentro da organização estrutural da Igreja.

No ano 388, desembarcou Agostinho no porto de Cartago e seguiu dali para sua cidade natal, Tagasta. Transformou a casa que herdara de seu pai, onde havia passado sua pecaminosa juventude, numa espécie de mosteiro, onde viveu durante dois anos, na companhia de vários homens de igual pensamento, em reclusão monacal.

Durante este período, sua conversão, que havia começado no jardim, em Milão, consumou-se definitivamente. Compôs sua primeira obra religiosa, a primeira obra-prima verdadeiramente agostiniana, *De vera religione, Da verdadeira fé*. A contemplação reclusa havia transformado o filósofo intelectual num pensador cristão. A disciplina monástica e a tranquilidade, que caracterizaram sua vida naquele período, purificaram não somente seu caráter como também seu talento, e, de modo particular, sua eloquência. Durante quinze anos, abusara deste dom, como um "vendilhão de palavras"; mas agora, quando seus dias eram passados na oração e no silêncio, sua eloquência também era domesticada por uma disciplina ascética. Quando se achou pronto para erguer sua voz de novo, para falar de novo diante de homens, o brilhante retórico havia-se transformado num pregador da verdade de Cristo.

Sem que ele mesmo tomasse a iniciativa, em breve veio a ter uma oportunidade de provar seu mérito como inspirado pregador. O bispo Valeriano de Hipo Regis, no litoral, convidou o sábio que vivia como monge a passar alguns dias em sua casa, como seu hóspede. Durante sua estada em Hipona, Agostinho acedeu a pedidos insistentes do bispo e falou perante os fiéis cristãos da igreja local. Os fiéis ficaram profundamente abalados com seu sermão e não quiseram permitir que ele regressasse. Aclamaram-no padre e, finalmente, Agostinho teve de satisfazer-lhes a impetuosa exigência. Aceitou o lugar de assistente do velho bispo e após a morte deste, em 395, sucedeu-lhe no cargo.

Hipona, a moderna Bona, estava bastante distante dos centros cristãos de Roma e Constantinopla. Naquele tempo, sua diocese era de mínima importância. Graças, porém, aos trabalhos de Agostinho, a cidade mudou-se dentro em breve num ponto central de pensamento cristão, pois foi ali que se lançou o alicerce do desenvolvimento futuro inteiro do cristianismo, não só como organização, mas também como doutrina religiosa. O que Agostinho, "papa no espírito", ensinou e escreveu na sua remota sede episcopal, assumiu, a devido tempo, uma importância inferior apenas à da Bíblia Sagrada.

No começo do quinto século, tempo repleto de perigos para a unidade cristã, foi a inteligência superior de santo Agostinho que salvou a Igreja de tornar-se presa de uma multidão de tendências cismáticas e de ataques desintegradores. Foi um tempo em que o paganismo tentou mais uma vez recuperar a hegemonia perdida. Enquanto Agostinho pregava o Evangelho em sua igreja de Hipona, os padres de Fauno estavam celebrando seu bárbaro festival das lupercais lá fora. As tribos setentrionais dos godos e dos vândalos tinham penetrado cada vez mais fundamente no coração do império. A própria existência deste estava em perigo, e a Igreja, já estreitamente vinculada ao Estado, em risco de ir abaixo com ele na derrocada geral.

Dentro da própria Igreja, estavam igualmente em ação tendências destruidoras. Havia os donatistas, os "puritanos do primitivo cristianismo", que declaravam que um pecador não pode ser membro da Igreja e nem ordenado padre. Estabeleceram uma igreja nacional africana e os circuncélios, facção de donatistas caracteristicamente fanáticos, começaram a assaltar templos cristãos, apedrejaram padres ortodoxos e tentaram levar avante a causa de sua doutrina por toda espécie de meios terrorista. Em seguida, houve todos aqueles vários movimentos heréticos, claramente em ascendência naquela época, cujas infindáveis controvérsias a respeito de detalhes dogmáticos serviam apenas para tornar confusa a clara significação das crenças originais cristãs. Junto ao maniqueísmo e ao arianismo, foi principalmente a doutrina do poder da vontade do monge britânico Pelágio que arrancou crescente número de cristãos para fora da velha Igreja. Os pelagianos negavam a importância da graça divina, como um meio necessário de salvação, e proclamavam uma autonomia absoluta da vontade humana.

O próprio Agostinho, que havia encontrado seu caminho para a fé cristã ortodoxa apenas ao fim de uma longa odisseia espiritual, estava qualificado, como ninguém mais, a refutar todos esses ataques contra o dogma cristão. Seu conhecimento íntimo de todos os princípios do pensamento pagão capacitava-o a demonstrar, convincentemente, o absurdo de todos os argumentos favoráveis à restauração do paganismo. Seu passado de pecados e sua final conversão tornavam possível que falasse com experiência quando tinha de provar o perigo e a falácia da ideia dos donatistas, de que todos os antigos pecadores deveriam ser expulsos da Igreja. Como antigo maniqueísta, conhecia a ilusória atração das doutrinas de Manes. Voltando em pensamento ao tempo em que havia escutado, em Milão, os argumentos de Ambrósio, o poderoso adversário do arianismo, não lhe faltavam provas em apoio da divindade de Cristo. E os pelagianos, finalmente, defrontavam nele um homem cujo pensamento tinha sempre girado em torno do problema da liberdade de escolha, de modo que estava muito bem certo de seu valor e de suas limitações.

Na sua luta contra os heréticos, tanto sua habilidade como escritor, que o capacitava a compor seus tratados polêmicos, como seus talentos oratórios nele se conservavam em muito boa forma. Em concílios eclesiásticos, em conferências e do púlpito, suas palavras estavam sempre repletas de tais poderes de convicção e inspiração, que até mesmo seus adversários não podiam deixar de ficar impressionados. Contudo, a aparência de Agostinho não era, em sentido algum, imponente ou vigorosa. Não se parecia absolutamente com a figura que El Greco pintou, adaptando as proporções físicas de seus santos à sua estatura espiritual. Era antes pequeno e de aspecto insignificante. Até mesmo sua voz havia perdido em ressonância em virtude de anos de asma. Mas as coisas que esse homem pouco impressionante afirmava, num tom de voz surdo e sincero, asseguravam a sobrevivência da Igreja católica.

Às árduas tarefas de pregador e combatente do Senhor, eram agora acrescentados os variados deveres de primeiro pastor da diocese. Agostinho ouvia confissões, despachava os negócios administrativos, dirigia o patrimônio de seu bispado, presidia julgamentos e encarregava-se de outras mil e uma coisas.

Durante o episcopado de Agostinho, no ano 410, Roma, a cidade santa da cristandade, caiu nas mãos das hostes godas de Alarico. O perigo de ser governado pelos teutões migradores pendia largamente sobre o continente africano. Os vândalos, acompanhando as pegadas dos godos, arrebanhavam-se na Espanha e estavam prontos, sob a chefia de seu rei Gensenico, a romper em decisiva campanha contra a África do norte.

No começo do ano 429, um exército de oitenta mil vândalos atravessou o estreito de Gibraltar e avançou África do norte adentro. Hipona foi uma das fortalezas que permaneceu por algum tempo em mãos romanas. Colunas infindáveis de pessoas em fuga corriam para a cidade e as dificuldades daí resultantes davam a Agostinho oportunidade de revelar-se um protetor e organizador de primeira qualidade. Nas suas mãos, a propriedade da Igreja tornou-se a propriedade dos necessitados. Alimentava os famintos, vestia os nus e resgatava os cativos. Sua ânsia de ajudar não conhecia limites; era tão ilimitada como a miséria e a desgraça humanas.

Finalmente, a cidade de Hipona teve de sofrer a sorte de todas as outras cidades e burgos da África setentrional. Em maio de 429, as tropas de Genserico cercaram-na e mantiveram-na em sítio. Dentro da cidade, o bispo devotava cada hora do dia a seu trabalho de conforto e assistência. Tinha setenta e seis anos. Teve finalmente de ceder ao peso dos esforços. Uma febre mortal minava-lhe as forças. Sua vista enfraqueceu-se e os médicos proibiram-no de ler. Para seu consolo e edificação, pediu que os salmos penitenciais do rei Davi fossem escritos em grandes letras, sobre folhas de pergaminho que pudessem ser pregadas na parede fronteira à sua cama, onde conseguia vê-las até ao fim.

Em 28 de agosto de 430, enquanto multidões de vândalos, ébrias de vitória, martelavam às portas da cidade, Agostinho morria em sua casinha monacal, cercado de fiéis e de amigos que rezavam.

A vida de Agostinho como bispo de Hipona é, na sua grandeza simples, a contraparte santa dos anos confusos e turbulentos de sua vida anterior. E contudo, esta última parte de sua vida é simplesmente o engaste para a grandeza verdadeiramente imortal desse santo, para a obra criativa de sua inteligência.

Veio a lume no curso de sossegadas noites e das raras horas de lazer que o sobrecarregado pastor, administrador e combatente da fé tinha reservado para si mesmo. Com uma persistência infatigável, sentado em sua celazinha monacal e cobrindo uma após outra as folhas de pergaminho, compôs livro após livro, uma obra-prima após outra obra-prima. Ali escreveu não só suas *Confissões*, mas inúmeros tratados, panfletos e ensaios sobre problemas de importância pedagógica, filosófica e epistemológica, sobre questões controvertidas de significação contemporâneas e assuntos de administração e reforma eclesiástica. Uns duzentos e trinta e dois livros foram concebidos pelo mais produtivo de todos os pensadores e autores. Cem volumes reúnem as obras que ele deixou à posteridade. Representam uma verdadeira enciclopédia de todo o tesouro do pensamento do cristianismo católico por ele criada e compendiada em parte.

A influência de quase todas as obras compostas por Agostinho foi profunda e duradoura. Contudo, as *Confissões* deste "pecador que se tornou um santo" não encontram rival na sua fascinação para os leitores modernos, o que se deve, em parte, à sua incondicional honestidade e, em parte, ao profundo conhecimento psicológico, maravilhosamente agudo, de seu autor.

Os treze capítulos desta obra foram escritos em 377, cerca de dez anos depois da conversão de Agostinho. Neles, o devoto bispo de Hipona voltava o olhar para o seu passado pecaminoso e pedia a Deus, com espírito de arrependimento, que ouvisse a sua confissão. Sua apaixonada introspecção dava-lhe a coragem de penetrar as profundezas mais fundas do *grande profundum homo*, do grande abismo chamado homem. Um homem que podia bem ter dito que "nada do que diz respeito ao homem lhe é estranho", dava ao mundo, na forma desses treze capítulos, a obra mais viva e mais magistral de autorrevelação que se possa encontrar na literatura de qualquer época ou país.

Os primeiros nove capítulos contam a história da vida exterior de Agostinho, de sua luta contra a carnalidade animal e sua natureza. No décimo capítulo, Agostinho volta a atenção da vida exterior para a interior. Ele, que tinha em vão tentado descobrir a solução do enigma da personalidade no tumulto da existência material, chegou aqui à conclusão de que a vida no corpo é fragmentária. E assim começou a investigar sua vida íntima, a fim de descobrir, na base da multiplicidade variada do mundo fenomenal, a verdadeira unidade e de toda vida. Buscava a própria alma porque estava procurando Deus. O conhecimento de si, esperava ele, conduzi-lo-ia ao conhecimento de Deus. "Ó Senhor", exclamava, "ajuda-me a perceber-Te. Ajuda-me a perceber-me. Pois compreendendo a Ti, ficarei conhecendo a mim mesmo. E uma vez que me compreenda, ficarei conhecendo a Ti. De modo que rogo-Te, ó meu Deus, que me faças descobrir a mim mesmo!"

Sua busca da verdade última fê-lo sensível às mais delicadas mudanças psicológicas e a agudeza de sua observação casava-se a um poder de habilidade de expressão, que conseguiam descrever o indescritível com espantosa precisão e retidão. Assim escrevia: "Voltava-me para dentro de mim mesmo e me dizia: Quem és? E respondia: Um homem, pois vemos aqui uma alma e um corpo em mim: um, fora, a outra, dentro. Por meio de qual dos dois devia eu buscar o meu Deus, por quem, com auxílio de meu corpo, tenha indagado, da terra ao céu, mesmo até onde era capaz de enviar os raios de luz de meus olhos em embaixada? Mas a melhor parte é a interior, à qual todos estes meus mensageiros corporais dedicam sua inteligência, como sendo o presidente e juiz de todas as várias respostas do céu e da terra e de todas as coisas que estão ali, que dizem: Nós não somos Deus e Ele nos fez. Estas coisas faziam meu homem interior conhecer por meio do homem exterior. E eu, o homem interior, conhecia tudo isso: eu, minha alma por meio dos sentidos do corpo. Graças a esta verdadeira alma ascenderei até Ele; remontarei além da minha condição, por meio da qual estou unido a meu corpo e por meio da qual encho de vida toda a sua forma."

Sua análise das impressões sensitivas, das sensações, das emoções e das ações voluntárias, todos os elementos flutuantes da consciência humana, não conduzia, porém, à derradeira e imutável personalidade. De modo que penetrou mais profundamente e alcançou o ponto fixo da consciência: a memória. "Cheguei", escreveu ele, "aos campos e lugares espaçosos de minha memória, onde estão os tesouros de imagens inumeráveis, nela postos pelas coisas de toda espécie percebidas pelos sentidos. Há ali armazenado seja o que for além do que pensamos. No seu espaço desmedido estão igualmente armazenados os registros de minhas sensações. E ali também estão as coisas aprendidas e não ainda desaparecidas. Grande é a força da memória, excessivamente grande, ó meu Deus, um quarto vasto e sem limites."

A excitação de um homem descobrindo um novo continente não pode ser maior do que o espanto reverente que dominava Agostinho, o homem que explorava, pela primeira vez, os reinos vastos e desconhecidos da alma. "Maravilhosa admiração me surpreende, o espanto me domina diante disto! E os homens vão ao estrangeiro para admirar as alturas das montanhas, as ondas fortes do mar, as largas torrentes dos rios, o ritmo dos oceanos e as órbitas das estrelas e não olham para si mesmos."

Logo, porém, reconheceu Agostinho que até mesmo a vasta extensão da consciência não bastava para resolver o enigma do eu. E tentou além dos limites dos poderes da memória. Avançou até a esfera do oblívio — o subconsciente — onde são conservadas as coisas que se despregaram da memória, mas permanecem ativas como causas e motivos de emoções e ações e descobriu que os sonhos são o limiar que conduz ao reino desse outro eu.

"Ali viviam ainda, em minha memória", escreveu ele, "as imagens de coisas tais como meu mau costume as havia ali fixado; e irrompiam pelo meu pensamento — embora sem forças — mesmo quando estava eu bem desperto. Mas no sono caíam sobre mim, não para deleitar apenas, mas principalmente como ações praticadas. Em tão alto grau, predomina a ilusão daquela imagem, tanto na minha alma como na minha carne, que essas falsas visões me persuadem, quando estou dormindo, de um modo que as verdadeiras visões não podem fazer quando estou desperto. Não sou eu mesmo naquela ocasião, ó Senhor meu Deus? E contudo há bastante diferença entre mim e eu mesmo no momento em que passo da vigília ao sono, ou regresso do sono à vigília. Onde está minha razão naquela ocasião, pela qual minha mente quando está desperta, resiste a sugestões tais como essas? Está adormecida com os sentidos de meu corpo?

"Através de tudo isso, corro e avanço o mais longe que posso e não acho fim. Tão grande é a força da vida no homem mortal. Ó meu Deus, que terrível segredo, uma profunda e ilimitada multiplicidade! E esta coisa é o espírito, isto sou eu, eu mesmo! Que sou eu então? Que natureza é a minha? Uma vida variada e excessivamente imensa!

"Quem resolverá este enigma, quem compreende o que ele significa? Eu, pelo menos, mourejo verdadeiramente dentro dele, sim, e mourejo dentro de mim mesmo; tornei-me um duro solo, exigindo abundância de suor da fronte. Pois não estamos agora descobrindo as regiões do céu, ou medindo as distâncias das estrelas, ou inquirindo os movimentos da Terra. Trata-se de mim. Eu... meu espírito!"

Agostinho, o santo da primitiva era cristã, na sua tentativa de encontrar Deus no mecanismo de seus sentidos, instintos e emoções, havia alcançado o limite que separa o consciente dos domínios subconscientes da alma. Com esta descoberta, antecipou muita conclusão importante da psicologia e da filosofia modernas, tais como a definição da memória, de Bergson, e a doutrina do subconsciente, de Freud.

Se Agostinho tivesse sido simplesmente um investigador curioso da alma humana, nunca teria tentado ir além dos limites da compreensão racional. Na prossecução de sua busca de Deus, porém, tinha que ir adiante, pois todos os resultados e conclusões até então obtidos, não constituíam em absoluto uma resposta satisfatória às perguntas relativas a "De onde" e "Por que", a respeito de Deus, o criador e causa última de todas as coisas existentes. Pois, sem tal resposta, todo seu conhecimento da alma humana permanecia fragmentário e o progresso na introspecção, que ele tinha realizado, era simplesmente parte do caminho para a verdade eterna, que jaz para além dos limites de uma vida individual.

"Com meus sentidos exteriores", escreveu ele, "tão bem quanto me era possível, passei em revista este mundo, observando a vida que o corpo tem de mim e esses sentidos de mim mesmo. Desde então, voltei-me decididamente para os apartados quartos de minha memória, para aqueles numerosos e vastos aposentos, tão maravilhosamente repletos de inumeráveis provisões, e considerava e ficava tomado de espanto, não sendo capaz de discernir coisa alguma, sem Teu auxílio e não encontrando a Ti mesmo em nada de tudo aquilo. Não era eu tampouco descobridor daquelas coisas, eu, que passava por cima de todas elas, e que agora me esforçava para distinguir e avaliar cada coisa de acordo com o mérito próprio de cada uma delas: recebendo algumas coisas com meus sentidos deficientes e indagando, sentindo outras misturadas com o meu próprio eu. Sim, e tomando particular conhecimento dos próprios relatores e logo em seguida examinando a fundo algumas coisas amontoadas no vasto tesouro da minha memória, armazenando algumas delas ali de novo e retirando para meu uso algumas outras. Não era tampouco eu mesmo ou minha própria, aquela habilidade, mediante a qual eu o fazia, nem eras Tu, pois Tu és aquela luz que nunca se apaga, que eu consultava relativamente a todas aquelas coisas para saber se elas existiam, o que eram e como deviam ser avaliadas."

Mas depois "uma força espiritual, que o próprio pensamento era incapaz de conter", veio em seu auxílio e capacitou-o a olhar para além do "vértice de seu eu". E reconheceu o derradeiro motivo e causa que não era mais idêntica com qualquer coisa dentro dele, mas a uma força de uma categoria toda sua e chamada pelo nome de Deus. E assim surgiu a concepção agostiniana de Deus, de acordo com a qual o Criador precede a todo conhecimento humano e existe independente da habilidade do pensamento humano em conhecê-Lo.

O transitório contato com Deus, que Agostinho tinha outrora experimentado, juntamente com sua mãe, pelo breve espaço de tempo de uma conversa, tornara-se agora parte permanente em seu cabedal de conhecimento.

Nos derradeiros capítulos das *Confissões*, o pensador analista deu lugar ao místico. Aqui, Agostinho não mais relatou o que tinha pensado, mas o que tinha visto. Escreveu a respeito do finito que toca o infinito, a respeito do tempo, que se muda em eternidade, e a respeito do eu que alcança Deus. Esta visualização da alma humana misturando-se com as ações de Deus, como a descreveu nas *Confissões*, teve uma forma ainda mais poderosa na obra, *Da Trindade*. Aqui investigou de novo a estrutura básica da alma humana e a concebeu como trina e una em todas as suas manifestações; e todas as séries ternárias que ele estabeleceu — tais como ser, conhecer, querer, pensamento, consciência, amor — impressionaram-no como modeladas de acordo com a natureza da divindade trina. "De um modo miraculoso", escreveu ele, "o homem interior traz nestas três forças a imagem de Deus impressa no seu ser."

A sabedoria de Agostinho não era apenas produto de deduções abstratas. Consistia em verdades descobertas pela experiência, em leis que governavam a alma e o pensamento do homem e que ele havia decifrado na própria vida.

Descendo às profundezas mais escuras de sua alma humana, e também de toda alma humana, e ascendendo, ao mesmo tempo, aos seus mais elevados picos, de onde descortinava em mística visão os derradeiros limites de seu reino, abarcou toda a extensão do pensamento humano e das humanas emoções. O que ele descobriu por si mesmo e em si mesmo acresceu imediatamente em benefício de toda a humanidade. À medida que expandia os limites de sua própria vida interior, expandia os limites intelectuais e espirituais da humanidade. "Não é o meu coração o coração do homem?" escreveu ele.

Na história do pensamento ocidental, é o padre da primitiva Igreja cristã, santo Agostinho, quem deve ter a seu crédito o de ter sido o primeiro a investigar a vida interior do homem, portanto é possível ver-se nele o fundador da moderna psicologia.

Quando Agostinho escreveu suas *Confissões*, mil anos tinham-se passado desde que Heráclito, o Filósofo Sombrio, o Pai da Metafísica, havia escrito como uma de suas cento e trinta e três máximas a frase: "Busco a mim mesmo." Quase ao mesmo tempo, no quinto século antes de Cristo, o portal do templo de Apolo, em Delfos, ostentava a inscrição: "Conhece-te a ti mesmo!" Mas a frase de sapiência de Heráclito e a inscrição de Delfos também eram pouco mais do que frases bonitas, e até mesmo Sócrates, o maior pensador da Antiguidade, teve de admitir: "E contudo não sou capaz de conhecer a mim mesmo como a máxima de Delfos manda que eu faça."

O espírito de investigação dos antigos, que se distribuía por todo o Universo, prestava pouca ou nenhuma atenção ao enigma da alma humana. Nada há em toda a literatura dos antigos gregos e romanos que se possa de algum modo comparar com a análise interior das *Confissões*, de Agostinho. Quando os antigos falavam a respeito de si mesmos, faziam-no para justificar seus atos ou para estabelecer seus direitos à fama e à gratidão. Tudo quanto tinham a dizer a respeito de si mesmos relacionava-se ao "homem exterior e nunca conduzia a uma revelação da natureza essencial e íntima deles". Marco Aurélio, o Filósofo do Trono, escreveu, é verdade, suas famosas *Meditações*, mas mesmo estas são antes um comentário de espécie geral sobre a sua moral e seus princípios éticos.

Somente através do cristianismo, cujas doutrinas assinalavam importância superior à alma humana, individual, foi possível despertar no homem o desejo da verdadeira introspecção. Somente a consciência cristã, que se sentia responsável perante Deus por seus atos e pensamentos, podia levar a confissão no pleno sentido da palavra. E Agostinho, o pecador no caminho para a santidade, que conhecia todas as profundezas do inferno e as alturas do céu, é o primeiro "pesquisador de si mesmo" e "autorrevelador" de verdadeira grandeza.

Mil anos separavam as *Confissões*, de Agostinho, da máxima de Heráclito e outros mil anos tinham de passar-se antes que as *Confissões* realizassem a reorientação no curso do pensamento humano, que lhes dá sua grande importância histórica.

Os ensaios teológicos de Agostinho assumiram imediata importância dogmática para toda a cristandade, mas as formas puramente especulativas de pensamento da era bizantina e também dos séculos que se seguiram de escolasticismo medieval, cujo principal objetivo era estabelecer uma definição teologicamente sem falhas do conceito de Deus, não estavam equipadas para alcançar uma apreciação justa das *Confissões*. Somente a Renascença, com suas tendências individuais, esteve finalmente pronta para aceitá-las com simpatia e compreensão. Não se trata por certo de mera coincidência que tivesse sido Petrarca — o protagonista do individualismo renascentista — quem descobriu o gênio da autoanálise, santo Agostinho, e seguiu seu exemplo.

Petrarca, o poeta do *Cancioneiro*, era tão tipicamente moderno nas suas emoções e reações que empreendeu a subida de uma montanha simplesmente porque gozava ao mesmo tempo da paisagem e do exercício físico. Em 21 de abril de 1336, galgou o monte Ventoux, o mais alto pico nas vizinhanças de Avinhão, no vale do rio Ródano. Foi uma ascensão difícil, e quando atingiu o cume e seus olhos embriagaram-se da sublime paisagem alpina, decidiu — em verdadeiro estilo da Renascença — que não só seus sentidos, mas também sua alma devia participar da grandeza do momento. Abriu, por acaso, o volume das *Confissões* que levava consigo a toda parte aonde fosse, e deu com a vista nas linhas: "E os homens vão ao estrangeiro para admirar as alturas das montanhas, mas não olham para si mesmos." Sentiu que isto havia sido escrito para ele.

"Decidi", escreveu ele a respeito desse acontecimento, "que já havia visto muito da montanha e voltei meu olhar interior para mim mesmo. No silêncio, contemplei nossa grande falta de vista interior, quando, desdenhando de nossa mais nobre parte, perdemo-nos em multiplicidade e buscamos fora aquilo que podemos encontrar dentro de nós. Quantas vezes durante este memorável dia circunvaguei a vista para ver o cume da montanha e parecia-me que media apenas poucos pés comparada com a elevação da autorreflexão interior."

Sua experiência no monte Ventoux marcou decisiva viravolta no curso da vida de Petrarca. Até então, este poeta tinha vivido no completo abandono às alegrias da existência mundana, mas agora retirou-se para a solidão de Vaucluse, onde passou sua vida em confissão penitente e em introspecção.

Nas suas próprias "Confissões", o *Segredo, ou o conflito entre a alma e a paixão*, escolheu santo Agostinho como imaginário padre confessor e guia. A ele confessava seus mais secretos instintos, sua vaidade e sua ânsia de fama e de proveito e a inércia de seu coração e Agostinho, o imaginário interlocutor desse diálogo, advertia-o e encorajava-o na sua busca da verdadeira bem-aventurança de uma vida inspirada em Deus.

Todas as derradeiras obras de Petrarca, e particularmente seu ensaio *De Vita Solitaria*, estão cheias do espírito de santo Agostinho.

Petrarca foi o mais renomado poeta de seu tempo. Sua conversão e o exemplo que dava de "estar embriagado pelo milagre vivo do próprio eu e ávido de comunicar o resultado do seu estudo" exerceram determinada influência em seu tempo e contribuíram substancialmente para o desenvolvimento da mentalidade tipicamente renascentista. Chamou de novo a atenção para seu grande modelo, Agostinho, e só então chegou o tempo em que as confissões deste antigo santo cristão puderam, com justiça, ser olhadas como um dos mais poderosos fatores determinantes do curso da história espiritual do Ocidente.

Uma verdadeira inundação de confissões e autoanálises se seguiu. Jerônimo Cardano empregou todo o seu cuidado científico e precisão na investigação de seu próprio eu. Benvenuto Cellini, o facho, cuja autobiografia exerceu tão grande fascinação sobre homens como Goethe e Oscar Wilde, tentou sobrepujar santo Agostinho, "o mestre da confissão", pela franqueza extrema da história de suas façanhas vergonhosas. Jean-Jacques Rousseau chegou mesmo a tomar o título da famosa obra de Agostinho para as suas próprias *Confissões*. Dirigindo-se à Razão, a nova deusa do século XVIII, exclamava: "Divulguei a parte mais íntima de mim mesmo, como somente Vós, ser eterno, a tendes visto!" E cheio de vanglória acrescentava: "A obra que realizei é sem exemplo, e ninguém jamais será capaz de imitá-la. Mostrarei ao mundo um homem na plena verdade de sua natureza, e serei eu este homem, eu só!" As *Confissões*, de Rousseau, tornaram-se, a tempo devido, a inspiração para toda a literatura de confissões da era do romantismo francês. De Musset, Alfred de Vigny, Victor Hugo e Madame de Staël rivalizavam uns com os outros na revelação de seus eus mais íntimos. Partindo da França, a febre confessional logo afetou a Inglaterra e a Alemanha, onde autoanálises objetivas tomaram cada vez mais frequentemente o lugar da efusão emocional.

Mas todos eles, franceses, ingleses e alemães, foram ofuscados no fervor e na perseverança pelo notável professor suíço de estética, o genebrino Henri Frédéric Amiel, que renunciou à vida real, a fim de poder descrever a vida de seus pensamentos e emoções. Este mártir da autorrevelação passou trinta anos em completa reclusão e compôs, durante esse tempo, uma obra gigantesca de quarenta e oito volumes, consistindo em dezesseis mil e novecentas páginas, inteiramente dedicadas à observação de seu íntimo eu.

O século XIX veio a ser o maior século de literatura confessional. O filósofo dinamarquês Kierkegaard, os russos Dostoiévski e Tolstói, o inglês De Quincey e o dramaturgo sueco Strindberg — para mencionar apenas alguns —, todos eles apresentaram ao mundo análises emotivas e penitentes, ou simplesmente descritivas, de sua vida íntima.

No século XX, a forma literária das confissões passa a ser o romance autobiográfico, suficientemente caracterizado pela simples menção de homens como Marcel Proust, James Joyce e Louis-Ferdinand Céline.

Contudo, por mais que a literatura de mil e quinhentos anos, decorridos desde o tempo de Agostinho, possa ter enriquecido e alargado o conhecimento do homem de si mesmo, nenhuma das obras posteriores logra igualar o poder daquele gênio antigo, "olhando para além do vértice de seu eu" e descobrindo para além dos limites do indivíduo efêmero os aspectos gerais e eternamente válidos da alma humana: o *aeternum internum*. Assim *Confissões* continua a ser o que outrora foi chamada "uma obra de grandeza solitária".

De igual significação para o desenvolvimento espiritual da civilização ocidental, foram os vinte e dois livros da obra de Agostinho como *A cidade de Deus*, a *Civitas Dei*. A composição desta obra foi começada em 413, três anos depois da queda de Roma. Agostinho trabalhou nela com interrupções durante catorze anos. Foi concebida para satisfazer uma sugestão feita pelo amigo de Agostinho, Marcelino, tribuno cristão de Cartago. Seu propósito era refutar a acusação feita, nos arraiais pagãos, de que a introdução da fé cristã havia encolerizado os deuses e era responsável pela queda de Roma. Nesta obra, Agostinho começou com uma discussão da luta pela cidade eterna, mas, ao tratar disso, este acontecimento histórico assumiu uma importância mais do que histórica. Seu problema pessoal da luta do bem e do mal foi apresentado como o problema básico para toda a humanidade e mesmo para toda a vida sobre a terra. Numa magnífica síntese dos fenômenos divinos e seculares fez dela uma concepção universal e oniabrangente. Confrontava a cidade mundana de Roma com a cidade celestial de Deus, a *civitas* com a *civitas Dei*, e dividia toda a humanidade em cidadãos de duas comunidades rivais, os habitantes da cidade de prazeres carnais e os da cidade do espírito.

As forças do mal eram mostradas no homem, em suas decorrências sociais, como fluindo de uma orientação egoística da vontade, o que constitui sempre uma violação da lei e da significação do todo, uma aberração no sentido dos interesses privados e individuais. Sob a lei do mal, argumentava Agostinho, a riqueza que é dada ao indivíduo, como um meio ou um instrumento, torna-se um alvo e um fim em si mesmo; o que devia servir para ajudar o homem na sua aspiração pelo bem mais alto torna-se um abuso pela tentativa individual do enriquecimento próprio. Na cidade ideal de Deus, vista por Agostinho, vida de comunidade, relações sociais, justiça, Estado e Igreja são sempre avaliados na sua relação com o infinito: as coisas que estão ligadas no tempo, no espaço e na matéria são feitas para tomar seu lugar dentro da moldura dos eternos planos de Deus.

Numa interpretação de impulso visionário, Agostinho seguiu no encalço da origem do mal além do tempo e da existência material, até o momento metafísico da criação do homem, até ao fato de sua ingênita corrupção e, igualmente, até a estabilização final do direito e do erro no dia de juízo. O conflito do bem e do mal assumiu o caráter de um drama cósmico, ocorrendo nas esferas para além do tempo e do espaço, onde se encontraram as origens e o dia do juízo final.

A *Cidade de Deus*, de Agostinho, tem toda a fascinação de uma das mais notáveis obras de literatura. Nela, as mais ousadas visões e as narrativas mais realísticas trabalham suavemente juntas, para invocar as mesmas imagens; os relatos contemporâneos do campo de batalha e da sorte dos anjos decaídos, a história romana e a história da criação, anedotas do tempo e acontecimentos eternos misturam-se na proclamação da mesma verdade.

A *Cidade de Deus* serviu de modelo para todas as posteriores teorias de política mundial da Igreja. Foi a obra favorita de Carlos Magno e engendrou nele a ideia do Sacro Império Romano e ainda as grandes utopias políticas dos passados mil e quinhentos anos tiraram sua inspiração desta obra de Agostinho.

As ideias expostas na *Cidade de Deus* não perderam sua atualidade até hoje. Quando Agostinho condenava o imperialismo e a guerra, quando estipulava o extremo ideal de paz e igualdade de todos os homens de boa vontade, sem olhar raça, nacionalidade ou credo, dirigia-se a todos os tempos, inclusive ao nosso.

Haverá dificilmente um problema de importância profundamente humana que Agostinho não tenha abordado em alguma parte de sua variada e volumosa obra. Fosse o problema do tempo, da origem da linguagem, da música ou da medicina, em qualquer parte, seu pensamento ultrapassava os limites de seu tempo e antecipava as conclusões dos mais avançados pensadores do presente. Concebeu o fenômeno do tempo como uma forma especial de consciência e podia muito bem ser considerado um precursor de nosso moderno relativismo. Em termos de um sabor estranhamente moderno, falou da linguagem, como de uma cristalização das formas inconscientes de pensamentos e arquétipos. Investigando as causas e a natureza dos estados mórbidos, estabeleceu certa interdependência da alma e do corpo e concluiu — novamente antecipando-se às ideias modernas — que os distúrbios físicos podem levar a anomalias mentais e psíquicas. Discutiu a misteriosa afinidade da alma humana e da arte da música com tão delicada compreensão, que sua argumentação merece o mais completo respeito dos teóricos musicais de hoje.

Dificilmente poderá causar surpresa o fato de não ser toda a obra de Agostinho destituída de antíteses e contradições. Enquanto ele estava profundamente certo da "beleza dos polos contrários", que seu gênio conseguia visualizar como um todo orgânico, seus herdeiros espirituais não foram capazes de qualquer coisa dessa espécie. Não prestando atenção ao contexto mais amplo, tiravam fragmentos destacados de sua obra e os expunham como representando a extrema verdade agostiniana. Em resultado disto, a doutrina de Agostinho foi feita suporte e complemento dos princípios básicos das mais variadas e até mesmo das mais opostas tendências do pensamento.

A sabedoria de Agostinho inspirou o "derradeiro pensador romano", Boécio, a escrever, no século VI, as meditações puramente filosóficas de sua obra *De consolatione philosophiae*, ou *A consolação da filosofia*.

As análises especulativas de Agostinho da ideia de Deus tiveram profunda influência sobre o escolasticismo medieval, essa tendência de pensamento que tentava forçar caminho por meio da razão para o reino sobrenatural das verdades reveladas. Sua experiência de Deus inspirou o misticismo cristão, essa outra tendência que ensinou a importância da razão e descobriu o conhecimento verdadeiro de Deus por meio da graça em visões extáticas.

Scott Erigena, Abelardo e Anselmo de Cantuária, bem como Bernardo de Clairvaux e Mestre Eckart confessaram sua dívida a Agostinho, o primeiro grande mestre do pensamento racional e o primeiro grande representante do misticismo cristão. Tomás de Aquino, único par de Agostinho entre os vários pensadores cristãos de genuína grandeza, invocou, no começo de sua *Summa Theologiae*, precisamente a autoridade de Agostinho, para mostrar que não estava obrigado a aceitar com fé cega cada uma das palavras que Agostinho dissera.

A *Doctrina christiana*, de Agostinho, o mais antigo compêndio pedagógico do mundo ocidental, serviu durante a Idade Média como a última autoridade em assuntos de educação e forneceu as bases sobre as quais foram construídas as primeiras universidades europeias.

Os grandes humanistas, cuja visão intelectual rompeu com o passado escolástico e marcou o começo dos tempos modernos, encaravam, não obstante, Agostinho como seu antepassado espiritual. Para eles, era o primeiro universalista cristão, o primeiro pensador cristão em cujo espírito se perfizera uma harmoniosa fusão do pensamento clássico e cristão; e desde que, de acordo com eles, fora graças a Agostinho que o conhecimento se elevara à posição de virtude cristã, olhavam-no como o fundador da civilização cristã em geral.

A Renascença honrou-o como o emancipador do eu e da individualidade. Quando nova forma de platonismo surgiu, retomando a luta contra a tradição aristotélica da Idade Média, apelou para a autoridade de santo Agostinho, olhando-o como o grande cristão graças a quem a tradição platônica fora preservada e enriquecida.

Os defensores católicos da ideia de que a santa Igreja é indivisível e una e que a parte que ela desempenha como mediadora entre o homem e Deus é indispensável e não pode ser substituída, bem como os representantes da Reforma, que combateram contra a tradição e a ditadura da Igreja, pelo direito de descobrirem Deus os cristãos livres em suas próprias almas, invocaram o apoio da autoridade agostiniana. É olhado como pai da ortodoxia e, ao mesmo tempo, como precursor da Reforma. Wycliffe e Huss recorriam a ele e Lutero considerava-o como a estrela polar da fé cristã purificada. A doutrina protestante da preeminência da fé sobre as boas obras, da graça sobre a razão, é basicamente uma doutrina agostiniana.[1]

No grande conflito entre jansenistas e jesuítas, em que uma facção combatia pela ideia da predestinação e a outra pelo princípio do livre-arbítrio, ambos os lados invocaram o apoio da autoridade de santo Agostinho.

---

[1]Há grande diferença entre a doutrina católica e a dos cristãos separados sobre a fé e as boas obras, a graça e a natureza. Para o católico, há absoluta transcendência da fé sobre as boas obras. O primeiro liame que liga o católico a Cristo é realmente a Fé. Sendo um dom de Deus, é a fé independente do esforço humano. A santificação, antes de ser um esforço humano para Deus, é sobretudo e antes de tudo, uma descida de Deus até nós. O Evangelho é claro: "Sem Mim nada podeis fazer." "Ninguém vai ao Pai a não ser atraído por Ele." Não são portanto as *obras antes da justificação* que nos salvam. São a *fé* e o *batismo*: "Quem crer e for *batizado*, este se salvará."

Entretanto, uma vez que o homem foi elevado pela graça, que suas faculdades (inteligência e vontade) foram divinizadas, sem por isto terem sido mutiladas, é necessária a sua cooperação puramente humana, mas impregnada de força de Deus, de Sua graça. Santo Agostinho jamais negou esta necessidade de cooperação da parte do homem, pois não ignorava as palavras do apóstolo Pedro: "Pelo que, irmãos meus, ponde cada vez *maior diligência* em garantir a vossa vocação e *eleição*, por meio das boas obras." (II Petri, I, 10). O próprio santo Agostinho comenta belamente o texto de são Paulo, "completo em mim o que faltou à paixão de Cristo": "Cristo," escreve ele, "sofreu tudo o que deveria sofrer; nada falta à medida de Sua paixão; sim, a paixão está completa, mas na cabeça; resta ainda a paixão no corpo." E Pascal faz-se eco do Doutor da Graça, quando diz: "Cristo estará em agonia até ao fim do mundo." Se são Paulo afirma que de nada valem as obras para justificação, refere-se às *anteriores* à graça. São Tiago também fala das mesmas necessárias à justificação, mas *posteriores à graça*. (*N. do T.*)

Para justificar sua perseguição aos dissidentes heréticos, a Inquisição recorria à resistência de Agostinho contra os donatistas, e os posteriores protagonistas da liberdade de consciência tiravam seus principais argumentos dos escritos agostinianos.

O fervor religioso do Barroco derivava sua inspiração do sentimento religioso de Agostinho. Era o protótipo da apaixonada devoção deles e os artistas dessa era gostavam de adornar seus altares e pilares com a figura de Agostinho, simbolicamente representada com um homem segurando na mão direita o coração flamejante.

Não é absolutamente difícil rastrear os princípios do racionalismo cartesiano nas obras de Agostinho. O famoso axioma de Descartes, o fundador da filosofia moderna, *"Cogito ergo sum"*, "penso, logo existo", foi antecipado por Agostinho em suas *Confissões*, bem como em *Cidade de Deus*. Espinosa, cuja filosofia foi uma continuação da de Descartes, caminhou igualmente nas pegadas de santo Agostinho. Ele também considerava o conhecimento de si mesmo como o primeiro estágio no conhecimento de Deus pelo homem e louvava esta verdade como a chave para a felicidade perfeita. Sua assertiva de que "o finito e o infinito são um em Deus" é não só caracteristicamente espinosiana, como agostiniana.

Se se pode seguir a trajetória da influência de Agostinho nas obras de praticamente todos os grandes filósofos dos tempos modernos, é ela particularmente visível no caso da chamada escola romântica de filosofia. Pascal, o grande iniciador desta tendência, no século XVII, deveu, em grande parte, seu progresso ao precedente de santo Agostinho. Como celebrado prodígio em matemáticas, voltou subitamente as costas a esta ciência, rompeu suas ligações sociais, abandonou a perspectiva de um casamento extremamente proveitoso e retirou-se para a abadia de Port-Royal, onde levou uma vida de renúncia, profundamente absorto no estudo das obras de Agostinho. A inegável grandeza de seus *Pensamentos* não está afetada pelo fato de serem muitas vezes meras variações de um tema de Agostinho.

Os filósofos românticos dos séculos XVIII e XIX voltavam-se conscientemente para o Padre da Igreja do século IV. Isto é espantosamente aparente no caso do filósofo dinamarquês Kierkegaard e do francês Malebranche. O Cardeal Newman, por último, que ensinava que Deus está imanente na alma humana, tem sido justamente citado como *"Augustinus redivivus"*.

Com exceção de Platão, nenhum outro pensador exerceu tão variada e febril influência sobre o pensamento ocidental como Agostinho. Seu pensamento, suas deduções e conclusões foram o destino da civilização europeia. Estão vivos ainda hoje.

Para quem começou como um inquieto "não serve para nada" de Tagasta...

SÃO FRANCISCO

O Santo do Amor

Depois de longa luta contra a autocracia dos reis germânicos, os papas ganharam a supremacia no século XI e estavam a ponto de estabelecer sua hegemonia sobre os limites nacionais e além deles. Fortalecida no interior pelas reformas monásticas, a Igreja entrava numa era de grandeza e de poder.

Nessa época, a profetisa Isabel de Schönau vivia em sua cela no alto Reno. Profundamente devotada à Igreja era por vezes dominada por uma força sobrenatural que a arrebatava da vida cotidiana para o reino das visões extáticas. Então via coisas que formavam contraste insolente com tudo quanto tinha conhecido, com o mundo que a cercava e até mesmo com a Igreja triunfante. Via a essência e o destino de sua época e as visões que contemplava eram visões de desgraça. Cheia de horror e de medo, tentava rebelar-se, procurando esquecer. Mas as visões apareciam à guisa de ordens. Um anjo, aterrorizador na sua grande beleza, apareceu-lhe e lhe disse em nome do Senhor: "Foste chamada a revelar o que está oculto. Clama em alta voz, clama aos ouvidos do mundo: Ai de vós! Ai de vós! O mundo inteiro jaz nas trevas. A vinha do Senhor esterilizou-se. Não há ninguém para cultivá-la. O Senhor enviou seus operários, mas eles estão ociosos. A cabeça da Igreja está doente e seus membros estão mortos." A força desta visão não permitia resistência e Isabel transformou-se nos profetas do Velho Testamento, humilde instrumento de obediência à vontade do alto que a dirigia.

O triunfo mundano da Igreja, que começara no século XI, consumara-se no século XII. O imperador suábio Frederico Barbarroxa dessa época perdera a soberania imperial sobre a Itália e a luta entre a Igreja e o império aproximava-se de sua fase final. Desde o tempo dos imperadores romanos, não tinha havido poder de influência mais universal comparável ao da Igreja. Uma onda de entusiasmo religioso inundava o Ocidente. Poderosos exércitos da fé estavam em armas. Era o tempo das cruzadas.

No seu convento de Rupertsberg, perto de Bingen, Santa Hildegarda, a abadessa, fora favorecida com revelações divinas. Por causa de seu inspirado conhecimento da alma do homem e das leis da natureza, era ela honrada por grandes e humildes igualmente, e papas e príncipes, sábios e mendigos procuravam-na em busca de conselhos. Era uma filha fiel da Igreja, mas suas visões tornavam-na porta-voz de terríveis acusações. Via os triunfos do cristianismo como sangrentos cometas de guerra que espalhavam as sementes da desgraça e deixavam a Terra em trevas. Via que a luta da Igreja pelo domínio do mundo era uma traição contra o Senhor, era a derrocada da humanidade. Via que tanto o imperador como o papa eram o produto desta ruína e lutavam à porfia para perpetuá-la. Como sua profética precursora de Schönau, santa Hildegarda também relutava em proclamar o que via. Mas depois, uma visão de grande esplendor envolveu-a e uma voz do céu falou-lhe de dentro daquela luz: "Ó humana fraqueza! Cinzas de cinzas! Fragilidade de fragilidade! Fala e escreve o que vês e o que ouves! E escreve não como te seria agradável e de teu gosto, mas escreve de acordo com a vontade d'Aquele que conhece tudo e tudo ordena, nas ocultas profundezas de Seu conselho secreto."

As visões não abandonavam a abadessa de Rupertsberg. Acompanhavam-na em sua vida diária; constituíam uma segunda vida, que tinha seu pouso no céu. Cada vez mais frequentemente, as visões irrompiam através das barreiras do tempo, penetravam o futuro e revelavam em poderosas profecias a forma das coisas por vir. "*Scia vias!*", conhece os caminhos! Em meio da escura noite da ruína, uma estrela luzia para confortar e encorajar os cristãos dispersos. Como os profetas de antanho, que haviam antevisto a vinda do Redentor, santa Hildegarda via uma salvação futura em símbolos resplendentes. Nova raça de Deus iria nascer. Seus homens seriam iluminados do alto e a promessa do profeta Joel seria cumprida. O espírito de Deus de novo desceria entre os homens. O tempo da desgraça passaria e a Terra regozijar-se-ia com todas as suas árvores, animais e pássaros e um menino os conduziria em pleno júbilo, um menino que brincaria, sem conhecimento do perigo, perto de um ninho de víboras. Uma estrada conduziria até ele, construída pelo Senhor para Seu povo.

Não possuiria ele beleza e força, tais como o mundo admira, mas seria pobre e despojado, como um caniço murcho, e o amor e a humildade lhe cingiriam o dorso. Sua choupana seria casa de oração para todas as nações e ele e seus amigos sairiam a marcar com o sinal da cruz a fronte daqueles que vivem em inocência.

Confusa pela abundância de suas visões, santa Hildegarda sentia-se desapontada e sem saber como poderia proclamar tudo aquilo que lhe fora revelado. Mas a voz falou de novo, em meio de uma visão luminosa: "Porque és tímida e não queres falar, não fales nem escrevas de acordo com a maneira dos homens, mas segundo o dom que a divina graça te concedeu. Proclamarás o que viste e ouviste, como viste e ouviste nos milagres de Deus."

Então Hildegarda obedeceu à ordem de Deus e pôs-se a escrever: "Sou apenas a trombeta", começou ela, "e passo adiante o som que o trombeteiro sopra dentro de mim."

A época, à qual ela proclamou o que lhe havia sido dito, ouvia-a mas não a compreendia. A Igreja estava emaranhada em sua estratégia de domínio do mundo. Empreendia guerra sobre guerra e aqueles que haviam voltado suas costas ao mundo viviam reclusos nas celas de suas fortalezas monásticas.

O tempo que se seguiu ao de santa Hildegarda trouxe à luz da realidade realizada, até mesmo mais clara e mais agudamente, a mensagem de suas visões. A semente que os cometas da guerra tinham semeado começava a brotar e a colheita era fome, peste e morte. As cruzadas, concebidas como missões de fé, viraram expedições de conquistas. A Igreja que saíra e conquistara o mundo estava sendo abalada até nos fundamentos de sua fé. As seitas dos albigenses, dos cátaros e dos valdenses apartavam-se na tentativa de construir, fora da Igreja, uma forma mais genuína de cristianismo que repousasse de novo sobre os princípios dos apóstolos. A Igreja podia tentar erradicar os heréticos por meio da Inquisição e de guerras sangrentas — a convicção de que a pobreza e a renúncia são o caminho para Cristo já havia afetado os leigos e começava a minar o poder absoluto da Igreja. A crescente intranquilidade do mundo cristão assumia dentro em pouco a forma de um terror apocalíptico da iminência do fim do mundo e, ao mesmo tempo, da esperança e do anseio de salvação e da vinda do reino do Redentor.

Esta nova tendência espiritual lançou seu fascínio também sobre o abade cisterciense Joaquim de Celina, no seu mosteiro de São João de Fiore na Calábria. Ele também percebeu o destino da época em visões proféticas. Em símbolos cósmicos, via o declínio da velha ordem e a vinda da nova, que seria fundada pelos pobres e cresceria em oposição ao cristianismo mundano. O que lhe foi revelado, ele o consignou em seus escritos proféticos. Viveu e escreveu em fins do século XII. O tempo proclamado por santa Hildegarda não estava distante e a linguagem de Joaquim de Celina é invadida pela excitação de um acontecimento iminente, de certeza profética e de confiança no "reino redentor do Espírito Santo". Seu evangelho de pobreza é o evangelho de um arauto, de um João Batista. Suas palavras são as palavras de um mensageiro que anuncia a chegada de seu mestre: "Sou apenas a voz que vos chama a fim de que possais estar preparados para receber aquele que virá depois de mim. E ele está vindo." Na visão de Joaquim, aquele cuja vinda ele anunciava assumia a forma tangível de uma pessoa corpórea, e, quando mais tarde são Francisco de Assis apareceu, tornou-se para muitos aquele de quem Joaquim havia falado. Quando o abade cisterciense morreu, em 1202, em Fiore, Francisco, rapaz de vinte e dois anos, estava a ponto de transpor o limiar de sua missão.

Nele as promessas proféticas se cumpriam. Nele o Evangelho de Cristo veio à vida e viveu na Terra. A severa doutrina cristã da Idade Média mudou-se numa mensagem de alegria. A terra regozijou-se com sua vinda e as estrelas, as árvores, os animais e as aves entoaram um grande coro de júbilo.

O amor era a força que produzia tais mudanças no tempo e no mundo. Era o amor a essência da vida de Francisco. Vivia-o em tudo quanto fazia e proclamava-o em todas as suas palavras. Dava-lhe poder acima dos mais poderosos papas; devoção, além dos mais devotos monges; sabedoria, além dos mais cultos doutores; tornava-o o mais alegre entre os mais alegres, o mais cavalheiro de todos os cavalheiros e o mais inesquecível de todos os trovadores. Dava-lhe poder, que o tempo não podia enfraquecer; sabedoria, que nenhuma doutrina posterior poderia qualificar ou expandir; devoção, que ninguém depois dele pôde igualar; alegria que até hoje regozija; cavalheirismo de imperecível grandeza: e o "Cântico do sol", deste "trovador de Deus", irradiará alegria enquanto o sol continuar a brilhar no firmamento. Toda a beleza, toda a grandeza sempre pensada, sempre sonhada e desejada pelos homens, são ultrapassadas pela beleza e pela grandeza vividas e vivazes desta vida.

O breve período de vinte e quatro anos que abrange a vida em santidade de Francisco de Assis pode ser considerado como um dos mais gloriosos anos na história da Igreja. São de maior peso e importância do que a soma de todos os seus outros direitos à fama. Foram anos de realização humana, mais verdadeiros e mais completos do que qualquer outro, em outras vidas humanas antes ou depois. Porque na existência terrena de Francisco, um laço comum de alegria dissolveu todos os contrastes e todas as contradições. O mundo interior e o mundo exterior; o homem e a natureza; o pensamento e a ação; a humildade e o poder; a renúncia e a abundância; todos se fizeram para unir-se. O abismo entre o homem e Deus teve uma ponte a uni-los. O tempo de inocência que precedeu a queda fora recobrado. O amor operara essa recuperação. O mesmo amor, que fizera de Jesus de Nazaré o mediador entre Deus e o homem, renascera em Francisco, tinha mais uma vez assumido a forma humana e fizera de Francisco o mediador entre Cristo e Seus fiéis.

Mártires haviam dado seu sangue para testemunhar a verdade do Evangelho; sábios doutores da Igreja tinham demonstrado sua validade, por meio de deduções convincentes; ascetas haviam abandonado todos os bens terrestres, para viver inteiramente no espírito do Evangelho. Mas em são Francisco, um amante ouviu a mensagem de amor de Cristo Redentor e viveu em seu espírito por meio do espírito do amor. Os piedosos cronistas do *liber confirmatum* aduziram fatos e lendas para efetuar o paralelo entre as vidas de são Francisco e de Cristo, mas não são os únicos a quem Francisco de Assis impressionou, como o mais semelhante a Cristo de todos os santos. Quem quer que esteja imbuído do verdadeiro espírito da vida e dos ensinamentos de Cristo visualizará são Francisco ao lado do Nazareno. O que Jesus ensinava e o que Sua vida exemplifica aos homens era isto: "Amarás o Senhor teu Deus de todo o teu coração e a teu próximo como a ti mesmo." A *imitatio Christi* de Francisco foi a realização deste mandamento.

Novecentos anos antes, santo Antão tinha louvado o amor como a realização final de toda a fé em Deus. Para Antão, este conhecimento tinha representado o resultado coroador de quase cem anos de vida devota; o amor transfigurado foi a harmonia concludente na vida do santo patriarca. Para são Francisco a devoção e a piedade tinham seu *começo* no amor; e este era o acorde de abertura de um hino de mocidade.

A princípio, foi apenas uma necessidade cega. O que quer que se apresentasse tornava-se seu objeto. O primeiro amor de são Francisco foi devotado às alegrias do mundo; sua primeira expressão foi a louca exuberância. Contudo, o entusiasmo de seu amor juvenil pela vida e a calma transfigurada de seu santificado amor de Deus foram gerados pela mesma força inata. Um sinal de grandeza divina mostra-se através da loucura de seu antigo amor pela vida e uma surdina de tontice transfigurada continua a invadir o amor adorador do santo de depois. Um louco em Cristo, é o que é são Francisco no círculo dos santos. Os anos descuidados de alegria brincalhona, os anos sublimes de amadurecida santidade, ambos são glorificados pela mesma beleza. A toda a tolice e sabedoria, a toda a dor e toda a alegria que nesta vida parecem ao ofuscado senso comum, como completamente destituídas de rima ou razão, são dadas pelo amor a riqueza de rima e a agudeza de significação da mais perfeita lírica da arte do trovador. Deus fez são Francisco numa hora de alegria. Deus foi o poeta que escreveu esta vida.

Francisco nasceu no ano 1182; uma renascença em botão começava do passado medieval. Viu a luz na pequena cidade de Assis, na Úmbria; cidades e burgos começavam a diferenciar-se, como comunidades autônomas das fortalezas e castelos, das herdades e claustros. Seu pai foi o comerciante italiano Pedro Bernardone; guildas e corporações recém-estabelecidas começavam a dar substâncias ao orgulho social de comerciantes e mercadores, cuja fortuna adquirida estava pronta a competir com os bens herdados da nobreza territorial. As cruzadas trouxeram novas fábricas de lã e seda aos mercados europeus e o negociante de panos Bernardone acumulou considerável fortuna em muito pouco tempo. A mãe de Francisco, dona Pica, tinha todo o jovial desembaraço e o encanto cordial de sua raça. Quando Pedro Bernardone a descobrira em uma de suas frequentes viagens pela Provença, tornara-se enamorado não só de sua pessoa, mas também de seu idioma, do refinamento de suas maneiras e de todas as coisas características da França meridional. O gênio da Provença determinou a educação do primogênito de Bernardone. Seu nome de batismo foi realmente João, mas seus companheiros italianos de folguedos chamavam-no Francisco, porque sua linguagem e todo o seu porte impressionavam-nos como um francês. O apelido pegou. Ficou consagrado pela história dos santos.

Depois de haver Francisco frequentado a escola dos monges beneditinos em Assis, seu pai levou-o para sua loja como auxiliar. Os cruzados tinham trazido de volta do Oriente não somente riqueza e toda espécie de mercadorias, mas também novos métodos de comércio: escrituração com ativos e passivos, aritmética comercial, novas unidades monetárias e sistemas de pesos e medidas. Francisco, com sua ágil compreensão, logo se sentiu à vontade em todas aquelas complicações de última moda. Mas levou consigo para a loja de seu pai um dom ainda mais valioso: o encanto agradável da França meridional que herdara de sua mãe. Estava sempre alerta para uma observação amigável, um sorriso atraente, uma pilhéria jocosa.

Nada havia naquele tempo na prática do comércio que pudesse lembrar a animação tumultuosa das modernas lojas públicas. As pessoas que entravam na loja ficavam lá muitas vezes durante horas e esperavam ser interrogadas e informadas a respeito de tudo quanto existia sob o sol. O jovem Francisco gostava de conversar; não havia nada que não o interessasse; sempre se mostrava cordial, sempre disposto para uma história divertida; e bem cedo demonstrou ser uma aquisição extremamente proveitosa para o negócio de seu pai. Atraía novos fregueses e aqueles que haviam entrado na loja para comprar uma mera bagatela, saíam, muitas vezes, depois de longa e deleitável conversa, com uma pesada carga de mercadorias que, de certo modo, haviam achado urgente adquirir em troca de uma bela pilhazinha de moedas. O velho Pedro era um habilidoso homem de negócios, mas nunca tinha conseguido ganhar tanto como agora, com seu filho trabalhando como seu caixeiro.

Para ser um perfeito homem de negócios, faltava a Francisco apenas uma coisa essencial: economia. "Era habilidoso na arte de ganhar dinheiro", escreve um de seus primeiros biógrafos, Tomás de Celano, "mas também irrefletido e pronto a gastá-lo de novo." Era seu amor à vida que o tornava extravagante. Só lhe importava o dinheiro pelas alegrias e belezas que podia proporcionar. Contudo, desde o começo, quando suas extravagâncias estavam ainda completamente absorvidas pelas coisas terrenas, havia nelas já um elemento que, em forma espiritualizada, estava destinado a tornar-se um traço básico de sua santidade. Já o imprevidente filho do comerciante não conhecia maior alegria na vida do que a de dar e regalar. Estar alegre significava para ele dar alegria aos outros.

Seu passatempo favorito eram reuniões prazenteiramente festivas, mas o hospedeiro era sempre ele e tratava seus amigos com esplendorosa liberalidade, prodigando-lhes as mais raras e mais caras iguarias, os mais generosos vinhos que se pudessem encontrar. Mas não só sua generosidade tornava-o o chefe incontestado da juventude dourada de Assis. Toda a sua natureza o predestinava a isso.

Não tinha, a falar com exatidão, uma aparência que impressionasse. Era pequeno e muito magro. Seu rosto oval de fronte baixa, os olhos negros, os lábios estreitos não eram feios, mas bonitos também não eram. Descreveu seu retrato sem lisonja, tal como o tinha visto no espelho de um sonho, em que apareceu como um franguinho preto. "Olhem para mim", dizia ele, fazendo troça de si mesmo, "sou aquele frango, pequeno de estatura e preto!" Na aparência externa diferia um tanto desfavoravelmente de seus amigos mais bem-apessoados.

Mas todos eles, mesmo os mais nobres, eram facilmente postos à sombra por ele, graças ao encanto donairoso que emanava de sua pessoa. Seus pequenos olhos negros estavam cheios até a borda com faiscante vitalidade; seu sorriso era cativante, na sua sempre presente cordialidade; sua voz era melodiosa e agradável e sua jovialidade contagiosa. Na conversa tinha uma réplica ágil e pronta e, com suas pilhérias e inteligentes gracejos, era tão pródigo quanto com suas moedas. Ninguém sabia mais canções e anedotas do que ele. "O franguinho preto" era o ideal admirado por seus amigos e pelas mais lindas moças e mulheres da cidade.

Sob toda sorte de cerimônias alegres, o círculo entusiástico de seus amigos coroou-o senhor das piadas e o rei dos banquetes de Assis. Noite após noite, ocupou seu trono à cabeceira da mesa cercado de alegres folgazões, empunhando um cajado floral como cetro real, dirigindo a conversação, regendo as canções, contando anedotas de amor e de heroísmo e cuidando de que os copos nunca estivessem vazios.

E terminado o banquete, a alegre companhia não debandava. Cada um tinha seu alaúde ou sua viola. Tochas estavam prontas e a festa continuava como uma procissão de menestréis. Francisco, o trovador! Especialmente para este fim, tinha ele um par de calções bicolores, pois esta era a moda lançada pelos grandes trovadores da França. E assim caminhava ele à frente do grupo pelas ladeirosas e estreitas ruas de Assis, por praças de sonho, perturbando os bons burgueses no seu sono com canções joviais e com o clarão brilhante das tochas.

Esses anos de prazer e de gozo da vida do filho do rico negociante de Assis coincidiam com anos de prazer e de gozo de uma nova e juvenil concepção de deleite mundano de vida. O encanto da jovialidade de Francisco gerara-se do gênio dos trovadores de seu tempo, amantes da mundanidade. Como tudo mais que enriquecia a vida no correr desse século, a arte dos trovadores irradiara-se da França e conquistara o mundo.

Cada país tem sua hora astral em que pode prodigalizar sua abundância sobre o mundo e nele imprimir sua marca. Outrora fora o Egito, depois Grécia e Roma, depois Holanda, Inglaterra ou Alemanha. No século XII, foi a França. Da Borgonha, na França, espalhou-se novo espírito de devoção cristã, a reforma do monasticismo. A arte francesa construiu o novo estilo de arquitetura, os zimbórios e arcos elevando-se para o céu. Paris contribuía com a nova forma de saber cristão, o pensamento escolástico, e, ao mesmo tempo, com o opositor direto de todas as tendências eclesiásticas, a *gaia scienza* ou "ciência alegre" de orientação mundana.

O amor à música, o amor ao canto tinham estado até então confinados aos hinos piedosos da Igreja. Na Provença, no sul da França, cantou-se a primeira canção mundana de amor dos modernos tempos cristãos e seus ritmos e suas melodias comunicaram-se à exuberância juvenil de uma nova concepção da alegria de viver. Os primeiros trovadores e os menestréis itinerantes, que levaram suas canções ao mundo, saíram do sul da França.

Os menestréis e trovadores, que viajavam de corte de amor em corte de amor, trouxeram a nova arte também à Itália. A alma amante de canções de Francisco caiu diretamente sob aquele fascínio, pois nada havia de mais adequado a dar expressão a seu amor pelo mundo e a seu amor pela vida do que as melodias dos trovadores da França. Celebravam o amor terreno, a beleza das mulheres, as virtudes da cavalaria, a lealdade imutável, a devoção que se sacrifica; cantavam a canção que sua alma tinha abrigado como um sonho ingênito.

Quando, mais tarde, o filho do comerciante de Assis se tornou um santo, o trovador que tinha ele sido na mocidade teve simplesmente de aceitar novo objeto para seu culto. Deus tomou o lugar do mundo; as virtudes da cavalaria sagrada substituíram a cavalaria de homens e o sacrifício celestial assumiu a posição de hospitalidade terrena. O amor como amor, sua pressão apaixonada, seu elevado impulso, sua doce melodia sobreviveram. O francesinho da alegria terrena, o trovador da terra, tornou-se o trovador de Deus, o francesinho da alegria celestial.

E também a caridade, que iria adornar a vida ulterior de Francisco, o santo, repontara bem cedo nos seus primeiros anos de vida. O alegre e generoso companheiro, que desejava ver todos os seus amigos no mais alto júbilo, o amante cujo amor abrangia o universo inteiro, o generoso doador para quem o dinheiro era apenas um meio de atingir a felicidade para si mesmo e para os outros, dava livre e prodigamente ao pobre e ao enfermo.

A loja do pai Bernardone era a mais rica e a mais elegante loja de fazendas de Assis. Quando abria seus mostruários nos importantes dias de mercado, sobrepujava todos os outros com seu rico sortimento de tecidos. Nobres dinheirosos e até mesmo negociantes de cidades vizinhas que procuravam um veludo especialmente fino, uma renda preciosa ou brocados raros, tratavam de ir primeiro à loja do velho Bernardone.

Junto a seu tino comercial, devia Pedro Bernardone sua riqueza à sua economia. Quando, pois, esse econômico homem de negócios observou como seu filho Francisco lançava fora seu rico dinheiro em descuidadas folganças, ou dava-o a mendigos ociosos, não pôde deixar muitas vezes de admirar-se da extravagância do estilo de vida de seu filho. Seu orgulho paterno conseguiu acalmá-lo por algum tempo, pois havia ele saído de humildes começos e lisonjeava-o ver seu filho eclipsar todos os jovens nobres de Assis, ser o chefe inconteste do grupo juvenil, ser celebrado como o rei de suas reuniões, usar as vestes mais preciosas e até mesmo ultrapassar os mais ricos na generosidade liberal. Quando Bernardone soube que certo conhecido mendigo se habituara a tirar seu casaco esfarrapado quando encontrava o jovem Francisco e abri-lo reverentemente no chão, como uma espécie de festivo tapete diante do "benfeitor dos mendigos", não podia negar que lhe agradava mais do que vexava o coração ver que seu filho estava distribuindo fartamente seu rico dinheiro entre os mendigos.

Num dia de mercado, quando o velho Bernardone estava justamente ocupado dentro da loja, Francisco achava-se sozinho, tomando conta do mostruário e viu-se envolvido em animada conversa com um rico freguês que desejava comprar fardos inteiros de preciosos veludos e brocados. Naquele instante, aproximou-se de Francisco um pobre homem pedindo-lhe uma esmola. Mas Francisco estava tão absorvido nos problemas de sua venda que não lhe prestou atenção. Mais tarde, quando o negócio ficou concluído, de modo que podia agora atender ao mendigo, buscou-o por ali, mas não o viu em parte alguma.

Durante um momento ficou Francisco profundamente aflito, pois sua negligência lhe parecia um terrível pecado. Então saiu a toda pressa, deixou o mostruário com fardos de mercadoria e uma gaveta de dinheiro sem vigia na praça livre do mercado e procurou localizar o mendigo. Atravessou a praça correndo, acima e abaixo, pelas estreitas e tortuosas ruas de Assis, perguntando a todos quantos encontrava se tinham visto um mendigo de tal e tal aspecto. O povo do mercado e os passantes pensavam que ele estava tentando deitar a mão a algum ladrão. Completamente sem fôlego, chegou Francisco dessa forma à porta da cidade, onde finalmente encontrou o mendigo. Deu-lhe todo o dinheiro que tinha consigo e também seu casaco. O mendigo ficou completamente estupefato, mas antes que tivesse tempo de tornar-se senhor de si e de agradecer a Francisco, este já estava de volta, de consciência aliviada, para os mostruários de seu pai.

Até aquele tempo, não havia Francisco jamais pensado em miséria e privação. Dando esmolas, tinha satisfeito simplesmente sua instintiva generosidade. Agora, pela primeira vez, o espírito da verdadeira caridade despertava nele. Foi também a primeira vez que entrou em sério conflito com seu pai.

Enquanto Francisco estivera fora, em busca do mendigo, Pedro Bernardone voltara à praça, onde encontrara seu mostruário e todos os seus preciosos fardos sozinhos, sem ninguém que os vigiasse. Depois de algum tempo, veio vindo seu filho, a passo vagaroso, atravessando o largo. Quando o chamou para que explicasse sua negligência — e a única explicação que pôde arrancar dele foi que havia acompanhado um mendigo, cujo pedido de esmola ele havia deixado sem resposta —, o velho perdeu a cabeça. Não podia compreender que seu filho houvesse largado suas valiosas mercadorias por causa de um mendigo e vomitou um dilúvio de pragas e injúrias sobre a cabeça do pobre Francisco.

Pouco tempo depois de haver Francisco desencadeado a cólera de seu pai, rompeu uma guerra, na qual se viu envolvida a pequena cidade de Assis. Naquele tempo, as guerras formavam parte quase normal da vida. Eram consequência necessária das tendências de expansão que animavam a nova vida econômica, suscitadas pela ascendente classe média, e da luta pelo poder entre a Igreja e o império, entre príncipes e cidades. A qualquer momento, o papa e o imperador estavam lutando por este ou aquele pedaço de terra, depois de novo, os burgueses tentavam arrebatar novos privilégios de seus nobres senhores ou os burgos e cidades contestavam a supremacia uma das outras. Acontecia, a intervalos de poucos anos, que os mercadores tiveram que abandonar seus mostruários para montar barricadas, que as alegres canções dos trovadores eram sufocadas pelo barulhento tilintar das armas, que as festivas passeatas com tochas eram substituídas por marchas guerreiras para os campos de batalha e que os exuberantes jovens, no verdor da mocidade, eram chamados às armas pelo sino de guerra para dar suas vidas pela Igreja ou pela Coroa, pela honra do senhor feudal ou pelo orgulho dos burgueses.

Sobre os primeiros anos da infância de Francisco, tinham as guerras lançado sua sombra. Tinha ele apenas dezessete anos quando o povo de Assis, encorajado pelo papa, tomou de assalto o castelo imperial, no alto de São Rosso, deixou-o em ruínas e, tendo-se libertado do jugo dos intrusos germânicos, levantou poderosa muralha em redor de sua cidade. Nobreza e burgueses trabalharam pacificamente juntos nessa ocasião e o jovem Francisco também saiu com trolha, argamassa e areia, para ajudar os homens da cidade a construir suas muralhas. A participação que os burgueses de Assis tinham tido na fortificação da cidade tornou-os conscientes, pela primeira vez, de sua força e importância. Seu orgulho cívico que despertava foi um dos fatores que levaram à explosão de novas hostilidades.

Logo depois de haverem sido expulsos os tiranos estrangeiros, tomaram armas os burgueses, de novo, para libertar-se do jugo de seus tiranos domésticos, dos senhores feudais e da aristocracia territorial. O que começara como um levante dos cidadãos de Assis acabou, em 1202, como uma guerra contra as forças superiores da vizinha cidade de Perúsia, pois os senhores de Assis tinham pedido auxílio aos cidadãos de Perúsia e estes mostraram-se mui pressurosos em vir, pois esperavam sair da luta como senhores da cidade de Assis.

Por algum tempo não podia haver banquetes. Francisco tinha vinte e dois anos e mostrava-se tão entusiasmado pela guerra como todos os rapazes da cidade. Aprontou-se para seguir para o campo de batalha à frente de um grupo de lanceiros. Combatendo pelos direitos e pela liberdade dos burgueses, iria ganhar seus primeiros louros. O destino decidira diferentemente. A luta terminou em favor de Perúsia e Francisco e seus homens foram feitos prisioneiros tão logo atingiram a ponte de São João, na planície a meio caminho entre as duas cidades. Mas este período de má sorte devido à guerra não afetou seu espírito de maneira alguma. Conservou sua alegria, mesmo como prisioneiro de guerra. Permaneceu o que tinha sempre sido, o rei do banquete — mesmo sendo a ordinária comida dos prisioneiros —, um gracejador e um trovador durante todo esse tempo de provações e tribulações. Depois de um ano, Perúsia e Assis fizeram a paz. Francisco voltou para casa e retomou sua vida folgazã de outrora.

Uma primeira mudança se operou em Francisco em virtude de uma doença que o atacou pouco depois de seu regresso. Arrancou-o de sua rotina habitual e manteve-o durante semanas num confuso delírio de febre e de dores. Foi o sol brilhante através da janela sobre a cama de doente que o despertou desse estado de semi-inconsciência para o da plena lucidez. O primeiro olhar consciente, o primeiro sorriso de reconhecimento foram dirigidos ao sol. Mas quando o sol deixou de novo o quarto, Francisco voltou a cair na noite da tortura de sonhos delirantes e só despertava deles quando os raios do sol de novo tocavam seu pálido rosto e suas mãos emaciadas. Dia após dia, suas horas de consciência eram agora medidas pela vinda e pelo desaparecimento do sol.

E o sol, que o havia despertado do estado letárgico de suas longas semanas de doença, foi também seu guia de volta à vida costumeira. Sua mãe, seu pai, seus amigos, todos eles tinham muitas vezes estado em seu quarto de doente, mas não lhes tinha notado a presença. Somente, quando o sol lhe havia ensinado de novo a ver, é que os reconhecia: estavam de pé ao sol. Tinham tentado repetidas vezes conversar com ele, fazendo-lhe perguntas a respeito disto e daquilo. Não havia percebido suas vozes. Só agora, quando estavam falando à luz do sol ouvia ele o que estavam dizendo. Mas quando o sol desaparecia, seus pais desapareciam também, bem como os amigos e todas as suas vozes. O quarto era de novo o abismo sem fundo de sonhos dolorosos.

O sol, que chegava até ele dia após dia, era também a única coisa que o ajudava a mover seus membros emperrados. A ansiosa expectativa de ver o sol entrar pela manhã e o receio de perdê-lo de vista mais cedo do que necessário, quando se afastava, davam-lhe forças para dominar o pesado torpor de seu corpo enfermo e de sentar-se por algum tempo em sua cama de doente.

O crescente apego ao sol capacitou-o finalmente a levantar-se e mover-se pelo quarto. Seus primeiros passos como convalescente levaram-no à janela; para acompanhar o sol, quando deixava o quarto e se movia pelas estreitas ruas de Assis a caminho de seu mergulho na noite; de manhã, para saudá-lo, quando se erguia do lusco-fusco da madrugada e começava seu curso diário pelo firmamento. Era um enamorado que se erguia da cama e ia para a janela todas as manhãs e todas as noites, dias seguidos, para dar boas-vindas e adeus à bem-amada, pois sem ela a sua vida era apenas dor e escuridão.

Ao olhar da janela de seu quarto de doente, via de novo as coisas do mundo exterior. Via o céu e a terra sobre a qual o sol se movia; a pequena rua em frente e o horizonte; as casas dos vizinhos e as distantes colinas sobre as quais o sol vertia sua luz radiante. E seus olhos ficavam vivamente alerta e viam todas as coisas do mundo lá fora, até as menores. Começou a amar todas elas, amava-as de coração anelante, pois as colinas e as ruas e todas as coisas que via eram arautos do sol, proclamavam sua chegada e testemunhavam sua partida. Cada vez mais frequentemente, no curso dos dias, ia para a janela e ali ficava como que em êxtase, vendo que todas as coisas, até ele mesmo, estavam vivendo graças aos raios do sol e banhavam suas vidas em sua luz. Via então o mundo inteiro — homens, animais e coisas — como uma grande comunidade de amor cantando os louvores ao sol.

Seu anelo pelo sol crescia a cada dia. Sua atração tornava-se sempre mais irresistível. Certa manhã pediu a sua mãe seu casaco e seu chapéu, pois desejava sair para entregar-se ao fascínio do sol.

Estava ainda fraco e suas noites seguiam povoadas de sonhos febris. Mas sua alegria de enamorado, que o sol lhe restituíra, emprestava-lhe forças para deixar a casa e caminhar pelas ruas. Necessitava ainda do apoio de seu cajado, mas este era o derradeiro elo que o ligava à sua doença. Tinha prometido à mãe ir somente até ao fim da rua e, embora lhe parecesse que estava agora bastante forte para acompanhar o sol e andar e andar até poder alcançar o horizonte, manteve sua promessa e voltou. Não queria afligir sua mãe quando seu próprio coração estava cheio de regozijo e felicidade.

No dia seguinte, foi até as portas da cidade e, dentro em pouco, pôde deixar os muros de Assis para trás e estender seus passeios por muitas e mais longas horas. Muitas vezes deixava sua casa de manhã e regressava apenas ao pôr do sol, pois fora dos muros da cidade, onde se erguiam os vinhedos e pequenos bosques de oliveiras, era ele dominado realmente pela maior e mais genuína felicidade. Ali nada havia que pudesse lançar uma sombra sobre o sol e forçá-lo a meter-se em esquinas e estreitos cantos. Ali esparzia ele sua luz sobre todas as coisas, cada folhinha de relva voltava-se para ele, cada fruto era obra sua e cada pássaro cantava-lhe seus louvores. E Francisco ficava ali, cercado de vinhas e folhas de relva, de colinas e de pássaros, juntando-se a eles no seu júbilo. Seu coração cantava e ele fazia girar seu cajado e jogava-o bem longe nos campos.

Dentro de curto prazo, recuperou Francisco de tal modo a saúde que pôde retomar a rotina de sua vida anterior. Como outrora, passava os dias atrás do balcão da loja de seu pai e, à noite, juntava-se ao grupo de seus antigos amigos. Mas a alegria imprevidente e inconsiderada dos velhos tempos foi um tanto difícil de recuperar. Era como se a exuberante alegria de seus passeios, nos dias de sua convalescença, lhe houvesse feito uma promessa de felicidade que a vida de cada dia não podia preencher. Passava noites inteiras bebendo com os amigos, mas a abençoada liberdade de coração, de alma, de espírito e de corpo, que lá nos campos descera sobre ele na embriaguez de luz solar, recusava-se a responder a seu apelo. Era o rei do banquete e sentava-se à mesa festivamente iluminada e conduzia seus amigos, tarde da noite, em desfiles à luz de tochas pelas ruas de Assis, mas desde que vira, lá nas colinas, como o mundo inteiro se dissolvia na luz do sol, todas as luzes de velas e de tochas que aclaravam as noites de prazer pareciam a seus olhos como fuscas e fulvas.

A alegria que estivera a resplender em seu coração estava morta. Quando cantava as velhas canções, as melodias soavam vazias aos seus ouvidos, pois tinha ouvido a canção de alegria da criação lá nos campos. Até mesmo sua generosidade, sua pródiga doação de esmolas, não lhe causavam satisfação, pois nos felizes dias sobre as colinas ensolaradas havia experimentado a felicidade de dar inteiramente toda a sua pessoa.

A memória das felizes horas que haviam sido suas, durante os dias de sua convalescença, frustrava sua busca do contentamento descuidado. E a cada dia mais crescia sua impaciência. Sentia-se perseguido por uma ânsia indistinta de uma forma mais alta de felicidade.

Justamente ao tempo em que Francisco experimentava esta desilusão a respeito de sua vida costumeira e era dominado por tão profunda e penosa ânsia de alguma coisa de novo, a velha luta pelo poder entre os imperadores germânicos e os papas tornou a rebentar, resultando na guerra que o cavalheiro francês Gualter de Brienne travou em nome do papa contra o general germânico Markwald. O osso da contenda foi a Coroa siciliana, reclamada tanto por Brienne quanto por Markwald. Mas esta luta pela Coroa da Sicília iria tornar-se um decisivo fator na luta italiana contra a hegemonia germânica em geral. Todas as cidades e todos os povos que estavam prontos a rebelar-se contra os invasores germânicos tomaram parte nesta guerra e viam em Brienne, que tinha batido os germânicos mais de uma vez, o libertador de seu próprio país. Juntamente com grande quantidade de outras cidades italianas, Assis também estava cheia de ardor bélico. Um nobre conhecidíssimo da cidade reuniu um grupo de voluntários para conduzi-los ao campo de batalha.

Francisco foi também tomado do entusiasmo geral. Sentia, de certo modo, que a guerra poderia ajudá-lo a descobrir a nova vida pela qual ansiava. Um sonho que teve nessa ocasião confirmou sua decisão de ir para a guerra. Estava na loja do pai. Era a mesma loja que conhecia tão bem, mas a ambiguidade especial, tão frequentemente característica de sonhos, apresentava-a ao mesmo tempo como vestíbulo majestoso de um palácio desconhecido. As prateleiras não estavam cheias de fardos de fazendas, mas repletas até o teto de escudos brilhantes e de elmos, de polidas esporas e espadas. E todos estavam marcados com o sinal da cruz. Enquanto permanecia ali, sem saber o que deveria fazer com aquilo tudo, ouviu uma voz que dizia: "Tudo isto te pertencerá e a teus guerreiros."

Cheio de esperança de honra e de fama que seu sonho parecia prometer-lhe, montou a cavalo na manhã seguinte e cavalgou com todo o esplendor de suas ricas vestes. À porta da cidade, voltou-se e gritou para seus amigos que o acompanhavam: "Voltarei como um grande cavalheiro."

Tomou o caminho para Espoleto, de onde a Via Flamínia levava a Roma e até mais além, à Apúlia, no sul. Em Espoleto, porém, inesperada recaída de sua antiga doença obrigou-o a interromper sua jornada. Passou uma noite inteira num delírio de sonhos febris. E depois, neste estado entre sono e vigília, entre sonho e realidade, ouviu a mesma voz que o tinha advertido em Assis para que partisse, mas agora soava muito mais insistente, ao dizer: "Não entendeste bem a aparição em Assis. Volta para tua cidade natal. Ali conhecerás o que deves fazer."

Pela manhã, a febre cedeu e Francisco pensou que a voz que ouvira durante a noite era apenas uma ilusão febril de seu cérebro. Sua esperança de uma carreira de glória cavalheiresca era demasiado forte e a vergonha de voltar de mãos vazias, depois do confiante orgulho de suas palavras de despedida, parecia completamente intolerável. De modo que vestiu sua armadura de cavalheiro e montou seu cavalo, pois havia decidido continuar o caminho para Apúlia.

Quando parou seu cavalo, depois de longa e fatigante caminhada, achou-se diante das portas da cidade de Assis. Não podia explicar por que tinha, contra sua decisão, obedecido à voz de seus sonhos febris, por que embora querendo seguir para a Apúlia, tomara a direção oposta, de volta a Assis, onde a humilhação, o desprezo e a zombaria o esperavam em vez da fama que os distantes campos de batalha prometiam. Obedecendo ao inexplicável impulso, cavalgou de volta para a cidade, onde entrou acompanhado de olhares curiosos e de ditos motejadores da parte daqueles a quem tinha falado, ao tempo de sua partida, dizendo que voltaria como um grande cavalheiro. E embora ele mesmo sentisse que sua explicação não soasse com muita convicção, contudo obedeceu à voz de seus sonhos febris e disse que estava destinado a realizar grandes coisas em casa.

Muitas vezes, nas semanas e meses seguintes, pareceu-lhe que fora afinal uma ilusão febril que o guiara de volta, mas as palavras "em casa te será conhecido o que deves fazer" provaram afinal ter mais força do que os desapontos diários, a espera ociosa e a aparente desesperação de sua situação. De certo modo não podia escapar à força que o fazia prosseguir, embora toda a sua vida tivesse sido desequilibrada por ela. A princípio, vivia num estado de indiferença e de distração displicente, mas com o correr do tempo, a certeza de sua condição afetou-o mais penosamente e despertou nele o desejo de ficar sozinho, pois sentia, de modo vago, que isto poderia ser o caminho para que a tarefa a que aludira a voz em seus sonhos lhe fosse revelada. O resultado esperado não se efetivou e, finalmente, acedeu aos insistentes pedidos de seus amigos e decidiu participar de novo de suas reuniões noturnas.

Pela primeira vez depois de todos esses meses, Francisco preparou um de seus grandes banquetes e os amigos celebraram a volta de seu rei em discursos de gratidão e louvor. Taças e mais taças foram esvaziadas à sua saúde. Mas quando a hilaridade da reunião tinha atingido o ponto culminante, Francisco de repente ergueu-se da mesa. Os amigos tomaram de suas violas e alaúdes e marcharam — como era costume — gritando e cantando pelas ruas escuras de Assis. Francisco tentou juntar-se a eles, mas foi como se a voz tivesse sido presa por um nó na garganta, e tão logo lhe foi possível fazê-lo, tratou de ficar para trás. Os amigos não notaram de pronto a ausência de seu chefe, mas quando deram por isso, um deles voltou para procurá-lo. Encontrou-o em uma das íngremes e estreitas ruelas de Assis. Ali estava ele, sozinho, de olhar perdido no espaço vazio.

"Olá, com que está sonhando?" — gritou seu amigo e, tentando pilheriar, acrescentou: "Suponho que estás pensando em casamento." Francisco olhou para ele por um instante em profundo silêncio, e depois, não somente para espanto de seu amigo, mas também para seu próprio espanto, disse: "Tens razão. Tenciono casar-me, mas com uma mulher mais pura e mais amável do que jamais viste. Seu nome é dona Pobreza."

Esta resposta veio-lhe aos lábios sem consentimento seu. Usurpara poder sobre sua vontade, pois não pensara em dizer o que dissera. Sempre achara prazer em dar aos pobres e ajudá-los a esquecer sua miséria, mas a ideia de mudar sua posição de homem que pode dar pela de homem que deve aceitar, a ideia de não mais ser capaz de desempenhar o papel de generoso benfeitor, mas de ter de juntar-se às fileiras dos necessitados e dos pobres jamais lhe entrara na mente. E contudo, sentia como se nenhuma solução fosse possível a não ser a de escolher a pobreza como inseparável companheira para todo o resto de sua vida.

A resposta que tinha involuntariamente dado à pergunta pilhérica de seu amigo iria bem cedo tornar-se o conteúdo de sua vida. Dentro em pouco cortejava dona Pobreza com apaixonado amor e perseverança, como outros cortejam uma cobiçada mulher. Jurou eterna fidelidade a ela e manteve sua promessa até a morte.

A completa ruptura com sua vida passada, efetivada quase que imediatamente depois daquela noite, foi a primeira preparação para suas estranhas núpcias. Francisco retirou-se de tudo e procurou a solidão, para tornar-se digno de receber dona Pobreza. Ocultou-se em uma caverna deserta, que havia descoberto em um de seus solitários passeios, pois ali se sentia mais perto de sua bem-amada.

Um dia, quando mais uma vez obedecia ao apelo de sua ansiosa impaciência e cavalgava na direção de sua caverna oculta, viu a alguma distância um leproso. Naquele tempo, a lepra, que os cruzados tinham trazido de volta, como uma maldição de suas expedições de pilhagem e de aventuras, era a mais temida e mais detestada de todas as doenças. A simples vista de um indivíduo acometido pela lepra, símbolo de toda a miséria e de toda a fragilidade da humanidade, inspirava horror e aversão. Segregados de qualquer contato com a sociedade humana, os leprosos tinham de viver fora das cidades e burgos, em choupanas especialmente construídas para eles. Ali, nas chamadas casas de lázaros, viviam todos reunidos e dependiam da caridade dos membros da Ordem Hospitalar de São Lázaro de Jerusalém, que cuidavam deles, num espírito de devoção e de autossacrifício. Tinham de usar roupas especiais que tornavam possível reconhecê-los a grande distância. Todos evitavam as regiões em que os leprosos tinham suas choupanas e até mesmo as estradas por onde eles passavam. Francisco também partilhava desse medo e dessa aversão.

Quando viu o leproso que se aproximava, meteu esporas no cavalo para escapar a tão horrível encontro. Entretanto, como se alguma outra mão houvesse tomado o controle da sua, continuou o caminho, diretamente pela estrada por onde vinha o leproso na sua direção. Agora podia distinguir todas as terrificantes deformidades do homem que se vinha arrastando apoiado em muletas. Podia ver que seus lábios haviam sido comidos, que um buraco ulcerado era tudo quanto lhe restava de nariz. Francisco mal podia manter-se na sela. Um terrível odor de podridão tomou-lhe o olfato. Sentiu-se nauseado, mas continuou a cavalgar na direção da horrenda aparição. Ao chegar junto dela, saltou da sela e deu ao leproso todo o dinheiro que tinha consigo. A mão que pegou sua esmola era semelhante a um imenso tumor aberto. Os dedos tinham desaparecido e a palma, cheia de chagas, mal podia receber a caridosa oferta. Francisco sentiu-se possuído de horror e de medo. Queria voltar para trás! Queria voltar para trás mas... inclinou o rosto sobre a mão do leproso e beijou-a. Depois ergueu a vista. Não sentiu nem aversão nem medo, mas uma sensação de alívio inundou-o de felicidade tamanha, como jamais conhecera antes. Montou o cavalo para dirigir-se à sua caverna. Depois de alguns instantes, voltou-se para dar adeus ao leproso. A estrada estava deserta. O leproso tinha desaparecido.

Não era Francisco capaz de explicar o que fizera. Mas o efeito produzido pelo beijo na mão do leproso era claro. De agora em diante nenhuma sensação de horror ou aversão separava-o da miséria da humanidade. Graças àquele beijo, reconheceu o leproso como seu irmão e irmão de leprosos iria permanecer para sempre.

No dia seguinte, apressou-se a ir à região evitada por todos e bateu à porta, cujo limiar ninguém transpunha. O irmão rico vinha cheio de dádivas para ajudar os irmãos pobres. Distribuiu o que tinha trazido e foi ter com o prior da Ordem de São Lázaro, pedindo-lhe permissão para cuidar dos leprosos. Conhecia um elixir, que até mesmo os mais caridosos nunca tinham trazido para ali: o elixir da alegria.

Daí por diante, ia todos os dias e sempre levava novos dons e novas alegrias. E os lábios comidos de lepra dos míseros habitantes do lazareto foram os primeiros a chamá-lo pelo nome que iria ser o seu para todo o sempre: são Francisco.

Graças aos trabalhos em prol dos leprosos, encontrou Francisco seu caminho para Cristo. O que lhe aconteceu não foi diverso da experiência de são Martinho, como se conta em sua lenda.

Certa vez, são Martinho encontrou um leproso em seu caminho. O enfermo não podia mover-se, pois sofria grandes dores. Martinho enrolou-o em sua capa e tinha em vista levá-lo para sua cela. Mas a caminho, o leproso que tinha em suas mãos transformou-se em Jesus, que ascendeu ao céu, abençoando Martinho e dizendo-lhe: "Não tiveste vergonha de mim na terra. Eu não terei vergonha de ti no céu."

Enquanto estava Francisco servindo os leprosos, cheio de humildade e sacrifício, reconheceu que estava servindo a Nosso Senhor Jesus Cristo, pois fora o Senhor que encontrara um leproso no Seu caminho para Cafarnaum e, tocando-o e curando-o por meio de Seu amor, estabelecera a lei da caridade para com os miseráveis e os pobres, e quem ilustrara a parábola do homem rico e de Lázaro, o mendigo.

Até aqui, não tinha Francisco dado mais atenção aos ensinamentos de Cristo do que outros cristãos que viviam como ele no mundo e para o mundo.

Dominado por súbito impulso, beijou um leproso e este beijo tornou-o um irmão dos miseráveis párias; fê-lo praticar a caridade para com eles, e, como os da Ordem de São Lázaro, entrar a serviço de Cristo.

À medida que os ensinamentos de Cristo se tornavam mais claros para ele, graças a seu trabalho no lazareto, reconhecia mais e mais claramente que também estivera a servir a Cristo, que, com seus atos, estivera a emprego de Cristo, bem antes que ele mesmo o houvesse sabido. Alimentando e vestindo os pobres, agira de acordo com o espírito do Mestre, que dissera: "O que fizerdes a estes meus irmãos menores, a mim o fareis." E agora compreendia também que a voz de seu sonho, em Espoleto, fora a voz do Senhor e que ele tinha agido como Seu obediente servo quando, contra seus primitivos planos, voltara a Assis.

Deste tempo em diante, ia mais frequentes vezes à igrejinha de São Damião, nos campos logo abaixo de Assis. Em todas as suas orações, repetia a pergunta e esperava que o Senhor pudesse revelar-lhe a tarefa de que lhe havia falado em Espoleto. Um dia aconteceu que estivesse ajoelhado diante do crucifixo do velho sacrário, e, profundamente absorvido na oração, ouviu uma voz. Descia do crucifixo ou subia das profundezas de sua alma. Era impossível dizer o que, pois na absorção ensimesmada da oração as coisas internas misturavam-se com as externas. A voz dizia: "Francisco, não vês que a minha casa está em ruínas? Vai e restaura-a para mim."

A casa do Senhor em São Damião era uma dilapidada igrejinha do campo, ameaçando ruir a qualquer tempo. Na sua avidez de obedecer, Francisco tomou a ordem ao pé da letra e ergueu-se para começar imediatamente as obras. O dinheiro que tinha consigo não seria suficiente para cobrir os gastos da restauração. De modo que se apressou a regressar à loja de seu pai. O velho Pedro Bernardone estava ausente, em viagem de negócios, e Francisco não podia discutir seu plano com ele. Mas a ordem que recebera diante do sacrário era uma ordem do Senhor e não podia ser adiada. Portanto, Francisco subiu às prateleiras da loja de seu pai, retirou delas vários fardos de custosas fazendas, colocou-os nas costas de seu cavalo e seguiu para Foligno, onde aconteceu estar-se realizando uma grande feira naquela ocasião. Não demorou a achar comprador. Vendeu os fardos e o seu cavalo e voltou para casa com considerável soma de dinheiro.

O padre de São Damião ficou encantado com a perspectiva de ver sua arruinada igrejinha reposta em forma, mas não se sentia muito seguro de que o rico comerciante Bernardone aprovasse a ação de seu filho e hesitou em aceitar a dádiva antes de haver o pai de Francisco dado seu consentimento. O filho ouvia vozes e o pai calculava. O filho considerava o produto líquido do negócio de Foligno destinado à restauração da dilapidada casa do Senhor; mas para o pai, os fardos de fazenda eram mercadoria preciosa e o produto dela, de que o filho se apropriara, um prejuízo comercial. Francisco acreditava haver meramente obedecido à vontade de Deus, mas o velho comerciante Pedro encarava todo o negócio como um ultraje contra a lei e a moralidade: "Roubo!", gritava ele, indignado, quando voltou e soube que tinha acontecido. Como Francisco não deu atenção às coléricas repreensões de seu pai e recusou-se firmemente a restituir o dinheiro, a paciência do velho Bernardone chegou às últimas. "Seu maluco, seu gatuno! Hei de ensiná-lo!" gritava ele e, fora de si de raiva, agarrou Francisco, arrastou-o até à adega e aferrolhou-o lá dentro. Depois de uns poucos dias, quando Francisco não dava ainda sinais de arrependimento, decidiu tomar medidas mais enérgicas e não consentiu que se mandasse comida ao prisioneiro na adega, exceto um pãozinho e água.

Então um negócio urgente obrigou-o a sair de Assis. Dona Pica desaprovava tanto como seu marido o obstinado capricho de Francisco, mas faltava-lhe a perseverança decidida daquele. Prometera solenemente a Pedro conservar Francisco na adega, a pão e água, até que pensasse melhor no caso. Mas a amorosa mãe esqueceu sua promessa, desde o primeiro dia após a partida de Pedro, e, em vez de pão e água, levava toda espécie de bocados saborosos para a adega, pois esperava alcançar êxito por meio da bondade, onde as duras exigências de pai Bernardone haviam fracassado. Mas contra a "voz" não podia ela tampouco prevalecer. "Mãe", respondia ele, obstinadamente, a todas as suas censuras, "Deus ordenou-me que restaurasse Sua igreja. Devo obedecer-Lhe." Dona Pica olhava para o filho, estava magro e pálido. Seu amor maternal a venceu. Se seu filho não cedia, sua mãe cederia. Não aferrolhou a porta de novo e Francisco teve liberdade de sair.

Quando Bernardone regressou, viu que o prisioneiro havia abandonado a adega e sua cólera se transformou em cega fúria. Agora não via em seu filho Francisco nada mais do que um caixeiro desonesto que havia furtado fardos de preciosa mercadoria de sua loja, um ladrão como outro qualquer, um pecador obstinado, com quem só se podia entrar em entendimento no tribunal. Apesar de tê-lo gerado e dele cuidado durante todos aqueles anos como um bom pai e ainda que fosse bastante penoso, não deveria proteger um criminoso indigno da punição devida que a lei lhe facultava.

O afrontado negociante de fazendas dirigiu-se ao tribunal de Assis. Denunciou o fugitivo ladrão e exigiu que fossem dados passos para garantir sua imediata detenção. Os juízes prontificaram-se a cumprir o pedido de seu digno concidadão. Imediatamente, foi despachado um mensageiro para intimar o acusado a comparecer perante o tribunal local. Não foi difícil encontrar o fugitivo. Suas excentricidades limitavam-no a determinada área, dentro da qual poderia ocultar-se. Ora se achava na igreja de São Damião, ora em alguma das cavernas próximas. O mensageiro encontrou seu homem depois de pequena busca, mas também descobriu que ele não estava absolutamente disposto a responder às intimações do tribunal. Disse ao mensageiro que seu caso não estava na alçada do tribunal. Fizera o que tinha feito para obedecer à voz de Deus e, portanto, só podia ser chamado para dar conta do que fizera perante um tribunal eclesiástico.

As autoridades seculares viram nesta resposta simplesmente uma rabulice, mas não lhes apetecia a ideia de uma disputa de competência com o tribunal episcopal e viram-se obrigadas, com grande pesar, a entregar Bernardone, com sua queixa, a seus confrades canônicos. Bernardone não ficou de todo desencorajado com esta reviravolta dos acontecimentos. O mandamento "Não furtarás" era válido diante dos tribunais da Igreja, como o era perante os tribunais do mundo.

Com ávido interesse, o povo de Assis aguardava o acontecimento extraordinário, quando pai e filho — o mais rico negociante da cidade, como queixoso, e o antigo rei dos banquetes, o gaiato da cidade e trovador, como querelado — se enfrentariam no tribunal. Chegada a ocasião do julgamento, a sala do tribunal encheu-se, até a última cadeira, de comerciantes, cavalheiros, clérigos e prestidigitadores. Mas o que aconteceu então ultrapassou as mais ousadas expectativas.

O comerciante Bernardone, com perfeito domínio da expressão de seu rosto, permanecia de pé, como uma estátua de pedra. Quando seu filho foi introduzido na sala, olhou para ele com um olhar frio e fixo. O bispo Guido pediu-lhe que expusesse seu caso contra Francisco. Num tom de voz áspero, o negociante de fazendas roubado formulou sua queixa contra seu desonesto auxiliar. Com clareza comercial, descreveu as mercadorias furtadas, citou o montante exato da perda sofrida pela sua firma e pediu ao tribunal que lhe fosse devolvido seu dinheiro e imposta justa punição ao ladrão.

Em seguida, o bispo pediu ao querelado que apresentasse sua versão do caso. Francisco estava usando ainda seus ricos trajes de veludo escarlate. A expressão de seu rosto era aquela mesma, familiar a todos os presentes. Seu aspecto não sofrera modificação alguma. Mas o que tinha a dizer em defesa de seus atos parecia na verdade estranho, se não louco, àqueles que o tinham conhecido como um caixeiro eficiente, um cantor e gaiato da cidade. Falava de "vozes" que ouvira e de uma tarefa que o próprio Cristo lhe havia designado e insistia em que havia retirado dinheiro da loja de seu pai simplesmente a fim de utilizá-lo num mais elevado propósito: reconstruir a arruinada casa do Senhor. Não era simplesmente um pai e seu filho que não se podiam mais entender um ao outro; dois mundos, obedecendo a diferentes leis, estavam face a face, em chocante proximidade.

O bispo lançou mão das balanças da justiça. Pesou os motivos, propósito sem egoísmo e o zelo de devoção, contra o fato, o uso não autorizado da propriedade alheia e julgou de acordo. Deu ao pai o que era do pai; mas o filho, que abusara da propriedade alheia, foi por ele absolvido, porque sua fé era forte. "Tu pretendes", disse o bispo a Francisco, "servir ao Senhor; mas por mais digna que possa ser a tua causa, não pode produzir frutos, se os motivos que empregares não forem justos. O dinheiro que tiraste de teu pai não pode beneficiar a Igreja. Restitui-o ao seu legítimo dono."

Então aconteceu o inesperado. Francisco parou um instante. Depois respondeu num tom claro e firme de voz: "Senhor bispo, não somente o dinheiro, mas tudo o que tenho dele, a ele restituirei, até mesmo as roupas que ele me deu." E antes que os presentes pudessem recuperar-se da surpresa que suas palavras tinham produzido, tirou fora seus trajes escarlates e os linhos finos que usava e, encarando o povo, com uma camisa de fibra, lançou suas roupas aos pés de seu pai e pôs o dinheiro em cima. "Escutai todos vós!", gritou ele em meio do tenso silêncio da sala do tribunal. "Escutai e compreendei! Até agora chamei Pedro Bernardone meu pai, mas agora desejo dizer 'padre Nosso que estais no céu.'"

O bispo ficou profundamente comovido e, atravessando a sala do tribunal até o jovem Francisco, colocou sua própria capa em cima dos ombros dele, mas o comerciante Bernardone pegou o dinheiro e as roupas que estavam no chão, e, sem dar sinal algum do que se passava em seu coração e em sua mente, saiu, regressando à sua loja.

As palavras com que Francisco havia exprimido sua decisão de deixar seu pai celeste tomar o lugar de seu pai terrestre surpreenderam tanto a ele quanto aos que o escutavam. Mas aquilo que um impulso subitâneo lhe ordenava que dissesse fora decisivo e mudaria o curso de sua vida. Suas palavras tinham sido ditas em seu sentido literal e literalmente a elas obedecia e de acordo com elas vivia. Tão súbita quanto sua decisão, foi também sua mudança. Naquele mesmo dia o filho do comerciante Pedro Bernardone começou sua vida como filho do pai de todos. E todas as coisas, nestes seus últimos anos, que poderiam chocar a alguém, como incompreensíveis ou malucas, parecerão completamente diferentes se não se esquecer que Francisco não era mais o filho de um rico negociante.

Ao deixar a sala do tribunal, dirigiu-se para os homens. A não ser a camisa de fibra que tinha no corpo, nada mais possuía; não tinha dinheiro para comer, nem família, nem casa, nem propósito, nem alvo. Tudo se assemelhava a uma louca aventura e o bom povo de Assis prognosticava uma vergonhosa derrocada. Contudo, do ponto de vista de Francisco, era tudo bem sólido e a única coisa que ele poderia ter feito. Aceitara Deus como seu único pai, e, numa confiança verdadeiramente infantil, voltava-se para Ele e punha-se a Seu inteiro cuidado. Assim, tinha ele tampouco que se preocupar com roupas e alimentos, como os lírios do campo que o Senhor veste e as aves dos bosques que Ele alimenta. A criatura de Deus confiara o cuidado de sua pessoa ao Criador. Se Francisco tinha perdido seu lar paterno, Deus lhe dava o mundo como lar. Se o comerciante Bernardone não mais cuidasse de suas necessidades, a caridade era mais generosa do que o mais rico mercador de fazendas. Abandonou sua família, mas ingressou na grande família das criaturas de Deus. Se incerto era o futuro curso de sua vida, encarava Deus como sua grande certeza daquele momento e que nunca deixaria de sê-lo. Se não tinha alvo nem propósito, o Pai de Todos tomá-lo-ia pela mão e desde que havia confiado n'Ele, como uma criança que confia no pai, alcançaria sem preocupação ou esforço o alvo de todos os alvos: a santidade.

Francisco dirigiu-se à casa de Deus sem paredes, num daqueles dias dos começos da primavera na Itália, quando a terra está ainda sonolenta do inverno, enquanto o sol, no firmamento, derrama o calor vivificante da primavera, quando o solo está ainda meio gelado e as fendas e barrancos cheios de neve, enquanto os entorpecidos brotos e ramos são induzidos pelos primeiros raios de sol a abrir seus botões.

À medida que caminhava sobre o solo gelado, o coração repleto de alegria, subitamente rompeu a cantar. Cantava na língua do sul da França. A alegria de seu coração estava acostumada a romper nos jubilosos sons do provençal. Era a língua de seu primeiro amor, a língua dos trovadores, a língua-materna de sua alma. Mas o coração exuberante, o jeito jubiloso, que buscavam expressão na língua e melodias dos trovadores, estavam mudados e eram novos. O próprio Francisco, que estivera silencioso por tanto tempo e recomeçava agora a cantar, não era mais o mesmo. Um trovador sem calções bicolores, sem roupas, a não ser seu camisolão de crina; menestrel itinerante sem-teto, a não ser o firmamento, sem nada ligado a si, a não ser sua fé. O trovador de Deus seguia através dos bosques nesta manhã friorenta de começo de primavera. Cantava na língua do sul da França, mas era a linguagem de Deus. Cantava canções de cortesia, mas aquela a quem eram dirigidas era uma senhora mais pura e mais bela do que qualquer outra de Assis; era dona Pobreza, com quem Francisco ia celebrar suas núpcias na casa do Pai de Todos. E toda a criação lhes era dada como presente de núpcias.

Abruptamente, seu canto e seu júbilo viram-se interrompidos. O estalar de folhas secas, o barulho de ramos partidos e depois uma voz rouca interpelando-o: "Pare aí! Fique onde está!" Um grupo de bandidos emboscados saiu de uma moita e bloqueou-lhe o caminho. Mas ao verem-se diante do mais sem vintém de todos os pobres sem vintém, no mais estranho de todos os trajes estranhos, ficaram completamente desapontados na sua avidez de saque e perguntaram-lhe, cheios de cólera: "Mas, em nome de Deus, quem é você?" Imediatamente Francisco respondeu, inteiramente sem medo: "Sou o arauto do grande rei." Então o desapontamento dos bandidos deu lugar a furiosa raiva. "Como?", gritaram eles. "Pensa você que pode tirar brincadeiras conosco, dizendo que é o arauto do rei, seu vilão, seu alarve?! Vamos 'arautear' você e fazê-lo mesmo realmente." E agarraram-no e jogaram-no dentro de uma vala cheia de neve. Quando Francisco finalmente conseguiu sair da vala, continuou seu caminho, a cantar como se nada houvesse acontecido.

Depois desta extraordinária cerimônia nupcial nos bosques, a vida mudara. E antes de tudo, a tarefa que a voz do crucifixo em São Damião lhe havia determinado aparecia agora sob luz diferente. "Restaura a minha casa para mim!" tinha ordenado a voz. Como filho de um comerciante rico, Francisco não podia interpretar estas palavras como significando outra coisa que não levantar as somas necessárias para reconstruir a igreja. Mas agora, como um pobre sem vintém, compreendia que devia cumprir a ordem com o trabalho de suas próprias mãos...

Vestiu um surrado capote de camponês, com um capuz, abandonado pelo seu antigo dono como imprestável e que se adequava muito bem ao pobre de Deus; amarrou uma corda velha, que encontrara em qualquer lugar, como um cinturão em torno dos rins e assim, pronto para sua obra, começou a reconstruir a velha igreja. Na sua mocidade aprendera, nos baluartes de Assis, a trabalhar com trolha e argamassa. Era-lhe útil agora. Não tinha dinheiro com que pudesse comprar o material de que necessitava. Tudo quanto possuía era sua ingênua confiança na caridade. Ele, para quem fora desejo natural dar, não podia duvidar de que fosse isso também desejo natural de outras pessoas e que, a fim de receber, bastaria apenas pedir. Tinha à disposição um dom bastante especial: a arte dos trovadores, que lhe prestava bons serviços em suas excursões precatórias. Sabia como cantar, com sua voz clara e ressoante, as canções de amor e aventura, feitas para despertar o aplauso entusiasta de seus contemporâneos em todas as estradas da vida: as canções da Távola Redonda do rei Artur, do amor de Tristão e de Parsifal, como começara a vida como um rapaz desmiolado e se tornara finalmente um cavalheiro do Santo Graal. E assim partiu Francisco cantando e pedindo instrumento e material de que necessitava para seu trabalho de restaurar a casa do Senhor.

Um dia, um trovador mendicante caminhava pelas ruas de Assis, cantando às portas e pedindo de esmola apenas pedras e argamassa. Alguns lhe davam o que ele pedia, porque suas canções os comoviam; outros porque se sentiam comovidos por aquele seu estranho pedido e outros simplesmente porque os divertia. Mas quaisquer que fossem as razões que os induziam a dar, em pouco tempo estava Francisco de posse de argamassa suficiente e de pedras para começar a obra de reconstrução. Agora o problema era transportar os materiais que obtivera com suas canções até a igreja de São Damião, nos campos.

Francisco, que nada possuía deste mundo, não dispunha de mula que pudesse carregar as pesadas pedras e sacos de cal. Em vez da mula que não tinha, designou seu próprio corpo para servir-lhe de besta de carga. Levantava as pesadas pedras, uma de cada vez, e dizia: "Agora, irmão Jumento, carregue-a até São Damião." E quando o irmão Jumento arriava às vezes sob o peso da bruta carga, o condutor Francisco o encorajava e acalmava, acrescentando com severidade: "Irmão Jumento, o Pai o quer, devemos apressar-nos." Então irmão Jumento obedecia e fazia o maior esforço, até que todas as pedras e sacos de cal, a trolha, escada, cordas e nível d'água, que Francisco tinha ganhado, ficaram empilhados em frente da velha e arruinada igreja de São Damião.

Francisco passava dias infindáveis, trabalhando duramente para reconstruir, sempre sozinho, cantando alegremente. Passava as poucas horas de repouso que se permitia com seus irmãos no Lazareto. Na mocidade, aprendera alguma coisa do ofício de pedreiro, enquanto ajudava a fortificar os muros de Assis, mas as complicações da arquitetura de igreja eram coisas de que até então jamais ouvira falar. Quando a experiência prática lhe faltava, o entusiasmo e a força de vontade lhe ensinavam o que fazer, pois ambos tinham origem em Deus. E assim aconteceu que, quando sua obra em São Damião chegou a termo, havia ele erguido uma forma inteiramente nova de arco em ponta que, segundo afirmaram depois historiadores da arquitetura, pressagiava a vinda do novo estilo dos começos da Renascença.

No seu zelo, Francisco restaurou duas outras igrejas mais, as de São Pedro e de Santa Maria dos Anjos, a igrejinha da floresta que, posteriormente, adquiriu grande fama, sob o nome de Porciúncula.

Seu entusiasmo não necessitava de outro alimento que não fosse a palavra de Deus. Irmão Jumento, porém, tinha que carregar pesadas cargas e insistia em ser alimentado. As igrejas tinham sido restauradas por Francisco, em obediência a um apelo divino. Por isso não precisava ele ser recompensado, mesmo se somente na forma de comida e de abrigo, por padres mal pagos de paróquias desamparadas. E depois, a garantia de mesa e teto teria sido uma quebra de confiança, uma expressão de falta de fé na providência divina do Pai de Todos, de quem se tornara ele filho, teria sido traição contra os pobres e os necessitados, os mendigos e os párias, a quem tinha escolhido como seus novos irmãos e irmãs, teria sido deslealdade para com dona Pobreza, a quem prometera permanecer leal e fiel até a morte.

Quando o padre de São Damião ofereceu a Francisco pagar-lhe o trabalho, fazendo-o partilhar de sua casa, de seus frugais alimentos, da crosta de pão, de seu toucinho e de suas uvas, o pedreiro de Deus replicou: "Obrigado, o senhor deve ficar com tudo isso. Deus, que toma cuidado de todos, cuidará também do meu jumento. Irei pedir aquilo de que necessito. E o abrigo de Deus não há de ser encontrado em todos os lugares em que um homem repouse em paz?"

De modo que começou a viver vida de mendigo. A princípio, achou isso difícil, mas somente porque irmão Corpo não podia apreender tão depressa quanto irmã Alma que Francisco não era mais o filho de um abastado comerciante, vestido de veludo escarlate, que a alma não era mais a serva do corpo, mas quem dirigia e que o irmão Jumento tinha de obedecer.

Sua mão hesitou um instante antes de bater pela primeira vez à porta de um estranho, mas isso foi somente porque esta mesma mão tinha estado acostumada a dar prodigamente e não tinha experiência de aceitar esmolas. Sua língua pesava quando teve de articular, pela primeira vez, as palavras: "Peço-lhe, pelo amor de Deus, o que sobrou de sua comida", mas isto só porque aquela mesma língua tinha estado habituada a satisfazer os pedidos dos outros e não sabia ela mesma como formulá-los.

Os mendigos, que andam de porta em porta, recebem muitas descomposturas e recusas pouco amáveis. Especialmente um mendigo como Francisco, que era mendigo por sua própria vontade. "Não tem vergonha você", rosnava a voz desagradável de um velho negociante, por trás de sua porta semicerrada, "de lançar tamanha desonra sobre o bom nome de seu pai? Mandrião! Biltre! Filho desgraçado! Suma-se, senão lhe estumo os cachorros em cima." E numa outra porta, o mordente sarcasmo de uma mulher orgulhosa: "Foi nisso então que você veio a dar, senhor Francisco, nobre trovador!" E voltando-se para a criada: "Dê-lhe os ossos que guardamos para os cães. Terá então alguma coisa para roer e não nos importunará por algum tempo com sua presença."

Francisco sentia muitas vezes seu sangue ferver quando ouvia tais palavras, mas um instante depois, voltava à casa do comerciante que o havia insultado e dizia: "Senhor, obrigado pela humilhação." E à mulher: "Obrigado, nobre dama, pelos ossos e pela humilhação que é alimento bem aceito para minha alma, pois precisa ela de praticar a humildade."

Tinha limpado um velho balde e usava-o como sua gamela de mendigo. Nele juntou as migalhas das mesas dos ricos, umas poucas colheradas de sopa, uma crosta de pão velho, um osso com umas poucas fibras de carne, algumas folhas de alface e uvas meio podres. Quando, depois de seu dia de trabalho, sentou-se pela primeira vez à beira da estrada para comer, a simples vista daquela lavagem no balde encheu-o de náusea e, repugnado, desviou o olhar. Mas imediatamente interveio sua alma e censurou seu corpo por sua louca conduta. "Irmão Jumento", disse, "ó louco irmão Jumento, trate de conter-se. Pense em dona Pobreza, que tão bondosamente preparou esta comida para nós. Você não há de querer magoá-la, não é mesmo?" E como se desejasse abrandar o grosseiro deslize que irmão Jumento havia cometido, a alma falou em alto tom de voz, que toda a estrada podia ouvir: "Que saborosa comida, dona Pobreza! Tantos pratos e tão maravilhosamente variados! A senhora é na verdade boa demais para comigo, dona Pobreza!" E depois, justamente a fim de dar um bom exemplo ao irmão Jumento, a alma acrescentou: "Agora, dona Pobreza, agradeçamos e alegremo-nos com o que temos!" Então o corpo-Jumento sentiu-se envergonhado e, considerando as palavras da alma, começou também a louvar a cozinha de dona Pobreza, fazendo-o, porém, na sua ingênua maneira jumental. Esvaziou o balde apressadamente até a última gota.

A alma de Francisco estava acostumada a cantar quando se sentia feliz. De modo que então cantou canções de louvor e gratidão à dona Pobreza. O corpo-Jumento acompanhou-o o melhor que pôde. E então uma coisa bem estranha aconteceu. O corpo-Jumento e a alma, que ouviam a voz de Deus, tornaram-se um só. Era como se uma separação tivesse sido apenas um engano, que o Criador tentava agora corrigir, porque se deliciava enormemente com a alegre refeição de mendigo de seu filho Francisco.

Assim se passou a primeira refeição, pedida de esmola por Francisco, o mendigo, comida no aberto salão de banquete da estrada, em plena felicidade e contentamento. Terminada, a alegria de Francisco ergueu-se a exuberantes alturas, como iguais jamais conhecera durante as mais ruidosas festas de seu passado. Comido o último bocado, bebida a derradeira gota de sua gamela de mendigo, Francisco ergueu-se, num jeito de deleitada leveza, para ir andando a cantar pela noite, como havia outrora feito o trovador ao final de uma descuidada orgia. Mas as vielas e ruas e até mesmo as praças de Assis eram por demais estreitas para seu grande júbilo. De modo que seu passeio de trovador levava-o para a criação de Deus, para os bosques, para as colinas, para os campos.

Seguia sozinho. Mas à medida que o trovador em trajes de mendigo caminhava pela noite, os céus no alto se encarregavam de sua escolta de tochas. Todas as estrelas alinhavam-se em festiva procissão, para iluminar-lhe o caminho com suas luzes cintilantes. A viola preciosa, com a qual sempre acompanhara suas canções, ficara para trás com sua velha vida. Mas estando a serviço de dona Pobreza, tornara-se cheio de recursos. Pegou um pedaço de madeira e uma vareta que estavam debaixo de uma árvore e dentro em pouco a madeira era uma viola e a vara um arco. Se ninguém mais ouvisse o acompanhamento, Deus o ouvia e era para Ele que Francisco cantava e tocava suas novas toadas trovadorescas.

Quando se cansou e chegou a hora de deitar-se e dormir, não sabia qual das muitas camas escolher. Uma abundância de possibilidades havia-lhe sido provida por dona Pobreza, desde que abrira mão da única cama que fora mesmo sua. Aqui tinha uma cama de relva, ali outra com um dossel de rochedos e mais outra além, feita de folhas macias, sob os ramos protetores de uma árvore.

Para esta primeira noite, escolheu a cama de relva, em campo aberto, e os mais ricos jovens de Assis não repousavam mais confortavelmente em suas camas de penas, não tinham mais rico baldaquino para proteger-lhes o sono, do que este pobre sem vintém sob o dossel de estrelado firmamento.

Descansado e cheio de frescor e da alegria da manhã, Francisco despertou. Um pássaro que dormia ali perto, numa moita, acordou-o com seu chamado e o beijo do sol de abril abriu-lhe os olhos. Mas sabia que fora dona Pobreza, a rica e generosa dona Pobreza, quem o despertara, graças ao canto de um pássaro e ao beijo do sol.

Então o trabalho de reconstruir a casa de Deus começou. Era uma espécie de trabalho lento e monótono: misturar argamassa, carregar pedras, acamá-las, subir e descer a escada, andar para lá e para cá nos andaimes, tudo repetidas vezes. Não, porém, para quem se sente cheio do espírito de Deus e o faz para agradar-lhe, cantando os seus louvores enquanto trabalha, simplesmente porque um copioso amor ao Criador deve manifestar-se numa canção contínua.

Tão alegre, tão leve e fácil, como a sua primeira refeição de mendigo, sua primeira serenata de menestrel de Deus e sua primeira noite sob o teto celestial de dona Pobreza, tão feliz como a primeira chamada matinal dos pássaros, o primeiro beijo despertado do sol de abril, a canção do primeiro dia de trabalho; tão alegres e felizes como estes eram também todos os outros dias. Era esta a maravilhosa experiência de Francisco, que escolhera ser pobre: dona Pobreza tornava-o rico, mais rico do que o mais rico dos ricos. Seu dote era felicidade e paz, que o dinheiro não pode comprar, e liberdade interior, que a baixeza não pode abaixar mais, e tudo isso não dependia do momento transitório, porque estava cheio de um eterno deleite na criação de Deus.

Até mesmo o prazer, que sempre fora uma de suas mais gratas delícias, de sentir-se cercado de bons companheiros e de sempre agir como generoso anfitrião, não lhe era negado por dona Pobreza. Ao fazer suas frugais refeições, dia após dia, debaixo de uma árvore à beira da estrada, ou nos degraus de uma escada, o lugar dos seus velhos amigos foi logo tomado por um novo grupo de companheiros alegres. Seu primeiro conviva foi um cão vadio e um pardal, tendo notado que Francisco também não tinha ninho, acompanhou-o como que um igual. Depois chegaram um tordo, e um coelho, e um carneiro tresmalhado de seu rebanho. Todos eles, um após outro, perderam o medo dos homens e juntaram-se a Francisco, como amigos a quem ele houvesse convidado. E se a sua refeição de mendigo consistia, muitas vezes, em nada mais do que umas poucas migalhas de pão, algumas folhas de alface e um miserável osso, naquela grande frugalidade, Francisco conseguia sempre tratá-los bastante generosamente. Ele continuava sendo o que sempre fora: o rei do banquete. Quando às vezes, como estivera acostumado a fazer, erguia-se após a comida e começava a cantar, os novos companheiros escutavam-no atentamente, como haviam feito os de outrora. O tordo era o primeiro a acompanhá-lo, mas também o pardal, o cachorro e o carneiro faziam o que melhor podiam. O coelho fazia grandes esforços, mas em vão, e tinha de contentar-se com entesar as orelhas, para participar do espírito geral de jovialidade e, todos os dias, voltava a juntar-se ao círculo de amigos.

Dar era o impulso mais forte da natureza de Francisco. Deixar que outros se beneficiassem com a sua riqueza, ter toda a gente como participante de suas alegrias, tinham sido o maior deleite do filho do comerciante rico. E agora, justamente porque estava tão pobre, tornara-se herdeiro da maior riqueza da criação de Deus, e toda a felicidade na terra, e a paz, e a liberdade, eram dele. Seu generoso coração mal podia suportar isso por mais tempo. E todos os dias, e todas as noites, cada hálito e cada olhar tornavam-no cada vez mais rico e suas riquezas eram bastantes para a felicidade da vida inteira, até o fim de todos os dias. Mas seu pensamento não sabia ainda como podia ser distribuído aquele tesouro. Contudo, a palavra que lhe dissera como, que proclamara sua tarefa e seu destino, tinha sido pronunciada já há bastante tempo. Fora ele próprio quem a pronunciara, no primeiro dia mesmo em que cruzara os umbrais da casa rica de dona Pobreza; ali fora, nos bosques, quando os bandidos no seu desaponto, porque não possuía ele nada senão um burel de crina, tinham-lhe perguntado quem ele era, quando ele, mal pensando no que estava dizendo, havia explodido numa resposta quase jocosa: "Eu sou o arauto do grande rei." Naquela ocasião, sua razão não compreendia o que estava falando nele, acima dos limites da razão.

Ainda noutra ocasião, sua tarefa lhe fora revelada: quando, diante do sacrário da velha igreja de São Damião, a voz do Senhor na cruz tinha dito, em resposta a suas fervorosas preces: "Restaura minha casa para mim." Naquela ocasião o seu coração estava aberto à significação das palavras de Cristo. Contudo, sua mente estava ainda demasiado envolta nos pensamentos materiais do mundo. De modo que compreendeu o que lhe era dito num sentido puramente material e pôs-se a reconstruir em pedra a arruinada casa de Deus. Que a voz do crucifixo lhe determinara a tarefa muito maior de reconstruir a arruinada Igreja de Cristo, em todas as partes do mundo, isto não tinha sido ele ainda capaz de compreender.

Mas quem luta tão fervorosa e verdadeiramente como Francisco para se aproximar de Deus não tropeçará sobre o mal-entendido da razão, pois até mesmo os mal-entendidos conduzem à verdade e aos desvios à estrada reta à sua frente.

Um inverno bastante rigoroso interrompera o trabalho de Francisco de reconstruir a Porciúncula e ele passara o tempo cuidando dos doentes no lazareto. Em fevereiro de 1209, o frio abrandou e agora não poderia haver repouso nem demora. A tarefa de restaurar a igreja teria de ser completada antes do dia de São Mateus, quando o padre desejava reconsagrá-la. Francisco cumpriu sua promessa.

As cerimônias inaugurais não atraíram grande multidão. Além do construtor, havia somente um pastor, que por acaso passara por ali com seu rebanho. Estava ali simplesmente por ter o velho costume de sentar-se um pouco dentro de uma igreja antes de levar os rebanhos de alguém para o pasto. Contudo, esta simples cerimônia iria tornar-se uma das mais significativas em toda a história da Igreja e, na verdade, de toda a humanidade.

Enquanto o padre da Porciúncula estava celebrando a missa de reconsagração, veio Francisco a entender plenamente a tarefa que a voz em Espoleto lhe havia designado. E agora era, na verdade, o arauto do grande rei, como se fizera passar aos bandidos nos bosques. Durante esta missa, o pedreiro-chefe das arruinadas igrejinhas da Úmbria certificou-se do fato de que o grande contrato de reconstrução que lhe tinha sido concedido em São Damião referia-se à reconstrução da Igreja de Cristo. Durante essa missa, sua mente por fim apreendeu aquilo que seu coração de há muito conhecia e o mais pródigo doador da terra descobriu um meio de fazer o mundo partilhar de seus abundantes tesouros, que podiam abastecer todos os seres criados, até ao dia do julgamento final.

Durante essa missa, no dia de São Mateus, o padre leu, do Evangelho segundo são Mateus, a palavra que Cristo dirigiu a seus apóstolos, quando os enviou ao mundo para proclamar o reino de Deus. "Eis que vos envio como ovelhas no meio de lobos." Então, Francisco reconheceu que a lição apostólica de pobreza, humildade e amor que o Senhor ordenara que os discípulos espalhassem entre os povos era exatamente aquilo que ele, na simplicidade de seu coração, tinha pensado, e sentido, e falado, e feito. A sabedoria de Cristo, antes que ele a conhecesse, tinha-lhe sido dada como a essência de sua vida. Se proclamasse seu próprio modo de vida ao mundo, estaria fazendo aquilo que o Senhor tinha exigido de Seus apóstolos.

"Não vos provereis de ouro nem de prata, nem de cobre nas vossas bolsas; nem de alforje para o caminho, nem de duas túnicas, calçado, de bordão." Foram estas as palavras com que o Senhor enviara Seus apóstolos. E Francisco, o pobre sem vintém, podia sair na mesma missão dos apóstolos, porque se havia preparado para isso, muito embora não soubesse que o estava fazendo.

Um dia apareceu ele de pés descalços, com sua capa de mendigo, nos degraus de uma escada, na praça do mercado de Assis e começou a pregar o Evangelho de Cristo: "Homens e mulheres, não, deixai que vos chame irmãos e irmãs, pois Deus é o pai de todos nós. E Deus é amor. De modo que obedecei-Lhe em amor, pois Sua lei e todos os nossos deveres estão contidos no amor. Amai o vosso próximo e amai também os vossos inimigos. Neles, amai vossos irmãos e vossas vidas serão gratas a Deus. Vivei em paz uns com os outros, pois assim estareis em paz convosco mesmos e com Deus. Deixai que a paz comece nas pequenas coisas de vossas próprias vidas e a paz será levada a todos, uma grande paz para o mundo inteiro e o mundo inteiro tornar-se-á a casa do Pai. Nós e todas as coisas vivemos n'Ele e por Ele. Tende confiança n'Ele. Não permitais que vossos corações se afinquem ao ouro, à prata, e a todas as riquezas corruptíveis do mundo, pois Ele é o vosso tesouro incorruptível. Se, portanto, viverdes como o mais pobre dos pobres, todas riquezas do céu vos serão dadas. Quem a tudo renuncia, tudo receberá. Quem se humilha será exaltado. Não vos esforceis pelas honras do mundo, mas honrai o Senhor. Não vos preocupeis com o dia de amanhã, pois o Pai cuidará disso para vós. Caminhai pela estrada do amor e vivei juntos como irmãos e irmãs, pois o Seu reino está próximo! A paz seja convosco. Amém!"

Já antes disso, o povo da cidade de Assis se acostumara a espantar-se com seu estranho modo de vida. Os ricos amigos do velho Bernardone desprezavam Francisco, como um irremediável caso perdido; todos desaprovavam a loucura de sua conduta e até mesmo os mais devotos cristãos ficavam confusos e meneavam a cabeça. "Um *pazzo*! Um doido digno de dó!" Era este o mais benévolo veredicto que Assis podia pronunciar sobre o outrora popular filho de um abastado comerciante, que se rebaixara até o nível da absoluta miséria, que tinha beijado um leproso, que andava a pedir pedras e argamassa, vivia do refugo das cozinhas de outros homens e vagueava pela região como um vagabundo sem lar.

Era um tempo, aquele, em que o dinheiro, que acabava justamente de ser reintroduzido como um padrão de troca no comércio e na indústria, era considerado a essência de todos os valores, uma coisa que todos se esforçavam por adquirir e acumular. Uma pessoa que possuísse dinheiro e o desse, que recusasse aceitar uma moeda que lhe fosse oferecida, era um louco chapado. Uma pessoa que amarrava uma corda em torno de sua cintura, enquanto todos os mais mostravam-se orgulhosos da bolsa pendente de seu cinturão, que não tinha nem mesmo um bolso na sua capa e lugar algum para guardar dinheiro, que outro nome mereceria senão o de louco?

Por certo, em um tempo em que os cavalheiros do país viviam em castelos fortificados e o povo das cidades em casas construídas de pedra, em que o mais pobre dos pobres maior necessidade não sentia do que a de ter um teto sobre sua cabeça, somente um *pazzo* podia abandonar a segurança de seu lar para partilhar a vida dos pássaros na floresta, das lebres nos campos e dos cães vadios pela estrada.

Os homens e mulheres da cidade usavam roupas de preciosas fazendas, sedas da Pérsia, renda mourisca, bordados espanhóis e o filho de um negociante de fazendas, que podia ter tudo isso, abria mão de tudo por espontânea vontade e andava com uma capa de mendigo já surrada e tudo quanto ele fazia era igualmente louco aos olhos do povo de Assis.

E agora esse estranho homem erguia-se na praça do mercado e anunciava que a pobreza e a renúncia são a verdadeira doutrina de Cristo; que somente o amor ao próximo, e até ao próprio inimigo, pode levar à extrema felicidade. E isto numa época em que as guerras decidiam tudo, em que o poder e a grandeza de cidades e países, em que o poderio do nobre e as riquezas dos burgueses eram determinados pelas guerras, em que os papas e os cruzados travavam guerra sobre guerra... E ainda aquele simplório continuava a babujar a respeito da verdadeira salvação por meio de paz e do amor à paz por parte de todos os indivíduos. Um nobre sem vintém, que vivia dos restos das mesas dos ricos, tinha a impertinência de dizer aos ricos qual fosse a verdadeira riqueza; um indivíduo a quem todos desprezavam, ousava falar a respeitáveis burgueses e altivos nobres acerca da humildade e da autodegradação como a essência de uma vida verdadeiramente honrada. Um vagabundo, pária confesso da sociedade, pretendia ter conhecimento sobre uma ordem social melhor.

Zombaria e desprezo foram a única reação que Francisco logrou depois de seu primeiro sermão. E muitas vezes mais iria proclamar os ensinamentos de Cristo, em meio de zombaria e de desprezo.

Durante a missa, no dia de São Mateus, ouvira o padre ler as palavras de Cristo: "A messe é, na verdade, grande, mas os operários são poucos", e "nada há encoberto que não seja revelado". De modo que Francisco não podia ser desencorajado pela zombaria e pelo desprezo. O Senhor tinha-o mandado como um ceifador para seus campos e, alegremente, pôs-se ele a fazer o que lhe tinha sido ordenado. Se o povo chamava sua mensagem de mero disparate de um simplório, sabia ele que o que procurava era a verdade de Deus. Se o chamavam de doido, sua humildade transformava a significação do insulto em louvor e distinção, pois em verdade ele era um "doido pela graça de Deus" e gozava do privilégio da liberdade dos doidos em proclamar a sabedoria da paradoxalidade dos doidos.

E então veio a acontecer, não muito depois de haver ele começado a sua obra apostólica, que entre as pessoas na praça do mercado a escutar suas palavras com espanto ou nelas achando graça, primeiro um e depois outro pareceram de repente achar que a falação maluca de Francisco significava mais do que eles tinham pensado, que era realmente a sabedoria do Evangelho de Cristo.

O primeiro a compreender as palavras de Francisco, em seu verdadeiro sentido, foi precisamente um dos mais ricos negociantes de Assis: Bernardo de Quintavalle, vestido de seda e veludo, com uma pesada bolsa ligada ao cinturão. A princípio, parara na praça do mercado somente porque a multidão que ali havia, tinha-lhe despertado a curiosidade, mas voltou no dia seguinte, porque não queria perder as palavras do mendigo, pois lhe parecia que um núcleo de verdade estava oculto naquela polpa sumarenta de loucuras. O sermão seguinte impressionou-o como contendo a plena verdade e até mesmo a "polpa sumarenta de loucura" era parte dela. Finalmente, reconheceu que as palavras do estranho apóstolo constituíam uma mensagem de salvação, que conduziria todos aqueles que lhe prestassem atenção à genuína bem-aventurança e felicidade.

Francisco tinha acabado seu sermão. A multidão havia-se dispersado. Somente o senhor Bernardo, em trajes de seda e de veludo, estava ainda ali. Convidou o mendigo de capa esfarrapada a acompanhá-lo à sua casa, onde poderiam continuar juntos a conversa. Queria saber como Francisco viera a conhecer sua missão. Francisco passou a noite na casa do senhor Bernardo. De manhã, seu hospedeiro perguntou-lhe o que teria de fazer para viver verdadeiramente no espírito dos ensinamentos de Cristo. Francisco sentiu-se muito feliz por poder ajudá-lo e instruí-lo.

Aconteceu que, depois do sermão seguinte, um cônego que estivera muitas vezes a escutar as palavras de Francisco foi ter com ele para perguntar-lhe quem lhe tinha dado a ideia de tornar-se mendigo por amor do Senhor e por que pensava ele que a forma como os padres proclamavam a palavra de Deus nas igrejas não era suficiente, de modo que ele ficava na praça do mercado a proclamá-la. Este homem, Pedro dei Cattani, era o respeitado vigário da igreja de São Nicolau e, graças a seu profundo conhecimento do direito canônico, adquirido em Bolonha, parecia destinado a uma ilustre carreira na Igreja.

"O que os padres ensinam na igreja", respondeu o mendigo, "é a doutrina de Cristo, mas não o que praticam em suas vidas. Prová-lo-ei ao senhor com a Bíblia, na sua própria igreja. Onde quer que o senhor a abra, encontrará o que o Senhor espera de Seus discípulos e se o senhor", continuou Francisco, voltando-se para o senhor Bernardo, "quer saber o que deve fazer, venha conosco. Ser-lhe-á dito nas palavras do próprio Senhor."

Seguiram, pois, juntos os três homens para a igreja: o mendigo, com sua capa esfarrapada, o rico negociante, com sua roupa de veludo e seda, e o cônego, com sua batina.

Era velho costume abrir a Bíblia ao acaso e considerar a passagem que o olhar encontrasse em primeiro lugar como um presságio significativo. Francisco abriu o Evangelho três vezes diversas. A primeira vez encontrou as palavras que o Senhor tinha dito ao jovem da Galileia e que tão profunda impressão haviam causado em santo Antão: "Se queres ser perfeito, vai vender tudo o que tens, dá-o aos pobres e terás um tesouro nos céus." A segunda passagem era o conselho que o Senhor dera a Seus discípulos, quando os enviara a difundir o Evangelho: "Não leveis nada convosco na vossa jornada, nem bolsa, nem pão, nem mesmo duas túnicas." E quando abriu o livro pela terceira vez leu: "Aquele que não toma a sua cruz e não me segue, não é digno de mim."

"Devemos agir, então, de acordo com as palavras do Senhor", disse Francisco, e os dois lhe obedeceram. O rico negociante e o cônego obedeceram ao mendigo maluco, pois o que ele tinha pregado à multidão, na praça do mercado, era literalmente idêntico aos mandamentos da Escritura.

Poucos dias mais tarde, em 16 de abril de 1208, a cidade de Assis foi testemunha de estranho espetáculo, que causou a todos extraordinária excitação. À tarde, na praça de São Jorge, o rico negociante Bernardo, o cônego Pedro e o mendigo Francisco apareceram em meio de uma multidão de milhares de pobres, para a qual a larga praça era quase estreita demais.

Cada um dos três tinha diante de si várias malas pesadas, cheias de dinheiro, que constituíam toda a fortuna do senhor Bernardo. Vendera todas as suas posses, suas casas e propriedades, e decidira distribuir os rendimentos e todo seu dinheiro de contado pelos pobres. Com ambas as mãos, os três homens metiam os dedos dentro das malas e jogavam as moedas à direita e à esquerda para a multidão excitada. As malas estavam a princípio cheias até em cima, pois a riqueza do senhor Bernardo tinha sido grande; contudo, dentro de poucos minutos ficaram completamente vazias, pois o número de necessitados era também enorme.

Nesta fantástica ocasião, o povo de Assis tinha sua última oportunidade de ver o senhor Bernardo vestido de veludo e seda, e Pedro com sua preciosa batina, pois quando os dois, em companhia de Francisco, deixaram a praça, o primeiro passo que deram foi ir em busca do trapeiro que ficava perto da porta da cidade. Ofereceram-lhe, o que seus ouvidos mal podiam acreditar, em troca de duas túnicas mal remendadas e surradas, as roupas de veludo e seda do senhor Bernardo e a batina do cônego Pedro dei Cattani, com os sapatos, de quebra, para completar um bom peso. Ao saírem da loja do trapeiro, o outrora rico negociante e o cônego de São Nicolau caminhavam, como Francisco, de pés descalços e em farrapos. Exibiam o mesmo louco aspecto que o mendigo que os induzira a esta loucura. Procediam como se tivessem tornado finalmente os mais ricos homens da cidade, isentos de todas as preocupações; e tudo isto a despeito do fato de não terem um vintém sequer de seu para viverem. Estavam prazenteiros; riam, pilheriavam e saudavam a todos com as palavras "A paz esteja convosco" e, mesmo quando, às vezes, este ou aquele antigo conhecido deles os chamava de loucos ou patifes, respondiam, como seu chefe estava habituado a fazer, com um cordial "Obrigado, bom senhor (ou boa senhora), obrigado pela humilhação que nos ajuda a praticar a humildade".

Em pouco tempo, o senhor Bernardo e o cônego podiam também ser vistos sentados nos degraus de Assis, ou nos rochedos à beira da estrada nos campos, partilhando com cães vadios a varredura de restos de comida, que haviam ajuntado em suas gamelas. E durante todo o tempo, cantavam alegres toadas de graças a Deus por permitir que comessem à sua mesa e por tratá-los tão prodigamente. Em todos os outros aspectos, procuravam eles seguir também com o exemplo do mendigo maluco. Tornou-se mesmo conhecido que os três homens iam juntos ao lazareto, onde cada qual mais se esforçava em executar as mais baixas tarefas.

O espanto geral tornou-se ainda mais intenso quando um homem, que os acompanhava por curiosidade, voltou para relatar ao povo da cidade que eles estavam vivendo perto da Porciúncula, numa cabana que haviam construído de ramos, folhas e barro, semelhante mais a um imenso ninho de pássaro do que a um lugar adequado à vida de seres humanos. Tinha também ouvido uma de suas conversas, que transmitia pouco depois ao povo de Assis. A princípio, o cônego lera um trecho do Evangelho e depois passaram a discutir uma excursão que estavam planejando para proclamar o verdadeiro reino de Deus. Por fim, tinham começado a cantar, Francisco no seu bem-amado provençal e os dois outros acompanhando-o em surdina.

O veredicto do povo de Assis, pronunciado, a princípio, só contra Francisco, estendia-se agora a todo o trio de esfarrapados: *pazzi*, doidos, doidos de pedra. Que desgraça para uma cidade respeitável, que três de seus melhores filhos houvessem perdido o juízo!

Entre a gente mais humilde, chamada *minores*, começaram a aparecer opiniões sobre os três que contrastavam agudamente com as dos *majores*, os burgueses e nobres. Os pobres achavam cada vez menos estranho e louco que três *majores* se houvessem rebaixado por espontânea vontade à posição de *minores* e vivessem uma vida mais humilde e mais baixa do que a de qualquer de seus novos companheiros. Que estivessem sempre a cantar e parecessem levar uma boa vida era decerto um tanto estranho, mas depois tentavam com sua alegria libertar quem quer que os ouvisse de todas as perturbações e complicações. Mas o que causava melhor impressão ao povo humilde em favor dos três era o que eles estavam fazendo em favor dos pobres e dos necessitados.

Havia um raquítico e velho lavrador pobretão mourejando para lavrar seu campo. Então os três iam ter com ele e diziam: "Deixe que o ajudemos, bom homem" e tiravam-lhe das mãos o arado e não descansavam enquanto o trabalho não estivesse todo findo. Um lenhador que tivesse de trabalhar duramente para ganhar o mero sustento de sua família via-os nas matas. Sugeriam-lhe que descansasse um pouco e, cantando todo o tempo, derrubavam árvore após árvore, rachavam a lenha do tamanho certo e a empilhavam cuidadosamente para ele. Se um carroceiro andava dificilmente às voltas com uma pesada carga, mãos prestimosas de repente agarravam os varais e facilitavam o trabalho com seu vigoroso auxílio. Quem quer que se achasse em situação difícil, se encontrasse os três ou mesmo um deles receberia eficiente ajuda.

Quando aqueles que tinham aceitado seu auxílio queriam pagar-lhes dando-lhes dinheiro, recusavam-se sempre a aceitá-lo ou mesmo a tocá-lo, como se pudesse queimar-lhes as mãos, ou como se fosse uma coisa maldita. Quando lhes ofereciam comida em troca de seu trabalho, às vezes aceitavam, mas sempre com tal moderação que teria sido mais dispendioso alimentar passarinhos. "Um pedaço de pão. Um pouco d'água. O que houver. Isto é mais do que suficiente. Obrigado." Pareciam preferir os restos e tudo era muito bom e delicioso.

Os três eram tidos como excêntricos trabalhadores, mesmo quando olhados pelos olhos dos *minores*, mas certamente homens bons e honestos em quem se podia confiar em todas as coisas, mesmo no que tinham a dizer a respeito do Evangelho de Cristo: que as pessoas deviam amar-se mutuamente, viver em paz, praticar a humildade e libertar-se de demasiadas preocupações a respeito do dia de amanhã.

Para o povo simples que os ouvia confiantemente, a doutrina de Cristo começou a tornar-se mais clara, até que finalmente brilhou de novo na luz em que o Salvador a havia proclamado, na luz de uma mensagem de alegria.

Aqueles três, que difundiam as palavras de Cristo como uma mensagem refrescante e cordial entre os homens eram diferentes dos padres na igreja, que também liam as palavras a respeito da paz e da vida simples do Evangelho, mas que eles próprios, viviam no conforto e na abundância e não receavam discordar de seu próximo, quando alguma vantagem pessoal estava em jogo. Eram também diferentes daqueles severos monges dos claustros, que seguiam o mandamento da pobreza, mas suportavam-na como pesada carga. Para aquele alegre trio, a pobreza não era jugo que pesasse demais sobre eles, mas um par de asas que os libertavam de todo o peso. Para eles, a renúncia não era escassez mas abundância e a lei de Cristo não era restrição, mas libertação. Quando tinham de falar a respeito de amor e paz, suas palavras não significavam apenas piedosa exortação; davam o exemplo total de suas vidas. E na presença deles, não se tinha vergonha de ser uma simples criatura humana, cheia de fragilidade e de pecados, pois entre irmãos nunca se tem necessidade de ficar envergonhado. Também a bondade de Cristo que eles proclamavam não enchia ninguém de temor e desânimo, pois Ele amava todas as ovelhas tresmalhadas e era o Salvador de todos quantos careciam de salvação.

O número dos *minores*, que ouviam devotamente os sermões dos três, foi aumentando. E mais depressa mesmo do que as notícias das mais recentes excentricidades do trio esfarrapado que o informante dos *majores* tinha levado consigo de volta a Assis, espalhavam-se entre os *minores* as novas das mais recentes boas obras dos apóstolos mendicantes. Assim, contava-se que, após ter estado, desde a manhã até a noite, a trabalhar no lazareto, achava-se Francisco sentado à beira da estrada lendo a Bíblia, único bem que os três possuíam, quando passou uma pobre mulher de regresso à casa. Estava profundamente aflita porque nada tinha para dar de comer a seus filhos. Quando viu o homem à beira da estrada, estava tão absorta na sua própria tristeza, que não notou a capa surrada e esfarrapada que ele usava e, na sua negra necessidade, dirigiu-se a ele e pediu-lhe uma moeda por mais inferior que fosse para poder comprar algum pão e levá-lo para seus filhos. Foi esta a primeira vez em que Francisco lamentou não ter dinheiro algum. Nada possuía que não fosse a Bíblia, em que lia as palavras do Senhor, para, por meio delas, revigorar seu ânimo e alegria. Era-lhe mais preciosa do que qualquer outro tesouro do mundo, mas era um bem e a pobre mulher diante dele chorava porque não podia comprar pão para seus filhos. "Toma este livro", disse ele, em rápida decisão, "vende-o e compra com o dinheiro pão para teus filhos." Depois que a mulher se foi, disse ele ao Senhor: "Dei a Vossa palavra. Mas haveis de perdoar-me, pois assim fiz para cumprir plenamente a Vossa palavra." E então ouviu o Senhor que lhe respondia no íntimo de sua alma: "Coloquei meu Evangelho vivo dentro de teu coração. Quem me ama e me segue vive a minha palavra." Muitos dos que vieram a saber do caso diziam que aquele mendigo era um santo, que o Senhor Jesus estava agindo por meio dele e muitos acreditavam que deveriam ouvi-lo e acompanhá-lo.

Um lenhador chamado Egídio assim fez. Muitas vezes quando estava cortando madeira, parava seu trabalho, olhava em redor e ficava à escuta: esperava ver Francisco vindo através da floresta. Certa manhã, estava ele ocupado a derrubar uma pesadíssima árvore — toda a floresta ressoava ao eco dos seus potentíssimos golpes — quando, de súbito, o profundo estalar do gigante da mata que tombava mudou-se numa clara e cantante melodia. E embora seus sons fossem ainda leves e chegassem distantes aos ouvidos de Egídio, comoviam-no intensamente e ressoavam nele mais alto do que o barulho trovejante da árvore fendida. Abandonou trabalho e seguiu na direção de onde lhe viera a toada até que, afinal, achou-se face a face com aquele por quem estivera à espera havia tanto tempo. "De agora em diante acompanhar-vos-ei na vossa pobreza e trabalharei convosco pelo reino de Deus", disse o lenhador. "Alegra-te e orgulha-te de que o rei dos reis, o próprio Senhor, tenha te escolhido", replicou Francisco.

Egídio era apenas um pobre lenhador. Nada tinha de seu, senão um machado e uma choupana. Era um homem forte, contudo, apesar de todo o seu árduo labor, mal podia ganhar o dinheiro suficiente para sustentar-se. Mas Deus dava ao machado, à choupana, ao salário pequeno mas certo que Egídio abandonou a fim de servir a dona Pobreza, valor não menor que aos sacos de dinheiro do senhor Bernardo e à bem paga posição do cônego. De modo que Francisco aceitou Egídio como um quarto membro de sua irmandade, igual aos outros.

Depois que os quatro viveram durante algum tempo juntos, na mísera choupana perto da Porciúncula, decidiram sair em viagem missionária. Resolveram ir aos pares: Francisco e Egídio na direção do sul até Ancona; e Bernardo e Pedro pelas regiões ao norte de Assis. Cavalo e mula eram para eles suas próprias pernas e pés. As despesas de viagem seriam cobertas pela sua prontidão em trabalhar. E se por vezes se verificasse impossível ganhar comida, não deveriam afligir-se por isso; teriam de sentar-se simplesmente à mesa de Deus, o grande banquete hospitaleiro da caridade, onde poderiam ser alimentados juntamente com todos os outros mendigos.

A princípio, o povo por toda a parte ficou assustado diante do aspecto daqueles estranhos camaradas esfarrapados e andrajosos. "Ladrões! Socorro! Socorro!", gritavam as mulheres que os encontravam. E mesmo quando eles cantavam suas canções nas praças dos mercados, o sentimento de temor não desaparecia imediatamente. "Feiticeiros!", gritava a multidão, "toquemo-los para fora, sua presença traz má sorte!" Os garotos de rua foram os primeiros a perder a desconfiança dos estranhos "feiticeiros" que lhes contavam histórias prodigiosamente belas a respeito do estábulo de Belém, onde nascera uma criança cujo nome era Jesus e que trouxera alegria e felicidade para todos os homens. Encorajados por seus filhos, pais, mães e toda a espécie de gente, saíam a escutar as canções deles, a princípio ainda um tanto embaraçados, pois mal haviam conseguido libertar-se da apreensão e temor, mas logo depois profundamente comovidos e cheios de grande deleite até que por fim, muitos deles ofereciam aos peregrinos quarto e comida em suas casas e herdades. Os estranhos mostravam-se generosos em seus dons de canções e sermões, mas quando tinham de aceitar esmolas eram miseráveis ao extremo. "Dinheiro? Não, obrigado! — Não quer juntar-se à família para uma refeição cordial? Não, obrigado. Um naco de pão e uns poucos goles d'água e chega!"

Se as privações que tiveram de suportar na sua viagem foram muitas vezes consideráveis, pelo menos as herdades, aldeolas e cidades que visitaram tinham ouvido a verdadeira palavra do Senhor. Deus tinha-os ajudado e Francisco sentia-se seguro da justeza de seu alvo. E Deus continuou a ajudá-los, quando os quatro completaram sua primeira viagem missionária retornaram à choupana junto à Porciúncula.

Mal se haviam reinstalado após a viagem, quando três novos discípulos chegaram à choupana e pediram para ser recebidos na sua irmandade. Um deles, chamado Morico, veio do lazareto. Durante anos sua terrível moléstia havia-o forçado a viver a vida de um pária, mas repentinamente um milagre ocorrera; estava curado e podia viver de novo entre os homens. No lazareto, havia provado o fruto do amor de Francisco e agora dirigia seus passos para a mísera choupana junto à Porciúncula, pois desejava, de agora em diante, dar aos outros a bondade e a caridade a ele dadas. O segundo era Sabatino, sábio homem que havia buscado nos livros a verdade e reconhecera subitamente que a salvação não reside no conhecimento humano das coisas que são verdadeiras, mas em viver e agir de acordo com a verdade. O terceiro, cujo nome era João, chegou como uma grande surpresa, pois era o filho do mais avarento negociante de Assis e, na casa de seus pais, os desprezados mendigos esfarrapados tinham sido mencionados apenas nos termos mais vis de escárnio. Mas as palavras e o exemplo deles tinham-lhe levado ao espírito maior força de convicção do que os sórdidos berros de seu pai. João deixou sua casa, abandonou conforto e riqueza e decidiu partilhar a vida de pobreza de Francisco e seus seguidores. Renunciou a todos os bens terrestres, com exceção de seu chapéu de abas largas, que desejava conservar com receio de uma insolação e, por causa disto, a pequena congregação deu-lhe o apelido de irmão Chapéu.

O caso do filho do negociante — mais uma vez um homem rico tomando a carga da pobreza por sua espontânea vontade — provocou novamente a indignação do povo de Assis. O pai de João quase enlouqueceu de raiva. Atacou Francisco na rua e suscitando uma tremenda algazarra, gritava: "Seu ladrão! Seu bandido! Roubou meu filho! O bispo haverá de dar-lhe uma lição!"

O bispo Guido intimou Francisco a comparecer à sua presença, não porque atribuísse particular importância às acusações do negociante, mas porque lhe pareceu ocasião propícia de fazer o que estava planejando há muito tempo: ter uma conversa séria com Francisco a respeito de seu estranho culto da pobreza. A sinceridade dos motivos de Francisco em escolher a pobreza como sua companheira de vida não tinha sofrido dúvida na mente do bispo desde o dia em que tivera de julgá-lo no processo promovido pelo velho Bernardone. A maneira pela qual Francisco iniciara sua vida de devoção era por certo extravagante. Sua conduta desde aquela ocasião ultrapassara também os limites que a Igreja espera de seus filhos fiéis. Mas o bispo Guido estava bem-disposto para com Francisco e atribuía suas extravagâncias a excesso juvenil de zelo. Ficou quieto quando os ricos de Assis e até mesmo muitos dentre os padres foram ter com ele para queixar-se. Que Francisco tomava sua devoção a sério, era demonstrado pelo piedoso serviço que executara em favor da Igreja, reconstruindo arruinadas casas de culto. A única coisa que perturbava o bispo era o fato de haver mais recentemente assumido Francisco uma espécie de apostolado da pobreza, de modo que o círculo de seus seguidores se assemelhava cada vez mais a uma nova fraternidade.

Desde que o número de irmãos da pobreza tinha chegado a sete, Francisco havia-se mudado da choupana junto à Porciúncula para um telheiro abandonado nas vizinhanças do lazareto de Rivo Torto. Em compensação com este miserável telheiro, com seu telhado esburacado e extrema falta de móveis, a mais modesta cela no mais austero mosteiro poderia parecer um confortável salão de visitas de uma mansão palaciana. Os monges da ordem reformada de São Bento viviam uma vida verdadeiramente ascética, mas em comparação com a abominável lavagem com que Francisco e seus sequazes conseguiam alimentar-se, sua comida de jejum, sem gosto, era um festim de glutões. Os severos monges não tinham propriedade pessoal, mas a segurança que a propriedade de seu mosteiro lhes proporcionava poderia ser condenada como uma traição contra o espírito do Evangelho, comparada com os padrões de uma comunidade sem qualquer espécie de propriedade e sem qualquer espécie de segurança que Francisco e seus companheiros se esforçavam por criar.

Tais considerações de natureza meio prática e meio eclesiástica induziam o pastor episcopal de Cristo a falar desta maneira a Francisco: "Sei quão sincero é você na sua devoção, meu filho. Mas considere os homens que mais agradam a Deus, os mais pobres monges, e verá que há uma porção de segurança da qual até mesmo os mais devotados seguidores de Cristo necessitam."

Francisco então respondeu: "Se conservarmos a propriedade, precisaremos de braços para defendê-la e isto, muitas vezes, nos impedirá de amar a Deus e a nosso próximo; portanto, não desejamos possuir bens temporais neste mundo."

Assim Francisco revelou-se ao mesmo tempo indulgente e inexorável, simples e astuto, precisamente como o Senhor tinha exigido que Seus apóstolos fossem, quando dizia: "Sede prudentes como as serpentes e mansos como as pombas."

Francisco voltou para seus irmãos de Rivo Torto a fim de viver com ainda maior determinação no espírito do Evangelho. Agora juntou-se a eles Filipo, como oitavo membro do grupo, alto como um poste de iluminação, ao qual os outros mais tarde só chamavam pelo nome de "Comprido". Pouco tempo depois teve a comunidade uma oportunidade de mostrar seu valor em novas tribulações e vicissitudes. O lazareto, cujos habitantes eram tratados pelos oito homens, era tão pobre que as migalhas de sua mesa não eram bastantes para oito estômagos, mesmo tão frugais como eram. A mesa de caridade que a cidade de Assis poderia ter provido foi supressa. Quando Francisco e seus companheiros saíam a pedir esmolas, encontravam todas as portas trancadas. Os *majores* haviam conspirado para ensinar aqueles "mendigos atrevidos" uma severa lição.

No outono, havia ainda algum trabalho a fazer nos campos e em volta das herdades, podendo-se assim ganhar a comida. Foi feita a colheita, os campos estavam prontos para o inverno. O lavrador e os animais descansavam. E muitas vezes, durante dias sem fim, não havia alimento para se obter em parte alguma. As frias chuvas do fim do outono começaram a cair e o teto do telheiro estava ainda esburacado. Os dias tornaram-se curtos, as noites longas e o telheiro era uma ilha num mar de lama. Lá dentro, os oito tremiam nas suas capas molhadas e, quando saíam, tinham de patinhar na lama para chegar até o lazareto. Mas que importava tudo isso, aqueles dias de fome, de frio e de escuridão e todas as coisas da vida aqui embaixo? Tinha-se simplesmente de olhar as coisas através de Deus, como fazia Francisco e ensinava seus discípulos a fazer. "Irmã Chuva", dizia Francisco. E tudo, inclusive a chuva interminável, parecia diferente. O que quer que acontecesse, acontecia pela vontade de Deus. O que estava criado, fora criado por Ele e toda criação era uma grande irmandade em Deus. "Irmã Chuva!" Estas simples palavras eram mais confortadoras do que a mais razoada consolação. Simplesmente porque eram palavras inspiradas por Deus. E, imediatamente, os sete outros acolhiam também a fria chuva outonal como irmã Chuva. Faziam-lhe boa acolhida em seu telheiro e não se queixavam quando ela salpicava suas conversações a respeito do Evangelho do Senhor e os acompanhava a caminho do lazareto.

Quando às vezes a irmãzinha Fome se tornava demasiado ousada e barulhenta, de modo que ameaçava perturbar-lhes a edificante conversa, Francisco falava-lhe, com a severidade de um irmão mais velho: "Agora fique quieta, irmã Fome, temos uma coisa a discutir com o Pai." Certa vez, enquanto estavam eles ausentes, no lazareto, uma alma caridosa depositou umas poucas moedas no telheiro deles, mas Francisco ordenou a Morico que as lançasse imediatamente no monte de estrume. "Sujeira com sujeira", disse ele. Nada tinha que fazer com dinheiro.

Tudo quanto ele dizia no telheiro dos oito soava ao mesmo tempo como coisa simples e sábia. Fosse como fosse, sobreviveram àqueles dias de chuva, frio e fome. Certamente, para o velho Bernardone, para todos os *majores*, para o bispo e para todos mais, eram eles oito sujeitos famintos num miserável telheiro impróprio para defendê-los contra o vento e o tempo. Mas Francisco ainda se lembrava dos nomes altissonantes das epopeias heroicas, pelos quais costumava outrora chamar seus joviais companheiros de alegres banquetes. "Meus cavaleiros da Távola Redonda", dirigia-se ele agora a seus famintos amigos, aludindo ao rei Artur e seus guerreiros. E quando se punham a cantar alegres e piedosas canções, chamava-os de *jongleurs de Dieu*, os jograis de Deus. Todos se sentiam em boas disposições de espírito. Os "cavaleiros da pobreza" pilheriavam e divertiam-se, enquanto os "menestréis de Deus" cantavam suas toadas exuberantemente joviais.

Caíra a primeira neve. Caiu da madrugada até o escurecer, toda a noite e todo o dia seguinte, em grandes flocos brancos. Era difícil agora sair do telheiro. "Irmão Inverno chegou", disse Francisco. "Veio visitar-nos. Não podemos ficar sentados em redor, de mãos vazias. Deus quer que trabalhemos. Amanhã sairemos para o mundo, dois a dois, a pregar o Evangelho."

Ao mudarem-se para Rivo Torto, tinham os irmãos colocado uma cruz feita de dois pedaços de madeira tosca em frente de seu telheiro. Ali se reuniram na manhã seguinte para que Francisco pudesse dar-lhes as necessárias instruções para a viagem. Acompanhava em cada detalhe as instruções recebidas pelos apóstolos, como vem exarado no Evangelho. "Não trabalhar por causa do ganho, mas a fim de dar um bom exemplo e evitar a ociosidade. Se não fordes recompensados pelo vosso trabalho, sentai-vos à mesa da caridade que o Senhor preparou para vós. Quando entrardes numa casa, dizei primeiro: 'A paz seja convosco.' Espalhai amor, confortai os corações dos tristes e praticai a pobreza. Ide", concluiu ele, "ide, pois, meus bem-queridos, dois a dois, a todas as partes da terra, anunciando paz e incitando à penitência e à remissão dos pecados. Aos que vos interrogarem, respondei humildemente; abençoai os que vos perseguirem, agradecei aos que vos injuriarem e caluniarem, pois por causa destas coisas um reino eterno está preparado para vós."

Separaram-se e seguiram, em comemoração da Cruz de Cristo, na forma de uma cruz, para os quatro cantos dos céus, dois para leste, dois para oeste, dois para o norte e dois — Francisco e Morico, o leproso curado — para o sul. Uma cruz cantante de Cristo, estendendo-se cada vez mais para diante, sobre a neve, para dentro da distância invernosa!

Depois de longa jornada, Francisco e Morico chegaram ao vale de Riéti, nos sopés dos Abruzos. Esta segunda jornada foi cercada de maiores trabalhos e preocupações do que a primeira, mas foi também mais rica de bendita confirmação de sua fé. Desprezados e repelidos a princípio, foram finalmente bem acolhidos em toda parte, e vilas inteiras e burgos os escutavam com atenção reverente. Mas a abundante alegria que o êxito abençoado de sua missão nele instilava, mergulhou Francisco, pela primeira vez, em sérias dúvidas a respeito de si mesmo, lançando negra sombra sobre o espírito daquele jovial servo de Deus. Era a obra de seu próprio passado, de todos os anos de sua juventude, que ele havia desperdiçado nas distrações levianas do mundo. Um sentimento de amargo remorso dominava-o por causa de cada palavra transitória, de cada ato impensado, de cada momento perdido, que havia gasto ao serviço da mentira do mundo, em vez de fazê-lo a serviço da verdade de Deus.

No dia anterior, Francisco e Morico tinham estado a pregar perto de Poggio Bustone. O povo dali queria detê-los. "Não se vão embora", disseram, quando os viajantes estavam prontos para partir. "Os senhores nos trouxeram a salvação de Cristo."

— Irmão Morico — disse Francisco a seu companheiro —, você passou sua vida em pureza. Fique pois com eles. Eu tenho sido um pecador e não mereço a graça de Deus. De modo que me deixe ir sozinho.

Retirou-se para uma sombria caverna. Era tão estreita que só podia penetrar nela de rastos sobre as mãos e os pés. Esfolado, coberto de sujeira, cego pela escuridão, caiu de joelhos, torcendo as mãos, cheio de remorsos de sua vida passada, a implorar de Deus que o perdoasse. Subitamente, suas mãos sujas, que ele mantinha postas em oração, foram imersas em radiosa claridade. Ergueu a vista e viu a caverna cheia de luz, que transformava a feiura dos morcegos sobre as paredes em um brilho estelar e uma voz macia. Chamando-o pelo nome, disse-lhe: "Francisco, alegra-te, teus pecados estão perdoados. Escolhi-te para que possas proclamar o meu reino." Passou a mão pelos olhos, para certificar-se de que aquilo não era um sonho ilusório. Mas sua mão estava cheia de luz e através dela a visão de seus olhos tornava-se apenas mais aguda. E viu centenas e milhares de irmãos caminharem para seu lado, como raios convergentes de todas as direções. Via-os reunirem-se em torno de si. Depois a visão desapareceu.

Ao deixar a caverna, deparou-se com uma uivante tempestade de neve. O firmamento estava coberto de pesadas nuvens negras. O vento puxava-lhe com força o casaco e jogava-lhe os cabelos no rosto. "Irmão Inverno", exclamou Francisco, "fique quieto só por um segundo; tenho de proclamar uma mensagem de grande alegria." E como a tempestade de neve continuasse a fazer muito barulho, com ela discutiu por algum tempo, como o faria um irmão velho, buscando uma oportunidade de introduzir uma palavra sua. Mas como o irmão Inverno não quisesse ouvi-lo, recorreu Francisco a um ardil e disse serenamente num tom de voz baixo como o da alma ou de uma oração silenciosa: "Irmão Bernardo e Egídio, Morico, Sabatino, Pedro, Filipe, João, todos vós, onde quer que estejais, voltai imediatamente de vossa viagem. Deus deu-nos Sua bênção e ordenou que nos uníssemos para preparar Seu reino." Contra estas silenciosas palavras, cochichadas à distância, o tumulto uivante do mal-educado Irmão Inverno era impotente. Morico e os irmãos que estavam no Ocidente, no Leste e no Norte, ouviram-nas naquele mesmo instante.

No mesmo dia, quando Francisco regressou à pequena cruz de Rivo Torto, aconteceu que, dentro de poucas horas, todos os outros irmãos voltaram também. Eram nove agora, pois Francisco tinha trazido consigo um novo irmão, chamado Ângelo, que se juntara a ele em circunstâncias extraordinárias na sua jornada de volta pelo vale de Riéti. Imediatamente depois de ter deixado a caverna de Poggio Bustone, quando sua mente estava ainda inteiramente preocupada com a visão que tivera, Francisco dera inesperadamente com um grupo de cavaleiros. Seu chefe era um jovem, com esplêndida armadura, a quem ele vira mais de uma vez em meio da multidão, ouvindo seus sermões em Riéti. O que Francisco lhe disse então pode ser explicado pela excitação do que vira na caverna. "Há já muito tempo", disse ele, "que vindes usando armadura, espada e esporas. Chegou agora a ocasião de substituirdes a armadura por uma corda na cintura, a espada pela Cruz de Cristo e as esporas pela poeira da estrada de Seus discípulos. Acompanhai-me e eu vos farei cavaleiro do exército de Cristo Nosso Senhor."

Este extraordinário pedido produziu um efeito que pareceria parte mais de uma visão do que da clara realidade cotidiana. Ângelo Tancredi, o cavaleiro assim interpelado, desmontou, deu adeus a seus companheiros e seguiu

Francisco, determinado a partilhar, dali por diante, a austera vida de mendigo dos apóstolos.

Quando Francisco contou a seus irmãos que regressaram a visão que tivera, o primeiro das centenas e milhares de acompanhantes que lhe haviam sido prometidos permanecia a seu lado como prova viva. E como continuasse a proclamar profeticamente a vindoura realização do que vira na caverna, os oito outros partilhavam sua fé e acreditavam, como ele acreditava, na sua missão. "Todos vós, meus irmãos", dizia ele, "vereis que muitos se juntarão a nós na nossa Távola Redonda. Virá o francês; os espanhóis estão-se apressando; os alemães e os ingleses estão correndo; grande é o número daqueles, falando todas as línguas da terra, que virão em torrente para nós. Ricos e pobres, burgueses e cavaleiros, clérigos e campônios se juntarão a nós, para enceleirar a messe do Senhor. Persisti, portanto, e mostrai-vos alegres na estrada que seguimos, de modo que possais ser um exemplo para aqueles que hão de vir depois. Porque no exemplo está a força que muda o mundo."

Os irmãos continuaram no telheiro sua vida habitual. Exceto que tudo era mais fácil para eles agora: fome, frio e chuva... Estava-se apenas em fevereiro, mas o calor matinal do sol era um arauto da primavera vindoura. Eram apenas nove, mas a promessa da visão cintilava como um raio de sol profético, proclamando o crescimento futuro de sua comunidade.

O campo, lá fora do telheiro, estava ainda árido pela estagnação hibernal, mas os corações dos que se achavam dentro do telheiro já se encontravam cheios da excitação expectante que precede o triunfo da primavera.

O número de irmãos aumentou de novo com mais três. Um segundo João, um segundo Bernardo e um homem chamado Barbero foram juntar-se a eles.

— Agora somos doze — rejubilou-se Francisco. — Doze, como os apóstolos. De modo que vivamos como viveram os doze apóstolos de Cristo. Não nos esqueçamos de que o Senhor está entre nós e acautelai-vos para que nenhum de nós se torne traidor a Ele.

O telheiro de Rivo Torto era realmente demasiado pequeno para doze homens, mas para aqueles doze parecia bastante espaçoso. Francisco mediu com a vista o espaço disponível e descobriu, para cada um, modesto cantinho. Em cima, no palheiro, marcou um lugar para cada um dormir. Num lugar, desenhou um cálice. Era o camarote do cônego. Noutro canto, desenhou um chapéu para João Chapéu. Para Egídio, escolheu uma flor e para Bernardo, por causa de sua mansidão, uma pomba. Certo é que estavam todos apertados, mas isto não os incomodava muito, pois cada qual pensava em seu vizinho e tentava tomar o menor espaço possível para si mesmo. E assim havia lugar para todos.

Quando voltavam de seu trabalho diário no lazareto, sentavam-se juntos no telheiro e rezavam a Deus ou conversavam a respeito da grande comunidade de Cristo, na qual sentiam que seu pequeno grupo iria transformar-se. De hora em hora, crescia a alegria em seus espíritos e muitas vezes não percebiam que não haviam comido o dia inteiro e que suas roupas não haviam secado a noite inteira. Para os doze homens de Rivo Torto, as vidas que viviam, as palavras que pronunciavam, os atos que praticavam eram o bastante de uma regra de conduta e de ação. Mas se mais tarde, como havia sido prometido a Francisco na visão da caverna, o número de seus discípulos viesse a crescer além dos doze iniciais, se a vida de pobreza em Rivo Torto tivesse de ser vivida por vastas multidões em todas as terras e tempos, então seria necessário que o modo de vida dos doze do telheiro fosse estabelecido em preceitos obrigatórios, de modo que a árvore pudesse tornar-se aquilo que a semente sonhara.

Desde o dia de sua visão em Poggio Bustone, sentia Francisco uma urgência sempre mais premente de formular o teor de vida evangélica em termos válidos para todos os seus seguidores em todas as épocas. O modelo estava prescrito em palavras insofismáveis no Evangelho. Ali, Cristo falava sempre de renúncia dos bens terrestres, de desprezo pela segurança na terra. Ele e seus seguidores nada possuíam, nem casa, nem jardim. As estradas, os campos, a sombra das árvores eram Seu refúgio e o refúgio de Seus apóstolos. Para aplacar a fome, Ele e Seus discípulos tinham de recolher os grãos das espigas de trigo ou comer a mesas alheias. Ensinava a humildade e praticava-a. Pregava o perdão do pecado e perdoava e, até mesmo na cruz, pediu a Seu Pai no céu que perdoasse àqueles que O tinham martirizado, pois ensinava o amor para com todos os seres, também para Seus inimigos, e por causa do amor e do perdão tornou-Se o Cordeiro de Deus.

Que a lição de Cristo permanecera como a verdade da vida, após mil e duzentos anos, estava provado pela felicidade dos doze de Rivo Torto que viviam Sua vida segundo Ele.

Certo dia, Francisco enviou dois de seus discípulos a Assis para pegar pergaminho, tinta e pena para poder escrever tudo aquilo que tanto prezava. Mais tarde sentou-se ao pé da cruz de madeira em Rivo Torto e começou a traduzir em regras e preceitos a vida que vivia e, à medida que prosseguia, não podia deixar de cantar as coisas que ia escrevendo, pois eram como uma canção que jorrava com irresistível força de seu coração e fluía por meio de sua voz em palavras sobre o pergaminho. O trovador de dona Pobreza cantava as regras de sua vida. Corporificava um voto de fiel adesão à privação absoluta, ao amor de todas as coisas criadas e à humildade sem limites, em virtude da qual seus seguidores iriam ser chamados de frades menores, os irmãos menores. Quando acabou, chamou seus discípulos e leu-lhes o que havia escrito num comovido e alegre tom de voz.

Agora esperava que o tempo melhorasse, a fim de poder, com seus onze irmãos, partir a caminho de Roma para ter as regras confirmadas pelo papa.

O papa Inocêncio III, o "governador de reis", arcava, pelo ano 1210, com a difícil tarefa de enfrentar com toda a sua habilidade e autoridade um dos mais graves perigos de todo o seu pontificado. Depois de longa e acerbada luta, conseguira a supremacia do poder feudal do papado sobre o Estado, o reconhecimento como dirigente absoluto do patrimônio de são Pedro e o estabelecimento da Cúria Romana como o centro administrativo de toda a cristandade. Mantinha em tutela reis e imperadores e os coroava ou os depunha. E agora, quando a Igreja fora elevada ao ápice de seu extraordinário poder universal, toda a sua estrutura ameaçava subitamente vir abaixo. O movimento herético dos albigenses — que advogavam o repúdio da política da Igreja em estabelecer-se como um poder mundano e proprietário e exigiam a volta da cristandade ao espírito da pobreza evangélica — lançava seu fascínio, de dia para dia, sobre círculos cada vez mais crescentes de cristãos e continuava a crescer em poderio, a despeito dos interditos papais e do fogo e da espada empregados contra eles.[1]

O problema para Inocêncio III era, portanto, complementar o poder externo que ele havia edificado para a Igreja com uma força idêntica de sua estrutura interna.

Num dia de abril de 1210, atormentado pelos seus cuidados político-mundanos e mergulhado em profunda meditação, caminhava ele, para cá e para lá, no terraço de seu palácio, junto à basílica de São João de Latrão, em Roma.

---

[1] A heresia dos albigenses, que, vinda do Oriente, da Bulgária principalmente, localizou se na região meridional da França, não somente estava em desacordo com a doutrina da Igreja, mas apresentava também aspectos antissociais que a tornaram um perigo para a sociedade. Além de condenarem o mundo material, cuja criação atribuíam ao espírito do mal, afirmavam que Cristo não tivera corpo humano porque toda carne é o mal e não pode haver ressurreição do corpo. Rejeitavam os sacramentos, de modo especial o do matrimônio, condenando qualquer relação entre dois sexos. Não admitiam o juramento e a obediência às autoridades temporais. Incitavam ao suicídio, porque pela morte os "eleitos" se purificariam da imundície do corpo. O seu ideal de "cristianismo puro" não era mais do que uma aberração e não um ideal de viver de acordo com a palavra do Evangelho. (*N. do T.*)

De súbito, uma voz despertou-o de seus pensamentos. Erguendo a vista, viu de pé, diante de si, a insignificante figura de um homem de barba negra e cabelos despenteados, metido num coçado e mal remendado casaco de campônio. Um mendigo vagabundo que conseguira passar pelo guarda distraído — foi a sua primeira impressão. Quando o mendigo começou a falar a respeito do verdadeiro Evangelho, o papa ficou impaciente. Um louco, pensou ele, e decidiu livrar-se dele prontamente. "Ponha-se lá fora!", disse ele com rudeza. E parecia-lhe que era quanto bastava. Não precisaria de chamar o guarda. O estrangeiro obedeceu imediatamente e saiu. Um instante depois, já o papa afastara do pensamento aquela pequena interrupção e, voltando a seus problemas de política mundial, continuou seu passeio para lá e para cá no terraço.

Cerca de uma semana mais tarde, o cardeal João de São Paulo, que Inocêncio tinha em alta conta, pediu ao ocupadíssimo pontífice uma audiência especial. Vinha relatar, disse ele, que havia encontrado um homem, chegado a Roma com onze acompanhantes, a fim de submeter ao papa as regras de uma nova comunidade. A princípio, explicou o cardeal, suspeitara do homem e de seu grupo, especialmente desde que uma mera leitura perfunctória de suas regras podia lembrar a heresia albigense. O caráter do homem, porém, e sua sincera devoção à Igreja tinham-no convencido rapidamente do contrário. Para tomar todas as precauções possíveis, ele, cardeal, havia hospedado em sua própria casa os doze homens, que se chamavam a si mesmos de frades menores. Havia-os examinado minuciosamente e havia-os observado na rotina de suas vidas cotidianas. De modo que tinha chegado, por fim, à conclusão de que estava tratando com um frade, realmente animado de uma notável ressurgência de piedade. "Achei", concluiu ele, "que eram homens da mais alta perfeição, lutando por viver no espírito dos santos Evangelhos. Acredito que o Senhor intenta utilizar o trabalho deles para reformar a fé de nossa Santa Igreja em todas as partes do mundo. Portanto, desejo pedir ao santo Padre que receba o chefe desse grupo e consinta em ouvir o que tem ele a dizer."

No dia seguinte, Inocêncio III estava pronto, em meio da pompa do salão de audiência do palácio de Latrão, para receber o homem de quem o cardeal falara em tão inflamados termos. Então entrou o mendigo a quem ele havia expulsado de seu terraço. Somente porque desejava manter a promessa feita ao cardeal, o papa pediu então a Francisco que lesse suas regras.

Inocêncio III era um dos mais sábios teólogos de seu tempo. Aquilo que o mendigo a seus pés lhe estava lendo em voz trêmula causou-lhe, a princípio, a impressão de completamente simples e ingênuo. No começo de sua carreira, o próprio papa estivera cheio de ideias de renúncia do mundo; tinha mesmo escrito um erudito ensaio teorético sobre isso; mas sua experiência posterior e o crescente poder da Igreja tinham-lhe ensinado que tais noções não podiam ter adesão na prática. Não compreendia como um homem da condição intelectual do cardeal João de São Paulo pudesse atribuir qualquer espécie de significação às regras daquele mendigo. Que bens terrenos poderia aquele homenzinho de aspecto desprezível proporcionar à Igreja? Contudo, simplesmente para agradar ao cardeal, Inocêncio condescendeu graciosamente em apontar ao peticionário as razões pelas quais seu plano não podia ser levado a efeito.

— Meu filho — disse o papa a Francisco —, a forma de vida pela qual vós e vossos irmãos estais lutando é demasiado austera, receio eu. Não duvido de que vós mesmos possais viver dessa maneira graças à força de vosso entusiasmo inicial. Mas deveis pensar naqueles que vierem depois de vós e que não possam ser inspirados pelo mesmo zelo.

A sabedoria do mundo falava dessa forma à loucura de um coração devotado. Mas a resposta que o papa recebeu não deixou inteiramente de impressionar seu conhecimento pontifício da vida, menos através da lógica convincente das palavras em que estava envolvida do que pela confiança infantil com que foi proferida.

— Caro papa Inocêncio — disse Francisco —, confio em meu Senhor Jesus Cristo. Prometeu-nos a vida eterna e a felicidade celeste e certamente não nos negará coisa tão mesquinha, como o que necessitamos para sustentar nossas vidas na terra.

Menos seguro agora de sua própria sabedoria superior, o papa respondeu rapidamente, para pôr fim àquela insólita audiência.

— O que dizeis, meu filho, é inteiramente verdade. Mas a natureza humana é frágil e fraca e raramente persevera por muito tempo numa condição. Ide, pois, e rezai a Jesus Cristo para que Ele possa mostrar-vos Sua vontade; e quando conhecermos mais seguramente Sua vontade, sancionaremos com mais certeza vosso piedoso propósito.

Francisco, que via seu propósito tão claramente, como o Senhor lho havia traçado, não podia, de modo algum, compreender qual revelação adicional deveria pedir em suas orações. Como obediente filho da Igreja aceitou, porém, a ordem do papa e retirou-se com toda a humildade.

Saído o mendigo, Inocêncio, satisfazendo um súbito impulso, convocou o consistório de cardeais, para que examinassem as regras do apóstolo mendicante. Logo no dia seguinte, seis cardeais se reuniram, como se um assunto da mais grave importância para a Igreja tivesse de ser decidido. Com seus chapéus escarlates, reuniram-se em torno de Inocêncio, sentado no trono papal. A maior parte deles, homens racionalmente frios e altamente instruídos, estava simplesmente achando graça num estranho capricho do pontífice, quando consentiram em ouvir as novas regras cristãs de um homem que não era nem monge nem padre, que não tinha tirocínio teológico, nem era influente no mundo, que nada era senão um simples vagabundo e mendigo, de casaco esfarrapado, acompanhado de onze rústicos camaradas da mesma espécie. Não era lá muito fácil para aqueles altos dignitários da Igreja juntar paciência bastante para contradizer toda a louca conversa do mendigo com sérios argumentos próprios. Pois tudo quanto aquele homem tinha a dizer era não somente um exagero absurdo das regras evangélicas da pobreza mas, além do mais, uma inovação perigosa que poderia trazer a insegurança e a intranquilidade à vida estabelecida da cristandade tradicional.

Cada um deles, por seu turno, acentuou que a Santa Igreja estava afinal cumprindo plenamente o mandamento cristão da pobreza, na forma das existentes ordens monásticas. O monge individualmente nada possuía, o que era exatamente o que o Evangelho prescrevia, e as poucas coisas de que necessitava para manter-se eram-lhe dadas pelo seu abade. Além disso, continuaram eles em seu argumento, não era da maior importância que o monge, como indivíduo, ficasse isento das preocupações acerca das coisas materiais? Somente graças à propriedade monástica era possível ao monge, individualmente, concentrar toda a sua vida em Deus. No mosteiro, tinha sua cela, sua cama, refeições frugais mas regulares, e somente esta independência econômica e esta segurança o emancipavam das garras do egotismo, de modo que todo o seu trabalho podia ser dedicado ao bem-estar dos necessitados. Comparadas com a bem ordenada vida de comunidade dos monges, exclamavam os cardeais, as regras de pobreza propostas por aqueles irmãos mendicantes estipulariam, simplesmente, uma vida de incerteza e de aventuras como o mais alto ideal cristão. Afinal de contas, não poderia redundar em benefício do interesse da Igreja a redução dos fiéis à condição de vagabundos ou de tarefeiros que nunca sabem onde encontrarão sua próxima refeição e que passam suas noites ocultos por trás de uma sebe, num telheiro nos campos ou mesmo num fosso à beira da estrada. Como poderiam as regras de pobreza propostas levar à organização de um mosteiro? Onde não há casa nem abrigo, está faltando o primeiro requisito, tanto para uma vida permanente e duradoura de piedade e devoção, como para qualquer forma de trabalho construtivo em bem da melhoria dos pobres e dos sofredores.

Um dos cardeais bispos levantou-se e advertiu os doze irmãos mendigos contra a louca crença de que poderiam realizar seu ideal de pobreza na vida do mundo, em constante intercâmbio com homens, exclusivamente por meio de seus sermões. "Quem está em atividade do mundo cai vítima do mundo!", exclamou ele, em alto tom de voz. "Somente a solidão de uma cela monástica é garantia para uma vida verdadeiramente cristã de humildade, devoção e pobreza!"

Então os outros se levantaram e sugeriram que o papa deveria aconselhar os irmãos mendicantes, se suas intenções fossem realmente sinceras, a entrarem para uma das existentes comunidades de monges. O papa tentou fazer isto.

— Ouvistes — disse ele a Francisco — o que recomendou o consistório. Se vós e vossos companheiros tendes realmente a intenção de viver vossas vidas no espírito do Senhor, entrai para uma das ordens existentes. Nas celas de um mosteiro, atingireis a realização de vosso ideal.

Mas Francisco, inabalável a qualquer argumento ou conselho, persistiu teimosamente na sua fé.

— Caro papa Inocêncio — disse ele —, não temos medo do mundo e dos homens. Em qualquer parte onde estejamos, ou para onde formos, poderemos ter sempre nossa cela conosco. Pois o irmão Corpo é nossa cela, e nossa alma é eremita que fica lá dentro rezando a Deus. Se a alma não fica quieta dentro do corpo, pouco aproveita o piedoso uma cela feita pelo trabalho de suas mãos.

Encolerizados diante de tal teimosia, os cardeais aconselharam o papa a rejeitar as perigosas inovações propostas pelo mendigo. Então, levantou-se o cardeal João de São Paulo. Até ali estivera a ouvir quieto as objeções de seus colegas, mas agora, quando eles advogavam a rejeição das regras de Francisco, disse, numa voz vibrante de paixão:

— Se rejeitarmos a petição desse pobre homem como algo de novo e demasiado duro de cumprir, quando tudo quanto ele pede é que a lei de vida do Evangelho seja nele confirmada, tenhamos cautela para não ofender o Evangelho de Cristo. Pois se alguém disser que, na observância da perfeição evangélica e do voto de cumpri-la está contida alguma coisa de novo ou de irracional ou de impossível cumprimento, estará esse alguém culpado de blasfêmia contra Cristo, o autor do Evangelho.

Estas palavras não deixaram de causar profunda impressão sobre o papa. Contudo, o cardeal João estava só em suas opiniões, uma voz contra cinco. Era uma decisão difícil para Inocêncio. Adiou a reunião e procrastinou sua decisão até o dia seguinte. Mas a conclusão a que chegou não veio a lume, graças à cuidadosa ponderação de todos os prós e contras. O que decidiu foram acontecimentos inesperados que se verificaram em esferas além da realidade da vida cotidiana, além das ponderações racionais de um Papa poderoso. Sonhos e a lógica irracional de uma parábola levaram-no à decisão, que iria ser de tão profunda significação para o futuro desenvolvimento do cristianismo, para a própria sobrevivência da Igreja cristã.

Depois da interrompida sessão do senado papal, Inocêncio retirou-se para seu quarto de dormir, atormentado pela indecisão. Durante aquela noite sonhou que estava caminhando acima e abaixo no terraço de seu palácio, absorvido em profunda meditação. De súbito, notou que a grande e velha basílica de São João de Latrão, com todas as suas agulhas e abóbadas, começava a tremer e a cambalear, ameaçando tombar para um lado. No mesmo momento, porém, via ele um homem de roupas rasgadas correr pela praça na direção da basílica para apoiar e segurar com os ombros a periclitante estrutura, como uma cariátide viva. O papa, adormecido, lançou um profundo suspiro de alívio. Então o homem que aguentou a catedral de Roma, a igreja-mãe de todas as igrejas do mundo católico, voltou o rosto para ele, que reconheceu que não era outro senão o frade menor Francisco.

Francisco passou aquela noite em oração. Ao amanhecer, adormeceu afinal e sonhou que estava diante de uma árvore gigantesca. Ergueu as mãos para sua copa e, graças a este gesto ascendente, ele próprio foi-se tornando cada vez mais alto. Depois, repentinamente, o topo da árvore inclinou-se para ele. Ao despertar, estava cheio da mais funda confiança e pareceu-lhe, durante aqueles primeiros poucos minutos em que estava ainda semiadormecido, que o papa era a árvore que se havia curvado para ele.

Depois a realidade da vida cotidiana reassumiu seu império, a realidade da Cúria Romana, das regras conselheirais do consistório cardinalício. A copa do sonho e a cariátide humana encararam-se à plena luz do dia, como um papa em seu trono de ouro e um pobre reclamante de roupas esfarrapadas.

Os cardeais continuaram com suas objeções e repetiram a questão: "Como poderá essa comunidade sobreviver se não mantém bens terrestres de espécie alguma? Como poderá ela deixar de tornar-se uma carga e uma desgraça para a Igreja?"

Francisco nada tinha de importância prática a responder. Permaneceu ali em silêncio durante algum tempo, e então aconteceu-lhe de novo a mesma coisa que lhe tinha acontecido mais de uma vez anteriormente em sua vida: disse alguma coisa na qual um segundo antes ele próprio não havia pensado absolutamente. Contou uma parábola que lhe ocorreu naquele mesmo instante.

Falou de um rei que havia saído para o deserto, onde encontrara uma mulher maravilhosamente bela. Ficou com ela muito tempo e ela lhe deu muitos filhos. Depois deixou-a e voltou à sua corte. Entretanto, os meninos cresceram e a pobre mulher não sabia como alimentá-los e criá-los. Enviou seus filhos à corte do rei e lhes disse: "Não tenham receio, porque vocês são filhos do rei. Ele lhes dará tudo quanto vocês necessitarem." Quando os filhos apareceram diante do rei, viu este que eles tinham sua feições e perguntou-lhes: "Quem é vossa mãe?" Responderam dando o nome da pobre mulher. Ele abraçou-os e disse: "Comereis à minha mesa. Há muitos estranhos comendo ali, mas vós sois meus filhos."

Os cardeais olharam-se surpreendidos e menearam as venerandas cabeças. Que história confusa e simplória! Não era resposta às objeções práticas que haviam feito.

Francisco não lhes prestou atenção e continuou: "Caro papa, eu sou aquela pobre mulher. Deus, na Sua infinita graça, conheceu-me e eu Lhe dei filhos em Cristo. E o rei dos reis prometeu cuidar de todos os meus descendentes, pois Ele que dá de comer a todos os estranhos, há de, por certo, alimentar os filhos da casa."

Fascinado, escutara o papa aquelas palavras. A parábola de Francisco, brotada de uma esfera irracional, rasgava para ele o realismo cru da sessão e evocava a sonhada realidade da noite precedente. Viu então no solicitante esfarrapado, a seus pés, a cariátide humana, suportando nos ombros a igreja vacilante de São João de Latrão. E como que agindo na esfera dessa sonhada realidade, o papa levantou-se e proclamou, com grande espanto dos cardeais: "Na verdade, este é o homem graças ao qual a Igreja de Deus será de novo ereta." E voltando-se para os frades menores, acrescentou: "Ide com o Senhor, irmãos, e à medida que o Senhor vos for inspirando, pregai a todos os homens. Mas quando Deus onipotente vos houver multiplicado em número, voltai de novo a mim e eu vos concederei mais do que isto agora, confiando-vos maiores poderes." Curvou-se depois para Francisco, que estava ajoelhado diante dele, abraçou-o e abençoou-o. Como no sonho de Francisco, a copa da árvore inclinava-se para ele.

Isto aconteceu em 16 de abril de 1210. Com o coração cheio de alegria, partiu Francisco de volta a Assis, acompanhado por seus irmãos e pregando desde então seu evangelho de pobreza com aprovação do papa.

Ele, que havia deixado Assis como um mendigo desprezado, como um louco a quem ninguém queria levar a sério, voltava agora como um homem cuja pobreza imposta a si próprio tinha sido proclamada agradável a Deus pelo próprio papa, e cuja estranha e abstrusa conversação o santo Padre tinha confirmado com sua bênção, como o verdadeiro Evangelho de Cristo.

A igreja de São Jorge foi-lhe designada pelo bispo para seus sermões, mas era demasiado pequena e tinha espaço para apenas uma pequena parte do povo que tinha vindo ouvi-lo. Por esta razão, o bispo Guido pediu a Francisco que pregasse na grande catedral de São Rufino. Acabara ela de ser construída. Nela não havia bancos nem lugares reservados. Os fiéis tinham de ajoelhar-se ou ficar de pé. Todos os lugares foram tomados e ainda não havia bastante espaço para todos aqueles que tinham vindo. Muitos estavam aglomerados nas portas e enchiam a praça em frente da catedral. Todos os habitantes de Assis tinham ido, ricos e pobres, nobres e plebeus, burgueses e camponeses, leigos e clérigos. Tinham comparecido também aqueles que, não havia muito tempo, tinham rido dele e o haviam afugentado de suas portas. O pai de Francisco estava entre os primeiros que apareceram na catedral. A forma de vida que seu filho tinha escolhido continuava estranha e incompreensível para ele, mas enchia-o de orgulho que um Bernardone tivesse sido abençoado pelo papa e estivesse pregando do púlpito da catedral ao povo de Assis. Junto dele estava dona Pica, transbordante de felicidade maternal. O avarento negociante, pai de João, tinha aparecido também, embora cheio de sentimentos confusos, pois fora seu sonho deixar a loja para seu filho, que tinha preferido acompanhar um pregador a quem toda Assis estava pronta a honrar e venerar. Um lojista propõe, mas Deus dispõe.

Por mais diversos que pudessem ser os motivos que haviam reunido ali aquele povo — culto, curiosidade, indecisão, remorso —, todas as suas emoções submergiam-se no entusiasmo arrebatante que emanava das palavras proferidas por aquele homenzinho de aspecto insignificante lá no púlpito. E ainda mais, aquele homem no púlpito não era outro senão o mendigo Francisco, que costumava pregar no largo do mercado, a ovelha negra da família Bernardone, o ladrão que arrebatava a dignos pais e mães os seus filhos. Nada realmente ele dizia que o doido da praça do mercado não tivesse também proclamado. "Amai-vos uns aos outros e esquecei-vos de que sois ricos ou pobres, pois um homem é somente aquilo que representa aos olhos de Deus." Contudo, dito do púlpito, soava como um novo Evangelho. Os pobres sentiam as almas cheias de alegria às suas palavras, pois o que ele lhes dizia ninguém tinha ousado dizê-lo antes. Os ricos sentiam remorso e um profundo anseio por aquele estado de felicidade que nenhum bem terrestre podia dar-lhes.

Quando Francisco deixou a catedral, o povo, num tumulto de alegria e entusiasmo, barrou-lhe o caminho, gritando e soluçando, acotovelando-se para tocá-lo e caindo de joelhos em seu louvor. Francisco dificilmente podia afastá-los e em desespero continuava a dizer. "Não eu, mas Deus, não eu!"

O mais depressa que podia, afastou-se correndo da cena de seu triunfo, de volta a seu telheiro em Rivo Torto. Seus pés não podiam transportá-lo tão depressa como seu coração ansioso queria que o fizessem. Por certo, em São Rufino e no largo do mercado de Assis, havia centenas e milhares de pessoas, vivando-o e exaltando-o, mas no telheiro havia onze que partilhavam sua vida e o acompanhavam. Na catedral, pregava ele o Evangelho, mas no telheiro podia vivê-lo.

Desde sua volta de Roma, desde o dia de seu sermão do púlpito da catedral, a vida de Francisco pareceu ao povo cada vez mais o que realmente era: a vida de um santo. Sua descuidada displicência pelas coisas mundanas era confiança em Deus: a pobreza que se impusera, humildade agradável a Deus; seu trabalho, um brilhante exemplo em apoio das coisas que ensinava. E quando eles começaram agora a chamá-lo de o pobrezinho, *Il Poverello*, foi um título de nobreza que o povo de Assis lhe concedeu.

A felicidade de seu lar humilde continuava com Francisco. Estava com ele naquele chuvoso domingo em que teve de penetrar no telheiro em Rivo Torto pela derradeira vez. Estava de joelhos em oração, juntamente com seus irmãos, para agradecer a Deus Sua grande clemência, quando, de súbito, altos gritos de "vamos!", "arre!" lá fora do telheiro misturaram-se em estranho concerto com as palavras de suas orações. Pouco depois, um jumento, acompanhado de um almocreve, que nunca fora visto antes naqueles lugares, entrou telheiro adentro, caminhando em linha reta pelo meio das fileiras dos que rezavam ajoelhados.

O almocreve pensara poder encontrar abrigo da chuva torrencial lá dentro do pequeno telheiro, mas, uma vez acomodado, decidiu que o lugar era bastante adequado para um permanente abrigo para si mesmo e seu animal. "Bem", disse ele ao jumento, "fiquemos aqui." Os frades foram deixados de fora neste plano e, quando a chuva cessou, ele lhes disse sem meias-medidas: "Para que estão vocês perdendo tempo aqui? Saiam! Necessito do telheiro para pôr os meus sacos."

Francisco nada objetou. O telheiro não lhe pertencia e a seus irmãos tampouco, como qualquer outra coisa na terra: Deus tinha permitido que eles vivessem ali por algum tempo. Os dias passados em Rivo Torto tinham sido dias de alegria e felicidade, mas agora o almocreve e seu jumento haviam chegado, e os dois tinham tanto direito a ficar no telheiro como ele e seus irmãos. "Vinde", disse a seus homens, "vamos procurar outro lugar."

Algumas gotas de chuva estavam ainda caindo quando eles abandonaram o telheiro, e o sol tentava irromper através das nuvens negras. Os frades ficaram ali por algum tempo sem saber que caminho tomar. Então Francisco descobriu, perto da cruz em frente do telheiro, uma rosa-de-ouro, a primeira daquela primavera. Como uma criança, correu para apanhá-la e voltou com ela cheio de alegria: "Vede", disse ele, "como é maravilhosa. Deus criou-a para nós, a fim de que possamos regozijar-nos com ela e verificarmos os esplendores da Sua criação." E assim não podiam eles deixar de sentir-se alegres de novo, e louvaram e agradeceram a Deus que lhes tinha dado a irmã Rosa-de-Ouro para consolá-los, depois de haverem perdido seu telheiro.

Enquanto isso, o sol lograra triunfar sobre as nuvens e aquecia os frades trêmulos. Sempre, desde que recuperara a saúde, quando se havia confiado pela primeira vez à força guiadora da luz do sol, fora o sol para Francisco um apelo, um auxílio e um forte irmão de descendência celestial. Quando o sol brilhava, a alma de Francisco enchia-se de confiança e esta confiança era tudo para ele. Significava dispersão da treva, vitória sobre nuvens, salvação da necessidade, pois no sol e na confiança a eternidade triunfava sobre as nuvens passageiras no céu e sobre a efêmera tristeza na terra.

"Esperai aqui, irmãos, e rezai ao Pai", disse ele aos onze. "Devo levar importante recado ao irmão Sol." E seguiu o caminho do sol, que o levou de Rivo Torto na direção do monte Subásio, onde o sol se punha. Ali, chegou a uma velha abadia beneditina, à qual pertenciam todas as pequenas capelas da vizinhança e entre elas também Santa Maria dos Anjos, a Porciúncula, juntamente com o pequeno bosque em que estava localizada. Na sua confiança no sol, Francisco pediu ao abade que lhe permitisse e a seus companheiros estabelecerem-se na

Porciúncula. Pediu com a humildade de um mendigo, submetendo uma solicitação maior a um alto dignitário da Igreja. Mas o abade via no peticionário o mestre construtor, a cujo desinteressado trabalho devia ele a restauração das capelas beneditinas de São Damião e Santa Maria dos Anjos. Sentiu-se satisfeito por ter finalmente uma oportunidade de pagar uma velha dívida e exclamou: "Tudo que nós possuímos em torno da Porciúncula, inclusive a própria igreja, de agora em diante e por todo o tempo será propriedade vossa!"

"Propriedade nossa? Oh, não, Deus o proíbe!", replicou Francisco. "Mas gostaríamos de alugar a Porciúncula, se pudéssemos pagar com o nosso trabalho."

O abade respeitou o espírito desta nova forma de piedade, que recusava ter qualquer coisa em ligação com os bens terrestres. E ficou combinado que o aluguel deveria ser um balaio de peixe que os frades teriam de apanhar no rio, abaixo da Porciúncula, e de entregar ao abade uma vez em cada doze meses.

A primeira noite, no seu novo domínio alugado, os doze frades tiveram de passá-la debaixo do mutável dossel de uma noite de começo da primavera, com pesadas nuvens de chuva a passar, dando lugar a um céu claro e estrelado. De manhã, foram despertados pelo gorjeio dos pássaros, que pareciam apressá-los a começar o trabalho de construir seu novo abrigo.

Deus tinha-os ajudado a encontrar aquele pedaço de terra e supriu-os também com o material de construção para seu novo abrigo. Tinham apenas de olhar em redor. Havia tudo ali que era necessário para as doze cabanas que iam construir. Havia postes e rochedos, ramos, folhas e barro. E tudo quanto eles tinham de fazer era carregar postes para doze diferentes lugares, através do bosque, amarrar os ramos e cobri-los com uma camada de barro e pedras, tapar os tetos com folhas secas e nivelar o chão lá dentro, de modo a poder servir de mesa, cadeira e cama. Dentro em pouco, as doze casinhas estavam prontas. Perto estava o rio abundante de peixes. Os bosques em redor continham inexaurível suprimento de ervas e raízes e nada faltava do que aqueles doze homens necessitavam para se sentirem perfeitamente felizes em seu desejo de servir a Deus. No centro de sua nova morada, tinham até mesmo uma igreja.

Até aquele tempo, a Porciúncula, com sua abóbada oblonga e abaulada, sua abside semicircular e um altar com um quadro da assunção da Virgem Maria, fora simplesmente uma capelinha solitária metida nos bosques. Em raras ocasiões, um monge beneditino ia ali celebrar missa. Agora a igrejinha ia ter seu próprio padre, um padre da nova comunidade evangélica.

Estavam os doze frades mergulhados até os joelhos no rio, abaixo de suas cabanas, atarefadíssimos em encher um cesto de peixes para pagar seu primeiro ano de aluguel, quando chegou o irmão padre que faltava para a capela. Seu nome era Silvestre e, antes de ter trocado suas roupas clericais pelo burel de mendigo dos frades menores, fora padre de uma das mais importantes igrejas de Assis e um daqueles que ridicularizaram Francisco e seus companheiros. Mas o sermão de Francisco no púlpito da catedral tinha-lhe causado profunda impressão e sua consciência lhe dizia que ele era um falso servo de Cristo. Impelido pelo remorso, seguiu para a Porciúncula e tornou-se o padre da capela dos frades nos bosques. Isto aconteceu nas primeiras horas da manhã do segundo dia que os frades passavam em suas novas casas. Naquele mesmo dia, pôde Silvestre celebrar missa para eles. E antes que a noite caísse, uma cabana de ramos e folhas estava terminada também para ele.

Como um presente de boas-vindas, os monges beneditinos de Subásio tinham enviado aos frades menores umas poucas onças de azeite. Irmão Chapéu saíra a mendigar e voltara com uma provisão de pão. O irmão Bosque suprira-os de ervas e raízes. Tudo estava preparado para que os frades se reunissem naquela noite num festivo banquete. A lua proporcionou a iluminação. Silvestre pegou o pão; deu graças e partiu-o em nome do Senhor. Os irmãos verteram azeite sobre o pão; acrescentaram raízes e ervas; foi uma deliciosa refeição.

Francisco entoou uma nova estrofe de sua canção de homenagem a dona Pobreza. Os irmãos o acompanharam e quando Silvestre quis dar graças e rezar a Oração do Senhor, disse Francisco: "Cantemo-la e dancemo-la. Nosso Pai é o pai da alegria. Deu-nos a fala para que pudéssemos cantar. Criou o homem para que ele pudesse dançar na felicidade." A seguir Silvestre elevou sua voz de orante em melodia e som e os outros rezaram com ele, cantando e movendo os corpos nos ritmos da dança. Todos eles sentiam-se bastante felizes e o banquete de inauguração nos bosques prolongou-se noite adentro.

Na vez seguinte em que o grupo se reuniu para uma refeição de amor fraternal, dois novos discípulos haviam-se juntado à mesa redonda na floresta. Pouco depois apareceu um terceiro e depois um quarto. Formavam aquele primeiro círculo franciscano, cujos membros diferiam cada um dos outros como apenas irmãos podem diferir e, ao mesmo tempo, pareciam-se uns com os outros como somente irmãos se parecem. Um com feições descuidadas e sorridentes, outro sério e pensativo; um par de olhos cheios de comburente paixão, outros olhando para o mundo como através da neblina de um sonho quietamente absorvente; e vozes que pediam, ao passo que outras tentavam uma súplica hesitante. Mas ainda assim todos eles apresentavam claramente os traços da família: pobreza, humildade e caridade. Todos cantavam o mesmo hino de dona Pobreza e viviam de acordo com o que cantavam. As palavras e atos de todos eles estão entremeados às mais belas lendas de são Francisco.

Por esse tempo, irmão Ginebre ou irmão Junípero[2] havia-se juntado ao grupo. Dele foi que, certa vez, disse Francisco: "Gostaria de ter uma floresta inteira de tais juníperos." Seguiu-se depois irmão Leone ou irmão Leão. Por causa de sua mansidão e em contraste com a significação de seu nome, Francisco chamava-o o cordeirinho de Deus e escolheu-o como seu secretário e confessor. O seguinte foi o imponente irmão Masseo, cuja impressionante aparência e irresistível poder da palavra ganharam tantos discípulos para o novo evangelho. Outro deste círculo foi irmão Tiago, um simples lavrador, cuja fala era inarticulada, mas que era forte na fé e nas ações. Finalmente havia irmão Rufino, nobre da casa dos Sciffi, que abandonou seu nobre berço em troca da nobreza da pobreza e serviu de exemplo para aqueles numerosos cavaleiros que trocaram, tempos depois, seu orgulho pela humildade e seus palácios por uma choupana na Porciúncula.

Para coroar sua união, os irmãos de pobreza receberam uma irmã na pessoa de santa Clara. Era a filha do poderoso nobre Favorino Sciffi. De boa estatura, de feições harmoniosas, brilhantes olhos azuis e longos cabelos louros, era a mais bela mulher de Assis.

Após o regresso de Francisco de sua viagem missionária através da Toscana, em 1212, ele pregou de novo na catedral de Assis. Foi nessa ocasião que Clara o ouviu e viu pela primeira vez. O homenzinho de aspecto apagado, de barba rala e cabelos assanhados erguia-se no púlpito, gesticulando violentamente e mal podendo olhar por cima do parapeito. Contudo, tão logo ergueu a voz para proclamar a mensagem de Cristo, dela emanou a maior amorosidade e beleza de um reino além da esfera terrestre e soava tão poderosamente pelas espaçosas naves da catedral, que, sob seu impacto, tudo parecia transfigurado. "O franguinho preto", como Francisco tinha prazer em chamar-se, estava pregando do púlpito, mas Clara via somente a figura que se erguia da amorosidade e da beleza de suas palavras. Ajoelhou-se na primeira fileira dos numerosos fiéis que enchiam completamente a catedral. Diante dela, perto do altar, estavam sentados

---

[2] O mesmo que zimbro, árvore junípera. (*N. do T.*)

o bispo e os clérigos, com seus paramentos festivos. À sua direita e à sua esquerda, estava o resto de sua família e o jovem nobre que seu pai escolhera para seu marido. Mas Clara não via a multidão, nem o bispo, nem seus parentes, nem o jovem nobre, nem a catedral — nada de tudo quanto a cercava. Via somente o que a voz que falava estava proclamando: Cristo, o Eterno, sentado à direita de Seu Pai no céu, a chamar Seus irmãos e irmãs a tomarem parte no festim eterno de amor e de alegria.

O sermão acabou, mas a imagem que a voz tinha evocado permanecia. O chamado do Senhor, que Clara havia ouvido, continuava a ressoar em seu coração.

Francisco desceu do púlpito e misturou-se com a multidão. Centenas de pessoas o cercavam, esperando para pedir-lhe a bênção e seus conselhos. A família de Clara ficou impaciente porque queria retirar-se. Mas ela insistiu em ficar e esperar que chegasse sua vez.

Fascinada, rosto a rosto com Francisco, olhava para o feio homenzinho, no seu burel de mendigo. A voz de amorosidade e beleza, a voz através da qual Cristo havia chamado Seus hóspedes para o banquete celestial, estava diante dela em forma corpórea. Pediu a Francisco que lhe mostrasse a estrada que levava ao Pai do céu, mas ao fazê-lo, obedecia simplesmente ao chamado que a havia alcançado durante o sermão dele.

O pequeno mendigo estava face a face com a alta aristocrata, cortejada por nobres enamorados. Seu rosto era oval, sua pele delicada e sem mácula e seus longos cabelos dourados desciam em cascata sobre a túnica de seda branca. Mas ele não a via como todos os outros, pois uma maior beleza do que a dela o trazia arrebatado. A beleza celestial permanecia diante dele encarnada e havia surgido das palavras que ela lhe dissera: "Mostrai-me a estrada que leva ao Pai"; e aqueles sons familiares eram como um eco da linguagem de sua alma. Olhou para ela em silêncio, como se desejasse verificar quem ela era realmente. Seus olhos encontraram os dela. Então ela disse: "Irmão"; e de súbito ele reconheceu-a. "Irmã", respondeu e achou difícil dominar sua voz, para não gritar a palavra pelas naves da catedral. Seu coração transbordava de alegria e de júbilo.

A família de Clara recusou-se a esperar por mais tempo e ela saiu com eles. Mas não era mais sua família. Voltou para o palácio de seus pais. Mas não era mais aquele o seu lar. O jovem cavalheiro falava-lhe de amor e de felicidade matrimonial. Mas o amor e a felicidade que ele tinha em mente não eram mais os dela.

Sentou-se a uma mesa festivamente ornada, na casa de seus pais. Mas estava sentada entre estranhos na casa de gente que não mais conhecia e quando foi deitar-se não era aquele mais seu quarto; não estava mais ali sua cama. De manhã, despertou numa casa estranha e passou o dia num ambiente estranho. As pessoas que a cercavam falavam uma língua estranha. Vivia num mundo estranho e só suportava aquela vida para preparar sua fuga mais cuidadosamente — sua fuga do estranho mundo de riqueza e abundância para a terra de pobreza de seu irmão.

Depois de seus sermões na catedral, era Francisco sempre cercado por numerosas pessoas que desejavam conversar com ele a respeito de suas preocupações pessoais. De modo que foi possível a Clara, sem atrair a atenção, ficar de novo, depois do sermão seguinte que ouviu, e ter breve conversa com Francisco. Foi então que ela lhe falou a respeito de sua decisão e pediu que a ajudasse a levá-la a efeito.

O que Francisco fez lembra o irmão em um conto de fadas, que liberta sua irmã da escravidão em terra estranha. A fuga de Clara foi planejada para a noite depois do Domingo de Ramos. De manhã, trajada com um belo vestido de seda branca e adornada de pedras preciosas, acompanhada por seus pais e pelo jovem nobre, foi mais uma vez à catedral, onde o altar estava sendo enfeitado de palmas. O resto do dia e da tarde passou-o em companhia dos hóspedes que seu pai havia convidado para um festivo banquete de Domingo de Ramos. Durante todo o tempo, usou seu vestido de seda branca e suas joias preciosas. E ainda os levava quando, após a partida dos derradeiros convivas e depois que sua família e os criados tinham ido deitar-se, abandonou a mansão paterna na tranquila escuridão da noite. Cautelosamente, atravessou o jardim pelos fundos do prédio, alcançou a rua por um portão oculto no alto muro, caminhou apressadamente pelas ruas da deserta cidade e pelos trevosos campos, até que finalmente alcançou o bosque da Porciúncula. Na orla do bosque, foi recebida pelos irmãos que Francisco havia enviado com tochas para encontrá-la e conduzi-la no restante do caminho até a capela. Dentro da capela, ajoelhou-se diante da imagem da Virgem Maria e rezou. Quando se levantou de novo, arrancou seu vestido de seda branca, suas joias e seus finos sapatos de pelica macia e vestiu o burel da pobreza que os frades haviam preparado para ela. Então chegou o próprio Francisco para libertá-la, com suas próprias mãos, do derradeiro adorno mundano que lhe restava. Cortou-lhe os belos cabelos de ouro. Assim tonsurada, de pés descalços e vestida com o burel da pobreza, permanecia a irmã, rosto a rosto com o irmão. Com a mão na sua mão fraterna, prometeu ela solenemente manter o voto de pobreza.

Naquela mesma noite os frades levaram-na para o próximo convento de São Bastião e poucos dias depois, antes que seu pai, que a seguira até São Bastião, pudesse fazer alguma coisa a respeito, partiu ela para o convento de Santo Ângelo, em Panzo, que parecia oferecer asilo melhor e mais seguro. Ali permaneceu até que Favorino Sciffi desistiu porque finalmente compreendeu que sua autoridade paterna era impotente diante do chamado do Pai do céu.

Três semanas tinham-se passado após a fuga de Clara, quando o rico e altivo nobre Sciffi perdeu também sua filha mais moça, Inês. Seguiu o exemplo de sua irmã mais velha e entregou-se à pobreza e à humildade.

Quando Francisco seguiu seu caminho de difundir entre os homens as alegres novas, obedeceu simplesmente a uma ordem evangélica. A comunidade que surgira daqueles começos jamais fora planejada. Cresceu e amadureceu como uma seara nos campos. Francisco fora simplesmente o operário a quem o Senhor enviara para recolher a colheita. Entretanto parecia que o Senhor havia decidido que a comunidade era demasiado pequena e deu a Francisco um grupo de irmãs, de modo que todos os Seus filhos pudessem estar unidos pelos laços de sua comum filiação. A comunidade feminina, também, nunca fora planejada. Tinha crescido das sementes da palavra de Deus e fora dada a Francisco como um divino encargo. Uma pequena cabana foi preparada em São Damião para Clara e Inês, que viviam ali, como os irmãos, uma vida de pobreza e devoção.

E da mesma forma que o grupo de irmãos na Porciúncula ia aumentando por uma constante corrente de novas chegadas, as pobres irmãs em São Damião também foram em breve acrescidas por outras mulheres das mais diversas origens. Havia camponesas, criadas e senhoras de famílias nobres. Entre estas contava-se a senhora dos Sciffi, a mãe de Clara e Inês.

O "jardinzinho de irmãs da pobreza" foi o nome dado por Clara a São Damião e pensou nele como complemento à grande "floresta de irmãos da pobreza", na Porciúncula. De si mesma dizia que era "a mais tenra planta que Francisco erguera no jardim da pobreza". Mas Francisco, na sua exuberância de menestrel, dava-lhe todos os nomes de todas as flores que amava, pois uma só delas não teria sido suficiente para exprimir o esplendor e beleza que Clara significava no jardim de pobreza e humildade.

Dante pode ter elevado Beatriz à nona esfera dos céus; Poe pode ter comparado seu amor por Anabel Lee com o amor dos anjos. Contudo a moderna análise, com sua deleitação em "escrutinar onde pouco existe", tem feito o mais que pode para descobrir traços de erotismo recalcado sob aquilo que ela vê adequado a interpretar como um disfarce supersensual. A psicologia moderna tem conseguido rastrear um elemento fálico como tema fundamental em todo mito e em toda história de fada, provando a presença de sensualidade em forma sublimada no culto da santa Virgem, bem como no amor de Cristo.[3]

O dissecante escalpelo da psicanálise descobre do mesmo modo um elemento de marcado erotismo na afinidade eletiva de irmão Francisco e irmã Clara. As lendas poéticas têm diferente história a contar, e, de certo modo, há maior sabedoria em sua confiança ingênua do que no ceticismo dos sábios; há mais verdade nas lendas com sua origem contemporânea, do que em todas as tentativas de interpretação bizantina dos analistas dos tempos modernos.

Esta é a história que as lendas têm a contar: certa vez, Francisco convidou Clara e uma de suas companheiras para comer com ele e seus irmãos na Porciúncula. Comeram sua comida de pobreza no chão que lhes servia de mesa de banquete. Enquanto estavam comendo, começou Francisco a falar a Clara tão belamente a respeito do amor de Deus, que ambos e todos seus companheiros ficaram inflamados de extático ardor. O povo da cidade de Assis viu que o céu acima da Porciúncula apresentava um brilho avermelhado, como se a capela e todo o bosque estivessem a arder. Saiu depressa com pás e baldes para combater o fogo, mas quando chegou à Porciúncula, encontrou Francisco cercado pelo grupo extasiado de seus irmãos e irmãs e falando a Clara a respeito do amor de Deus. Então viu o povo que aquilo que lá na cidade tinha parecido como um incêndio na floresta era simplesmente a chama que brotava do amor santo em Deus de Francisco e de Clara.

---

[3] O autor faz evidentemente alusão à doutrina de Freud que, pelos seus estudos de psicanálise, quis ver nos fenômenos mais elevados da mística uma expressão sublimada da "libido" recalcada. Esses fenômenos, porém, são de ordem suprassensível, transpsicológica, pois pertencem à ordem sobrenatural. A mística, nas suas mais elevadas expressões, não passa de um prolongamento da graça batismal e se os êxtases, muitas vezes, a acompanham, não fazem parte de sua essência. Santa Teresa dizia, com característico humor: "Da fraqueza dos êxtases, livrai-me, Senhor!" Outra observação a fazer é que a graça não destrói a natureza, mais deixa-a intacta em todas as suas riquezas. Por isto, os santos verdadeiros são também os mais humanos e equilibrados. O grande erro de Freud foi querer reduzir todas as manifestações da vida ao instinto sexual. Carrel, em *O homem, este desconhecido*, foi bem mais feliz do que Freud, ao situar esta questão. (N. do T.)

O número de cabanas em torno da Porciúncula continuava a crescer. Em menos de um ano havia quarenta e o próprio bosque havia-se tornado demasiado pequeno para conter o constante afluxo de novos irmãos. As colinas em torno e as ladeiras do monte Subásio estavam semeadas de casas de eremitas onde os irmãos da pobreza viviam a vida que Francisco lhes ensinava. Dentro em pouco, a comunidade teve de espalhar-se por mais longe ainda. Teve de espalhar-se pelo mundo inteiro, pois "a floresta de irmãos da Porciúncula" foi o começo da ordem universal dos frades franciscanos. Por seu lado, a comunidade de Santa Clara continuava também a crescer. O "pequeno jardim das irmãs de São Damião" foi o começo da ordem universal das Clarissas Pobres.

Naqueles anos, a obra de Francisco entre os homens foi um contínuo triunfo de seu apostolado. Cada lugar que visitava tornava-se um lugar de jubilosa proclamação e o evangelho do júbilo era tão forte, que jorrava das profundezas de sua alma, não somente em igrejas e largos de mercados, onde enormes multidões se juntavam para ouvir suas palavras, mas em todos os tempos e em toda parte aonde fosse. Dava sua mensagem a uma criada que encontrava no poço; a um rico burguês que lhe dava uma esmola à sua porta; a meninos e meninas que interrompiam seu brinquedo na rua para escutá-lo; a uma velha enrugada; ou a um grupo travesso de rapazes. Tudo lhe servia de púlpito, o poço, a rua, o portão da cidade ou uma estrada no meio dos campos. Em toda parte descobria alguém que deixava todas as coisas atrás de si e o acompanhava como seu discípulo.

Inúmeros são os lugares por toda a Úmbria e Toscana onde Francisco pregou seus sermões entre os homens. Igualmente inúmeras são as cavernas e gargantas onde permanecia ele na mais profunda solidão e silêncio. Vezes repetidas, irresistível força impelia-o a procurar um refúgio solitário, bem distante das multidões de homens e mulheres que ouviam atentos sua palavra, de modo que o pregador que ele era pudesse ficar em silêncio, enquanto o arauto da mensagem de Cristo de alegria dedicava todos os seus pensamentos, em espírito de penitência, à paixão de Nosso Senhor. E por vezes essa força o dominava tão subitamente, tão completamente, que começava a imaginar, em meio de sua obra mais triunfante como mensageiro de Cristo, que a sua verdadeira vocação talvez fosse retirar-se para uma vida de solidão e contemplação de Deus.

Francisco vivia todos os seus atos bem antes que o significado deles se lhe tornasse claro; caminhava ao longo de suas estradas antes de saber qual seu destino; na sua vida, o ato sempre precedia a concepção de um propósito.

Suas ações pareciam inspiradas pela consecução desconhecida de um tempo subsequente.

Numa Quarta-Feira de Cinzas, do ano 1213, quando mais uma vez se sentiu dominado pelo desejo veemente de solidão, fez que um pescador o levasse através do lago Trasimeno até a desabitada ilha Maior, onde tencionava passar os quarenta dias do grande jejum em oração e penitência.

Uma noite, quando desviou a vista depois de longas horas de contemplação e prece, uma lebre estava sentada perto dele olhando-o atentamente e sem sinais de medo ou desconfiança. Francisco acariciou-a delicadamente e a lebre ficou com ele. Dormia junto dele e despertava com ele pela manhã, sentando-se quietinha, enquanto Francisco dizia suas orações. Quando Francisco passeava em torno da ilha, a lebre acompanhava-o aos pulos. Francisco juntava tenras ervas e folhas para seu novo companheiro e a lebre comia-as em sua mão. Estreita amizade cresceu entre o silencioso jejuador e o animal mudo — uma amizade toda de silêncio.

O homem, cujas palavras cativavam a atenção de multidões jubilosas nas igrejas e nas praças dos mercados, passou quarenta dias na ilha Maior na companhia de uma lebre.

Na Quinta-Feira Santa, o bote do pescador voltou para levar Francisco de volta ao seu trabalho entre os homens. "Adeus, irmão Beiço Rachado", disse ele, ao deixar a ilha.

Francisco e irmão Leão seguiam pela estrada, caminhando na direção da Romagna, onde queriam pregar o Evangelho. Passaram pelo castelo de Montefeltro, onde o jovem senhor estava sendo armado cavaleiro com grandes cerimônias. Bandeiras esvoaçantes, visíveis de longe, assinalavam a solenidade da ocasião. Cavalheiros em árdegos corcéis cavalgavam para as portas do castelo, nobres damas cobertas de adornos e usando toucados altaneiros seguiam em luxuosas carruagens, atarefados servos e pajens corriam acima e abaixo pela ponte levadiça.

Quando Francisco Bernardone, o filho do comerciante, era ainda o jovem trovador de Assis, fora seu mais querido sonho aparecer algum dia diante de um festivo grupo de cavalheiros e nobres damas para recitar-lhes suas canções, à maneira de Divini, o admirado cantor da Provença. Este sonho, que o mundano trovador tinha sonhado em vão, estava agora a ponto de tornar-se realidade para o trovador de Deus. No turbilhão da festiva procissão ao longo das vizinhanças do castelo, conseguiu Francisco passar inapercebido pela ponte e penetrar no pátio interno.

Um prelúdio de trombetas marcou o começo do torneio. Quando seu eco morreu, uma voz se ouviu do alto da escadaria que levava do pátio até o edifício do castelo. Era a voz de um homenzinho metido num burel de mendigo, que ali estava e falava e cantava — falava e cantava a respeito de Deus, da pobreza e do amor. Os criados de libré subiram correndo os degraus, prontos a escorraçar o hóspede intrometido. Mas os cavalheiros e as damas chamaram-nos para trás, pois o que o estrangeiro cantava e dizia estava possuído de uma fascinação que os arrebatava a todos. Seu sermão admoestava os ricos, os orgulhosos e os mundanos que se arrependessem e fizessem penitência. Mas era um sermão com o timbre de uma bela canção, como igual jamais tinham ouvido antes. Lá embaixo no pátio, a leve palpitação dos pendões e bandeiras, movendo-se brandamente à brisa de verão, podia ser distintamente ouvida, tão quietos estavam os cavalheiros e damas ouvindo, fascinados, as palavras do mendigo. Terminou o sermão. Francisco deixara Montefeltro. O nobre conde Orlando di Chiusi, porém, estava tão profundamente comovido pelo sermão que tinha ouvido, que procurava algum meio de exprimir seus agradecimentos ao mendigo. Deixou a reunião e acompanhou o estrangeiro. Dinheiros e riquezas não eram as coisas que ele poderia oferecer a esse apóstolo da frugalidade. Mas o extenso território que lhe pertencia e à sua família incluía, até o alto dos Apeninos, uma montanha — Alverno era chamada — verdadeiro símbolo de aridez e solidão. Isto ele poderia oferecer, como um sinal de sua sincera admiração, mesmo a um pobre tão convicto como era aquele mendigo voluntário.

Quando o conde alcançou Francisco, disse-lhe: "Estou mergulhado nos pecados do mundo, mas pelo amor da salvação de minha alma, gostaria de fazer-vos presente do Alverno, a fim de que possas rezar ali mais perto de Deus."

Por causa da nua aridez do Alverno, a extraordinária oferta do conde ocasionou uma das mais sérias crises na vida de Francisco. Seu anseio de solidão e comunhão com Deus, que entrava em conflito em sua alma com o desejo de continuar seu trabalho apostólico, parecia assumir o maciço poder do Alverno.

Francisco prosseguiu seu caminho, pregando o Evangelho nas cidades e vilas da Romagna. Dali por diante a tentação da solidão final esmagava-lhe a alma com o peso de uma montanha.

Terminada sua jornada missionária e de volta à Porciúncula, o conflito entre a pregação e o silêncio, entre a solidão em Deus e o serviço entre os homens, assumiu proporções cada vez maiores. Quando pensava no Alverno, suas atividades apostólicas apareciam-lhe como simples obra de fancaria, comparadas com a felicidade que a proximidade de Deus lhe oferecia naquele desnudo pico apenino.

Alverno foi o lugar onde, mais tarde, a imitação de Cristo de são Francisco iria realizar uma perfeita união mística com o Salvador. Como numa antecipação tateante de seu destino final, ansiava ele por passar o resto de sua vida na absorção em Deus, na solidão daqueles ermos montanhosos.

Mas não chegara ainda o tempo. Seu trabalho na terra não estava completo. O poder da palavra, que a ninguém fora dado em tal medida, não atingira ainda seu pleno desenvolvimento. O cisma de sua alma, que naquela ocasião lhe pesava em cheio sobre a vida, não lhe permitia distinguir entre as exigências do momento e o objetivo do futuro. O fim estava emaranhado no meio, o fruto tentava preceder a flor. Ele próprio era incapaz de descobrir um meio de sair daquela incerteza. Uma irmã amada e um amado irmão, aos quais pediu conselho, iriam ajudá-lo. Irmã Clara, em cuja infalível intuição feminina tinha ele plena confiança, e irmão Silvestre, que vivia agora, depois de seu anterior trabalho como pregador e confessor, numa caverna do monte Subásio, em solidão penitencial, esses dois, que tinham sido eles próprios dominados e mudados pelo poder da palavra de Francisco, aconselharam-no a ficar no mundo e continuar a pregar o Evangelho, de modo que a terra inteira, como suas vidas individuais, pudesse ser dominada e mudada por ele.

A visão do amor é clara. Aqueles amigos guiaram-no sabiamente, pois quando Francisco aceitou o conselho deles e saiu de novo a pregar a palavra de Deus, o poder de seus sermões expandiu-se a tais alturas, como nunca atingiram antes ou depois as palavras dos homens.

Com dois de seus discípulos, Masseo e Ângelo, seguira Francisco para o vale de Espoleto, a pregar na cidade de Bavagna. Tinham atravessado Cannara, de onde um montanhoso caminho subia até Cantalupo, e haviam chegado à estrada que seguia até Bavagna.

Desde que o conflito fora removido da alma de Francisco, sua natural jovialidade veio à tona de novo, aquela extática exuberância que era um traço fundamental de seu caráter e fazia-o explodir em deleite pueril, sem outra razão qualquer que não a de ser ele uma das criaturas de Deus. O caminho que seguia era precisamente uma estrada branca, reta e poeirenta, com campos dos dois lados. Mas ele, que ia andando por ela, estava cheio de alegre êxtase e capaz de ver a beleza de todas as coisas, o delicado esplendor de cada folha e de cada haste de erva e sentir o terno amor do Pai que tinha criado tudo aquilo. E, de repente, teve a percepção da unidade que invadia todas as coisas por meio da unidade de seu Criador comum e sua alma transbordou de um sentimento de fraternidade para com todas as coisas criadas. Uma sensação de amor dominou-o, mais forte do que qualquer outra sentida antes, uma sensação de amor fraternal pela terra e pela nuvem, pela folha e pela haste de erva, por tudo quanto vivia ao sol. Durante todo o seu caminho, cantou e rezou e era sempre a mesma ação de graças dirigida ao Criador, pelo grande dom de ser parte da Criação.

À distância, eram visíveis as torres e muros de Bavagna, onde Francisco e seus discípulos iam pregar na praça do mercado. Alcançaram um lugar que desde então se tornou famoso e agora se chama Pian d'Arca. Havia ali algumas árvores, cujos ramos estavam pesadamente carregados de um bando de pássaros de várias cores, vendo-se também o chão sob as árvores densamente coberto de centenas de pássaros chilreantes. Seus cantos e seus pipilos enchiam o ar e cada pássaro tinha seu próprio chamado e seu próprio canto.

Na sua alegria sem limites, Francisco caminhava à frente de seus companheiros e, ao aproximar-se das árvores, os pássaros nos ramos e no chão sentiram o deleite que lhe ia na alma. Esqueceram sua timidez de pássaros. Voaram do chão e desceram dos ramos ao encontro dele, para acolhê-lo com seus multissonoros gorjeios e cantos. Quando Francisco parou no meio deles, reuniram-se todos em seu derredor, no chão a seus pés e nos ramos em torno, de onde pudessem vê-lo melhor, como das galerias de uma sala de concerto. Um simples bando de pássaros aos olhos humanos normais; o chilreio e gorjeio de pássaros comuns a ouvidos normais; naquilo, contudo, o amante em êxtase via e ouvia a tensa expectativa e jubilosa acolhida de uma impaciente reunião de irmãos e irmãs. Ergueu a mão, pois compreendera que deveria pregar a seus irmãos de penas; e foi sua inata alegria e seu amor fraternal por todas as coisas criadas que o levaram a tal compreensão.

E começou: "Pássaros, meus irmãozinhos e irmãzinhas, deveis ser muito gratos a Deus vosso Criador e deveis louvá-Lo porque Ele vos deu a liberdade de voar por toda parte e vos deu duplo e triplo vestuário. E ainda deveis ser gratos a Ele, porque, embora nem semeeis nem colhais, Deus vos alimenta e dá-vos os ribeiros e fontes onde bebeis, as montanhas e vales onde vos abrigais e as altas árvores onde possais fazer vossos ninhos. E uma vez que não sabeis fiar nem coser, Ele vos veste a vós e a vossos filhotes. Por conseguinte muito vos ama vosso Criador, que tantos benefícios vos concedeu. Portanto, tomai cuidado, meus irmãozinhos e irmãzinhas, contra o pecado da ingratidão e esforçai-vos sempre por agradar e louvar a Deus."

Depois destas palavras, os pássaros abriram os bicos, bateram as asas e curvaram reverentemente as cabecinhas até o chão, cantando e louvando a Deus, demonstrando terem compreendido muito bem o que Francisco lhes dissera. E Francisco ergueu os braços e cantou com eles, abençoando seus irmãos e irmãs pássaros. O bando alado elevou-se e dispersou-se no ar.

A alegre mensagem de Cristo tinha sido ouvida por milhões de homens e mulheres de todas as classes, raças e nações da terra; pelos ricos e pelos pobres; pelos humildes e pelos exaltados; pelos sábios e pelos simples, em todas as partes do globo. Contudo, nada havia que pudesse ser comparado com a vitória apostólica conquistada pela palavra de Deus, no ano 1213, na estrada vicinal entre Assis e Bavagna. Pássaros interromperam seus chilreios e cantos para ouvi-la e aves ergueram suas vozes em louvor a Deus, para provar que a haviam ouvido. Nunca, antes ou depois, a palavra humana exerceu tal poder como ali quando rompe os limites do mundo do homem e se torna compreensível e significativa no reino dos pássaros. Foi o amor infantil de são Francisco que realizou este milagre dos milagres. Seu extático amor pelo seu Criador e Pai fê-lo dirigir-se às aves como se estas fossem seres racionais e foi o mesmo amor que deu à sua voz o timbre familiar, que convenceu os pássaros de que um irmão deles — o irmão Homem — lhes estava falando com voz humana a respeito de seu Pai comum.

Dois discípulos, Masseo e Ângelo, foram as únicas testemunhas do sermão de Francisco aos pássaros de Pian d'Arca e foram os únicos graças aos quais a miraculosa história foi transmitida à posteridade.

Pouco depois, chegou Francisco à pequena cidade de Alviano, não distante de Orvieto. Estava de pé na praça do mercado, pronto a pregar ao povo da cidade, que acorrera em grande número para ouvir-lhe a palavra. Anoitecera e centenas de andorinhas, cujos ninhos estavam ocultos por toda parte, nos velhos muros e dilapidadas torres de Alviano, conservavam-se em voos circulares sobre a praça, que ressoava com os seus incessantes chilreios. Francisco e Masseo cantaram o *laude* e a multidão esperou, em tenso silêncio, que o sermão começasse. Mas as andorinhas continuavam a vir em número cada vez maior, circulando mais e mais baixo sobre a praça e enchendo o ar com seus constantes chilreios, de modo que nada mais podia ser ouvido.

Francisco esperou um pouco, observando as andorinhas e imaginando quando afinal iriam ficar elas quietas. Por fim, voltou-se para elas e disse com sua voz mansa: "Meus irmãos e irmãs andorinhas, chegou agora minha vez de falar. Vós estivestes a falar bastante todo o tempo." E logo as andorinhas se calaram, como se quisessem atender ao pedido de um irmão mais velho. Pousaram nas cornijas e telhados dos edifícios, baixaram as cabeças em respeitoso culto e ouviram silenciosas o sermão, como estava fazendo o povo lá embaixo na praça. Somente quando Francisco terminou e o povo cantou um hino de júbilo e de louvor, as andorinhas também ergueram suas vozes de novo e cantaram em coro com o hino da alegria humana.

Todos os habitantes de Alviano que se haviam juntado naquela tarde na praça do mercado testemunharam esta extraordinária ocorrência. Centenas de vozes exclamaram a uma voz: "Milagre! Milagre! Um santo!"

Os sinos da torre da igreja começaram a tocar. Quem os pusera a tocar? Toda a população de Alviano se achava na praça do mercado. Ninguém havia saído dali. Os sinos repicavam sozinhos, como um sinal aos homens de que tinha chegado o dia e a hora de arrependerem-se e começar nova vida. E enquanto os sinos estavam tocando, os sinos que ninguém pusera a tocar, enquanto as vozes dos homens e das andorinhas misturavam-se num grande hino de júbilo e de louvor, um após outro, centenas e centenas, senhores e servos, nobres e campônios, homens e mulheres, velhos e crianças, aproximaram-se de Francisco e pediram-lhe que os aceitasse nas fileiras de seus discípulos e confessaram seus pecados e mostravam-se desejosos de abandonar seus castelos, suas casas e campos para acompanhá-lo de agora em diante na pobreza, na humildade, na caridade.

Uma cidade inteira viu e acreditou no milagre das andorinhas e agiu de acordo com isso. Para um cético historiador dos tempos modernos, o testemunho de uma cidadezinha do crédulo século XIII naturalmente merece tanto crédito quanto o dos dois discípulos, falando a respeito do sermão aos pássaros em Pian d'Arca. Podem-se pôr facilmente de parte tais narrativas com o simples termo de "sugestão das massas". Decerto, não é um milagre um acontecimento histórico averiguável e a mais bela lenda não é uma narração factual isenta de toda a dúvida possível. Contudo, uma coisa é fato incontestado e incontestável: as repercussões históricas que o sermão aos pássaros e o milagre das andorinhas tiveram, a revolução que produziram na arte e a decisiva mudança que iniciaram na estrutura social da Idade Média.

O milagre dos pássaros de são Francisco marca o começo de nova época na história cultural do Ocidente. Nele a palavra de Deus havia quebrado o isolamento do mundo humano e havia penetrado o mundo da natureza. Por meio dele e depois dele, a arte, a poesia e até a ciência realizaram semelhante ruptura do isolamento e da restrição das emoções e do pensamento do homem. A rigidez medieval com que a pintura bizantina representava seus santos desapareceu inteiramente e movimento, fôlego e vida foram introduzidos em lugar dela. A solene uniformidade de um campo de ouro foi dispensada e substituída por um fundo natural. Agora os santos mergulhavam em cor e linha com sol e nuvens, com árvores e pássaros e todas as coisas criadas. A representação da figura humana, viva e móvel, a descrição da natureza na arte, que iriam conduzir, mais tarde, às grandes pinturas da Renascença, tiveram seus começos na descrição artística e na representação da lenda dos pássaros.

A arte cristã, como todas as outras grandes artes do passado, teve sua origem na religião e foi criada para edificação dos fiéis. As obras dos pintores constituíam um grande livro ilustrado em que homens e mulheres medievais viam com seus próprios olhos as experiências terrenas e a glorificação celestial de santos personagens: do Redentor na cruz, da santa Virgem e dos mártires, dos penitentes ascetas e dos sábios padres da Igreja. Com a representação de são Francisco na arte, novo capítulo se abre, pois este santo tinha falado ao sol, às nuvens, às flores e aos animais. Havia-os chamado de irmão e irmã e até mesmo as aves haviam compreendido suas palavras. Toda a criação, toda a natureza, eram arrastadas para a órbita da vida de um santo e tornavam-se parte e parcela de um tema devocional para o artista.

Desde que os mistérios da fé cristã eram colocados diretamente no meio dos fenômenos naturais, desde que o mundo dos sentidos vinha a mover-se na esfera da piedade suprassensível, um jovem e jubiloso sentimento pela natureza despertou na alma humana. Com pueril maravilha, os artistas descobriam as belezas do mundo que os cercava e desde que nuvens, flores, árvores e animais se tinham tornado para eles objetos de veneração, tornou-se naturalmente parte da tarefa dos artistas que desejavam viver e trabalhar no pleno espírito de sua fé, copiar todas aquelas coisas com a mais meticulosa precisão. Isto, por sua vez, enriqueceu a arte, não somente com um grande fundo de contornos, formas, cenas e cores peculiares à natureza, mas como exercitou os olhos do artista e sua mão para novos problemas, que incluíam o da representação inteiramente nova das figuras dos santos, pois agora um santo podia ser uma pessoa que amava a natureza e a vida, e o artista tinha de pintá-lo na bela simplicidade da natureza humana. Naquele momento, quando o artista podia voltar-se para o homem a fim de pintar o ideal divino, foi possível uma verdadeira representação da figura humana vir à tona na arte do Ocidente cristão. Nos retratos dos santos, os rostos humanos tomaram o lugar das fisionomias estereotipadas e não foi por certo acidental que os primeiros retratos individualizados da nova tendência na pintura tenham sido os retratos de são Francisco de Assis pois, no seu caso, a tarefa do artista foi pintar o santo fielmente, como o homem viveu na memória de seus admiradores.

A tentativa de traduzir as atividades apostólicas de Francisco em cores e formas levou à representação de cenas cheias de movimento e de vida; engendrou no artista um deleite universal pela fábula e pela história, dando às obras resultantes encanto e graça.

Os primeiros representantes dessa tendência inteiramente nova na arte medieval, são Cimabue e Giotto, praticamente contemporâneos de são Francisco. Especialmente os vívidos e quase reais afrescos em que Giotto e sua escola pintaram a vida de são Francisco são os primeiros produtos magníficos de um movimento que marca os começos da primitiva pintura da Renascença.

Da mesma forma que a santa vida de Francisco inspirou novas cores e linhas à pintura, enriqueceu também a poesia e a literatura com novos meios de expressão, com uma nova sensibilidade lírica, com novos ritmos e tons e com nova beleza. É ela ponto de partida do *dolce stil nuovo*, levando à grande arte de Dante, o mais íntimo amigo de Giotto, o admirador apaixonado de Francisco. É no espírito da comunidade franciscana e, às vezes, através da mediação de frades franciscanos, tais como Tomás de Celano e Jacopone da Todi, que a literatura imortal dos séculos XIII e XIV se gera — literatura na qual a poesia moderna e a prosa artística têm seus mais antigos precursores.

O efeito estimulante que emanava de são Francisco não se limitou, porém, à arte e à literatura; influenciou igualmente o pensamento científico.

Em retrospecto, fica-se tentado a concluir que o exemplo da vida de são Francisco tornou o povo ciente da latente tendência para o modernismo no desenvolvimento espiritual de seu tempo e auxiliou essa tendência na sua tentativa de tornar-se uma realidade histórica.

A piedade medieval antes do tempo de são Francisco tinha-se perdido em especulações suprassensíveis. Sua vida corria o perigo iminente de paralisar-se em sofisticaria teológica. Graças a Francisco, as "janelas foram abertas e a visão aclarou-se no campo aberto, na natureza". Foi como se o mundo em que os homens vivem houvesse sido canonizado. A veneração de Deus em Sua essência suprassensível podia encontrar agora expressão na veneração da natureza. E da mesma forma que podia o artista olhar para a natureza e dela derivar sua inspiração com clara consciência e sem dano para sua fé, podiam os homens de saber da Idade Média satisfazer sua ânsia de conhecimento e perscrutar a natureza para investigar suas leis. Não é acidental que tenha sido um franciscano, Rogério Bacon, o primeiro representante do *mundus sensibilis*, o primeiro naturalista no sentido moderno do termo. Esta decisiva mudança na história do pensamento levou a uma reconciliação do espírito do cristianismo com o amor da natureza, incompatíveis um com o outro durante tanto tempo. Foi uma reconciliação tornada possível graças à amorosa imitação franciscana de Cristo. Seu sermão aos pássaros foi a primeira bênção dada à nova união que conduziu ao nascimento de uma nova fé cristã, enriquecida por nova beleza e conhecimento da natureza.[4] A alegria original e a beleza do modo cristão de vida, esquecidas por um milênio, vieram de novo à tona graças ao exemplo e à mensagem de Francisco.

A divindade da natureza estava também presente na vida do Redentor. A história de Sua vida na terra começa realmente naquela esfera. Na fronteira dos mundos dos homens e dos animais, no estábulo de Belém, nasceu o Salvador. E mesmo antes de chegarem os três magos para adorá-lo, os animais do estábulo tinham sido as primeiras testemunhas de Seu nascimento, de Deus tornar-se homem.

Cristo, o "Redentor dos homens", era um peregrino sem casa e sem lar, e, como andasse de lugar para lugar, estava sempre cercado pelas coisas da natureza e nada nela escapava à Sua atenção, pois nela era Ele capaz de ver a obra de Deus. Via os lírios nos campos e a figueira e a oliveira; via o sol erguer-se e os peixes na água e as aves no ar. E quando propagava o Evangelho de Deus entre os homens, falava de todas aquelas coisas em Suas parábolas. Quando aconselhava Seus discípulos a pôr sua confiança na infinita bondade de Seu Pai celeste, lembrava-lhes os lírios que o Pai veste e as aves que o Pai alimenta.

---

[4]Jamais o genuíno cristianismo repudiou a natureza. Para o católico, a natureza é como que o suporte da graça; o corpo humano, pelo batismo, torna-se *sagrado*; a natureza irracional encontra nos sacramentos, como sua matéria, a antiga dignidade perdida pelo pecado. As próprias criaturas irracionais, diz são Paulo, gemem e sofrem em ansiosa expectativa pela redenção *completa* dos filhos de Deus. Os santos Padres da Igreja sempre ensinaram que o homem é um *microcosmo* feito à imagem do *macromosmo*. O cristianismo, não obstante sua origem *divina*, é profundamente humano. (N. do T.)

O fato extraordinário de mandar Deus Seu único filho à terra para redimir os homens, a história de Sua obra entre os homens, de Suas miraculosas curas, das promessas de uma vida futura, da paixão e de Sua morte — tudo isso impressionava os discípulos em Seu próprio tempo e, mais tarde, com tamanho poder incitador, que seus pensamentos e emoções não davam lugar a qualquer outra coisa. Os evangelhos não se baseavam em nada mais. O estábulo com seus animais forma o pano de fundo para o grande acontecimento do nascimento de Deus como homem. A referência de Cristo à inclusão de lírios e aves na família de Deus é tomada como mera parábola, pertencente às regras de conduta que Ele formulava para benefício dos homens. Os eremitas ascetas, que procuravam viver suas vidas no espírito dos evangelhos, interessavam-se somente por emular com o exemplo dado pelo filho de Deus; os padres da Santa Igreja tentavam somente sondar o mistério da Encarnação de Deus e de Sua morte sacrificial. Para esse Cristo é que foram construídas as catedrais. Em Sua memória é que a Missa foi celebrada. Durante a Idade Média, a arte e a poesia conheceram somente Cristo, o Salvador. O homem Jesus, em Sua simples humanidade, o peregrino e amante da natureza, fora perdido de vista na presença de Cristo, o filho de Deus e Redentor do homem. Sua pobreza humana foi submergida pela Sua divina sublimidade e Sua alegria pelo poderoso drama da paixão.

Preciso foi que um homem cheio de amor houvesse decidido devotar sua vida à imitação de Cristo, para que Cristo Deus e Cristo Homem, a divina grandeza e a simplicidade humana, a graça e a sublimidade pudessem ser concebidas como uma só coisa e pudessem viver como uma unidade. Pois somente o amor possui visão tão abrangente; somente o amor pode colher num só olhar unificante o pequeno e o grande, a vida interior e a vida exterior, a natureza e o homem. E finalmente, só o amor é amplo e rico bastante para capacitar os homens a acompanhar Cristo em todas as facetas do exemplo que deu.

Francisco recebeu seu Cristo em espírito de amor. Mas o amor é mais do que penetração de um mistério, mais do que emulação de um modelo. O amor é reprodutivo e criador. Por meio de sua imitação amorosa de Cristo, Francisco completou o poema dos evangelhos. Os lírios da parábola começaram a florir; o canto dos pássaros juntou-se ao louvor de Deus. Graças à imitação de Cristo de Francisco, não somente os pensamentos, as emoções e as ações de um ser humano tinham-se tornado o recipiente de um espírito cristão revitalizado; nela toda a natureza — arrastada para a órbita deste milagre — despertava numa nova primavera, numa harmonia divinamente bendita de cores e de sons, igual à qual nenhuma outra primavera jamais fora vista na terra. Na própria vida de Francisco, todas as cores e linhas, todo o movimento e grandeza que tornam perfeita uma obra de arte, foram indicados antes que os pintores tivessem começado a pensar nela como tema para suas composições. Na sua vida, havia o ritmo e a cadência de um grande poema, antes que os poetas tivessem começado a pô-lo em metro e rima. Sua vida era a nova arte, antes que a primitiva Renascença a produzisse.

 Um acontecimento ocorrido pouco depois do milagre dos pássaros é exemplo típico que caracteriza a nova e poderosa inspiração emanante da personalidade de Francisco. Parou, em caminho, num convento, onde pregou com aquela bela simplicidade característica de todos os seus sermões. Aconteceu que Divini, o mais hábil poeta e trovador do tempo, estivesse no mesmo convento, onde fora fazer uma visita a sua irmã. Pouco tempo antes, fora coroado rei da poesia em Roma e em todas as cortes. Em todos os castelos era celebrado como o maior cantor de sua geração. Quando Francisco iniciou seu sermão, Divini, na sua arrogância de poeta, pensava consigo mesmo: "Que delírio maluco!" Mas depois de umas poucas frases, precisamente aquela simplicidade maluca começou a lançar seu fascínio sobre ele e, de frase a frase, de palavra a palavra, foi ele ficando inteiramente fascinado. Francisco falava a respeito da paz da alma, de alguma coisa que o famoso trovador tinha sempre em vão ansiado por atingir. Quando Francisco terminou, aquele maior poeta da época ficou ali sentado, homem derrotado, convencido da vaidade de sua arte, de sua elevada linguagem e da beleza formal de seu verso. Quão maior, mais poética e mais bela era a simplicidade das palavras comovidas daquele pregador! Nelas, Divini sentiu a harmonia pela qual se esforçava em seus poemas; nelas, ouvia uma consonância perfeita com a paz do espírito e da alma, que suas mais perfeitas rimas jamais tinham conseguido atingir. Nem sua coroação como rei da poesia, nem a fama de que gozava, distante e vasta por toda a terra, podiam ajudá-lo a desaprovar o opressivo reconhecimento de que toda a sensibilidade e significação tinham sido arrancadas da obra de sua vida. Só uma coisa havia que podia proporcionar nova significação à sua vida e erguer sua alma das profundezas do desespero em que havia tombado. Tinha de renunciar à coroa de poesia que lhe fora dada em Roma; tinha de esquecer sua fama de trovador célebre e praticar a humildade de um frade menor; a linguagem elevada de sua arte havia de ser substituída pela fala simples e chã daquele mendigo; em vez de compor seus poemas para cavalheiros e nobres damas, tinha que tomar a própria vida e dela fazer um poema de Deus, seguindo o exemplo de Francisco, o maior poeta, o poeta da vida.

Divini caiu de joelhos diante de Francisco e exclamou: "Paz! oh! dá-me paz!"

"Levanta-te e vem conosco, irmão de paz, irmão Pacífico", respondeu Francisco, abençoando-o. E foi somente então que Francisco ficou sabendo quem era o homem que lhe tinha tão humildemente pedido para ser admitido na sua irmandade de mendigos. Era Divini, o rei dos trovadores, o homem a quem Francisco tinha admirado e idolatrado, no tempo em que ele próprio era ainda o trovador de Assis.

Divini deu seu cavalo a um pobre lavrador a quem encontrou no caminho; deixou sua guitarra como oferenda votiva no altar de uma capelinha dos campos; vestiu o burel dos irmãos da pobreza e andava pela terra como os outros "jograis de Deus", para persuadir homens e mulheres em toda parte, por meio da linguagem de simplicidade de Francisco, a viver a vida deles no espírito do Evangelho.

A inspiração produzida pelas palavras de Francisco e por toda a sua personalidade não influenciou tão somente a imaginação de poetas e artistas; não somente causou uma mudança revolucionária na tendência artística dos tempos; sua força irresistível afetou também as grandes massas de homens e mulheres comuns e mudou-lhes os hábitos de pensamento, de emoções e de ações tão fundamentalmente que uma transformação de grande alcance da estrutura social da Idade Média dela resultou.

Aqui, de novo, foi a natural espontaneidade e a simples beleza de suas atitudes que lhe asseguraram o entusiasmo, tanto dos indivíduos como das massas. Não era um panteísta, em cujos pensamentos toda a criação se misturasse com seu próprio ser. Tais sutilezas filosóficas não teriam sido compreendidas pela gente comum; não a teriam arrebatado. Que um amante — na exuberância de seu amor, na simplicidade de seu ardor oniabrangente — falasse a uma flor, a uma árvore, ou a uma ave, dirigindo-se a todas elas como a irmãos e irmãs; que não formasse ideia de sua definitiva identidade com as ideias abstratas de flores, árvores e aves, mas fosse movido por uma ardente sensação de amor fraternal por uma específica primavera, por esta ou aquela específica árvore em cuja sombra acontecesse vir a repousar, pelos pássaros individuais de Pian d'Arca e pelas andorinhas individuais de Alviano — esta espontaneidade e esta naturalidade, que se encontram somente no amor e na exuberância, eram compreendidas por todos, pois os afetavam no mais profundo de seus corações.

Quando Francisco aquietou as andorinhas na praça do mercado de Alviano, não era um mágico cujas palavras fossem uma fórmula mágica que lhe desse poder sobre as criaturas de Deus. Um mágico teria obtido espanto e possivelmente temor, mas não poderia ter tocado os corações daqueles que o ouviam, não poderia ter induzido os habitantes de uma vila inteira a abandonar seus lares e seus campos, seus pais, suas mães, suas esposas ou maridos e filhos para seguir o preceito do Evangelho. Isto só podia ser operado por alguém cujo amor transbordante o fizesse falar como irmão Homem ao irmão e à irmã Andorinha. Sua intimidade natural com todas as criaturas do mundo de Deus abalou o povo de Alviano e deu-lhe a segurança de que aquele pregador era enviado por Deus e de Deus tinha recebido aquele poder; era um poder para o qual nada era impossível, e poderia daí por diante levar os homens à salvação de suas almas.

Alviano foi apenas a primeira cidadezinha cujos habitantes solicitaram em bloco ser admitidos na comunidade desse santo a quem ninguém senão Deus tinha ordenado. Da mesma forma que as aldeolas, burgos e vilas da Úmbria e da Toscana e de toda a Itália se enfileiram nos mapas como contas presas a um fio de rosário, assim também seus habitantes, no tempo de Francisco, alinhavam-se num exército de admiradores em êxtase que outro desejo não tinham senão o de submeter-se como discípulos daquele santo.

As regras da comunidade, que Francisco havia muito escrevera sob a cruz da Porciúncula, referiam-se tão somente aos "menestréis de dona Pobreza". Agora a Porciúncula e São Damião, as grutas e ermitagens, os mosteiros e conventos dos franciscanos e das clarissas que haviam surgido por toda parte na terra, mostravam-se demasiado estreitos para todos quantos solicitavam entrada para o discipulado do santo da pobreza e da caridade. Os habitantes de cidades e aldeias inteiras e de extensas regiões rurais chegavam em grupos para acompanhar Francisco. Maridos e mulheres decidiam separar-se, crianças desejavam abandonar seus pais e pais seus filhos, a fim de viverem daí por diante no espírito do Evangelho por ele proclamado.

Francisco não era Pied Piper de Hamelin,[5] nem encantador de crianças e rompedor de laços feitos pelo amor; não era um vitorioso, nem um homem de êxitos; triunfo e ganho não lhe causavam satisfação. Era um humilde mensageiro do Evangelho, o qual para ele não era mais do que uma alegre proclamação da caridade e a mais dura tarefa que ele teve alguma vez de enfrentar e resolver era a que agora tinha diante de si: harmonizar o evangelho do amor e devoção a Deus com o amor terreno e as terrenas obrigações. Um seguidor monacal de Cristo talvez não achasse solução para esse conflito. O seguidor amoroso de Cristo achá-la-ia; descobriu-a, graças ao seu próprio amor, na ideia da "ordem terceira" que estabeleceu a Ordem dos Terciários.

As regras que Francisco dera a esta ordem tinham o objetivo de tornar possível que grandes massas da população se ligassem à irmandade franciscana, sem abandonar suas cidades e aldeias, suas casas e famílias. Tinham de "ficar no mundo, mas sem pertencer a ele".

Nenhum dos ideais originais da Porciúncula se perdeu ou ficou prejudicado em virtude da tradução das regras franciscanas para a linguagem mundana desta nova comunidade de leigos. A pobreza permaneceu como a mais elevada perfeição evangélica também para os Terciários. Mas aqui uma outra vez, Francisco, o fundador da terceira ordem, demonstrou que não era um sombrio asceta, mas um "trovador de dona Pobreza". Seu hino de pobreza revelava às massas o segredo de que a pobreza não é renúncia e servidão, mas emancipação da tirania das coisas; que não é uma desgraça e uma coisa a ser desprezada, mas uma honra e um motivo de beleza. Ensinava-lhes como libertar-se da "carga das superfluidades", como abrir seus corações às delícias da caridade e à abençoada calma que a modéstia frugal pode proporcionar. Com o arrebatante poder de um grande poeta, descrevia-lhes o tormento infernal que a avareza e a cobiça preparam para a alma. Ensinava-lhes a amar a pobreza e ordenava-lhes que não consentissem em juramento de fidelidade a um senhor de guerra que os forçasse a danificar ou matar outrem. Proibiu-os de usarem armas, de odiar a alguém e mandava que vissem um irmão em cada homem, amigo ou inimigo. Sua men-

---

[5]Personagem de uma lenda medieval alemã. Era um músico vestido extravagantemente e possuidor de uma flauta mágica. Chegando à cidade de Hamelin, na Prússia, prontificou-se, mediante recompensa em dinheiro, a libertar a cidade dos ratos que a infestavam. Atraiu os ratos ao som da flauta para dentro do rio Weser e os afogou. Como a cidade se negasse depois a pagar-lhe o estipulado, atraiu também, com sua flauta, as cento e trinta crianças que ali viviam e fechou-as para sempre numa caverna das colinas. (*N. do T.*)

sagem era o evangelho do amor, porque somente por meio da caridade é que os homens podem alcançar a felicidade inalienável.

Não era um pacifista teorético, mas um poeta da caridade, que estava tentando fazer os homens esquecerem todas as suas contendas e viverem em paz uns com os outros. Isto explica o efeito que suas palavras tiveram sobre as massas. Um cronista, que assistiu a um dos sermões de paz de Francisco, em Bolonha, deixou-nos este relato: "Tratou seu tema tão sabiamente que muitos homens instruídos que estavam presentes ficaram cheios de admiração quando ouviram tais palavras dos lábios de um frade ignorante. Todo o assunto de seu sermão centralizou-se na extinção do ódio e no estabelecimento da paz. Seu traje era mísero, sua pessoa insignificante, seu rosto destituído de beleza. Mas com tamanho poder inspirava Deus suas palavras que muitas famílias nobres, divididas por antigas rixas sangrentas, se reconciliaram para sempre."

Como naquele dia em que se ergueu pela primeira vez, no largo do mercado de Assis, e aconselhou o povo a viver em paz, continuava a ser o "arauto do grande rei" e sua mensagem era ainda a mesma: "O Senhor vos dê a paz!" E onde quer que pregasse, antigas contendas achavam acordos amigáveis, adversários de toda a vida mostravam-se ávidos de reconciliação, e comunidades e cidades inteiras, que tinham estado a lutar umas contra as outras, enterravam a acha, depunham as armas e davam o exemplo para um mundo melhor.

Sua doutrina da caridade suscitava exércitos de irmãos e irmãs leigos nas cidades e burgos e por todo o país, que o acompanhavam, sem temor pelo amanhã, para o reino de paz de que ele falava.

Foi o movimento leigo da ordem terceira, concebido no espírito da irmandade franciscana, que produziu uma das revoluções sociais de maior alcance na Idade Média: a queda do sistema feudal. O poder dos senhores feudais dependia principalmente da fidelidade militar de seus vassalos. A admissão da ordem terceira, porém, libertava esses vassalos de seus juramentos, pois os membros dessa irmandade estavam proibidos de participar de aventuras guerreiras, incompatíveis com a doutrina de amor do Evangelho.

Os senhores feudais tentaram, com o auxílio da máquina do governo estabelecido, pela força das armas, por meio de perseguição e punição, forçar a entrar em linha os que objetavam ao serviço militar. Mas sua força resultava inútil, diante daquela desarmada rebelião em massa de amor. Nenhuma prisão conseguia enfraquecer a resistência daqueles que, graças a Francisco, tinham-se tornado "homens de corações livres".

O tempo em que um humilde e caridoso mendigo tinha poder sobre os corações e os espíritos dos homens, o tempo da vida e da obra de Francisco, foi aquela era maravilhosa da história da humanidade em que o Evangelho se tornou uma realidade verdadeira e viva, em que o poder de paz triunfou sobre o espírito de agressão guerreira, em que o amor triunfou sobre a inimizade e a liberdade da pobreza, aceita voluntariamente, era honrada mais altamente do que a escravidão da cobiça.

O mendigo, que tinha alcançado uma vitória inigualada na história da raça humana, cuja mensagem de amor atraía homens, mulheres e crianças, lavradores e senhores de terras, pobres e príncipes, esse mendigo foi testemunha do coroamento da obra de sua vida com a entrada para as fileiras de seus seguidores do homem mais poderoso de seu século, o papa Inocêncio III. E mesmo se durante sua vida este poderosíssimo protagonista do poder secular do pontificado romano não se foi submeter a tão radical conversão, por sua morte entrou na comunidade evangélica dos frades menores de São Francisco.

A Porciúncula era o destino de inúmeros pecadores a quem o impacto dos sermões de Francisco tinha levado ao arrependimento contrito e que estavam ávidos de começar nova vida e de confessar seus pecados, pedindo perdão. E o amor fraternal de Francisco ouvia nas palavras de cada um algum eco pelo menos da voz de Deus, e nem uma vez sequer deixou de prestar seu auxílio a um pecador arrependido. Assim como seu amor fraternal tinha lugar para os leprosos do lazareto, da mesma forma amava também os "leprosos da alma" e nenhum deles jamais o deixou sem encorajamento e novas esperanças.

Uma lei papal, em vigor naquele tempo, tornava impossível obter absolvição plena para alguém que não tivesse empreendido uma peregrinação aos túmulos dos apóstolos em Roma, que não tivesse participado de uma cruzada ou auxiliado as cruzadas por meio de assistência financeira.[6] Francisco, o irmão dos pobres, queria ver a base de completa indulgência alargada de tal maneira que se pudesse aplicar também aos mais pobres pecadores, grande número dos quais era levado por um genuíno arrependimento, a buscar seus conselhos na Porciúncula. Sabia que o papa Inocêncio III o encarava com favorável simpatia

---

[6] O autor talvez queira referir-se à "indulgência", em lugar de "absolvição", pois não consta, na história da Igreja, que a *absolvição sacramental* do pecado estivesse, algum tempo, presa a estas condições. É verdade que há pecados *reservados*, para cuja absolvição o penitente *por si* ou *por intermédio do confessor*, deve recorrer à suprema autoridade, mas no caso de impossibilidade absoluta, a Igreja sempre abriu mão desta reserva. (*N. do T.*)

e, a fim de submeter ao mesmo seu pedido, seguiu, em julho de 1216, para a residência de verão do papa, em Perúsia. Em frente ao palácio encontrou excitada multidão e soube que o papa estava à morte. Comentava-se que uma fruta envenenada que ele comera causara-lhe a moléstia, culminando com um fatal ataque de doença de suor maligno.

Cardeais, bispos e prelados aguardavam no pátio e nos salões do palácio. Ninguém ousava entrar no quarto do papa, pois também corria o boato de que sua doença era a peste. Um dos dignitários da Igreja procurava olhar pelo buraco da fechadura do quarto onde o papa estava moribundo. Quando Francisco quis entrar, ergueu a vista e advertiu-o: "Deus o proíbe! Não entre! Os médicos nos aconselharam a ficarmos de fora com a maior urgência!"

"Se os médicos do corpo são bastante corajosos para ficar perto do papa, os médicos da alma não deviam tampouco ter medo. Um homem moribundo está em maior necessidade de nossa medicina, do que das tisanas dos doutores." E com estas palavras Francisco entrou no quarto que era evitado por todos os outros.

Inocêncio III, o senhor de príncipes e nações, tinha sido abandonado por todos os dignitários da Igreja, pelos seus cortesãos, pelos aduladores e "amigos". Somente os médicos estavam a seu lado. Jazia na grande cama de gala, e os médicos procuravam apagar-lhe a febre, mudando, a intervalos de poucos minutos, as compressas frias postas em sua fronte ardente. Francisco viu nele um irmão a quem todos tinham esquecido na sua hora derradeira. Dirigiu-se à cama do papa, tomou-lhe a mão febril e úmida e beijou-a. Inocêncio abriu os olhos e olhou com surpresa para o homem de burel remendado, pois durante toda a sua vida estivera acostumado a ver-se cercado de gente vestida de veludo e seda. Reconheceu Francisco e sorriu. Tentou falar, mas a carga da morte pesava por demais sobre ele e impediu-o de abrir os lábios.

"Vim rezar por vós", disse Francisco, e o papa sorriu de novo. Depois fechou os olhos. Tinha chegado a morte. Seu sorriso permaneceu em estranha rigidez. A mão do mais poderoso homem do trono papal foi esfriando na mão quente e fraternal do pobre mendigo, que implorava a Deus perdoasse ao papa seus pecados.

Naquela mesma noite o corpo do Papa foi transportado à luz de tochas para a igreja e posto em exposição. Os homens, destinados a vigiar o caixão a noite toda, estavam com medo do contágio e saíram, de modo que o papa outrora poderoso ficou sozinho e sem guardas na igreja de Perúsia.

Inocêncio III deveria ser enterrado de manhã. Grande alvoroço despertou a cidade ao amanhecer. Espalhou-se como um relâmpago o boato de que o corpo do papa tinha sido profanado. Ladrões haviam-no despojado de suas roupas e joias e até mesmo de seus sapatos de couro vermelho. Jazia no ataúde virtualmente nu e todos quantos o viam cobriam o rosto cheios de horror e medo.

Mas Francisco, a quem o alarma geral tinha também atraído para a igreja, subiu até onde se achava o ataúde, tirou seu próprio burel e cobriu com ele o corpo nu do pontífice. Depois ajoelhou-se e rezou pelo morto: "Deus tenha misericórdia da alma de um pobre frade menor!" E assim o papa Inocêncio III, o "rei dos reis", foi enterrado com um burel franciscano.

Em Francisco, doutrina e vida eram uma só coisa e nenhum acontecimento exterior, nem a tentação, nem a intimidação, nem o sucesso, nem a derrota podia romper esta união. Louvava a modéstia e a humildade como expressões de verdadeira nobreza e praticava-as consequentemente. Havia chamado a si mesmo o menor dentre os frades menores, quando — vivendo com os primeiros discípulos no telheiro de Rivo Torto — tivera de suportar o desprezo do povo de Assis. E mais tarde, quando cidades inteiras e aldeias o acompanhavam, ainda permanecia incólume na sua humildade e modéstia.

Até mesmo seus mais devotados discípulos ficavam, por vezes, espantados diante do fascínio que sua voz e suas atitudes exerciam sobre as pessoas com quem entrava ele em contato. Depois de um de seus grandes triunfos, perguntou-lhe certa vez Masseo: "Não sois belo, nem instruído, por que é então que todo o mundo corre atrás de vós?" E Francisco exclamou: "É justamente por isso! Mostra que tudo isso é obra de Deus. Para provar da maneira mais chocante que é Ele quem está em ação, escolheu Ele a mim, o mais feio, o mais miserável dentre seus filhos e o maior pecador. Sem Deus, não sou nada."

Com ramos de palmeiras nas mãos, o povo saía a seu encontro. Os sinos da igreja tocavam e a multidão exclamava: *"Ecco il santo!"* Eis o santo! Caíam de joelhos e beijavam-lhe a orla do traje e a terra que seus pés haviam tocado.

Aconteceu que Francisco caiu doente e seu estômago causava-lhe grandes dores. Irmão Junípero saiu, apanhou um tordo e cozinhou-o cuidadosamente em azeite de oliveira para dá-lo ao convalescente. Francisco saboreou a iguaria com grande delícia. Depois, subitamente, foi dominado pelo remorso. "Irmão Jumento", exclamou ele, "hás de pagar caro por isso!" E tão logo foi capaz de andar de novo, ele, a quem todos em Assis veneravam como santo, amarrou-se com uma corda e foi puxando a si mesmo, como se o fizesse a um jumento, pelas ruas da cidade e gritando à medida que andava: "Vede, minha gente, este é o homem que vos pediu que jejuásseis e vos arrependêsseis, enquanto que ele próprio se banqueteia com um tenro pássaro somente porque seu estômago lhe dói um pouco. Vede o glutão, o dissoluto, o hipócrita!"

Pregava a frugalidade e a pobreza e acreditava que a mais verdadeira imitação de Cristo consiste simplesmente no cumprimento natural dos mandamentos evangélicos. Era o que ele ensinava com suas simples palavras. Entretanto, a comunidade da Porciúncula havia-se tornado a poderosa ordem franciscana. Duas vezes por ano, os discípulos iam à Porciúncula para realizar um capítulo geral. Grande quantidade de antigos nobres, advogados, estudantes e professores tinham-se juntado à comunidade e assistiam às reuniões do capítulo. Estes discípulos mais recentes de Francisco desejavam dar à sua ordem uma estrutura mais firme e mais dignificante. Queriam fundar casas de franciscanos e cultivar as artes e as ciências para maior glória de sua irmandade aos olhos do mundo. Francisco, porém, sentia o perigo de tal movimento. Por ocasião do capítulo de Pentecostes, viu os irmãos sapientes reunidos em torno de si, escutando-lhe atentamente o sermão. Viu também seu irmão favorito, a andorinha, empoleirada numa árvore próxima. "Irmãos", disse ele à congregação, "ouvistes a andorinha? Nosso pássaro? Nosso pássaro frade menor? Usa um capuz como nós e vive modestamente, encontrando seu alimento pelas estradas. Mas quando voa, segue seu ardente desejo e voa diretamente para os céus; canta os louvores do Senhor e é mansa e alegre como deveriam ser os bons frades menores, pois estes devem pensar no céu e não na terra e não devem gostar de outra coisa mais do que cantar os louvores de Deus."

E quando havia ainda muitos dentre os irmãos não dispostos a abandonar o desejo de instruir-se, disse-lhes em outra reunião do capítulo: "Meus irmãos, meus irmãos. O Senhor me chamou por meio da simplicidade e da humildade, e este foi o que apontou para mim mesmo e para aqueles desejosos de seguir-me. O Senhor me disse que me queria pobre e louco neste mundo e que não queria levar-nos por nenhum outro caminho senão o dessa espécie de sapiência. Mas com essa sabedoria vossa, não alcançareis vosso alvo e voltareis à vossa vocação de tudo criticar, quer queirais ou não."

Nesta época, a ordem havia encontrado novo protetor, na pessoa do cardeal Ugolino, mais tarde papa Gregório XI. Certa vez, mandou chamar Francisco à sua presença e lhe disse: "Irmão, a Santa Igreja necessita de bispos bons, santos e fortes, pastores dignos de confiança de suas ovelhas. Espero conseguir pôr alguns de vossos companheiros nas mais altas posições da Igreja." Mas Francisco não podia ser desencaminhado e exclamou com grande zelo: "Meus irmãos são chamados menores para que não pensem em tornar-se maiores entre seus semelhantes."

Francisco proclamava que os homens não deveriam preocupar-se mais a respeito de seu bem-estar físico do que está provido na Oração do Senhor. Ensinava a confiança em Deus e com seus "irmãos da távola redonda" vivia em tal confiança. Na ocasião em que o papa lhe tinha perguntado, na presença de todos os cardeais, se imaginava pudesse sua ordem prosperar em tempos futuros, a despeito de sua extrema carência de previsão material, respondera contando ao papa sua parábola da mulher pobre. No capítulo de Pentecostes, no ano 1219, cinco mil frades reuniram-se na Porciúncula onde não se havia providenciado alojamento para eles apenas colchões de palha sob o céu aberto. Francisco permaneceu o mesmo, descansando em descuidada confiança na bondade de Deus. Os negócios da ordem tinham sido discutidos; os irmãos tinham passado horas a rezar e chegara o momento da refeição deles. Francisco continuou a rezar. São Domingos, o prático organizador da ordem dominicana, assistiu a esse capítulo como convidado e ficou grandemente admirado e chocado diante da piedosa falta de responsabilidade da parte de seu santo irmão Francisco, que permitira que tão grande multidão se reunisse sem dar a mínima atenção ao problema de como alimentar a todos os presentes. Tão inesperadamente para Francisco, como para todos os outros, grande número de pessoas foram chegando à Porciúncula, vindas de todas as direções, e sem que ninguém lhes houvesse pedido, traziam consigo alimento suficiente para distribuir com os cinco mil frades. Havia lavradores com jumentos e carroças pesadamente carregados de pão e vinho, de carne e peixe, com potes e jarros, xícaras e pratos. Nobres chegavam a cavalo, ávidos de prestar serviços de criados no acampamento dos frades de São Francisco.

O apóstolo da caridade tinha ensinado que nossos inimigos são também nossos irmãos. Pregara o evangelho do amor por todas as criaturas de Deus. Chamara ao ódio de obra do inferno na terra e proibira a todos os seus verdadeiros discípulos que arrancassem de suas espadas e usassem armas.

O novo papa, Honório III, tinha estimulado todos os cristãos a sustentar uma guerra santa contra os muçulmanos, para converter os infiéis à doutrina de Cristo e reconquistar a Terra Santa para a cristandade.

Francisco, na sua grande simplicidade, lia as palavras de Cristo como tinham sido ditas e vivia de acordo com o Evangelho em que acreditava. Nenhuma finalidade, por mais digna ou sagrada, podia obliterar na mente desse simples servo de Deus a claridade singela da doutrina evangélica do amor.

No ano 1219, poderosa armada levou o exército dos cruzados ao Egito, para derrubar o inimigo infiel pela força brutal das armas. Ao mesmo tempo, um cruzado desarmado, um "louco em Cristo", acompanhado de um único discípulo, seguia para o Egito, a fim de converter os infiéis pela força mansa das palavras de amor que Cristo tinha pronunciado para todos os homens.

Os exércitos cristãos tinham seus quartéis-generais diante de Damieta. Dali, os cruzados saíam aos milhares para travar sua sangrenta "guerra santa" contra os muçulmanos.

Para o "louco em Cristo", para o cruzado sem espada e armadura, a campanha contra o inimigo começou no acampamento cristão. Sede de sangue e blasfêmia da soldadesca fanática cobiça e concupiscência do saque da ralé que viera seguindo os exércitos predominavam em toda parte.

"Irmãos", exclamava Francisco, "despertai e pensai! Não são os muçulmanos que vos estão fazendo recuar, mas vosso próprio demônio, vosso ódio e vossa cobiça. Esqueceis que usais uma cruz em vossa armadura. Usai-a também em vossos corações. Se agirdes no espírito da caridade, os muçulmanos abandonarão o campo por si mesmos. Agora eles temem vosso ódio e vossas maléficas intenções. As espadas conquistam sangue, mas o amor conquista almas. Rogo a Deus que não entreis na Terra Santa enquanto vossas almas não forem dignas disso. Purificai vossas almas! Purificai vossas almas!" Muitos no acampamento dos cristãos ridicularizavam-no. Muitos paravam para pensar e poucos se arrependiam e o seguiam. Na batalha de agosto de 1219, mais de seis mil cristãos tombaram num só dia. O alto comando dos cruzados foi obrigado a pedir armistício. O "louco de Cristo" pediu ao representante do papa, que acompanhava o exército cristão, que lhe desse permissão para ir ao acampamento inimigo converter o sultão pela força do evangelho da caridade. O funcionário papal tentou dissuadi-lo. "Amanhã, vossa cabeça, espetada na ponta de uma lança, estará a olhar por sobre os muros de Damieta", advertiu-o ele.

Mas Francisco tinha confiança em Deus e não deu atenção ao conselho. Com um irmão, dirigiu-se às tendas muçulmanas. Não sabia falar a língua deles e ficou-se a chamar: "Sultão! Sultão!" Os guardas pensaram que ele fosse um emissário e levaram-no ao sultão. Malique al-Camil, homem de tez escura, estava sentado de pernas cruzadas sobre seu trono de coxins. Usava magnífico traje de seda adornado de precioso trabalho de contas e bordado de ouro e o turbante na cabeça era encimado por um tufo de plumas valiosas. O chefe dos muçulmanos falava francês, o que tornou as coisas mais fáceis para Francisco. Poderia pelo menos transmitir ao sultão a mensagem de amor de Cristo, seu comandante-chefe. O sultão compreendeu o que Francisco dissera e ficou profundamente impressionado, pois o Profeta também tinha respeitado Cristo. Mas Malique al-Camil era antes de tudo o lugar-tenente de Maomé, que para ele estava situado mais alto do que Moisés ou Cristo. De modo que não abandonou seu trono para seguir Francisco; não abjurou sua fé. Mas sentiu que aquele cruzado sem espada, aquele "louco de Cristo" era sincero na sua tentativa de viver de acordo com os preceitos da doutrina da caridade de Cristo. Com um tom de fraternal calor na voz, disse: "Meu querido irmão, ide e rezai por mim para que Alá possa revelar-me qual a fé de que ele gosta mais." Depois chamou o grão-vizir e fê-lo escrever uma carta de salvo-conduto, que autorizava Francisco e seus companheiros a viajar sem serem molestados por toda a Terra Santa, a fim de visitarem os lugares sagrados de sua fé.

O exército dos cruzados, em Damieta, tinha recebido reforços e estava pronto para outra tentativa de forçar entrada na Terra Santa. A luta assassina começou de novo. A terra foi encharcada com o sangue de cristãos e muçulmanos. Enquanto isso, Francisco marchava nas pegadas de Cristo, completamente à vontade. Foi a Belém, Nazaré e Jerusalém rezando Àquele a quem havia seguido.

O homem que tinha tal fé na divindade do amor sabia também, na sua sabedoria de "louco de Cristo", que a força do amor pode vencer tudo, pode mudar tudo, até os poderes maléficos do homem. Por esta razão, não podia conceber que um "filho pródigo" não se pudesse salvar, que um autor de obras maléficas fosse bastante desgraçado, a ponto de ser indigno de amor e de assistência. Para ele, o amor era uma deixa na linguagem do coração. Podia revocar o Pai para aqueles que O haviam esquecido; podia despertar-lhes um anseio de regressar ao lar e aceitar a prova de confiança de um irmão, estendendo-lhes a mão.

"A severidade induz ao temor; a punição aprofunda o abismo de solidão; somente o amor fraternal pode unir toda a criação como uma grande família de Deus." Isto ensinava ele a seus irmãos e levava-os a agir como ele agia: não fazendo distinção no seu amor, entre dignos e indignos, mas recebendo todos se pedissem para serem admitidos no seu grupo como irmãos. Só então agindo de acordo com a vontade do Pai, vão ao encontro do desgraçado e do miserável com bondade e calor, como está escrito nos Evangelhos segundo são Lucas e são Mateus. "Porque deveis saber, queridos irmãos" dizia Francisco, "que a cortesia é uma das qualidades de Deus, que por Sua cortesia dá Seu sol e Sua chuva ao justo e ao injusto; e a cortesia é a irmã da caridade, por meio da qual o ódio é extinto e o amor querido."

Numa carta ao irmão que iria tomar seu lugar, quando disso chegou o tempo, Francisco escreveu estas palavras: "Tão certo como amais ao Senhor e a mim, Seu servo e vosso servo, vede que nenhum irmão, no mundo inteiro, possa ele ter pecado quanto quis de qualquer modo, de vós se afaste sem ser perdoado se pedir perdão. E se não pedir perdão, então perguntai-lhe se não quer ser perdoado. E se ele comparecer diante de vós mil vezes com seu pecado, então amai-o muitíssimo mais do que amais a mim a fim de que possais fazê-lo voltar a praticar o bem."

Aconteceu, certa vez, que três audaciosos salteadores infestavam as estradas, nas vizinhanças de Borgo San Sepolcro, onde irmão Ângelo havia estabelecido o eremitério franciscano de monte Casale. O povo do distrito reuniu-se em autodefesa e saiu, armado de forcados e pás, para pegar e matar os bandidos. Os três homens ficaram amedrontados e esconderam-se nas matas, onde os lavradores não pudessem encontrá-los. Quando se lhes acabou a provisão de alimentos, viram-se forçados pela fome a sair de seu esconderijo e em uma tardinha, apareceram no eremitério franciscano esperando que os bons frades tivessem uns bocados de pão para dar-lhes. Tão descarado pedido era demais, mesmo para o irmão franciscano Ângelo. Respondeu com uma barragem de censuras e escorraçou os três homens. Os bandidos famintos praguejaram contra Deus e contra toda a irmandade franciscana e foram-se embora.

Um pouco mais tarde, Francisco, que se achava por acaso de visita ao eremitério, regressou de uma expedição de esmola. Ângelo falou, todo excitado, a respeito da impudência dos bandidos e do modo por que os havia afugentado. Mas Francisco mostrou mais espanto diante da reação do irmão Ângelo do que da conduta dos bandidos. Olhou para o pão e o vinho que estavam em cima da mesa do eremitério e disse: "Ordeno-te, pela lei da obediência, que tomes imediatamente esse pão e esse vinho e vás procurar pela colina e pelo vale aqueles ladrões até encontrá-los para oferecer-lhes isto da minha parte e lá, ajoelha-te diante deles e pede-lhes humildemente perdão rogando-lhes, em meu nome, que não mais façam o mal, mas sirvam a Deus. Se assim fizerem, prometo provê-los de tudo quanto necessitarem e cuidarei para que sempre tenham o bastante para comer e beber."

Ângelo fez o que Francisco lhe ordenara que fizesse. Depois de algum tempo voltou ao eremitério. Os três bandidos vieram com ele. "Irmãos, queridos irmãos", disse-lhes Francisco, "por que roubais aquilo que aos outros pertence? Isso não vos serve para nada e ainda deixa o vosso coração inquieto. Sei que não sois como o povo vos julga." E então Francisco falou dos esplendores do amor, da fraternidade e do Pai que está no céu. Tudo isso não vinha entremeado de exortações e reprovações. Falava como um irmão cheio de amor.

Francisco acreditava no poder do amor e estava possuído dele. Os bandidos estavam acostumados a ser julgados segundo seus malfeitos, e quando Francisco lhes falou, nova esperança brotou em seus corações. A princípio ouviam desconfiadamente as palavras daquele homem, que parecia afirmar que eles não eram totalmente maus, mas capazes de praticar o bem. Depois, ainda hesitantes e tímidos, procuraram partilhar-lhe a crença em sua própria bondade. Este foi o começo de sua transformação. Lamentaram o que tinham feito e decidiram mudar de vida e juntar-se à ordem dos franciscanos. Dali por diante, viveram as vidas de devotos frades menores e, como tal, vieram por fim a morrer.

A ordem já possuía milhares de membros, mas Francisco continuava a ser o irmão pessoal de cada um; continuava a amar a cada um individualmente, com todo o calor de seu amoroso coração, pois seu amor havia também crescido milhares de vezes. E quanto mais dava de seu amor, mais abundante ele crescia. Uma fonte inexaurível — bastava para todos os irmãos e irmãs, para os de dentro e para os de fora da organização da ordem.

Ele, cuja missão o tornara chefe de uma grande ordem monástica, não podia conceber qualquer coisa por menor ou menos importante que fosse, que não merecesse seu mais terno cuidado e atenção. Milhares e milhares de seus seguidores vinham pedir-lhe conselho em assuntos de grave importância para eles ou para a ordem; estava sempre pronto a ouvir as queixas de uma criança que havia perdido seu brinquedo e a simpatizar com ela no seu pesar. Vivia sobrecarregado de trabalho, contudo tinha sempre tempo para ajudar uma velha a carregar seu cesto de casa para o mercado; para dar uma mão prestativa a um lavrador cujo carretão estava metido na lama; para gastar horas e dias com irmãs e irmãos necessitados, para consolá-los quando estavam desencorajados e tratar deles quando estavam doentes. Seu tempo não tinha limites, pois era um verdadeiro amante e, tomando-as como grandes, servia as pequeninas coisas que o cercavam.

Isto explica por que seu amor não podia exaurir-se como o de seus humanos companheiros. Para ele, Deus era o pai de todos, de modo que não podia deixar de sentir-se o irmão de todas as coisas criadas, de animais e plantas, das estrelas e dos elementos. Seu sensível coração não se sentia menos interessado pelo bem-estar de um pardal, pela sorte de uma flor ou de uma árvore, do que pelos negócios de sua ordem. Falava com o mesmo fervor cordial e amoroso aos animais, pequenos e grandes, aos campos, às vinhas e às montanhas, aos ventos e às correntes, à terra, à água, ao fogo e ao ar, e dizia-lhes que deviam amar o Pai e pedia-lhes que se juntassem a ele no seu louvor jubiloso às glórias de Deus.

O homem, que tinha trazido aos outros homens a mensagem de alegria do Evangelho do Senhor, que havia estendido a mão prestante aos pobres e aos enfermos, que não havia negado seu beijo de amor fraternal ao leproso intocável, e que tinha ousado dar livremente a abundância de seu amor aos bandidos e ladrões, este homem envolvia também com a ternura de seus sentimentos fraternais a menor das criaturas não humanas de Deus.

Certa vez, de regresso de uma viagem em busca de esmolas, pesadamente carregado de toda espécie de dádivas caridosas, encontrou um lenhador derrubando uma árvore. "Irmão, não cortes a árvore inteira, mas dá-lhe uma possibilidade de crescer de novo", disse Francisco e ofereceu-lhe da sua comida à guisa de recompensa. E sempre insistia em que irmão Jardineiro reservasse, em seu jardim de verduras, um lugar para as flores, de modo que sua beleza pudesse dar testemunho dos esplendores do Senhor.

Se se mostrava assim interessado pelo bem-estar de plantas e de flores, certamente não podia passar sem ajudar um animal que encontrasse em apuros. Certa vez viu uma lebre apanhada numa ratoeira e, como se fosse ela um ser humano, a quem tivesse ele de libertar de uma armadilha torturante, largou tudo e correu a ajudar irmã Lebre. Era o começo da primavera. O verão precedente havia sido bastante seco. As pobrezinhas das abelhas estavam levando uma vida dura, seu alimento quase todo se fora. Então, Francisco saiu a pedir mel e vinho doce e colocou os dons obtidos num buraco de árvore, onde suas irmãs abelhas pudessem encontrá-los e não viessem a morrer de fome. Em Siena, ajudou as pombas a construir seus ninhos e certificava-se cotidianamente de que não faltava comida aos filhotes. Quando comia, e por mais frugal que fosse sua refeição, sempre deixava pelo menos algumas migalhas para os pintarroxos. No tempo do inverno repartia toda sua comida, em partes iguais, com os animais que encontrava. Uma vez, quando ele e vários outros de seus irmãos estavam comendo seu jantar de Natal, à beira da estrada, um bando de corvos grasnantes pousou num grupo de árvores próximas. "Nossos irmãos negros querem partilhar de nossa refeição", exclamou Francisco. "Depressa, Leão, sirva-os." Leão trouxe um pão inteiro. Teve de pisotear a neve para preparar uma mesa para os corvos enquanto Francisco se ocupava de esfarelar o pão. Os corvos desceram, como um tiro, para apanhar a presa e pardais juntaram-se a eles, bem como centenas de outros pássaros também. Durante todo este tempo, contemplava-os Francisco, com sorridente semblante. "Se acontecer que me aviste com o imperador", disse ele, "pedir-lhe-ei que baixe um decreto ordenando que todos na época de Natal espalhem certa quantidade de grãos, por toda a região, como presente aos pássaros. Oh! meus irmãos, em tal dia toda a criação se rejubilará com o nascimento do menino Jesus." Uma vez encontrou um lavrador que ia levando dois carneiros ao mercado para serem abatidos. Deu ao lavrador sua capa em paga dos carneiros e salvou-lhes a vida e levou-os consigo, decidindo tornar-se seu pastor. Dirigia-se a uma cidade onde deveria pregar. Em caminho, viu uma horrenda lagarta. Tomou-a na mão para que ninguém a pisasse. Depositou-a numa folha de erva e disse: "Algum dia hás de transformar-te numa bela borboleta, irmã Lagarta, da mesma forma que nosso corpo feio e pecaminoso há de um dia libertar a alma que voará para o céu em beleza e esplendor."

 Da mesma forma que homens e mulheres de todas as classes, que eram atraídos pelo poder de seu amor e deixavam sua vida costumeira para juntar-se a ele e ficar sempre a seu lado, também os animais não resistiam ao fascínio do seu evangelho da universal fraternidade. O cachorro, na estrada perto de Assis, a lebre da ilha Maior, e os pássaros de Pian d'Arca e Alviano que tinham acedido ao seu pedido de tomar parte em seus jubilosos louvores ao Pai do céu, foram todos apenas o começo de grande número de irmãos e irmãs do reino animal, que em torno dele se reuniam numa grande disciplina de amor.

 Perto de Siena, um rebanho inteiro de carneiros deixou seu pasto e acompanhou são Francisco. Em Assis, um cordeirinho acompanhava-o aonde quer que fosse. Seguia-o até a capela. Assistia à missa, juntamente com os outros irmãos e irmãs. No lago de Riéti, um pescador deu a Francisco um peixe excepcionalmente belo. Francisco não podia trazer consigo o irmão Peixe para comê-lo e restituiu-o a seu elemento. O peixe acompanhou o bote em que Francisco fez a travessia. Depois esperou, nas águas escuras, que Francisco voltasse para ficar justamente perto dele. Um faisão, que fora dado de presente a Francisco, voltou para seu lado, espontaneamente, quando ele o pôs em liberdade. Em vez da liberdade de ave, preferiu partilhar a vida de um frade menor preso à terra. Numa oliveira não distante da cela em que viveu Francisco por algum tempo em solidão, havia uma cigarra. "Venha cá, irmã Cigarra", disse Francisco, "venha louvar o Senhor nosso criador com uma alegre canção!" E quando Francisco chamava, a cigarra vinha, pousava na sua mão e acompanhava-o de mansinho nos seus hinos de louvor.

O triunfante poder do amor de Francisco, que havia vencido o sultão hostil e transformado os bandidos desesperados em mansos frades, não deixou de exercer-se diante do famélico lobo de Igúvio. Estava-se no inverno, quando Francisco chegou ali para pregar na praça do mercado. Fora das portas da cidade, encontrou um grupo de lavradores pesadamente armados de foices e manguais. "Aonde ides?", perguntou Francisco. "Vamos apanhar o lobo", disseram os lavradores. "Ele rouba nossos carneiros e ataca nossos cães e até mesmo nossos cavalos." "Consenti que vos acompanhe", disse Francisco. Quando alcançaram a floresta onde o lobo tinha seu covil, viram à distância um enorme animal atravessando a neve branca de uma clareira. "Deixai-me conversar com ele", disse Francisco, e seguiu sozinho ao encontro do lobo. Os lavradores ficaram atrás e com enorme espanto viram como a fera esfaimada punha sua pata na mão que Francisco lhe havia estendido. Francisco inclinou-se e conversou com o lobo. Depois o lobo estendeu-se no chão e começou a lamber os pés de Francisco, que acariciou o animal e fê-lo compreender que deveria acompanhá-lo. Como um cachorro, o lobo se pôs a caminhar atrás dele, por todo o caminho, de vista erguida para ele, em confiante obediência. Juntos chegaram à praça do mercado de Igúvio, onde Francisco pregou o evangelho do amor à multidão que se havia juntado para ouvir-lhe a mensagem e ver o lobo sentado reverentemente a seu lado. Dali por diante, foi o lobo o animal favorito da cidade inteira. Era alimentado pelo povo e, quando morreu, foi enterrado com grande pompa. Sobre seu túmulo erigiu-se uma igreja e o povo deu-lhe o nome de são Francisco da Paz.

Quando Henry David Thoreau viveu na solidão dos bosques, na sua choupana, além de Walden Pond, as aves, relata ele, vinham sem medo pousar em seu ombro e cobras enroscavam-se em suas pernas sem fazer-lhe mal algum.

Vivia ali tão feliz como o primeiro homem no Paraíso. Mais de um desapaixonado explorador do século XIX regressou das regiões incultas e dos desertos desconhecidos da África, relatando que um homem que vai desarmado e sem temor ao encontro das bestas selvagens com espírito de amor é bem recebido por elas, como um amigo em quem se tem confiança. As lendas franciscanas descrevem um homem cujo destemor e amor são sublimados até a perfeição da santidade. Na sua vida, a harmonia com a criação inteira tornara-se de novo uma realidade igual à que existira no Paraíso.

Embora a sorte houvesse favorecido o *Poverello* de Assis em todas as suas aventuras, a humildade de seu coração não foi de modo algum afetada. E igualmente mais tarde, quando o infortúnio e o pesar desceram sobre ele, não puderam também enfraquecer a essência imutável de sua vida. Tristeza e dor puseram em prova extrema a sua grandeza. O dano secular revelou a divindade de seu ser. As sombras da vida na terra, que se misturaram finalmente com o brilho da vida de sua alma, fizeram ressaltar em claro relevo o esplendor de sua transfiguração.

O dissabor cresceu, quase que indistinguível, de seu êxito. O próprio Francisco, porém, não se decepcionou. Todos os seus pensamentos e sentimentos estavam concentrados em Deus, e reconhecia que o crescente poder de sua ordem, como uma instituição para homens e mulheres deste mundo, significaria o declínio e fim de sua fraternidade evangélica. Ele só, que havia chamado sua fraternidade uma ordem de frades menores e que se considerava a si mesmo o menor dentre seus irmãos, podia compreender que a grandeza dentro do mundo deveria significar uma quebra do ideal de perfeição, que fora possível realizar em pequena escala. Imaginava seus discípulos como "menestréis de Deus" e "livres cotovias do Criador"; suas cavernas e choupanas de caniços eram "ninhos do Evangelho" e não podia deixar de sentir que a rígida organização a que sua fraternidade de amor tinha sido reduzida, que sua hierarquia de funcionários, suas pesquisas eruditas e sua disciplina monástica não estavam mais plenamente compatíveis com a verdadeira imitação de Cristo dos dias da Porciúncula.

Muitas razões havia para justificar as mudanças que se haviam realizado. Uma ordem com milhares de membros, em todas as partes do mundo, não podia ser administrada por um único indivíduo, especialmente por quem era um vagabundo errante, sem pouso fixo. O necessário era uma organização metódica, com unidades administrativas claramente definidas, com províncias e ministros a quem pudesse ser confiada plena autoridade em assuntos de importância local. Teria de haver listas de membros e minutas e maços de documentos que não podiam ser conservados em ordem nos bosques ou nas cavernas, e que era impossível preservar num buraco de árvore. Para isso, eram precisos arquivos, escritórios e centros organizados. Eram necessárias regras estritas, uma disciplina monástica prescrita e um noviciado para preceder a admissão na ordem se milhares de membros tivessem de ser guiados no mesmo espírito.

A princípio, os frades menores, que seguiam como missionários franciscanos para distantes partes, foram muitas vezes acusados de heresia. Foram presos e mortos e o número de mártires aumentou sem parar. O fervor livre de cuidados, que era tudo quanto Francisco podia dar a seus missionários para sua viagem, não era suficiente para assegurar o êxito de sua missão. Precisavam de cartas oficiais de salvo-conduto e de fundos suficientes para garantir-lhes proteção e segurança em terras estrangeiras.

Num tempo em que o saber e a cultura iam-se expandindo, os simples frades eram uma presa fácil a toda espécie de sofisticaria habilidosa. A ordem franciscana tinha tanta necessidade de homens de saber quanto a ordem dos dominicanos, se quisesse manter sua doutrina evangélica no mundo. Mas o saber depende de livros e os livros só podem ser reunidos em bibliotecas. Era preciso construir casas para a ordem. Estabelecimentos monásticos fixos — era o constante refrão, se se quisesse lograr êxito para o trabalho da ordem. E para a construção e manutenção de tais casas, necessitava a ordem de consideráveis meios financeiros.

O irmão Elias, que dera à ordem uma clara organização administrativa, que introduzira a disciplina e o estudo e era responsável pelo estabelecimento de mosteiros com bibliotecas e belas igrejas, fora notário em Bolonha. Era um cristão devoto; amava Francisco e venerava-o como a um santo. E quando tentou dar à ordem uma organização estrita, fê-lo a fim de provar ao mundo que Francisco era um santo e para garantir à sua irmandade em toda parte o respeito que ela merecia.

Mas o devotado irmão Elias, o amoroso admirador de Francisco, não era uma alma genuinamente cristã, no sentido do evangelho de seu mestre. Era culpado de traição contra aquele que ele amava e admirava, um Judas à mesa dos verdadeiros discípulos de Cristo. Impressionado pelos sermões de Francisco, Elias Bombarone tinha abandonado sua profissão a fim de alistar-se entre os frades menores. Vestido de burel, aguardava Francisco na estrada de Cortona.

SÃO FRANCISCO

Quando Francisco se aproximou, no meio de um grupo de discípulos que cantavam, o notário lançou-se a seus pés e pediu que o incluísse na sua irmandade. Depois de haver Francisco acedido a seu pedido, continuaram os frades sua jornada. Seu alegre cantar havia, porém, subitamente, cessado. Eles mesmos não sabiam como explicar isso. Foi precisamente por causa de um homem que a eles se juntara, que não cantava, mas falava com grande sapiência a respeito dos motivos de sua conversão.

Na ordem em geral, de que Elias se tornou a peça mestra e organizador, o simples deleite com o canto e a harmonia iria em breve desaparecer também. Um homem estava agora ao leme, um homem que falava, com palavras sábias, a respeito dos motivos de piedade e devoção.

Então, outro homem de grande fé, um poderoso dignitário da Igreja, o cardeal Ugolino, que também queria a Francisco e mostrava-se desejoso de fazer o máximo em benefício de sua comunidade, veio à cena e estendeu a Elias uma mão prestadia, procurando edificar o poderio e fama da ordem perante o mundo inteiro e fazer dela um dos pilares da Igreja. Estava profundamente convicto da santidade de Francisco e foi quem canonizou o *Poverello*, após haver subido ao trono papal, como o papa Gregório IX. Contudo, seu trabalho em favor da ordem afetou o espírito da fraternidade evangélica, naquilo que Francisco concebia como sua verdadeira essência.

A organização estrita triunfou sobre a reunião informal. Deduções racionais mataram a canção e a melodia e a alegria caiu vítima da austeridade. O ideal do santo foi vencido pelas necessidades práticas do mundo. Sem dúvida, continuou o "pobrezinho de Assis" a ser o ponto de aglutinação; seu evangelho da pobreza permaneceu como a doutrina advogada pelo sempre crescente exército de seus discípulos. Mas Francisco era agora a imagem de um santo, adornando as paredes de pomposos mosteiros, e a fraternidade do amor tinha-se tornado, graças à influência de Elias, uma bem organizada agência cujo negócio era distribuir o evangelho de Francisco por todo o mundo. Um sonhador, cujo sonho foi defraudado, vê mais claramente do que um mero realista; sua visão deturpada de sonhador é capaz de devassar a decepção das deduções racionais.

Quando Francisco regressou, no ano 1220, de sua viagem ao Egito e à Síria, encontrou sua irmandade como uma ordem de frades, rigidamente organizada. Não era mais a irmandade que ele havia formado na Porciúncula, segundo o modelo do Evangelho de Cristo.

"Ai!", lamentava-se ele, "minhas livres cotovias estão aprisionadas nas gaiolas de seus mosteiros. Insistiu o Salvador num noviciado para seus discípulos? Não quero que meus irmãos troquem o Evangelho por livros de sapiência. É muito mais meritório afirmar uma verdade com fé genuína, do que esgrimir, com sapiente habilidade, nas questões controvertidas. Quem deseja espalhar a mensagem de Cristo deve ser consumido por um fogo interno e não falar friamente as sábias palavras da razão. Isto não podeis aprender nos livros, mas somente em direta comunhão com Deus."

Em Bolonha, a magnificente casa da ordem, que os irmãos haviam construído durante sua ausência, estava sendo consagrada. No meio da cerimônia, o fundador da ordem levantou-se pela primeira vez, não para rezar e cantar, mas para condenar. Foi a primeira e a última vez que falou colericamente a seus irmãos. Sua irritação era como a cólera do Senhor, que lançou fora todos quantos vendiam e compravam no templo e derrubou as mesas dos cambistas.

Os irmãos tentaram acalmá-lo. Explicavam que a magnificente casa da ordem não era propriedade deles, que pertencia à Igreja e que nela viviam como simples inquilinos. Francisco permaneceu inflexível. "O Evangelho afirma claramente o que é preciso", disse ele, com aspereza. "Envergonhai-vos! Insultastes nossa dona Pobreza e a expulsastes de vosso meio. Eu e meus irmãos nada temos que ver em Babilônia." E voltou as costas à festiva reunião retirando-se.

Na Porciúncula, encontrou outro edifício imponente da ordem franciscana, justamente no lugar onde estivera sua pequena cabana. E quando lhe disseram que era onde deveria ele morar, dali por diante, o raivoso pedreiro, que não só aprendera como construir, mas também como desmantelar, subiu ao telhado e começou a jogar abaixo as telhas.

Todas as suas exortações e alegações não podiam, porém, eliminar o elemento de mundanidade, no desenvolvimento crescente da ordem sempre. O poder de Francisco, o poder de humildade e de amor, não era feito para ditar regras, organizar, exercer autoridade sobre outros. Francisco não possuía a espécie de energia necessária para um homem que deve ordenar, proibir e pôr em vigor. Na sua humildade cheia de amor só conhecia uma forma de guia: influenciar os outros pela força de seu exemplo. "O que posso agora fazer pelos irmãos", dizia ele, "é apenas viver diante deles como modelo e convencê-los da verdade do Evangelho pela redobrada devoção ao Senhor."

Francisco abdicou de seu posto na administração da ordem. Seu lugar foi tomado por um de seus primeiros discípulos, Pedro dei Cattani, e quando Pedro morreu pouco tempo depois, a direção dos negócios da ordem foi confiada, a pedido do cardeal Ugolino, ao irmão Elias.

O próprio Francisco permanecia ligado à ordem apenas como um componente de um grupo de irmãos que se conservavam fiéis aos ideais da Porciúncula.

As obras dos poetas, uma vez completadas, permanecem inalteráveis em poder de seus autores. Mas a obra de um autor cujos poemas são seres humanos vivos escapa ao poder de quem os fez, pois são formados do tecido da vida que está perpetuamente a fluir. O mundo os modifica; mudam como os povos, os tempos e os ambientes mudam; mudam pela força ou pela sedução, até que nada resta do ritmo, da rima e da melodia originais.

O poema de Francisco, o trovador de Deus, era uma irmandade evangélica. E quando essa irmandade assumiu a forma da organização da ordem franciscana, ele não podia mais sentir que ela fosse sua. Quando viu de novo sua obra no seu novo aspecto, encheu-se de medo. Contudo, o fervor evangélico, que jamais se resigna, que deve tentar fazer reviver aquilo que está perdido, continuou a ser nele uma força ativa e compeliu-o a recompor sua obra, repetidas vezes. Seu esforço infatigável para rever e redigir de novo suas Regras dá testemunho deste fato.

Entre a Regra que o "trovador de Deus" tinha outrora traçado, sob a cruz da Porciúncula, e as prescrições friamente formuladas a que os frades tinham de atender desde que fora dada a Elias autoridade sobre sua conduta, havia uma brecha que virtualmente fazia perigar a estrutura da ordem toda.

"As livres cotovias de Deus" batiam as asas desesperadamente contra as grades de suas gaiolas monásticas. "Os cavaleiros de dona Pobreza", que se haviam retirado para cavernas nas montanhas e choupanas nos bosques, rebelavam-se abertamente contra os frades que se haviam entrincheirado nas suas casas monásticas palaciais. "Os loucos do Senhor" acusavam os bibliotecários e estudiosos sapientes de sua ordem de terem "traído o evangelho do Redentor de pescadores e dos pobres de espírito". Muitos dos que não queriam aceitar a nova ordem de coisas ameaçavam abandonar inteiramente a irmandade.

A unidade da ordem estava em perigo, bem como seu êxito, reputação e fama no mundo.

Para sermos verdadeiros, a suprema autoridade dentro da ordem estava nominalmente nas mãos de Elias, mas Francisco, "o menor entre os irmãos", era ainda seu pai e senhor. A despeito de sua humildade, a ordem existia exclusivamente em nome dele. Era a chama que atraía os recém-vindos como borboletas; era o laço mágico que atava toda a ordem. Somente Francisco poderia restaurar a unidade perdida.

O cardeal Ugolino, experimentado diplomata, tomou a seu cargo a delicada tarefa de tentar convencer Francisco de que sua ordem necessitava de nova Regra, se não quisesse cair vítima da dissensão interna.

"A Regra", disse Ugolino a Francisco, "que vós traçastes na Porciúncula estava certa para uma dúzia de homens, talvez para dezesseis, vivendo todos sob vossa direta supervisão. Mas não serve para uma ordem de milhares, que vivem dispersos pela face da Terra. Se quiserdes que vossa santa obra beneficie a humanidade e a Igreja, tereis de dar nova redação à Regra, com maior sobriedade e circunspeção, de modo que todos os irmãos possam aceitá-la como uma base para restaurar a paz dentro da ordem."

"Farei tudo quanto puder e mais do que puder", disse Francisco e retirou-se, com três de seus mais fiéis discípulos, para a solidão de uma caverna perto de Fonte Colombo, a fim de preparar o rascunho de uma nova Regra, que deveria estar pronta em tempo, para o novo capítulo geral da primavera da ordem franciscana.

Prometera fazer mais do que é humanamente possível. Durante dias e noites, jaz ele no chão nu, na escuridão de sua cova, esperando e escutando em sua alma, até que Deus começasse a falar, até que compreendesse a vontade do Senhor, palavra por palavra, urdidas de silêncio, sentença por sentença — a inteira Regra do começo ao fim.

Depois deixou a caverna. Seus discípulos haviam ficado à espera lá fora durante semanas. "Cordeiro de Deus", disse Francisco a Leão, o habitual escrivão dos frades, "escreve!" E repetiu-se na íntegra o que já acontecera sob a cruz da Porciúncula, onde havia ele redigido a primeira Regra. Não ditou realmente o texto; cantou-o. E desta vez a canção e sua melodia foram mais cheias ainda de paixão e de convicção profunda. Leão, o cordeiro, cantarolava com ele, à medida que ia escrevendo, justamente como faz quem tenta pôr por escrito as palavras de uma canção que ouve.

No capítulo da primavera do ano 1221, a nova versão da Regra deveria ser lida aos frades reunidos em assembleia. Mais de três mil tinham chegado à Porciúncula. Quando ouviram a nova Regra, a maior parte deles ficou tão desapontada, que mal podia falar. Era aquela a nova Regra, traçada para uma poderosa ordem religiosa? Não passava de um apelo ditirâmbico aos frades, entremeado de preces e encantações, concitando-os a que permanecessem fiéis à pobreza, à simplicidade e à humildade. Era um poema extático, com o refrão: "Mas na sua jornada pelo mundo, não devem os frades levar sacola, nem dinheiro, nem pão; tenham eles confiança no Senhor de todas as coisas."

Elias teve novamente a voz do cardeal em seu favor. "Irmãos", disse Ugolino, "vossa Regra é maravilhosa, mas uma Regra deveria ser algo por meio do qual homens e mulheres pudessem viver. Deveis modificá-la."

"Foi Deus quem a ditou a mim", replicou Francisco. "Como posso eu, frágil criatura do Senhor, mudar alguma coisa nela?"

Esta réplica colocou o cardeal numa posição um tanto desconfortável. Mas era ele experimentado diplomata, cuja tarefa era servir de medianeiro entre o céu e a terra. E assim achou um meio de saída.

"Não deveis decerto fazer outra coisa senão aquilo que Deus vos ordena que façais. É principal interesse de Deus que os irmãos compreendam Sua vontade de modo a poderem viver de acordo com ela. Afinal, são apenas as expressões que necessitam de modificação. Por causa de vossos irmãos, peço-vos que escrevais a Regra uma vez mais."

"Em favor da paz entre os irmãos tentarei escrever de novo e pedir a Deus que me ajude a encontrar a forma melhor."

Voltou à caverna de Fonte Colombo e Deus ouviu sua oração. Depois de algum tempo, foi terminada a Regra em sua nova forma e Francisco mandou um de seus discípulos levá-la a Elias. Este ficou bastante irritado quando leu o novo texto. As orações extáticas, os apelos, as encantações tinham sido suprimidos, mas o refrão a respeito de dona Pobreza ainda ali estava e era justamente isso que colidia com a desejada difusão da fama e do poder da ordem. Formulação de uma regra não era, evidentemente, assunto para um poeta que dependia da inspiração divina.

Quando Elias foi ver Francisco de novo, perguntou-lhe este se o satisfizera a nova Regra e se fora finalmente submetida ao papa para aprovação. Elias explicou, hesitante: "Não queria dizer-vos. Mas uma vez que me perguntastes agora... devo admitir que a Regra... na verdade não sei onde nem como... se perdeu."

Não teria sido difícil a Francisco reescrever a Regra, sentença por sentença e palavra por palavra. Estava inscrita em seu coração. Elias e Ugolino, porém, tinham prevenido esta possibilidade. Compilaram a espécie de regra necessária para uma grande ordem. O refrão a respeito de dona Pobreza não estava nela.

"Por que deixastes que o poder escapasse de vossas mãos?", queixavam-se os fiéis na Porciúncula. "Agora vede o que aconteceu!"

"Não sou guarda de meus irmãos", disse Francisco e retirou-se, firmemente resolvido a trabalhar dali por diante apenas com seu exemplo.

Este grande desaponto feriu Francisco justamente numa época em que se achava fisicamente doente. Durante sua estada no Oriente contraíra tracoma, doença dos olhos, endêmica no Egito. Seus olhos estavam dolorosamente inflamados e inchados. A luz do dia — que ele amara tanto, porque nela via homens, árvores, flores, aves e todas as outras coisas belas da criação divina — perdia seu esplendor e esvanecia-se às vezes em sombria difusão. Às vezes, quando abria os olhos, nada via senão trevas impenetráveis. De vez em quando seu estado piorava, mas nunca por muito tempo. Procurava abrandar a dor queimante com aplicação de pequenas cataplasmas de musgo molhado e era forçado a usar seu capuz puxado bem adiante, por sobre os olhos. Ele, que havia amado sempre o irmão Sol desde o dia de seu primeiro passeio após sua doença naqueles antigos dias em Assis, não podia suportar mais a luz do dia. Um amante da luz ameaçado de cegueira! Quão jubilosamente havia acolhido o sol todas as manhãs ao seu nascer! E agora era obrigado a procurar abrigo contra seus raios! Somente depois que o sol se punha, podia ousar retirar seu capuz e olhar em volta livremente de novo. Então irmã Lua e seus irmãos e irmãs, as estrelas, vinham consolá-lo da perda de seu mais querido irmão, o Sol. E assim não se queixava nem contendia ele com Deus, que lhe mandara aquela provação. Nem se queixava do pesar que lhe causara o cisma em sua ordem, pesar que irrompera tão inesperadamente na alegria de sua vida, tão brutal e fatalmente como a doença ocular egípcia, pois havia obscurecido o brilho da obra de sua vida, o sol de sua fraternidade.

Francisco aceitava tudo isso sem um traço sequer de amargura. Seu amor e sua confiança permaneciam inabaláveis e suportava de boa vontade a cruz que lhe era imposta, porque todo o seu pesar vinha do mesmo Criador, que o havia favorecido por tanto tempo com farta abundância de alegria e de felicidade. Vinha de Deus, que não achara conveniente poupar seu único filho do mais amargo pesar, da mais dolorosa tristeza: da traição e da morte, pois o fruto final de tal rebaixamento era a elevação; o fruto de tal dor era a jucunda consolação e a morte e o martírio eram o começo do milagre da ressurreição. Quão pequeno, quão desprezivelmente pequeno era o pesar de Francisco, comparado com a paixão de Cristo!

Francisco dedicara sua vida à imitação de Cristo. A finalidade de toda a sua conduta era difundir a mensagem de alegria do Senhor. Se realmente tencionava viver sua vida segundo o modelo de Cristo, tinha de acompanhá-Lo também no caminho da Cruz.

Todos os seus infortúnios e todos os seus sofrimentos pareciam-lhe agora como uma exortação a permanecer firme. Mostravam-lhe o caminho que conduzia à perfeição final de sua *imitatio Christi*.

Para Francisco só havia um meio de aproximação para todas as coisas. Todas as suas relações significavam amor. Era o amor que lhe ensinava a aceitar a dor. E ele não a suportava, abraçava-a com fraternal ternura.

Uma vez que a tristeza e a dor tinham sido o destino do filho de Deus, seu Senhor e Mestre e centro de sua devoção, não via de agora por diante outro objetivo para o poder de seu amor senão castigar e purificar seu pesar e sua tristeza a tal ponto que finalmente se assemelhassem à paixão de Cristo.

O verdadeiro amor — este havia Francisco aprendido por meio de seu amor aos pobres, aos desprezados e aos leprosos — implica a capacidade de sofrer o sofrimento dos outros, de padecer a dor dos outros como sua própria dor. Inspirado por tal amor, desejava seguir seu Salvador no caminho do Gólgota. "Ó Senhor", rezava ele, "dai-me a alegria de padecer a Vossa dor."

Chegara o tempo de seguir para o Alverno. No fim do verão do ano 1224, Francisco partiu em companhia de uns poucos de seus mais antigos discípulos. Juntamente com Ângelo, Rufino, Masseo e o cordeiro Leão, queria passar os quarenta dias da Quaresma de São Miguel na solitária montanha apenina. Seu corpo enfraquecido não pôde suportar os incômodos da jornada. Desfaleceu no caminho. Os discípulos tiveram de arranjar um jumento para ele, e assim continuaram a subida. Antes de atingir o derradeiro platô, tiveram de parar de novo e construir uma pequena cabana, onde Francisco pudesse repousar e recobrar-se de seu desmaio. Eles mesmos ficaram deitados a curta distância.

Tão logo se sentiu bastante forte, Francisco decidiu retirar-se mais para dentro da solidão e ficar sozinho com Deus, bem distante de seus discípulos. No sopé de um altaneiro pico, o Sasso Spicco, descobriu ele um fosso onde decidiu ficar. O único amigo com quem partilhou sua solidão alpina foi irmão Falcão, cujo ninho estava ali perto, numa faia crestada pelo tempo. Com toda a pontualidade, irmão Falcão chamava-o quando era tempo de sua oração na meia-noite e de novo, pela manhã, quando começava seu dia, que ele passava inteiramente em absorção e contemplação e na imitação emocional da paixão de Cristo.

Assim chegou a manhã do dia 14 de setembro. "Ó Senhor, meu Salvador", rezou Francisco, "peço-vos dois favores antes de morrer. Permiti que sinta na minha alma e até mesmo no meu corpo todas as fundas dores que sentistes. E deixai que sinta em meu coração aquele amor sem medida que vos fez a Vós, Filho de Deus, suportar tais sofrimentos por nós, pobres pecadores."

Tão logo acabara ele sua prece e, como se o fervor de suas palavras houvesse quebrado o poder das leis deste mundo, a distância entre o céu e a terra desapareceu e o abismo entre o anseio humano e a divina completação foi eliminado. As coisas da terra deram lugar a uma visão sobrenatural. Seus fracos olhos viram a mansidão dos bem-aventurados em tão glorioso esplendor, como olhos mortais nenhuns jamais haviam visto antes. Sua alma olhava para um espelho que refletia sua imagem divina.

Descrever o que aconteceu a Francisco neste estado de arrebatamento não é tarefa para a história. É tarefa para a lenda, que só ela é capaz de descrever com um fundo adequado de meios de expressão, pois nela o significado divino e as imagens do mundo estão entretecidos em singela harmonia.

Francisco viu um ser gigantesco com asas, um serafim suspenso no ar, tendo no rosto as feições do Salvador. Seus braços estavam estendidos, seus pés atados e seu corpo pregado a uma cruz de luz. Duas de suas asas estavam erguidas sobre sua cabeça, duas abertas e duas cobriam seu corpo.

Profundamente comovido e verdadeiramente transfixado pelo radioso sofrimento do serafim, Francisco lançou um grito agudo de dor e de felicidade, pois subitamente sentiu as cinco chagas do corpo crucificado de Cristo com tão inexprimível força que não pôde suportar a dor e caiu no chão em estado de inconsciência. Quando recobrou os sentidos, viu em seu corpo as cinco chagas de Cristo na cruz. E da mesma forma que seu corpo levava os estigmas da dor física, seu coração estava traspassado pelo estigma do amor sobre-humano do Redentor. A oração de Francisco fora ouvida.

A lenda de são Francisco conta-nos que seu corpo apresentou as chagas da cruz até a hora de sua morte. Todos quantos o viram, durante os dois derradeiros anos de sua vida, dão testemunho da verdade da lenda. Falam também da divindade do amor do Redentor, cuja força passara a viver no coração de Francisco depois da visão seráfica.

O "trovador de Deus" havia recebido seu mais alto galardão. As chagas do Filho de Deus crucificado tinham sido impressas sobre seu corpo e ele se despediu da montanha a que se destinara. "Adeus, Sasso Spicco", disse ele, "adeus queridíssimo irmão Falcão, obrigado pelo amor que me tiveste." E depois continuou: "Adeus, irmão Masseo, irmão Ângelo, irmão Rufino, a paz seja convosco, *addio, addio. Addio*, santa montanha, vou-me com o irmão Cordeirinho, adeus montanha que nunca mais verei."

Dolorido e fraco, com os olhos escudados contra a dolorosa luz do sol, mas com a alma ainda inteiramente absorta na visão que vira, assim chegou ele, na companhia do cordeiro Leão, à Porciúncula.

Ali seus sofrimentos pioraram e os irmãos levaram-no para São Damião, onde o cuidado amoroso de santa Clara podia dar-lhe algum alívio. A seu pedido, Clara havia construído para ele uma cabana de caniços, não longe da casa das irmãs. Ali passou ele dias e semanas de grande tormento. Foi uma severa provação, pois às dolorosas tribulações de sua doença juntou-se o incômodo de ratos e camundongos e de enxames de mosquitos e moscas, que achavam a cabana de caniços um terreno ideal para alimentarem-se.

Contudo o "amoroso irmão de todas as criaturas de Deus", que havia erguido lagartas da estrada para livrá-las de serem pisadas, continuava firme no seu amor sobre-humano. "Irmão Mosquito, tenha coração", dizia ele. "Irmão Rato, estou cansado e gostaria de dormir. Deixe-me descansar, por favor."

Seu tracoma egípcio tinha piorado tanto que qualquer raio de luz lhe causava as dores mais agudas. Estava-se no verão e entrava dia, saía dia, o brilhante sol italiano coruscava implacavelmente num céu radioso.

Logo depois da chegada de Francisco a São Damião, o irmão Jumento, seu corpo, recusou-se a obedecer também em outros casos. Francisco não mais tinha de lembrar-se de que deveria ser modesto e viver frugalmente; tinha de pedir-lhe que comesse pelo menos um pouquinho de comida que irmã Clara tão cuidadosamente preparava para ele. Irmão Jumento tornava-se cada vez mais teimoso. Recusava-se mesmo a refrescar-se com a cintilante água primaveril que Clara lhe levava. Nada mais havia que o satisfizesse. Irmão Jumento estava seriamente doente. Seu estômago, seu fígado, seu baço, seus rins, todos os seus órgãos estavam afetados. Irmão Jumento estirava-se no chão, como se estivesse pronto para morrer.

Todavia o paciente da cabana de caniços de São Damião, visitado por todas as doenças, torturado por todas as dores, permanecia firme na sua divina confiança e no seu amor a todas as coisas criadas, e nenhuma dor física, nenhuma tortura corporal podia na realidade afetá-lo. Irmão Francisco, "o menor entre os frades menores" não era mais capaz de ver o sol; mas isto não significava que irmão Sol não mais brilhasse, tão brilhante e maravilhoso como no primeiro dia. Irmão Jumento recusava-se a levar Francisco para fora de sua cabana, para onde pudesse ele ver as árvores e as flores, e a lua e as estrelas de noite; mas isto não significava que as árvores não estivessem mais em flor, que não dessem mais frutos e que os irmãos e irmãs de eternidade, a lua e as estrelas, não mais adornassem o firmamento. As primaveras continuavam a florir a água vivificante e a água continuava seu curso através das correntes e poderosos rios até o oceano, mesmo que irmão Jumento não pudesse mais gozar de uma bebida refrescante. Durante semanas não aspiravam ar fresco os pulmões de Francisco, mas o mundo continuava a viver, vitalizado e refrescado pelo estimulante vigor da atmosfera. E irmão Fogo, o doador da luz contra a treva, do calor contra o frio, continuava a deleitar os homens, muito embora Francisco não mais pudesse ficar esquecido a contemplar as chamas, como sempre tinha gostado de fazer. Os dias do "pequeno irmão Francisco" estavam contados, mas os irmãos grandes, os irmãos e irmãs de eternidade, as estrelas e os elementos continuariam a proclamar os esplendores do Pai, até o fim de todos os dias.

Enquanto sua vista se extinguia, enquanto se extinguia sua vida, não pensava noutra coisa senão na fraternidade de todas as coisas e no Pai, seu Criador. E a felicidade desses pensamentos podia absorver cem vezes o pesar de seu coração e a fragilidade de seu corpo.

De uma noite de tristeza à noite seguinte de dor, sua felicidade fraternal tornava-se apenas cada vez mais poderosa e mais jubilosa até que finalmente rebentou num canto que deveria ser cantado, porque sua inspiração plena de júbilo não mais poderia ser contida.

"Irmão Jumento", exclamou Francisco certa manhã, "queridíssimo irmão de minha alma, tenha bondade de ver se consegue pôr-se de pé de novo. O Pai me deu uma canção que devo ensinar aos menestréis de Deus, pois quero que eles a cantem diante do povo, para que ele não esqueça o Pai."

Todas as manhãs, irmã Clara e os frades que cuidavam dele durante sua doença iam visitá-lo em sua cabana. Naquela manhã, encontraram-no, cheios de pasmo, de pé, do lado de fora da cabana, encostado ao tronco de uma árvore, com o capuz descido sobre os olhos.

"Irmã Clara e vós, meus irmãos, ouvi a canção que me foi dada nas minhas provações para maior glória do Pai e como consolação para todos os homens", disse ele alegremente. E então começou a cantar a canção em que ele, que estava prestes a deixar o mundo, agradecia a seu Deus mais uma vez o esplendor de sua criação:

"Altissimo omnipotente bon signore:
Tue son le laude, la gloria et l'honore et ogni benedictione:
A te solo se confano:
Et nullo homo è degno di nominar te.

Laudato sia Dio mio signore com tutte le tue creature,
specialmente
messer lo frate sole:
La quale giorna et illumina nui per lui:
Et ello è bello et radiante cum grande splendore:
De te signore porta significatione.

Laudato sia mio signore per sor luna et per le stelle:
In celo le hai formate clare et belle.

Laudato sia mio signore per frate vento et per l'aire et nuuolo et sereno et omne tempo:
Per le quale dai a le tue creature sustentamento

Laudato sia mio signore per sor aqua:
La quale è multo utile et humilde et pretiosa et casta.

Laudato sia mio signore per frate foco, per lo quale tu allumini
la nocte:
Et ello è bello et jucundo et robustissimo et forte.

Laudato sia mio signore per nostra matre terra:
La quale ne sostenta et guberna et produce diuersi fructi et coloriti
fiore et herbe.

Laudate et benedicite mio signore et regratiate:
Et seruite a lui cum grande humilitate."

"Altíssimo, onipotente, bom Senhor,
A Ti glória, louvor, honras e bênção;
Pois só Tu as mereces
E nenhum homem é digno de dizer o Teu nome.

Sê louvado, Senhor meu, com todas as Tuas criaturas,
E mais que todos pelo senhor irmão Sol,
Que o dia produz e a luz nos dá.
Ele é belo, radioso e cheio de esplendor:
Uma amostra de Ti, Senhor.

Sê louvado, Senhor meu,
Por causa da irmã Lua e das estrelas:
Lá no céu as formaste, belas e luminosas.

Sê louvado, Senhor meu, pelo irmão Vento,
E pelo ar e pela nuvem e por todas as estações,
Pelas quais alimentas todas as Tuas criaturas.

Sê louvado, Senhor meu, pela irmã Água,
Tão útil, tão humilde e preciosa e casta.

Sê louvado, Senhor meu, pelo irmão Fogo,
Com o qual as noites iluminas.
Ele é belo e alegre e tão robusto e forte.

Sê louvado, Senhor meu, por nossa mãe Terra,
Que nos sustenta e conserva e produz para nós
Ervas, frutos diversos e coloridas flores.

Louvai, agradecei e bendizei ao Senhor.
E a Ele servi, com grande humildade."

Nesta canção de louvor ao Criador e à Sua criação, o entusiasmo de Francisco, o trovador de Deus, se inflamou uma vez mais. Quando acabou, não pensava mais nem na doença do irmão Jumento, nem na dissensão do irmão Elias e exclamou com grande fervor:

"Andemos pelo mundo livres como as aves e cantemos esta canção que é nossa como eles cantam as suas. Irmão, aonde quer que vades, deveis primeiro pregar vosso sermão e depois cantareis esta canção, dizendo ao povo: 'Somos os menestréis de Deus e não queremos outra recompensa de vós senão que vos arrependais, a fim de que, com vossas almas purificadas, possais participar da divina alegria da criação.'"

Os historiadores da literatura encaram este cântico, "Os louvores das Criaturas" — conhecido mais geralmente pelo nome de "Cântico do irmão Sol" ou "Canticum fratris Solis" — como o primeiro poema da língua italiana, a fonte de inspiração e modelo direto dos poemas imortais de Dante, Petrarca e Tasso e como um antigo precursor da poesia rapsódica da natureza até Herder e Walt Whitman. Os historiadores da arte percebem, nos afrescos de Cimabue e de Giotto e na subsequente tradição de realismo, na pintura da natureza, um eco — cristalizado em cor e contornos — da melodia do cântico do irmão Sol. Os historiadores sociais falam do grande efeito que este poema, cantado em vernáculo, teve sobre os sentimentos religiosos das grandes massas durante a última parte da Idade Média, especialmente durante o tempo das procissões extáticas e penitentes, quando se tornou para milhares e milhares de cristãos uma inspirada canção de revolta.

Mais importante, contudo, do que todos estes fatos é o fenômeno — não igualado por coisa alguma na história da literatura mundial — de que a criação verbal do poeta Francisco foi por ele realizada como um santo, no sentido mais literal da palavra, na hora de sua pior tribulação. Este poema não foi somente o fruto de uma hora de sublime inspiração poética; era o ritmo da vida de Francisco, a substância de sua alma traduzida em verso e toada.

Por então veio a acontecer que Francisco — a pedido do cardeal Ugolino, apreensivo a respeito da vista do santo — foi levado de São Damião a Riéti. Havia ali numerosos especialistas em doenças de olhos e esperava-se que pudessem pelo menos salvar Francisco da cegueira total. Contudo, todas as suas tentativas de curá-lo com unguentos e emplastros e tinturas resultaram inúteis. Quando o estado de Francisco piorou ainda mais, um dos doutores decidiu tentar a cauterização, como derradeira e desesperada tentativa de fazer cessar a doença.

Não havia anestésicos e os preparativos para a operação eram quase piores do que a própria doença. Um fogo de carvão foi aceso. O doutor colocou dentro do fogo uma comprida barra de ferro, de ponta achatada. Quando ela ficou incandescente, pegou-a, a fim de utilizá-la para cauterizar o rosto de Francisco, desde os supercílios até as orelhas.

No seu poema havia Francisco louvado o fogo, como um irmão bem-amado. Agora este irmão aparecia diante dele, na forma de um horrível instrumento de tortura. Os frades menores, que estavam presentes, não puderam suportar aquele espetáculo e se retiraram. Francisco permaneceu firme. Acolheu irmão Fogo num tom de voz cordial. "Irmão Fogo", disse ele, "Deus vos fez belo e forte e útil. Peço-vos que me trateis com cautela, pois sempre muito vos amei."

A arte dos físicos não podia fazer muito em favor do pobre irmão Jumento. A cauterização de nada valeu, e quando Francisco se pôs depois a tossir e a expelir grumos de sangue, a esperança de vê-lo recuperar a saúde ainda mais se reduziu.

Os irmãos haviam-no levado — novamente a pedido do cardeal Ugolino — para Siena, porque se esperava que o clima mais suave daquela parte da Itália pudesse exercer benéficos efeitos sobre o novo sintoma. Mas nenhuma mudança de clima pôde parar a aproximação da morte. Uma hemorragia fez os irmãos temerem que o fim havia chegado. O tom angustiado de suas vozes dizia a Francisco o que eles não ousavam dizer, o que eles não ousavam pronunciar. "No caso de em breve não estar mais entre vós", disse ele, com grande esforço, "quero dizer-vos minhas derradeiras vontades." Voltando-se para Leão, acrescentou: "Escreve, cordeiro de Deus!" E ditou seu testamento de amor: "Abençoo meus irmãos que estão na ordem, e todos aqueles que nela haverão de entrar, até o fim do mundo. E uma vez que, por causa de minha fraqueza, não posso falar muito, torno claro meu desejo a todos os meus irmãos, presentes e futuros, nestas breves palavras: Que eles sempre se amem uns aos outros, como eu os amei, que eles sempre amem e observem a nossa dona Pobreza e que permaneçam sempre fiéis servos de nossa Santa Madre Igreja."

Mais seis meses de sofrimento ainda o aguardavam. Tal como tinha ele suportado a pobreza e as vicissitudes da vida não simplesmente com coragem, mas — muito mais do que isto — com alegria e amor, bom humor e uma canção nos lábios, da mesma forma aceitou a lenta tortura de sua morte.

Seu mais ardente desejo era ser levado para Assis. Em agosto de 1226, os irmãos carregaram-no numa liteira, galgando montanhas e atravessando vales, de volta à sua cidade natal. Toda a cidade veio ao encontro dele em solene procissão. Vinha-lhe à frente o mesmo bispo Guido, que muitos anos antes havia dado sua capa ao filho abandonado pelo negociante Bernardone. Agora ajoelhou-se diante do santo que voltava e beijou a fímbria de seu traje com grande reverência.

Foi dado a Francisco, no palácio do bispo, o salão onde anos antes Guido havia presidido a cena judiciária com Bernardone e seu filho Francisco, na qualidade respectivamente de acusador e de acusado. Ali soube que o bispo e o podestade, como chefes das administrações eclesiástica e municipal, estavam envolvidos numa acre disputa de competência de jurisdições. Francisco estava à beira da morte, mas até o último momento permaneceu como um arauto do Príncipe da Paz. Decidiu levar a efeito uma reconciliação entre os dois querelantes.

Mandou dois de seus discípulos ao podestade, pedindo-lhe que viesse à sua cabeceira a certa hora porque não desejava morrer sem lhe ter dito alguma coisa que poderia manifestar-se de grande importância para o bem-estar do povo de Assis. Convidou depois o bispo para ir vê-lo precisamente na mesma hora. Tão logo os dois irreconciliáveis inimigos se encontraram no salão de Francisco, dois de seus discípulos começaram a cantar o cântico do irmão Sol. Tudo isso fora cuidadosamente planejado de antemão. O que *não* tinha sido planejado foi uma espontânea inspiração do momento: quando os discípulos acabaram, Francisco continuou a cantar, acrescentando mais uma estrofe a seu cântico:

"Laudato sia mio signore per queli que perdonano per lo tuo amore
et sosteneno infirmitate et tribulatione:
Beati queli que sostenerano in pace: che da ti altissimo serano incoronati."

"Sê louvado, Senhor meu, por aqueles que perdoam por amor Teu.
Que suportam tribulações e enfermidades.
Abençoados sejam os que em paz se conservam,
Pois, altíssimo Senhor, haveis de coroá-los."

Ao cantar as derradeiras palavras da nova estrofe, o desejo que ela implicava se realizou. O podestade deu um passo à frente e disse: "Digo a vós todos, se alguém matasse meu irmão de sangue, e mais, se alguém matasse meu filho, eu lhe perdoaria." E voltando-se para o bispo, continuou: "Estou pronto, senhor bispo, a dar-vos satisfação de tudo quanto vos aprouver por amor de Nosso Senhor Jesus Cristo e de seu bom servo Francisco." Então o bispo foi-lhe ao encontro e disse: "Meu estado obriga-me a ser humilde, mas ai de mim! Sou pronto no encolerizar-me! A mim cabe pedir-vos perdão."

De modo que aconteceu que o bispo, que outrora havia julgado o filho de Pedro Bernardone, submeteu-se aqui, na mesma sala, ao veredicto de amor de são Francisco.

Em consequência dos abalos da jornada a Assis, o estado de Francisco tinha piorado e o bispo mandou chamar o mais famoso físico da Úmbria para sua cabeceira. Depois que o médico terminou seu exame, perguntou-lhe Francisco: "Quanto tempo posso ainda viver?" A simples clareza desta pergunta só permitia a mesma espécie de resposta. "Apenas bem curto tempo", disse o médico.

Francisco permaneceu silencioso por instantes. Sua vida havia chegado ao fim. Vendo a morte tão próxima, reconheceu nela uma irmã; a irmã do homem desde o começo do tempo; a irmã do homem até o dia de juízo; a irmã mais segura e fiel, a irmã da derradeira hora do homem e sua última companheira, na sua derradeira viagem de volta ao Pai. E o mesmo amor sobre-humano com que Francisco havia às vezes acolhido os dons de Deus, fê-lo agora também abraçar esta última com alegre prontidão.

O bispo e os discípulos de Francisco, que esperavam lá fora onde haviam sabido do veredicto do doutor, ouviram subitamente, lá dentro do quarto do enfermo, uma voz firme cantando uma canção de alegria. Francisco havia completado a derradeira estrofe de sua canção, a canção de sua vida em louvor a Deus.

"Laudato sia mio signore per sor nostra morte corporale:
Da la quale nullo homo viuente pò scampare.
Guai a queli que more in peccato mortale:
Beati queli que se trouano ne le tue sanctissime voluntate:
Che la morte secunda non li porà far male."

"Sê louvado, Senhor meu, pela irmã Morte,
Da qual vivente algum pode escapar.
Ai dos que morrem em pecado mortal.
Mas felizes aqueles que se acham na Tua santa vontade.
Não lhes pode fazer a segunda morte nenhum mal."

As notícias de que Francisco estava prestes a morrer espalharam-se como um relâmpago. Milhares de pessoas se reuniram em frente do palácio do bispo. Uma multidão, cheia de inspirado temor, olhava para as janelas por trás das quais Francisco estava morrendo. Seu silêncio era tão intenso que parecia transformar a praça inteira numa vasta antessala da morte. Depois, subitamente, o silêncio foi quebrado por um canto jubiloso que vinha do salão de Francisco: "Sê louvado, Senhor meu, com todas as Tuas Criaturas"... Os homens e mulheres, lá no largo, olhavam, surpresos, uns para os outros. Seria possível que um ser humano estivesse a cantar tão jubilosamente na hora de sua morte? Depois o canto parou. Mas começou de novo um pouco mais tarde, e assim continuou o dia inteiro até o escurecer.

Tinha sido ordenada uma guarda especial para o palácio do bispo durante a noite. O eco monótono das passadas dos guardas era abafado a intervalos regulares pelo hino de alegria "Sê louvado, Senhor meu..." ressoando do salão mortuário para o silêncio da noite.

Quando a manhã chegou, foi recebida com o cântico de louvor do irmão Sol. E o povo da cidade, de novo reunido, com os corações cheios de temor, diante do palácio do bispo ouviu a voz de seu santo que cantava dando-lhe adeus num canto de exortação, incitando-o a agradecer a Deus por todos os esplendores de Sua criação, dando-lhe graças também pela última irmã do homem na terra — por soror Morte.

No correr da manhã, Elias, o chefe da grande ordem franciscana, apareceu à cabeceira de seu mestre com um pedido bastante delicado. Quando ele entrou, estava Francisco cantando de novo os "Louvores das Criaturas". Isto tornava sua tarefa ainda mais difícil. Mas Elias era um pensador vigoroso e de mente clara, que não podia pôr em perigo o futuro de sua ordem por causa de escrúpulos sentimentais. Com tato ou não, quando Francisco terminou seu canto, Elias disse a seu mestre moribundo o que considerava necessário, no interesse da ordem. "Irmão", disse ele, "que pensarão os fiéis lá fora de vossa santidade, se não fazeis outra coisa senão cantar? Perdoai-me, mas tal conduta não fica bem à morte de uma santa pessoa como vós. Pode despertar dúvidas no espírito do povo a respeito da autenticidade de vossa santidade."

Francisco — um trovador de Deus, tanto na morte como na vida — respondeu singelamente ao superior da sua ordem: "Tolera, irmão, que eu me regozije em seu Senhor, tanto na Sua glória como em minhas enfermidades, uma vez que pela graça de Seu Espírito, sinto-me tão unido a Ele que necessito cantar."

Quando Elias deixou a sala, ouviu — consternado, mas em confirmação da mensagem de alegria para toda a humanidade — o cântico do sol que Francisco recomeçara a cantar de novo.

Com este cântico nos lábios e acompanhado por uma multidão que o entoava, Francisco foi transportado do palácio do bispo para a Porciúncula, onde queria receber soror Morte e onde desejava ser enterrado.

Em caminho, pediu a seus discípulos que parassem um pouco no topo de uma colina, de onde podia ver mais uma vez ainda a cidade de Assis no vale lá embaixo. Não tinha forças bastantes para mover por si mesmo a cabeça. "Por favor", disse a seus discípulos, "voltem meu rosto na direção de Assis. Gostaria de abençoar minha cidade que não verei de novo, minha boa cidade, minha bela cidade." Satisfizeram-lhe o desejo. Seus olhos estavam quase cegos e incapazes de ver Assis; mas podia vê-la uma vez mais com os olhos da alma. Devagar ergueu a mão e fez o sinal da cruz sobre a cidade.

No pequeno bosque da Porciúncula, os irmãos levaram-no, a seu pedido, para uma cabana isolada, oculta atrás da capela. Quando seus amigos e os fiéis se reuniram a seu lado e sentiu que tinha apenas poucas horas de vida, voltou-se para o cordeiro de Deus e disse: "Acrescenta o seguinte ao que te pedi que escrevesses em Siena: Rogo aos irmãos, tanto leigos quanto padres, que não interpretem minhas palavras e não digam: 'Isto foi o que ele quis dizer'. E justamente como o Senhor me ajudou a revelar e escrever as Regras e estas palavras simples e chãmente, assim também deveis compreendê-las simples e chãmente sem interpretação e segui-las até o fim em santa observância."

Depois pediu: "Descansai meu corpo nu no chão nu, pois assim, nos braços de minha querida dona Pobreza, desejo eu morrer."

Pouco depois disto, ao pôr do sol do dia três de outubro do ano 1226, chegou sua derradeira hora. O irmão da vida e o irmão da morte, o irmão de toda a criação e seu imortal poeta se extinguiu. Suas últimas palavras foram as palavras do salmo 142 do rei Davi: *"Voce mea ad Dominum clamavi!"* Com a minha voz clamei ao Senhor; com a minha voz supliquei ao Senhor.

    Quando sua voz se foi enfraquecendo e afinal se calou na morte, irrompeu do bosque um alto gorjeio de pássaros. As irmãs de Francisco, as cotovias, tinham chegado para dar adeus à sua alma, na derradeira jornada para o céu.

SANTO INÁCIO

O Santo da Força de Vontade[1]

Uma nota de culpa, remetida em 1515 pelo corregedor de Guipúzcoa ao tribunal episcopal de Pamplona, contém a mais antiga descrição de santo Inácio.

"O delinquente Íñigo de Oñez y Loyola", diz a nota, "é atrevido e provocador; usa uma couraça e está armado de espada e pistola; seus longos cabelos derramam-se sob seu chapéu de veludo... A acusação contra ele é de rixas e ataques velhacos contra mulheres indefesas. Em resumo, é descrito em três palavras como 'pérfido, brutal, vingativo.'"

"Um caráter ao qual nenhuma paixão podia corromper; um senhor da autodisciplina a quem os derradeiros vestígios do amor-próprio haviam abandonado; um homem que viveu exclusivamente ao serviço de Deus", assim reza uma descrição do geral da Sociedade de Jesus, santo Inácio de Loyola, ao tempo de sua morte.

Esta maravilhosa transformação foi o resultado de um espantoso esforço de vontade.

Na sua mocidade, muitos traços revelados por Inácio fazem lembrar santo Agostinho. Ambos foram jovens do mesmo tipo, dominados pela sensualidade e pela ambição. Só o cenário era diferente. A atmosfera de classe média da primitiva vida de Agostinho foi mudada, no caso de Inácio, na atmosfera român-

---
[1] Não sendo católico, o autor é por vezes levado a considerar certos fatos sob o ponto de vista meramente natural. (*N. do T.*)

tica da cavalaria dos fins da Idade Média. Agostinho era filho de um funcionário mal pago, Inácio descendente de nobres empobrecidos. Agostinho entregou-se a um luxurioso instinto animal e tomou uma amante; Inácio perseguia um bombástico sonho romântico e idolatrava uma rainha governante. No caso de Agostinho, temos os excessos de um jovem estudante de retórica, no caso de Inácio, as proezas turbulentas de um cortesão.

Lançando um olhar retrospectivo a seu passado, Inácio de Loyola, o santo geral da Sociedade de Jesus, confessava, com tanta candura quanto seu predecessor em santidade, santo Agostinho, o bispo de Hipona: "Até os meus vinte e seis anos, estive completamente entregue às vaidades do mundo e sentia uma ânsia aguda e vã de sobressair." Para ilustrar a depravação de sua mocidade, admitia cheio de remorso que, como jovem cavaleiro, não se tinha envergonhado de cometer um furto e de ficar impassível quando um homem inocente foi punido em seu lugar.

Desde sua mais remota infância, a alma de Inácio foi envenenada por uma ambição desmedida. Sua mocidade passou-a sem experiências profundas e abaladoras e até a maioridade passou a vida na corte do rei Fernando, o Católico, em desordens frívolas e mesquinhas.

Os pais de Inácio, providos de maior abundância de filhos que de riquezas e posses, ficaram satisfeitíssimos quando seu parente, dom João Velásquez de Cuellar, governador da residência real de verão, em Arévalo, se ofereceu para tomar o menino, com sete anos de idade, a seu serviço como pajem. A mulher de dom João era uma das camareiras da rainha e os únicos tópicos de conversa que Inácio ouvia serem discutidos em sua nova casa eram as demonstrações maiores ou menores de benevolência do casal real para com esta ou aquela pessoa e as ambiciosas esperanças por elas causadas. Gradativamente criou raízes na mente do menino a firme crença de que a única coisa na terra que merecia esforço para alcançar era o favor de reis e de rainhas.

Esta atitude dos membros da casa de Cuellar atingiu grau mais alto quando o rei, depois da morte da rainha Isabel de Castela, casou com a jovem princesa francesa Germana de Foix. Mal decorrera um ano desde que o corpo de Isabel, de acordo com suas derradeiras vontades — sem pompa e cerimonial e envolvido num grosseiro burel franciscano —, baixara ao sepulcro real em Granada, quando da chegada ao porto de Valência de uma esquadra de trinta navios carregados de roupas e de linhos, de chapéus e sapatos, de perfumes e pós, proclamava a presença de uma nova rainha.

Antes da morte de Isabel, a mulher do governador distinguira-se, com estudada deferência aos desejos da rainha, pela austeridade de suas opiniões religiosas e pela intensidade de sua aversão aos atavios feminis e à conversação mundana. Sob o novo regime, tinha de manter sua posição como primeira dama da corte e isto implicava em adaptar suas opiniões, seus gostos e suas aversões a um conjunto inteiramente novo de hábitos e extravagâncias, pois a rainha Germana, em contraste com sua predecessora, era uma jovem mulher alegre, vivaz, amante do prazer.

Dona Maria Velásquez de Cuellar era bastante ambiciosa e sua habilidade e experiência em lidar com os problemas da vida cortesã capacitaram-na a revelar um caráter em conformidade com o da nova rainha. Ao lado de Isabel ouvira, com profunda devoção, os hinos cantados na igreja pelo coro da casa real. Agora, deleitava-se com os mais frívolos madrigais franceses e aplaudia entusiasticamente quando via as novas danças que a rainha desejava introduzir na corte.

Bem cedo firmara-se dona Maria como amiga de confiança e indispensável de sua jovem senhora. E quando dona Germana deu-se ao costume de visitar, cada vez mais frequentemente, a casa de dona Maria para uma prosinha cordial e discreta, aconteceu muitas vezes que o pajem Inácio de Loyola teve de servi-la à mesa ou suspender-lhe a cauda do vestido ou caminhar à sua frente, com uma tocha, quando ela se retirava.

Inácio tinha a este tempo uns catorze anos. A influência da casa em que estava vivendo, sua atmosfera de ambição desmedida fizeram que seu primeiro amor juvenil fosse dedicado à rainha. Para ele, amor veio a ser sinônimo de serviço de corte. Seus sonhos a respeito de mulheres eram inspirados pelo vão desejo de adquirir distinção aos olhos da rainha.

Quando, ao tempo devido, foi armado cavaleiro e, de acordo com o costume em vigor, teve de escolher sua "dama de copas", escolheu a rainha da Espanha. Em ocasiões festivas, usou daí em diante as cores dela e a mais alta recompensa que podia esperar era um lenço bordado, recebido de suas mãos, como prêmio num torneio.

Este amor não era uma paixão autêntica, mas simplesmente consequência de vã tentativa de sobressair-se diante da mais altamente colocada mulher da terra, e de certo modo conseguia combinar ao culto romântico de uma inatingível "rainha de copas" com o mais perfeito desprezo por aquelas mulheres que sacrificava a seus desejos luxuriosos, pois como outros jovens cavalheiros de seu tempo, Inácio estava sempre envolvido em duvidosas aventuras, andava sempre em busca dos prazeres sensuais mais crus.

Ao tempo em que Inácio vivia na corte espanhola, os cavalheiros, acostumados a uma vida de ócio e preguiça em torno de seu soberano, haviam perdido o valor e o orgulho de seus antepassados. O jovem cavalheiro de Loyola não era exceção. Nele, também, o espírito belicoso de seus antecessores tinha degenerado num baixo deleite por toda espécie de burlas grosseiras perpetradas contra homens e mulheres indefesos das classes baixas. Passava seus dias em vulgares duelos e rixas de bêbedos.

Certos mexericos de corte levaram a rainha e dona Maria a um desentendimento. Dom João e sua mulher caíram em desfavor e tiveram de deixar a corte a toda pressa. Inácio, que era membro de sua casa, tinha de seguir com eles.

Naquele momento, sua vida fácil e suas ambiciosas esperanças de uma carreira brilhante sob as vistas da rainha tinham chegado ao fim. Via-se forçado a procurar outro emprego e logo decidiu juntar-se aos guardas do duque de Najera, seu parente, recentemente nomeado vice-rei de Navarra.

Mais uma vez, foi sua insaciável ambição que o induziu a dar esse passo. Navarra vivia frequentemente ameaçada pelas incursões hostis dos vizinhos franceses e Inácio estava à espera de uma oportunidade de distinguir-se naquela intranquila província limítrofe com alguma especial proeza de valor.

A espécie de serviço militar que o aguardava em Pamplona deve ter sido para ele uma surpresa bastante desagradável. Dentro dos recintos seguros da residência em Arévalo, os cavalheiros tinham limitado seus exercícios bélicos a torneios sem dano. Com luzente armadura, com braçal de ouro e plumas vistosas, tinham tentado, encorajados pelos gritos de incitamento das belas damas, descavalgar o adversário com destros golpes de lanças embotadas. Mas aqui, na fortaleza fronteiriça de Pamplona, as coisas tinham aspecto um tanto diferente.

Bem distante da cidade, num platô estéril e desolado, os soldados de infantaria se exercitavam, aos comandos monótonos de seus oficiais, numa repetição infindável, o mesmo manual de armas, as mesmas rotações e desdobramentos. Não havia belas mulheres para olhar e admirar o que os homens estavam fazendo.

Mesmo depois que se acostumara um tanto a essas novas condições, não perdera Inácio nada de sua ardente ambição. Tornou-se até mais ardente ainda. E com razão, pois para sobressair era muito mais difícil agora do que fora em

Arévalo. Ali bastaria mostrar alguém sua habilidade num torneio contra um só adversário, mas aqui era necessário distinguir-se entre milhares de homens e dezenas de oficiais. Febrilmente aguardava ele uma oportunidade de executar alguma façanha especial. Por algum tempo foi isto em vão, pois para grande descontentamento seu a região gozava de perfeita paz.

Finalmente uma revolta popular irrompeu na cidade de Najera. Inácio foi comissionado para participar, como comandante de companhia, da expedição contra os rebeldes, mas precisamente no derradeiro momento, um fato malévolo privou-o dos esperados louros. De sabre desembainhado, estava ele prestes a carregar, à frente de sua companhia, adentro da velha ponte de sete arcos, contra as posições inimigas, do outro lado do rio, quando os insurretos se renderam ao vice-rei, cujas tropas, chegando de direção diferente, já tinham entrado na cidade.

Depois de quatro longos anos, Inácio teve afinal outra oportunidade. Rebentou uma verdadeira guerra. Tropas francesas, encorajadas por séria revolta popular em Castela, cruzaram a fronteira espanhola. Navarra tornou-se um dos teatros da guerra, embora secundário, no primeiro grande conflito mundial entre o imperador Carlos V e o rei Francisco I, da França.

O governador espanhol não tentou repelir as forças inimigas vastamente superiores e os franceses avançaram sem encontrar resistência mais séria.

Em maio de 1521, o exército francês chegou às portas de Pamplona. O vice-rei havia fugido; as autoridades locais estavam prontas a deixar o inimigo entrar e a pequena guarnição espanhola teve de retirar-se para a cidadela que, no entanto, não estava preparada para um ataque resoluto. Os bastiões não estavam terminados; havia escassez de canhão, de munições e de comida. O comandante convocou uma reunião dos oficiais. Todos concordaram que a resistência era vã e resolveram capitular sem combate.

Era este o momento para ser iniciada a carreira heroica de Inácio. A princípio, ouviu em silêncio os argumentos de seus camaradas, mas depois pôs-se bruscamente de pé e proferiu flamejante discurso. Ele, o mais jovem dentre os oficiais, apelou para a honra de fidalgo de seus camaradas e disse-lhes que era dever deles aceitar morte certa e não depor as armas derrotados. Durante um momento, seu entusiasmo conquistou os outros oficiais. Esqueceram seus argumentos razoáveis e resolveram resistir.

Flamante de ardor bélico, Inácio correu para o ponto mais fortemente ameaçado das obras de defesa, onde o inimigo estava concentrando ataque maior e, brandindo sua espada, encorajava seus homens a se manterem firmes. Mas depois de curta luta, os franceses entraram na cidadela capturada. Os tempos do heroísmo cavaleiresco haviam passado. A flamejante coragem de um indivíduo único lutava em vão, quando o êxito vinha a depender da superioridade numérica e do bem organizado trabalho de artilheiros anônimos.

Inácio de Loyola jazia, a sangrar, com uma perna despedaçada sobre os bastiões de Pamplona, onde foi encontrado e recolhido por soldados franceses. A ironia da sorte fizera que ele, o valoroso cavaleiro, viesse a tombar graças a um instrumento impessoal da guerra moderna, uma bala de canhão que viera cegamente não se sabia de onde e contra a qual era insensato e fútil todo heroísmo pessoal.

Depois de penosa viagem, foi ele depositado no seu castelo ancestral de Loyola. Ali se verificou que os ossos fraturados de sua perna tinham sido mal encanados e teriam de ser quebrados de novo. Mas o resultado desta operação foi de novo completo fracasso. Os ossos não se uniam direito e agora havia mesmo um horrível coto de osso repontando de um lado da perna.

Os doutores disseram ao paciente que aquela horrenda coisa só poderia ser removida por meio de uma dolorosa operação, mas Loyola concordou imediatamente que o osso deveria ser serrado. Sem um murmúrio de dor, estendeu a perna sob o instrumento do cirurgião.

Agora a perna ficara demasiada curta e durante muitas semanas sofreu ele a tortura mortal de um estirador ortopédico, semelhante a um potro de tortura, no qual tinha de jazer sem movimento. Tudo isto suportava ele para escapar à sorte de ficar coxo. Para ele, cujo único ideal na vida era salientar-se num torneio diante da rainha, uma deformidade física era o maior de todos os infortúnios porque num torneio, era o jogo rítmico de membros perfeitos que atraía os olhares admirativos de belas mulheres e as induzia a lançar preciosos anéis, plumas, luvas e lenços perfumados aos cavaleiros na liça.

Qualquer que fosse o sofrimento, tinha Inácio de evitar a todo custo uma deformidade de sua perna, que poderia impossibilitá-lo de usar botas altas e bem apertadas, segundo a moda. Sua ambição sem limites e a vaidade faziam-no suportar o mais horrível tormento, sem gemer ou queixar-se.

Mesmo depois que sua perna voltou de novo à forma perfeita, teve ele que ficar imóvel durante muitas semanas. Agora estava ele livre de dores, mas em lugar delas esmagava-o com seu peso a carga tediosa de infindáveis horas de aborrecimentos. Tentou enchê-las com pensamentos românticos a respeito da rainha e imaginava o que poderia fazer para ficar perto dela de novo e atrair sua atenção por todas as espécies de feitos heroicos.

Via-se de novo na liça, brandindo sua espada e galopando com garbo, graça e destreza. Mas depois desvanecia-se todo esse conjunto de imagens de sua fantasia. Por mais que tentasse esporear sua imaginação, jamais ia ela além de sua visão da liça e dele próprio num corcel árdego. Neste ponto, sua imaginação parava, por mais cheia de colorido que tivesse estado antes.

Então ocorreu-lhe que poderia estimular sua imaginação, alimentando-a com imagens emprestadas. Pediu o *Amadis de Gaula*, o livro que, desde seus dias como pajem na corte, se acostumara a consultar, quando de suas complicações amorosas. Mas no castelo dos Loyola não havia costume de ler livros e toda a biblioteca ali existente consistia de duas obras: quatro volumes in-fólios da *Vida de Cristo*, de Ludolfo da Saxônia, e uma coleção de mais ou menos autênticas lendas de santos, com o título de *Flos sanctorum*. Em vez do *Amadis* por que ansiava, Inácio voltou-se afinal para os livros santos. A princípio sentiu profunda aversão por todas aquelas penitências, castigos e obras de humildade de que abundavam aquelas histórias de santos. Muitas vezes largava os pesados tomos, supinamente entediado, mas retomava-os de novo, num gesto todo maquinal, e, pouco a pouco, os feitos dos santos foram-lhe aparecendo à luz familiar da cavalaria.

Leu as histórias de são Domingos e de são Francisco e, depois de algum tempo, começou a descobrir naquelas histórias as mais excitantes aventuras e lia-as com o mesmo devotado interesse com que lera outrora as viagens miraculosas de Amadis, o "cavaleiro sombriamente belo". Não levou muito tempo a descobrir que muitos dos feitos dos santos poderiam rivalizar com as mais audaciosas aventuras dos heróis cavaleirescos. Uma coisa que o chocou, como particularmente estranha, foi o fato de usarem sempre, aqueles cavaleiros da fé, buréis grosseiros e rasgados, de saírem em busca de aventuras sem armadura nem plumagens e de, não obstante, alcançarem a mais alta honra e glória. Muitos dos grandes heróis da fé tinham visto a rainha do céu curvar-se para eles, para dar-lhes coragem e resistência, com seu bondoso sorriso e doces palavras. Comparado com tais recompensas, o lenço bordado da rainha da Espanha perdia bastante de seu valor e, assim, veio a acontecer que os pensamentos de Inácio cada vez menos se prendiam à sua perna encurtada.

Um anseio irresistível crescia no coração de Inácio. Sua ambição havia encontrado novo objetivo: queria entrar na esfera dos grandes santos e, juntamente com eles, vestido da armadura do burel e da corda na cintura, conquistar o reino de Cristo.

Muito lhe custou adaptar seus pensamentos e sentimentos a esta esfera inteiramente nova e insólita. Uma vez que não aprendera a pensar abstratamente, em qualquer sentido da palavra, vestia seus desejos do conjunto de imagens que lhe era familiar, de sua vida de cavaleiro. Os espíritos do bem e do mal lhe apareciam sob a forma de cavaleiros divididos em dois grandes campos a combater continuamente pela alma do homem. O estandarte de Cristo, o comandante-chefe dos bons, era o centro de convergência de anjos belicosos e de santos, cujo alvo era levar a alma para o céu, enquanto os maus e os demônios se reuniam sob a bandeira de Satanás e tentavam arrastar o homem para o inferno. Que sublime e orgulhosa sensação deveria ser combater pelo rei do céu e ganhar as boas graças da rainha celestial!

Uma noite, Inácio levantou-se de sua cama, ajoelhou-se em oração diante da imagem da Mãe de Deus, no canto de seu quarto, e fez votos de servir, de agora em diante, como soldado fiel, sob a bandeira real de Cristo.

De modo que decidiu renunciar às glórias deste mundo, mas sua "conversão" e a resolução que ela implicava de começar nova vida estavam concebidas inteiramente em termos de suas noções de cavalheirismo e bravura. Recuperada a saúde, deixou o castelo de seus antepassados para entrar no mundo como guerreiro de Deus, mas pensava nessa resolução exclusivamente como uma aventura cavaleiresca. Queria tornar-se um santo, a fim de atrair honra para sua família; e quando seu irmão lhe perguntou para onde planejava ele ir, respondeu que estava plenamente cônscio de suas obrigações para com o nome dos Loyola e que se mostraria digno de seus antepassados.

Como um cruzado, viu-se escoltado até o primeiro lugar de parada pelos seus servidores e por seus irmãos e irmãs. Depois montou sua mula e tomou seu caminho para a Igreja de Nossa Senhora de Montserrat.

Se o serviço de Inácio como "um guerreiro do reino celestial" começou inteiramente no espírito da cavalaria mundana, sua consagração como cavaleiro espiritual consumou-se precisamente do mesmo modo. Como lugar de sua realização, escolheu Montserrat, pois fora ali que, de acordo com a lenda, se erguera o castelo do graal. Em caminho encontrou um mendigo e mudou suas roupas pelas dele. O mendigo lá se foi usando couraça e calções de pele e um chapéu de fino veludo, ao passo que Inácio continuava seu caminho para Montserrat de cabeça nua e com uma roupa rasgada e coçada de mendigo.

Diante da imagem de Nossa Senhora de Montserrat, perfez suas vigílias, exatamente de acordo com uma descrição que vira outrora no *Amadis de Gaula*. Na manhã seguinte, vestido com "a roupa de membro de um guerreiro de Deus", equipado com uma cabaça e um bordão de peregrino, desceu a montanha e lançou-se à conquista do reino do céu.

Com impaciente entusiasmo, o novo convertido concentrava os pensamentos no problema de saber qual o meio mais eficiente de firmar-se como cavaleiro do Senhor, e sua mente ignorante e inexperiente concebeu prontamente um plano, que parecia oferecer excelente possibilidade de conquistar fama por meio de feitos especiais de heroísmo, executados a serviço do céu. Foi a aventurosa ideia de seguir para a Terra Santa e de reconquistá-la para a cristandade. Tencionava libertar os relicários cristãos da Palestina das mãos do falso profeta e realizar, sozinho, aquilo que os orgulhosos exércitos dos cruzados não tinham sido capazes de levar a cabo, apesar de seu grande número. Pobre e de pés descalços, desafiando todos os perigos, tencionava ir a Jerusalém como cavaleiro militante da fé e atrair os infiéis para o aprisco da verdadeira Igreja, com a espada de seus sermões e o exemplo do martírio heroico.

O alvo de sua nova carreira estava bem claro agora diante dele. Mas antes de poder iniciar sua jornada, tinha de equipar-se como santo. Até ali havia mudado apenas de roupa, mas o coração que batia sob os andrajos de mendigo era ainda o coração de um cavaleiro altivo e turbulento. Algo havia a fazer-se para modificar isso. O cavaleiro tinha de transformar-se num santo. Quanto aos meios que podia empregar para realizar este propósito, não antevia Inácio obstáculos. No seu leito de doente, lera muito a respeito dessas coisas, minuciosamente, nas histórias dos santos. Ali tinha descoberto seu modelo, e tudo quanto tinha a fazer era copiá-lo fielmente. O dinheiro que levara consigo para a viagem era bastante para comprar todos os instrumentos de mortificação e de penitência que os santos tinham usado. Assim equipado, continuou sua jornada para Manresa, aldeola da Catalunha, onde se recordava de anteriores excursões a uma caverna solitária no sopé de um penhasco. Escolheu-a para seu futuro abrigo; ali praticaria a mais austera mortificação de corpo e de alma.

Durante sete horas por dia, ficava ajoelhado a rezar, castigando seu corpo no resto do tempo e passando o curto espaço de horas, que se concedia para dormir, deitado no chão úmido, com uma pedra ou um pedaço de madeira como travesseiro. Muitas vezes jejuava durante três ou quatro dias em seguida, e quando se decidia afinal a comer alguma coisa, pegava as mais estragadas crostas de pão e umas poucas ervas que misturava cuidadosamente com cinzas para torná-las ainda menos apetecíveis.

De tempos em tempos, ia a Manresa, pedindo esmolas e misturando-se com os pobres e os doentes, a fim de tornar-se, o mais depressa possível, seu igual nos trajes, na fala e nas maneiras. Negligenciava seu corpo, deixou crescer o cabelo e a barba, não se lavava e usava os andrajos mais sujos. Quando vinha ele coxeando pela rua, com seu burel esfarrapado, uma sacola de comida nas costas e um grande e grosso rosário em torno do pescoço, os garotos da rua corriam-lhe atrás, chamando-o de "frei Saco".

Tal zombaria pouco o afetava. "Farei como são Francisco e são Domingos fizeram", decidira ele. Contudo, se seu alvo era idêntico ao deles, os motivos eram diferentes. Os santos modelos tinham praticado a automortificação, cheios de vergonha e contrição, como uma penitência de antigos pecados, para que o corpo pudesse de agora em diante obedecer à alma na sua aspiração a Deus. Mas quando Inácio se decidiu a fazer penitência, não foi por causa de seus pecados, mas porque queria agradar a Deus. Em época posterior, confessou ele que, durante o tempo em que passou na caverna de Manresa, o desejo de sobressair no serviço de Cristo tinha sido tão agudo que, nos exercícios penitenciais, seus pensamentos não estavam particularmente ligados a seus pecados. Era seu desejo de ultrapassar até mesmo o mais santo entre os santos que o levava a tais autoflagelações sem misericórdia.

Na prossecução de sua nova ambição, aproveitou grandemente de suas experiências no campo de exercícios de Pamplona. Tinha observado ali que o treinamento sem descanso pode tornar rápido e hábil um corpo inerte e desajeitado. Este conhecimento empregava-o ele agora para a finalidade oposta: a mortificação de seu corpo. Sujeitava o corpo recruta ao mais severo treinamento militar, até quebrar-lhe a vontade e poder descansar na sua absoluta obediência de escravo.

Açoitava-se sistematicamente e, muitas vezes, batia no peito com uma pedra até feri-lo. Certa vez, levou tão longe seus exercícios que caiu seriamente doente e teve de ser levado, em estado de inconsciência, para a casa de sua protetora, dona Angélica de Amigant. Os doutores chamados não tinham esperança de salvar-lhe a vida e umas poucas senhoras devotas decidiram que havia chegado o momento de pedir a dona Angélica pedaços da roupa que Inácio tinha usado, pois queriam conservá-los como relíquias do santo eremita. Para satisfazer o pedido de suas amigas, dona Angélica foi até a caverna de Inácio para apanhar os trajes do mártir. Voltou com grande terror, pois na caverna havia encontrado os mais terríveis instrumentos de tortura: um cinturão penitencial feito de arame, pesadas cadeias, pregos arranjados em forma de cruz e uma camisa entretecida de farpas de ferro! Tudo aquilo havia Inácio usado no seu corpo! Tão logo o devotado cuidado de dona Angélica conseguiu fazer Inácio voltar à vida, rebelou-se o violento penitente contra sua bondade e hospitalidade e voltou à sua cova úmida a fim de recomeçar suas flagelações com severidade ainda maior. O sargento instrutor ainda não estava satisfeito com o treinamento básico de seu recruta. E quando o corpo finalmente se endureceu em todas as suas necessidades, impulsos e exigências, a alma começou a falar alto. O bom cavaleiro era extremamente inexperiente nos negócios da alma e agora, quando se encontrava pela primeira vez face a face com seu imenso poder, estava totalmente confuso pela irregularidade de sua vida multifária.

A princípio, experimentou uma sensação de felicidade que nunca conhecera até então. Depois caiu num estranho estado, uma "iluminação" ou "grande luz da razão", como a denominou. Um dia, viu uma substância branca, "não muito grande e não muito pequena", na qual pensou poder reconhecer a humanidade de Cristo. Noutra ocasião, estava certo de que via a Virgem Maria. Depois observou "a alma de um discípulo entrar no céu". E tudo isto ele percebia tão vivamente, como se estivesse acontecendo em carne diante dele.

Depois de algum tempo, foi perturbado por dúvidas a respeito de se aquelas aparições eram realmente de origem divina ou se eram inspiradas por espíritos maus. Em tal estado de temerosa incerteza, viu mais uma vez uma luz que se assemelhava a uma serpente e cuja presença, a despeito de sua grande beleza, era-lhe opressiva. Quando percebeu que a serpente "parecia perder um tanto de sua beleza, ao aproximar-se da cruz", concluiu que isso deveria ser uma aparição, não de Deus mas do demônio.

Foi em vão que tentou dominar a confusa abundância de suas visões e emoções. Certas vezes, o céu abria para ele suas resplendentes portas e depois se sentia de novo ameaçado pelo abismo diante do inferno. A face do Senhor, pairando na luz, dava lugar à careta contorcida do demônio. Noutras, os habitantes celestiais estavam cantando seus hinos jubilosos e, logo depois, sua canção era afogada pela algazarra infernal de demônios e diabos.

Desencorajado e exausto pelo incessante conflito de sua alma, tornou-se presa de extremo desespero e, finalmente, decidiu abandonar a luta sem esperança e pôr fim à sua vida. Mas do purgatório de seu profundíssimo desespero, sua ambição ressurgiu para nova vida, purificada agora e assumindo a forma de uma vontade de aço, a vontade de subjugar o caos interno e forçar caminho até atingir a santidade que se tornara seu único alvo e tentativa.

Os santos, antes dele, haviam deixado à graça de Deus a tarefa de guiar-lhes as almas para a realização de seus anseios. Muitos deles, como santo Antão, tiveram de esperar uma vida inteira até que Deus por fim deles tivesse pena. Para Inácio, porém, a santidade era uma carreira. Era algo que ele tinha posto em mente atingir. Não estava absolutamente preparado para ficar à espera até que a graça de Deus, lenta em mover-se, chegasse a ele por vontade própria, mas em vez disso, enviava ele a *sua* vontade a meio caminho ou mais ao encontro da graça de Deus. Lutava por encurtar o processo por um esforço de sua vontade.

Assim deixou de ser mero imitador de antigos santos. Com ele, enriquece-se a história dos santos de um tipo inteiramente novo: o santo da força de vontade.

Para domar sua alma desenfreada por um esforço de vontade, usava a técnica que havia empregado no campo de exercícios. Assim como havia treinado o corpo, procurava agora treinar a alma como um sargento instrutor treina um soldado. Para atingir seu fim, era necessário antes de tudo submeter sua alma recruta a cuidadoso exame. E foi esta a ideia que o levou a desenvolver seu sistema de auto-observação.

Numa reclusa e escura cova, havia um homem que se flagelava com uma pedra de ponta, num cruel castigo de si mesmo; rezava fervorosamente; era visitado por iluminações sobrenaturais; via a fisionomia radiante de Cristo, via uma alma penetrar pelas portas do céu, observava o demônio sob a forma de uma serpente e descia a vista ao poço do inferno; era dominado por um terror mortal e caía vítima do mais profundo desespero. Enquanto tudo isso ia acontecendo, um ouvido interessado escutava atentamente os gritos de dor da vítima sofredora. Um olho curioso vigiava cada movimento do penitente orante. Um agudo experimentador fazia completas observações das reações psíquicas de seu paciente arrebatado ou aterrorizado e anotava com absoluta objetividade a espécie, o curso e a intensidade das aparições de Cristo e do demônio.

Nada do que acontecia ao homem da lapa escapava à vigilância de seu observador alerta, que não era outro senão o próprio homem.

Muito antes do tempo de santo Inácio, santo Agostinho havia investigado a vida da alma. Mas o motivo que induziu o sábio bispo de Hipona a praticar a introspecção era o desejo de descobrir Deus na alma do homem. O que ele descobriu foram os remos desconhecidos da alma, que se estendiam até o horizonte do egocentrismo, onde o reino divino da graça tem seu começo. O motivo do pragmatista Inácio era descobrir na alma o lugar onde fosse possível intervir em seus negócios, por meio de um planejado esforço da vontade. O que Inácio lutava por executar era simplesmente expor à luz brilhante da consciência as leis da alma, que determinam as ações "voluntárias" do homem.

A lei básica de toda a atividade humana parecia-lhe ligada à observação de que cada ato é precedido por uma decisão. O penitente da caverna de Manresa, torturado por emoções contraditórias, perseguido por noções incompatíveis, achava que estava sempre confrontado por duas possibilidades: direito ou torto, moral ou imoral, Cristo ou Satanás... Contudo, não era possível para ele, em todos os casos, chegar a uma decisão correta. Assim, experimentou descobrir o mecanismo por meio do qual tais decisões são determinadas. Descobriu que a discriminação sobre a base da razão não é bastante. A razão sempre toma conselho das emoções. Mas as emoções estão sujeitas à imaginação do homem, que deve ser por isso reconhecido como indispensável elo da dinâmica permuta entre a mente e a alma. Segue-se, pois, que a vontade, se quer controlar as reações do homem, seu procedimento e sua conduta, deve tornar-se senhora, não somente da razão e da emoção do homem, mas também de sua imaginação.

De fato, somente um oficial instrutor, com profunda fé na onipotência da disciplina, podia descobrir a ideia de que a alma, exatamente como o corpo, pode ser obrigada por um esforço de vontade própria a desenvolver todas as suas potencialidades.

Tão logo fez Inácio esta descoberta, começou a exercitar sua razão, as emoções e a imaginação até que todas três foram sujeitadas à sua vontade. No final, tornou-se capaz de controlar sua outrora desenfreada imaginação tão completamente como seus sentimentos e pensamentos.

Quando terminou seu treinamento básico e chegou para ele o tempo de abandonar a caverna de Manresa a fim de começar a carreira de santo, o insubordinado cavaleiro tinha-se tornado o senhor absoluto de seus impulsos. Agora sentia-se pronto para levar adiante seu plano de peregrinação à Terra Santa.

A viagem deste retardado cruzado, as experiências que teve pelo caminho, lembram um jovem príncipe em um conto de fadas, que se vê envolvido nos mais graves perigos, mas sempre consegue escapar incólume. Da mesma maneira, Inácio viu-se às voltas com piratas, com turcos belicosos, embusteiros, cavalheiros de indústria e salteadores de estrada, mas sempre conseguiu escapar sem sofrer sérios danos. Uma serenidade estranha e tocante adere a este extraordinário cruzado, transfigurando tudo quanto lhe acontece no curso de sua jornada a Jerusalém.

Depois de sua chegada à Palestina, Inácio revelou ao provincial frei Ângelo seu plano de converter os infiéis. Recebeu gentil mas definitiva recusa. Com tato, mas com a finalidade realística de um experimentado oficial, frei Ângelo explicou que o projeto era completamente impraticável. Os turcos permitiam que peregrinos entrassem e saíssem da Terra Santa, mas não toleravam nenhuma espécie de proselitismo cristão. Os que tentavam alguma coisa desta espécie, explicou o provincial, ou tinham sido mortos ou aprisionados pelos maometanos. Ele, frei Ângelo, era responsável pela manutenção de relações pacíficas entre cristãos e turcos e não podia aprovar nem favorecer uma aventura tal como a que Inácio tinha em mente.

Triste, lá se foi coxeando Inácio pela porta de Jafa, com seus sapatos de cânhamo, com bordão e cabaça de peregrino. Cada passo que dava mais o afastava da Terra Santa, aproximava-o mais de sua nativa Espanha.

Mas justamente este fracasso na Terra Santa iria ser útil a Inácio para que descobrisse sua verdadeira missão como soldado de Deus. Não obtivera êxito na conversão dos infiéis, mas isto o induziu apenas a voltar-se para uma aventura ainda mais gloriosa. Decidiu alistar seus irmãos cristãos, enredados nas coisas deste mundo, nos exércitos do Senhor e conquistar o mundo para Cristo-Rei à frente de uma hoste de combatentes celestiais. Assim, Inácio transpôs simplesmente o objetivo de sua campanha de conquista de fora para dentro, da Palestina para a terra da alma humana. Mesmo antes de regressar à Espanha, estava com esta estratégia toda planejada na mente, pois todos os seus elementos podiam derivar simplesmente de sua própria experiência.

Durante certo tempo, sua vida de cavaleiro fora inteiramente dada aos prazeres e vaidades mundanos, e depois, meramente graças à decidida resolução de tornar-se um santo, fora ele capaz de mudar seu caráter e sua conduta e havia demonstrado que todo ser humano possui uma vontade livre e uma completa liberdade de escolha e que depende exclusivamente dele próprio seguir a direção que quiser, fazer o que quiser de sua vida e de si mesmo. Aquilo por que havia Inácio lutado na sua própria vida, aquilo que ele havia afinal realizado com seus meios próprios, constituía ao mesmo tempo uma promessa de triunfo e uma prova da possibilidade de vitória para qualquer outro, para todos os homens de boa vontade.

O peregrino, que tinha deixado Jerusalém de coração murcho e triste, chegou ao porto de Barcelona, na Espanha, cheio de coragem e ávido de luta.

Começou seu trabalho sem delonga. Os exercícios, que experimentara em si mesmo com tanto êxito em Manresa, reuniu-os ele agora num sistema claro, numa espécie de cartilha para uso de seus futuros discípulos. O resultado desses esforços foi um livrinho que ele chamou de *Exercícios espirituais*. Nele mostrava que é possível, graças apenas à força de vontade, emancipar-se alguém de todos os laços mundanos e agir exclusivamente de acordo com a vontade de Deus, e dava direções precisas sobre como levar pensamentos, emoções e conduta para predeterminados canais. Seu principal interesse era disciplinar a imaginação, evocando específicas imagens conceituais, todas designadas para desenvolver um senso mais agudo de discriminação entre as ações éticas e não éticas.

O noviço submetido aos exercícios de Inácio é levado a experimentar o céu e o inferno, com todos os seus sentidos em abençoada delícia e em dor queimante, de modo que a diferença entre bem e mal permaneça indelevelmente marcada na sua alma. Assim preparado, o recruta é confrontado com a grande escolha. As imagens são os meios pelos quais Inácio quer ajudar os homens na sua busca do caminho da perfeição. Para cada dia, para cada hora de cada dia, seus exercícios prescrevem, com minucioso detalhe, quais as fantasias que devem ser conjuradas e por que meios devem sê-lo.

A fim de levar a cabo o desejado efeito psicológico, Inácio empregava os ardis mais extraordinários. Todos os diversos sentidos foram recrutados e dispostos a aumentar a intensidade da visão mental a um grau comparável com o de uma experiência verdadeira.

A fim de produzir uma visualização mais vívida do mal, os exercícios faziam uso da mais horrível cenografia do inferno. O discípulo deve forçar sua imaginação a invocar o inferno, com todos os seus terrores e todas as hostes vociferantes dos condenados. Deve vê-lo bastante claramente para ser capaz de medir-lhe a largura e profundeza. Todos os outros sentidos devem entrar também em jogo. Os ouvidos da fantasia devem ouvir os rugidos e estertores das vítimas do inferno; o nariz da fantasia deve sentir o enxofre e todas as coisas pútridas do inferno; a língua da fantasia deve saborear a amargura do inferno e o sentido do tato deve sentir as chamas abrasadoras, que apanham e devoram as almas dos pecadores. Todos os cinco sentidos devem participar da experiência do inferno. O discípulo deve vê-la, ouvi-la, cheirá-la, saboreá-la e palpá-la, até ser finalmente dominado pelos horrores suportados. O propósito de tudo isto é abalar a alma do discípulo, até sua maior profundeza de modo que, quando algum tempo mais tarde for ele confrontado com a necessidade de escolher entre o bem e o mal, esteja plenamente ciente de sua própria pecaminosidade e do consequente perigo da danação eterna e possa decidir somente em favor do bem e de uma completa modificação de vida.

Realizado isto, mostra-se ao noviço o ideal que deve ele tentar atingir. É chamado a visualizar a vida de Cristo na terra e vivê-la de novo, como uma espécie de representação realística da Paixão, abrangendo todas as estações da Via-Sacra.

No exercício referente ao nascimento de Cristo, Inácio exige do noviço que "veja com os olhos da fantasia a estrada que leva de Nazaré a Belém", para prestar atenção a seu comprimento e largura, para determinar se é suave e plana, ou passa através de vales e sobe montanhas. De vez em quando, o discípulo é advertido para que veja com os olhos da fantasia as pessoas atuando no drama, para que ouça com os ouvidos da fantasia o que elas estão dizendo e toque as coisas que Cristo tocou.

O noviço deve saborear o pão e o peixe que Jesus deu ao povo; deve sentir o cheiro do óleo que a mulher pecadora levou a Jesus e com ela deve ungir Seus pés, enxugá-los e beijá-los.

A última Ceia deve ser sentida com toda a vivacidade de um acontecimento atual; o noviço deve sentir que está ele mesmo sentado à mesa entre os discípulos e deve ver seus gestos e ouvir-lhes a conversa.

Uma visualização pedantescamente exata do lugar — uma *compositio loci* — é prescrita, mesmo para a meditação referente à noite no jardim de Getsêmani. Aqui é necessário visualizar claramente a estrada que conduz do monte Sião ao vale de Josafá e o jardim, seu comprimento, largura e exata localização. Juntamente com Cristo, deve o discípulo sentir as dores da flagelação e da pregação na cruz; juntamente com Ele deve descer ao sepulcro e, finalmente, com Ele ascender ao céu.

O auge destes exercícios é a "meditação sobre as duas bandeiras". Para produzir a mais aguda impressão possível, Inácio apresenta a seu discípulo a ideia de dois exércitos em luta: na vizinhança de Babilônia, as hordas militantes de Satanás encontram os cavaleiros de Cristo. Exige-se mais uma vez do discípulo que empregue todos os seus sentidos, para produzir uma concepção realística das forças em ambos os campos. Jesus não deverá ser visualizado como o rei dos anjos, serenamente entronizado na glória dos céus. É um chefe guerreiro engajado na luta por Seu reino na terra. Chega-se ao noviço, fala-lhe e pede-lhe que tome sua decisão. E então o discípulo deve ouvir as palavras desafiadoras de Cristo, exigindo o apoio ativo de todos os fiéis para sua grande campanha contra o mal.

As reações emocionais do discípulo, justamente como sua imaginação, devem conformar-se a um padrão estipulado. Dor e alegria, desespero e júbilo são colocados sob o controle de uma vontade determinada; nada é deixado aos modos arbitrários do momento.

Diz-se ao noviço, com grandes detalhes, quais as emoções adequadas aos vários exercícios. Em certo trecho, afirma Inácio caracteristicamente: "O quinto ponto é uma exclamação de maravilha acompanhada de um grande choque afetando a alma." Para o estudante, não é isto uma afirmativa, mas uma ordem.

A consciência deve ser também disciplinada e controlada por meio de regras mecânicas. Para este fim, prescreve Inácio o uso de um esquema gráfico de contabilidade. De dia para dia, o noviço deve conservar uma lista dos pecados que comete, fazendo o correspondente número de marcas numa folha apropriada de papel, de modo que uma comparação das fileiras de marcas no começo dos exercícios com as filas menos numerosas de um estágio posterior meça o progresso realizado na erradicação de maus hábitos e de represensíveis traços de caráter.

É de notar que Benjamim Franklin desenvolveu um sistema, completamente independente, de contabilidade moral, que é a exata contraparte do *examen particulare*, de Inácio. "Eu mesmo fiz um livrinho", diz Franklin na sua autobiografia, "e tracei cada página de modo a ter sete colunas, uma para cada dia da semana. Nessas colunas, marcava com um pequeno ponto preto cada falta que havia cometido. Fiquei surpreendido ao descobrir-me bem mais cheio de faltas do que havia imaginado; mas tive a satisfação de vê-las diminuir. Bom será que a minha posteridade venha a ser informada de que graças a este pequeno artifício, com as bênçãos de Deus, seu antepassado deveu a constante felicidade de sua vida".

Em seu livro, estabelece também Inácio regras a respeito do procedimento e da atitude que o noviço deve ostentar durante o período dos exercícios. Prescreve, por exemplo, de que modo deverá aspirar e expirar durante a oração e mostra que certa posição do corpo é melhor do que outra. Coisa alguma é deixada à livre intuição, ao pensamento descontrolado, à fantasia travessa ou à emoção espontânea.

Para assegurar o desempenho mais sem falta possível, Inácio provê o "recruta espiritual", durante as quatro semanas reservadas aos exercícios, de um experimentado supervisor e guia. A tarefa deste mestre instrutor é adaptar os exercícios às peculiaridades dos discípulos individualmente e garantir, em todo e qualquer caso, a realização integral do efeito desejado, a completa regimentação da vontade e das emoções.

A ousada justaposição de fatores tão obviamente incompatíveis uns com os outros, como a livre alma humana e o severo exercício militar, resultou no que é, certamente, um dos mais extraordinários produtos da história do pensamento humano. Quando se torna os *Exercícios espirituais* de Inácio pela primeira vez, é-se chocado pelo estranho fato de ser o livro inteiro um conjunto de regras e direções, de notas e listas e resumos. Mesmo se nos abstemos de comparar esta obra única com os inspirados escritos dos grandes místicos, ou com a hábil retórica dos humanistas, ela ainda impressiona pela sua falta de estilo e pelo obsoleto medievalismo de suas imagens, como incomumente seca e sem vida.

Mas este veredicto só vale enquanto os exercícios são considerados como obra de literatura. Sua aplicação prática revela imediatamente a profunda significação de todas aquelas numerosas direções e capacita o estudante a ver as várias regras com suas inumeráveis notas como um todo coerente. Este livro não foi escrito para aqueles que se contentam com a leitura, mas para aqueles que devem agir.

Dentro da Igreja, os exercícios encontraram, a princípio, violenta oposição. A doutrina de Inácio sobre a vontade não podia deixar de impressionar seus contemporâneos como uma inovação revolucionária, pois o fim da Idade Média e também o começo dos tempos modernos estavam ainda completamente sob o encanto da doutrina agostiniana da salvação. De acordo com ela, o homem só podia atingir a perfeição por meio da intervenção da graça divina. E a divina graça vinha como um favor de Deus e não como um justo merecimento do homem; nenhum labor ou fadiga, nenhum esforço ou tentativa poderia atraí-la.

Era um dom extraordinário, um *donum extraordinarium*, concedido por Deus aos escolhidos. Assim, um abismo intransponível separava as hostes dos fiéis comuns dos poucos distinguidos pela graça.[2]

Inácio lançou uma ponte sobre esse abismo quando asseverou: "Posso encontrar Deus a qualquer tempo, quando eu quiser, e qualquer homem de boa vontade pode fazer o mesmo. Assim como o corpo pode ser exercitado andando, marchando e correndo, da mesma forma a vontade do homem pode ser treinada por exercícios para descobrir a vontade de Deus."

Mas não somente os expositores ortodoxos da doutrina da graça do fim da Idade Média rejeitaram o princípio da livre vontade de Inácio, como principal fator no renascimento espiritual e ético do homem. Mais forte ainda foi a oposição do jovem movimento da Reforma, que não somente mantinha todos os princípios da tradição agostiniana com extremo vigor, mas se mostrava um tanto inclinado a negar inteiramente a liberdade da vontade humana.

Lutero havia rejeitado a ideia do livre arbítrio escrita e oralmente. Declarou com ênfase que o homem era tão "escravo como um tronco de madeira, um rochedo, um monte de argila ou uma pilha de sal". A graça fazia tudo, a vontade nada. "Nosso próprio juízo nos diz", proclamava Lutero, "que nem no homem, nem nos anjos, nem em qualquer outro ser criado pode haver uma vontade livre."

E Calvino, o reformador de Genebra, deu mesmo um passo adiante e negou que houvesse qualquer mérito nas boas obras ou mesmo na fé e na devoção religiosa. Sua doutrina da predestinação excluía toda esperança de melhoramento próprio. Nas suas *Instituições da religião cristã*, afirmava que "visto como a vontade humana é acorrentada pelo pecado e é escrava, não pode realizar nenhuma espécie de bem".

A atividade de Inácio e o começo da Reforma coincidem no tempo. Quando Lutero completara sua tradução do Velho Testamento, Loyola lançou a primeira edição latina de seus *Exercícios espirituais*. Sua revisão dos mesmos foi completada no ano da morte de Lutero. E enquanto Inácio se punha a utilizar os exercícios na tentativa de tornar seus discípulos um bem disciplinado pequeno exército de "senhores da autocontenção", qualificado a estabelecer o reino de Deus por meio de sua vontade, contraparte no campo da Reforma,

---

[2] É doutrina católica que a graça não é dada na mesma medida a todos, mas todos a recebem, uma vez que a Redenção é de caráter universal. (*N. do T.*)

João Calvino tentava estabelecer, em Genebra, o reino de Deus para os poucos escolhidos.

Em oposição à rígida doutrina da graça ensinada pelos reformadores, Inácio de Loyola estabeleceu seu princípio do poder salvador da vontade e das boas obras como verdadeiro grito de guerra da Contrarreforma. Mas este desacordo básico na avaliação da importância da força de vontade não somente se relacionava com a luta entre o catolicismo tradicional e os vários movimentos de reforma, mas dividiu também a própria Igreja católica em dois campos. Um dos maiores conflitos intelectuais e espirituais da história do pensamento humano foi suscitado pela doutrina inaciana da liberdade da vontade. Protestantes, dominicanos e jansenistas, todos combatiam com unhas e dentes essa doutrina e acusavam Inácio de ter tentado "substituir a onipotência do Criador por uma alegada onipotência de Sua criatura".[3]

Cem anos depois da morte de Inácio, a luta estava ainda acesa com violência não diminuída, transcendendo às vezes o domínio puramente religioso e afetando em geral a política e a sociedade. Durante o reinado de Luís XIV, o Rei Sol, toda a corte francesa em Versalhes viu-se arrastada ao conflito. Ministros, cortesãos, as amantes do rei, políticos, homens de ciência, nobres e membros da burguesia, gente de todas as classes e ocupações, que nunca antes se haviam interessado pela "graça divina", descobriu de súbito que era seu solene e pessoal dever pôr sua influência como apoio a uma ou outra das partes litigantes.

Mais tarde ainda, havia quem se erguesse de vez em quando para lançar a crítica mais cáustica contra a doutrina de Inácio. Até mesmo no século XIX, o grande historiador católico Edgar Quinet[4] condenou seu treinamento da vontade porque levava, como o disse, a um "rebaixamento da fé" e estigmatizou os exercícios espirituais como um sistema que produzia "êxtase por meio da canga do método".

Mas todas as objeções teológicas, todos os ataques críticos com que tiveram de avir-se os exercícios de Inácio, estão mais do que compensados pelos efeitos práticos que o livro produziu. Chamaram-no um "livro do destino", e

---

[3] A Igreja é sempre *una* na doutrina revelada e por ela proposta pelo seu magistério solene ou ordinário. Tratando-se, contudo, de opiniões livres, há muita liberdade. Provam-no as várias escolas teológicas. Há primazia da graça sobre a vontade, mas aquela não dispensa esta. Afirmar ser possível penetrar a esfera do sobrenatural sem o auxílio da graça é cair no erro do pelagianismo. Por outro lado, uma vez recebida a justificação, não colaborar com a graça é aceitar o quietismo. (*N. do T.*)

[4] Tomamos a liberdade de retificar evidente engano da parte do autor. Edgar Quinet é historiador, porém, não católico. De origem protestante, tornou-se ateu, anticlerical e sempre combateu a Igreja. (*N. do T.*)

com razão, pois não há de fato outra obra em toda a literatura do catolicismo que possa ser comparada com o livrinho de Loyola, em importância histórica e em efeito. Não demorou muito a fazer-se sentir o valor dos exercícios, e recrutas foram por eles conquistados, em toda parte do mundo católico. Não somente membros da ordem de Inácio, mas inúmeros padres seculares, altos dignitários da Igreja, sábios e leigos de todas as classes praticaram aqueles exercícios. Frequentemente, tinham produzido o mais profundo efeito em todos os tipos de caracteres. Céticos reencontraram a fé, graças a eles; filhos do mundo, sábios famosos, personagens influentes, foram por eles induzidos ao arrependimento e à reforma, e nas terras mais distantes educaram nativos, tornando-os apóstolos do cristianismo.

Contudo, esses exercícios — base sobre a qual a inteira estrutura da ordem jesuítica, com sua glorificação da disciplina e da força de vontade, está edificada — revelaram-se lastimável fracasso quando Inácio começou a experimentar seus efeitos sobre outros. Suas primeiras experiências práticas foram num círculo de senhoras da nobreza, frívolas e mais ou menos hipócritas, de Barcelona. O que atraía aquelas mulheres era principalmente a estranha e misteriosa figura do próprio apóstolo, que andava de pés descalços pela cidade, vestido com uma leve batina cinzenta que lhe descia até os pés. A despeito de sua aparência grosseira, as nobres feições de seu rosto macilento exerciam irresistível fascinação.

Mal passara Inácio da lição introdutória com suas encantadoras discípulas, quando sua projetada aventura de salvação de almas transformou-se, de súbito, num completo escândalo social. Os namorados das jovens damas pressentiram no apóstolo coxo um rival perigoso; detiveram-no na rua, mimosearam-no com um alude de epítetos desagradáveis e bateram-lhe tão brutalmente que quase deram cabo dele.

Depois deste revés em Barcelona, Inácio seguiu para a famosa cidade universitária de Alcalá, pois sentia cada vez mais claramente que seu plano de conquistar o mundo estava seriamente embaraçado pelas deficiências de sua educação. Na idade de trinta e três anos, voltou à escola, numa classe de crianças, e decorava, com uma determinação de ferro, listas de palavras latinas e elementos de gramática.

Mas mesmo em Alcalá, onde gastou tempo e energia em seus estudos, seu principal interesse devotou-se de novo à tentativa de salvar almas por meio de seu sistema, recentemente descoberto, de exercícios mentais. Ali de novo, seu auditório se compunha, na maior parte, de mulheres fascinadas por sua estranha aparência. Mas ao passo que sua primeira demonstração em Barcelona fora levada a efeito nos elegantes salões das damas ricas, agora se confinava ele às casas dos pobres ou à sala atrás de uma padaria.

Pobres e humilhadas mulheres do povo eram agora as que se reuniam em torno dele e seguiam suas lições: operárias e moças, mulheres desiludidas, criadas e prostitutas. Seu séquito foi aumentando sempre e começou a atrair muita atenção hostil.

"Tenho visto muitas mulheres e moças visitar Inácio", declarou o encarregado da casa em que Inácio vivia. "Tantas chegavam todos os dias que não sou capaz de lembrar-me de seus nomes. Às vezes, vinham de manhã bem cedo, mas geralmente a qualquer hora até ao cair da noite."

Um padre suspeitoso, que havia seguido o extraordinário estranho até sua casa, voltou com esta narrativa: "Cheguei à casa por trás da igreja de São Francisco, onde vive a beata Isabel Sánchez. Quando meti a cabeça pela porta, notei várias pessoas no pátio sentadas numa esteira de palha. Um jovem de pés descalços estava sentado numa cadeira. Diante dele, duas outras pessoas ajoelhadas, como em prece. Mais tarde, na mesma noite, a Beata Sánchez veio procurar-me e disse: 'Padre, não faça objeções ao que viu hoje: o moço é um santo.'"

Mesmo nas suas primeiras tentativas de guia espiritual, Inácio já dominava a arte de influenciar as almas de seus semelhantes, de induzi-las a trazer à luz da consciência o mal oculto no fundo e experimentar o inferno por meio da ação de todos os seus sentidos. Mas não possuía ainda o poder e, especialmente, a experiência de dominar os fantasmas invocados, de fazer voltar ao estado normal as almas forçadas a experimentar as últimas profundezas do poço infernal. Foi somente a um grau bem ulterior de seu desenvolvimento mental que conseguiu dar a seus seguidores a paz de espírito que lhes havia prometido.

De modo que os resultados de sua atividade eram, a princípio, limitados a arrebatamentos e convulsões extáticas, às vezes seguidos de efeitos extremamente deletérios.

"Ele me disse", depunha a prostituta arrependida Maria de la Flor, "que eu deveria sentir-me deprimida depois da segunda semana, sem saber por que. Quando depois disto uma profunda melancolia foi-se apoderando de mim, e quando soube que as outras mulheres sofriam ainda maior abatimento, perguntei a Inácio: 'Que é isso? De onde vêm essas coisas?' Imediatamente ele respondeu: 'O diabo nos inflige essas coisas quando entramos ao serviço de Deus.' Uma de nossas companheiras sustenta mesmo que viu o diabo encarnado na forma de um enorme corpo negro. Quando isto lhe aconteceu, vi-a cair no chão num estado de inconsciência."

Muitas das mulheres entre as discípulas de Inácio sofriam severos desmaios encantatórios. Uma delas perdeu a faculdade de falar quando via o demônio. Moças, que até então haviam vivido na frívola busca dos prazeres mundanos, estorciam-se em agonias mentais tão logo se acostumavam a baixar a vista à escuridão das profundezas ocultas de suas almas.

Grupo não menos misturado e variegado era o dos primeiros recrutas masculinos do exército do céu, que Inácio reuniu em torno de si em Alcalá. Numerosos jovens, entusiastas, excêntricos e sonhadores, eram os únicos a se colocar à disposição de Inácio para suas experiências na ciência e na técnica de salvar almas.

Bastante natural foi que este grupo de rapazes e moças desequilibrados atraísse a atenção suspeitosa das autoridades da Igreja. A vizinhança de Alcalá tinha a duvidosa reputação de ser o centro do movimento dos *alumbrados*, aquela estranha seita de místicos espanhóis, contra a qual a Inquisição estava então justamente encarando a possibilidade de usar medidas mais enérgicas. Bem cedo espalharam-se rumores de que Inácio não passava de um *alumbrado*. Em consequência, estabeleceu-se cuidadosa investigação do seu caso e, mais de uma vez, ele e seus seguidores foram detidos e lançados nas prisões da Inquisição.

Todas as vezes, o acusado insistia na sua lealdade à Igreja e negava que tivesse qualquer espécie de iluminação, de modo que não havia prova de espécie alguma para apoiar a acusação de heresia. De tudo, o que se verificava é que aquele homem, embora não exercitado em assuntos teológicos, tinha ousado praticar coisas que eram, de direito, privilégio de padres e teólogos. Foi advertido para não continuar suas aventuras de salvação de almas e seu caso encerrado.

Não de todo desencorajado, Inácio deixou Alcalá a fim de tentar a sorte em Salamanca. Mas ali também a Inquisição o alcançou. Um astuto membro do Santo Ofício convidou-o a um banquete, a fim de observá-lo livre das formalidades e da tensão de um interrogatório oficial. Depois da refeição, deteve-o e meteu-o na prisão. Mas de novo Inácio conseguiu provar a seus juízes que não era réu de heresia. O veredicto em Salamanca foi idêntico ao de Alcalá. Seu caso foi encerrado, mas advertiram-no a não continuar suas atividades apostólicas.

Contudo, sua ânsia de salvar almas era difícil de reter e assim decidiu ele abandonar por completo a Espanha. Pelos fins do ano 1527, partiu a pé para Paris, levando junto a si um jumento pesadamente carregado de livros.

A princípio, pareceu que a má sorte também se ligava a ele em Paris. Uma de suas protetoras espanholas tinha-lhe dado vinte e cinco ducados, com os quais podia ele manter-se por algum tempo. Mas emprestou ele toda a quantia a um "amigo", que prontamente desapareceu. Quando o senhorio de Inácio descobriu que ele estava sem vintém, jogou-o na rua. Viu-se forçado a procurar abrigo no asilo de pobres de São Tiago e a juntar o dinheiro de que necessitava pedindo esmolas nas ruas.

Matriculou-se como estudante do Colégio Montaigne e, quando seguia para suas aulas, coxeando, beco do Cachorro abaixo, de São Tiago até o colégio, os outros estudantes acolhiam aquele espanhol lívido e de ar sobrenatural, com sua face macilenta de doente, sua barba negra e intonsa, sua roupa suja e preta, com franco desprezo e salvas de gargalhadas. Contudo, depois de algum tempo, o tão escarnecido mendigo Inácio era visto na companhia de vários de seus colegas estudantes, que não eram os piores do *quartier latin*, os quais o contemplavam com devotada admiração.

Agora os estudantes alinhavam-se em dois campos opostos, um pró e outro contra Inácio. Tornou-se ele o assunto mais absorvente das discussões e certa vez chegou mesmo a ser causa imediata de uma rixa sangrenta.

Certa noite, o estudante basco Amador, orgulho do Colégio de Santa Bárbara, desapareceu juntamente com dois de seus amigos, pertencentes ao círculo que se reunira em torno de Inácio. Descobriu-se que os três tinham sido induzidos por Inácio a deixar seu colégio e moravam agora juntos com ele no asilo de pobres de São Tiago.

Seus colegas enraivecidos, várias centenas deles, amotinaram-se em frente do asilo de pobres, armados de espadas e sabres, para libertar as "vítimas" das garras de seu perigoso mentor. No auge dessa tumultuosa demonstração, as "vítimas" apareceram a uma das janelas de São Tiago e explicaram que deviam a salvação de suas almas a Inácio e que não estavam inclinados a voltar a uma vida entre as vaidades mundanas. Imediatamente, os estudantes enfurecidos assaltaram o edifício e, com grandes gritos de triunfo, escoltaram Amador e seus companheiros de volta ao Colégio de Santa Bárbara. Feito isto, decidiram que era chegado o tempo de ajustar contas com o próprio Inácio, mas ele não foi encontrado em parte alguma. Até mesmo os beleguins da Inquisição, que os estudantes excitados tinham posto no encalço do misterioso apóstolo, foram incapazes de deitar-lhe a mão. Enquanto isso, Inácio, sem a mínima ideia da excitação que havia causado, estava de caminho para Ruão, a fim de ir em auxílio de um amigo, doente e necessitado, o mesmo amigo, aliás, que menos de um ano antes lhe havia surripiado o dinheiro.

Depois de sua volta a Paris, veio Inácio a saber das acusações erguidas contra si e, sem hesitação, apresentou-se ao funcionário principal da Inquisição. Pediu que se formasse um processo contra ele. O inquisidor, porém, ficou desarmado diante de tão ardente atrevimento. Absolveu o acusado de cuja inocência ficou absolutamente convicto. Este triunfo encorajou Inácio, que seguiu diretamente para o Colégio de Santa Bárbara, onde se iniciara o movimento contra ele, e ali se matriculou como estudante.

De novo conseguiu conquistar um discípulo, e dentro em pouco, os mestres de Santa Bárbara não puderam deixar de sentir o fato de haverem os debates dominicais sobre questões filosóficas, a que os estudantes eram nominalmente obrigados a assistir, perdido muito de sua popularidade. Sob o fascínio do apóstolo espanhol, um número sempre crescente de estudantes, em vez de tomar parte nos debates do colégio, preferia preparar-se pela confissão e pela comunhão na vizinha igreja cartuxa para participar dos exercícios espirituais de Inácio.

Afinal, os inimigos de Inácio entre os mestres de Santa Bárbara conseguiram atrair à sua causa o reitor do colégio, Tiago Gouveia, conhecido e temido pela sua severidade. Baseado nas acusações daqueles, o reitor condenou Inácio, por haver desencaminhado seus colegas ao terrível "castigo da assembleia", que consistia em ser açoitado na presença de todo o corpo discente reunido. O castigo deveria ser administrado no refeitório do colégio por ocasião da próxima refeição e todos os preparativos foram completados a toda a pressa.

A sineta do colégio tocou a primeira vez. As portas do refeitório estavam fechadas. Os mestres, empunhando varas, formavam duas fileiras prontos a receber o culpado que, de acordo com as regras de Santa Bárbara, teria de receber o castigo despido até à cintura. A sineta tocou pela segunda vez. A porta, pela qual o reitor deveria entrar, para assistir à aplicação da punição imposta por sua autoridade, foi escancarada e, com enorme espanto de todos os presentes, o juiz e reitor entrou de braço dado com o coxeante acusado. A sineta tocou pela terceira vez e o reitor anunciou que Inácio havia sido absolvido. Explicou que o acusado havia ido à sua presença e que, depois de cuidadoso exame de todo o caso, não lhe fora possível descobrir qualquer coisa de repreensível nas reuniões devotas de Inácio e de seus amigos. Além disso, o acusado havia prometido, espontaneamente, que dali por diante suas atividades não interfeririam com os debates colegiais.

Extremamente desapontados, os mestres largaram as varas. Quando o reitor se sentou para comer, Inácio sentou-se a seu lado e, calmamente, comeu seu arenque e a crosta de pão que compunham toda a sua refeição.

No colégio, partilhava Inácio um quarto com dois estudantes, ocupados em estudar para exames. A princípio, teve o cuidado de transmitir a impressão de que tencionava adaptar-se tranquilamente aos hábitos de seus colegas, mas desde o instante em que lhes pôs a vista em cima, pela primeira vez, decidiu seu espírito ganhar ascendência sobre as almas deles. Nunca antes tivera tão esplêndida oportunidade de submeter os alvos de seu zelo de convertedor à mais ampla observação, na intimidade de habitações comuns, e de fazer cuidadosas experiências preliminares de suas reações, a cada palavra por ele enunciada.

No caso de um de seus companheiros de quarto, Pedro Le Fèvre, relação mais íntima veio a cabo, naturalmente, como resultado de terem de trabalhar juntos. Esse estudante de vinte anos, que havia conseguido à força de duro trabalho erguer-se de baixos começos, como pobre moço de lavoura, a um grande conhecimento e sapiência da filosofia aristotélica, fora designado para instruir Inácio, treze anos mais velho do que ele, nas complicações dos silogismos clássicos.

No começo, desempenhou Inácio o papel de humilde e grato aluno. Parecia submeter-se de boa vontade à direção de seu jovem professor. Durante todo o tempo, porém, o agudo observador, o decidido conquistador de almas que havia nele, estava simplesmente esperando sua vez. Nada na conduta de seu professor, nenhum gesto ou careta, nenhuma observação casual, nenhuma mudança de tom ou timbre de voz escapavam à vigilância de Inácio. Desde manhã cedo até tarde da noite, vigiava Le Fèvre ininterruptamente, até que conseguiu afinal descobrir o segredo bem guardado da alma de seu professor e ficar sabendo que a atitude disciplinada daquele filho de lavrador saboiano era simplesmente uma máscara, por trás da qual se ocultava uma alma confusa e perturbada. Verificou que o espírito de Le Fèvre, profundamente afetado pelas superstições do antigo guardador de vacas (como o medo do mal e de poderes perigosos, que se haviam apoderado do rapaz, enquanto vigiava o gado do seu pai, nas solitárias pastagens alpinas), não podia ser completamente dominado pela força da lógica aristotélica.

Cautelosamente, lançava Inácio de vez em quando uma observação pessoal no curso de suas discussões, tentando despertar em seu professor um sentimento de confiança humana. O sábio Le Fèvre nada tinha a princípio senão desprezo por aquele homem tão mais velho do que ele, e contudo tão atrasado em conhecimentos. Mas as fortuitas observações de Inácio, de natureza mais pessoal, não perderam seu alvo, embora não percebesse isso Le Fèvre por muito tempo. Passo a passo, induziu Inácio aquele reservado campônio a falar-lhe a respeito de sua vida antiga e, finalmente, todo o conteúdo reprimido da alma de Le Fèvre veio à tona com um ímpeto elementar. O que Inácio via era simultaneamente o pastor Pedro, de doze anos de idade, lá na solidão de um pasto alpino, a quem um súbito pânico de tormentos de consciência amedrontava, levando-o a fazer solene voto de castidade, e o homem Le Fèvre, lutando em desesperada angústia para conservar-se puro, em meio do caos de mil desejos e tentações.

Agora que estava de posse do segredo da alma de Le Fèvre, começou Inácio sua obra de conversão, ainda sutil e cauteloso, mas certo da vitória.

Na capa do caderno em que Le Fèvre anotava seus comentários sobre as proposições aristotélicas, Inácio, certo dia, riscou casualmente sete linhas paralelas, o esquema de seu *examen particulare*. Quando Le Fèvre perguntou o que significavam aquelas linhas, Inácio explicou que era possível, com o auxílio daquele ardil prático, conservar alguém uma escrita clara de seu desenvolvimento íntimo. Bastava que se anotassem diariamente os pecados, por meio de pequenos pontos sobre as linhas correspondentes a cada dia. No fim de uma semana, era então bastante fácil ver, de uma olhadela, que progressos éticos havia alguém realizado e quantas vezes havia recaído nos velhos erros.

Logo que completou esta explicação, acrescentou Inácio, sem nenhuma insistência particular, que ele próprio havia começado com sua alma num estado de caos indescritível, mas que devido a estas simples linhas estava agora capacitado a manter sua vida interior em perfeita ordem. A princípio, o professor teve apenas um sorriso condescendente para a ingênua simplicidade de seu aluno. Contudo, naquela mesma noite, não se pôde conter: traçou sete linhas paralelas num pedaço de papel e anotou os atos pecaminosos do dia passado com pequenos riscos na primeira das linhas. Depois disso, não deixou passar uma noite sem marcar ponto por ponto as derrotas morais e as vitórias e, terminada a semana, quando olhou mais uma vez para suas sete linhas, mostraram-lhe elas, como um espelho mágico, os altos e baixos da luta em sua alma.

Durante todos os anos em que Le Fèvre passara estudando os silogismos de Aristóteles e suas definições de categorias do bem e do mal, não havia ele conseguido resolver os conflitos de sua consciência. E agora um simplório, completamente sem letras, vinha lá da Espanha e lhe mostrava um esquema ridiculamente simples, por meio do qual toda sua vida interior começou subitamente a esclarecer-se.

No começo da segunda semana, o professor tentou acabar a tarefa do dia tão depressa quanto possível, a fim de poder discutir com seu aluno aquele estranho processo de autoexame. Agora não mais sorriu condescendentemente, mas escutou com grande atenção quando Inácio lhe explicou as vantagens de seus exercícios espirituais.

— Mas como é possível — queria Le Fèvre saber — escolher sempre o caminho direito, quando a própria natureza da gente tende sempre para a direção oposta?

— Pela força de vontade própria! — foi a resposta dada pelo aluno ao ansioso professor.

— E o que capacita os homens a estimular esta espécie de vontade?

— Tendes esta vontade dentro de vós mesmo. É o mesmo poder que também vos retirou de vossas pastagens solitárias e vos trouxe a esta cidade de Paris e fez de vós, o antigo pastorzinho que mal sabia ler e escrever, um mestre da filosofia aristotélica. Deveis apenas afastar vossa vontade da lógica de Aristóteles e deixá-la trabalhar na vossa própria perfeição interior.

— Mas a vida está cheia de complicações! Como é possível preservar, em todas as ocasiões, a integridade da própria vontade?

— Pelo exercício e pelo treino! — replicou o aluno. — Justamente como me ensinastes, pelo exercício e pelo treino, a tirar as conclusões corretas na lógica de Aristóteles.

— Que espécie de prática? — perguntou o professor.

— Vou mostrá-la ao senhor — respondeu o aluno.

— Comecemos imediatamente — pediu Le Fèvre.

Depois desta conversa, Inácio introduziu Le Fèvre no conhecimento dos princípios de seus exercícios e daí por diante não mais praticaram as conclusões aristotélicas, mas, em seu lugar, puseram em exercício a própria vontade.

Antes de haver Inácio iniciado os próprios exercícios, aconselhou Le Fèvre a treinar seu corpo, como ele próprio fizera na gruta de Manresa, a fim de que as fraquezas físicas e os apetites não pudessem perturbar o treinamento espiritual. No intento de libertar-se de seu deleite natural com alimentos fortes e completos, Le Fèvre praticou severíssimo jejum. Durante um dia inteiro, depois durante dois dias, durante quatro e por fim durante mesmo seis dias em seguida, não comeu um pedaço sequer e bebeu somente um mínimo de água. Estava-se no inverno. Durante catorze noites, Le Fèvre dormiu com uma camisa leve e sem cobertor no chão de um quarto sem aquecimento a fim de endurecer seu corpo. Flagelava-se três vezes por dia e três vezes por noite a fim de libertar-se do medo da dor, que tão facilmente induz a trair um ideal. E somente quando seu corpo aprendera a obedecer a seu espírito, como um escravo deve obedecer a seu dono, começou o verdadeiro treinamento com o propósito de levar sua alma a seu lar celestial.

O campo de exercício escolhido por Inácio era o pátio detrás, coberto de neve, de uma casa abandonada. Noite após noite, Le Fèvre ficava ali, de pés nus no frio gélido, o corpo emagrecido coberto apenas com uma leve camisa, praticando, com fiel observância às instruções dadas por seu mestre, o controle de sua vontade sobre pensamentos, emoções e imaginação. Exercitou-se até que o chão coberto de neve sob seus pés pareceu mudar-se na base etérea e imaterial do universo, até que a noite em que isto ocorreu mergulhasse naquela intemporalidade em que dia, noite e estações se dissolvem numa única eternidade. E então, subitamente, seu olhar, que Inácio havia treinado, percebeu todas as coisas que o mestre lhe ordenara que visse.

Ergueu a vista para o céu e mergulhou no começo de todas as coisas, e seu ouvido, treinado a tudo ouvir, foi capaz de ouvir as palavras do Criador: "Que a vida comece." E viu como o mundo foi criado, viu como o primeiro homem foi criado e viu o Paraíso. Ouviu o apelo de Satanás à ação, dirigido aos demônios no inferno. Sofreu a Queda; foi lançado fora do Paraíso; e sofreu todos os sofrimentos que assim vieram a cair sobre a humanidade. Sua alma tornara-se subitamente o vaso de tudo quanto é feito e acontece. Com os pastores, viu a estrela que brilhou sobre Belém; com Cristo, caminhou entre os lírios dos campos e com Ele subiu a estrada íngreme do Gólgota. Viu o Senhor sofrer a morte na cruz e na sua alma despertou com o Senhor para uma nova vida. Em resplendente glória, o Senhor lhe apareceu à frente do exército de seus santos e ele viu também as hordas de Satanás chegarem para contender com o Senhor pela sua alma. Precisamente como Inácio lhe ordenara que fizesse, sofreu a provação de engolfar-se no choque de dois poderosos exércitos. E então ouviu a voz d'Aquele que se havia erguido dentre os mortos, falando-lhe e mandando que fizesse a grande escolha. E ele fez a escolha que os exercícios de Inácio prescreviam. "Eu vou, meu Senhor, e de agora em diante combaterei somente por vós e pelo vosso reino."

"Aqui na terra! Agora!", acrescentou a voz imperiosa de seu mestre de exercício, reevocando-o do universo de eternidade à fria realidade de uma noite de inverno em Paris. "Agora sabeis o que está em jogo. Tratai de agir, portanto, de acordo." E este foi o fim de outro exercício.

Como Inácio tinha guiado Le Fèvre de imagem em imagem, até se tornar ele capaz de ver o Senhor, igualmente lhe ensinou como poderia conservar, na sua vida cotidiana, o juramento de fidelidade que havia prestado ao Senhor em sua visão. E o recruta obedeceu a seu mestre cegamente.

Depois de seus muitos fracassos, Inácio via na conversão de Le Fèvre seu primeiro grande êxito, mas também — e isto era mais importante ainda — uma demonstração final da eficácia prática de seus exercícios.

A princípio, pareceu uma aventura sem esperança tentar dominar também o segundo companheiro de quarto. Francisco Xavier era um rapaz bem-feito, de belas feições, com vinte e um anos de idade, sonho e ídolo de todas as moças. Era um estudante de grandes dotes. Seus estudos eram para ele um brinquedo de criança. Passava a maior parte de seus dias na companhia de outros rapazes, esgrimindo, bebendo e gozando a vida. De noite, raramente voltava a seu pequeno quarto do Colégio de Santa Bárbara, pois suas prazenteiras expedições pelas mais variadas espécies de tavernas, mais ou menos suspeitas do *Quartier Latin*, conservavam-no, de regra, acordado até as primeiras horas da madrugada. Quando, para variar, ficava em casa, redigia toda espécie de petições às autoridades de sua cidade natal, na Espanha, ou escrevia longas cartas a pessoas influentes a fim de obter reconhecimento de sua um tanto duvidosa reclamação para ganhar um título de nobreza. Este título, sentia ele, era indispensável à obtenção de uma sua grande ambição na vida: ser-lhe dada uma proveitosa sinecura, que lhe permitisse levar a espécie de vida que lhe agradava. Nas suas conversas com os companheiros de quarto, não falava de outra coisa que não de suas proezas como espadachim, de seus êxitos com mulheres e os ambiciosos planos para um futuro de conforto e de facilidades. Não era coisa fácil tentar induzir tão frívolo homem mundano a começar uma jornada pelo inferno e devotar-se a uma tarefa de importância extramundana. Para tornar piores as coisas, Xavier tinha uma aversão instintiva por Inácio e não deixava passar oportunidades de tornar conhecidos seus sentimentos. O homem esportivo que havia nele desprezava o apóstolo coxo; o homem do mundo zombava do jejuador ascético e o futuro nobre invejava ao pobre desamparado seu título hereditário. Mas o zelo missionário de Inácio não se desencorajaria. Todos aqueles obstáculos o incitavam simplesmente a proceder com maior circunspeção. A princípio, limitou-se à mais completa observação de sua nova vítima. Enquanto fazia isto, percebeu que aquele rapaz, aparentemente frívolo, tinha às vezes momentos de hesitação e de incerteza; que, de repente, perdia-se numa abstração vaga, como se estivesse cansado da ronda monótona de suas ações dissolutas; que uma expressão de medo reluzia em seus olhos, quando se via inesperadamente face a face com uma daquelas desgraçadas criaturas, cujos membros e cujos rostos ostentavam as marcas da devastadora doença gálica, a mais nova praga venérea.

Inácio tinha aprendido a esperar o momento certo. E o momento certo não tardou a chegar.

Xavier havia prestado seus exames e possuía agora o título de mestre. Para sua projetada carreira, precisava também do grau de doutor, que não poderia obter senão reunindo em torno de si determinado número de estudantes. Seu companheiro de quarto, Inácio, a quem tanto antipatizava, conseguiu o requerido número de alunos para ele. Pouco depois, o extravagante estilo de vida de Xavier o coloca em dificuldades e, novamente, seu desprezado companheiro de quarto ajudou-o a levantar o dinheiro de que se achava ele em desesperadíssima necessidade. O desprezo de Xavier foi diminuindo visivelmente e, dentro em pouco, via em Inácio um amigo indispensável e digno de confiança.

Um dia, quando Xavier estava mais uma vez devaneando a respeito de todas as coisas que iria fazer, Inácio citou de maneira vaga e casual as palavras do Evangelho segundo são Mateus: "De que servirá a um homem ganhar o universo inteiro e perder sua própria alma?"

Esta passagem da Bíblia, lançada no meio de seu arrebatado devaneio, causou um eco quase malicioso aos ouvidos de Xavier e, no momento, sentiu-a como interrupção extremamente intempestiva. Mas depois sentiu-se incapaz de afugentá-la do espírito; ficou a importuná-lo quando seus divertimentos e distrações cessavam e deixavam-no, por um instante, entregue a si mesmo. Era em vão que tentava lutar contra o crescente poder de sua consciência, que tentava contrariá-la e aterrar-se mais tenazmente a seu mundano teor de vida. As palavras da Bíblia cresciam nele e derivavam nova força de todas as suas horas de negra depressão, de todos os seus desapontos, de sua exaustão e fadiga e de todos os pequenos contratempos e causas de insatisfação consigo mesmo.

Com crescente interesse, ouvia Xavier agora as palestras de Inácio sobre assuntos espirituais e, depois de algum tempo, pediu-lhe ele realmente que o aceitasse como discípulo e seguidor.

No ano 1531, depois de ter completado os exercícios espirituais de seu mestre Inácio, Xavier também viu, uma noite, em visão, o chefe das hostes celestiais e jurou fidelidade à Sua causa, como Le Fèvre o havia feito antes dele. Ele também, quando foi revocado à terra, fez voto, por causa do Senhor, de submeter-se dali por diante às regras e ordens de Inácio e combater aqui embaixo pela vitória final do céu.

Os estudantes do Santa Bárbara testemunharam com espanto e, depois de algum tempo, com cólera e desprezo, a estranha transformação de seus camaradas Le Fèvre e Xavier. E quando Inácio teve a audácia necessária de pregar uma imagem de Jesus do lado de fora da porta do quarto que partilhava com seus discípulos, os zombadores escreveram por baixo, como expressão adequada a seu desprezo: *Societas Jesu*.

Certo dia, a caminho da igreja, Inácio viu dois rapazes de roupas castelhanas desmontarem diante de uma estalagem e discutirem a pensão com o proprietário. Apresentou-se como conterrâneo deles e ofereceu-lhes seus serviços como tradutor.

Um deles, franzino, moço de vinte e um anos, de feições inteligentes, já possuía o grau de mestre. Chamava-se Laynez. Seu companheiro, Salmerón, era um vivo rapazinho de dezoito anos, com toda a exuberância e receptividade de sua idade. Inácio ficou sabendo que os dois tinham vindo da universidade de Alcalá e tencionavam completar seus estudos em Paris. A grande cidade lhes era totalmente estranha e Inácio tornou-se seu guia, primeiro em Paris e depois... para o céu. Foi-lhe relativamente fácil conquistar esses recém-vindos. Com a mesma confiança com que seguiram seu conselho de se matricularem no Colégio de Santa Bárbara, aceitaram também sua sugestão de se tornarem membros da *Societas Jesu*.

Um quinto recruta dentre o corpo de estudantes locais foi arrastado pela crescente reputação de Inácio. Chamava-se Rodrigo. Era um nobre português e sua natural inclinação para a emotividade religiosa tornou-o um discípulo idealmente devotado. Graças a ele, um sexto discípulo, chamado Bobadilha, alistou-se. Era um jovem nobre espanhol e se distinguira tanto pelo seu grande saber como pela sua inquieta temeridade. Seu temperamento desequilibrado e um tanto aventuroso encontrou em Inácio, com sua determinação sempre esclarecida, seu mestre natural e guia. Bobadilha obedecia a Inácio incondicionalmente, de modo especial desde que lhe eram prometidas honras terrestres, bem como favores celestiais.

Inácio instruía todos aqueles homens em seus exercícios espirituais e seu êxito foi extraordinário. Um lógico aristotélico, um homem mundano, um arguto bacharel, um rapaz simples, um religioso entusiasta e um cabeça quente, seis indivíduos de temperamento e talento basicamente diferentes foram transformados, sob sua direção, em um corpo que funcionava maciamente, sem sacrifício das peculiaridades individuais de qualquer deles. O lógico permaneceu lógico, o entusiasta, entusiasta; o homem mundano manteve sua habilidade mundana, o bacharel sua agudeza de pensamento; o cabeça quente nada perdeu de sua coragem e o rapaz coisa alguma de seu ardor juvenil. Somente a vontade guiadora era a mesma para todos eles; apresentava o mesmo alvo para aqueles protagonistas de pensamento e de entusiasmo, de perspicácia e habilidade, de coragem e confiança juvenil; conduzia-os a todos num comum curso de ação.

A iniciação desses primeiros discípulos deu a Inácio uma oportunidade de estabelecer uma coleção de princípios táticos, dirigindo a decisão entre fracasso e êxito na prática da psicologia humana. O conhecimento que adquiriu nessa ocasião levou-o, mais tarde, à formulação dos famosos princípios pragmáticos da Sociedade de Jesus: "Ser tudo para todos os homens" e "Os fins justificam os meios."

No dia da Ascensão do ano 1534, os seis discípulos e seu mestre reuniram-se na capela de Santa Maria, em Montmartre, para reafirmar, com solene juramento, sua fidelidade ao reino de Cristo. "Para a terra! Agora!" acrescentou Inácio, como fizera antes, ao fim de cada curso de exercícios.

A união daqueles sete homens foi o núcleo da *Societas Jesu*, essa poderosa organização cujas ideias e ações iriam tornar-se um dos mais potentes fatores que determinaram o curso da história do mundo nos séculos por vir.

Tudo na vida de Inácio, todas as suas realizações, sua própria conversão pessoal, bem como a formulação de seus exercícios espirituais, nasceram de insignificantes começos, desenvolvendo-se gradualmente até a forma final, em que assumiram tão grande importância. Isto se verifica também verdadeiro no que diz respeito à sua maior façanha, a organização da *Societas Jesu*. Transformar um grupo, frouxamente ligado, de estudantes entusiastas numa ordem de força conquistadora do mundo, era de fato uma aventura que requeria bastante tempo, bastante esforço e toda a experiência de numerosas tentativas e erros. O progresso foi árduo, lento e gradativo, de uma tarefa à outra, do erro à correção, do fracasso ao êxito. E, bastante estranho, os irmãos de armas de Inácio repetiram todos os enganos e falsas partidas dos próprios começos dele.

Depois do solene juramento de fidelidade, em Santa Maria de Montmartre, quando Inácio e seus discípulos desciam de volta para o *Quartier Latin*, ele próprio não tinha concepção muito clara da primeira atribuição que poderia dar a seus zelosos cavaleiros. Por falta de melhor plano, recaiu na velha ideia de uma cruzada contra os turcos. Mas a expedição do pequeno esquadrão do céu, aumentado para dez, pela iniciação de três franceses, teve fim prematuro em Veneza.

Depois de muitos incômodos e aventuras, lutando em meio da chuva, do vento e da neve, às vezes reduzidos a arrastar-se de quatro pés pelas expostas gargantas alpinas, alcançaram finalmente a república das lagunas em janeiro. Ali souberam, com grande desaponto, que navio algum partiria antes da Páscoa.

Para utilizar esse intervalo de tempo, Inácio enviou Laynez e Le Fèvre a Roma, onde deveriam pedir ao papa salvo-conduto para Jerusalém. O idoso pontífice, Paulo III, da casa dos Farnésio, gostava de meter-se, durante suas refeições, em discussões filosóficas e teológicas. Os emissários de Inácio foram convidados para um desses banquetes teológicos. Ali tiveram os jovens mestres da faculdade de Paris oportunidade de exibir seu profundo saber, e o papa, impressionado pela agudeza de seus argumentos, prometeu-lhes, de bom grado, fazer tudo que estivesse a seu alcance para facilitar-lhes a peregrinação. Mas desde que foi plenamente informado dos preparativos venezianos de uma guerra contra os turcos, observou em conclusão: "Dou-vos minha bênção livremente, mas não acredito que vos seja possível partir dentro em pouco."

Sua predição foi verdadeira. Na primavera de 1537, quando Inácio e seu pequeno bando estavam prontos para partir a caminho de Jerusalém, foi declarada a guerra contra os turcos. Quando Inácio viu que seus planos estavam frustrados, seguiu para Roma em companhia de Laynez e de Le Fèvre para oferecer à Santa Sé os serviços de sua irmandade, como uma espécie de tropa militante de choque na luta pelo reino de Cristo na terra.

Sua audiência com o Papa ocorreu no momento mais inoportuno. Paulo III estava justamente procurando servir de medianeiro de paz entre os dois mais poderosos soberanos cristãos, o imperador Carlos V e o rei Francisco I, da França. No meio deste negócio de alta diplomacia, foi abordado pelos três entusiasmados estudantes de Paris e teve de suportar um derrame de latim medíocre, no qual o chefe deles lhe apresentava a sua proposta altamente nebulosa. Paulo contudo ficou impressionado com tão ingênuo entusiasmo e, particularmente, com o fato de terem aparecido aqueles três rapazes com uma oferta e não, como todos seus outros visitantes, com um pedido. Aceitou a oferta, por mais vaga que fosse, e como acontecesse estar precisando de professores suplementares para a Sapienza, a Universidade de Roma, recentemente fundada, deu uma cadeira de professor a Laynez e outra a Le Fèvre, pois não havia esquecido a impressão que lhe causara, à mesa, o saber filosófico por eles revelado.

Os outros membros do pequeno corpo auxiliar tiveram de arranjar-se por si mesmos na tentativa de encontrar tarefas adequadas a seu entusiasmo pela ação. Seu desiderato era dar ao mundo grande exemplo de trabalho e sacrifício a serviço dos pobres irmãos de Cristo e saíam, portanto, a oferecer seus serviços como enfermeiros em hospitais de incuráveis, como trabalhadores voluntários nos asilos de indigentes e velhos, ou como coveiros, para enterrar os mais pobres dos pobres, com os quais ninguém se iria preocupar. Em tudo isso, tentavam superar as outras confrarias monásticas pela dramática atração de seus atos de autoabnegação. Andavam maltrapilhos e viviam em velhas casas arruinadas, sem portas nem janelas, onde não havia proteção alguma contra os mosquitos portadores da malária.

Contudo, o simples fato de aqueles entusiastas começarem a interessar-se a fundo pelos males de seu tempo e tentarem imaginar meios e modos de progresso e de reforma marcava importante reviravolta no próprio desenvolvimento deles. Pouco a pouco, seu entusiasmo imaturo veio a assentar-se nas claras formas da organização jesuítica, que se interessava pela solução de problemas sóbrios e realistas.

Estava-se no século XVI, ostentoso período de florescimento da arte e da literatura, quando pensadores e poetas e belas damas celebravam nos mais jubilosos termos a libertação do indivíduo; mas também um período em que grande número de homens e mulheres caíam vítimas da Morte Negra, em que milhares morriam de fome e de privações, em que inúmeras crianças pereciam de desamparo e extrema falta de cuidados.

Em 1538, quando Inácio seguiu de Veneza para Roma, ele e seus companheiros tiveram oportunidade de demonstrar que tinham aprendido, entrementes, como aplicar meios práticos à correção de males práticos. Era um ano de penúria, e durante os frios meses de outono e inverno centenas de pessoas tombavam de exaustão nas ruas da cidade. Noite após noite, Inácio e seus discípulos saíam com tochas e padiolas para recolher os famintos, que levavam para uma casa colocada por um de seus protetores à disposição. Traçavam planos de sistemática coleta e iam de casa em casa pedindo dinheiro, comida, roupas, lenha e palha, a fim de poderem alimentar os necessitados, vesti-los, aquecê-los e dar-lhes cama.

Mas não tardou muito Inácio a verificar quão necessariamente fútil todo auxílio individual; por mais devotado e desprendido que pudesse ser, teria de permanecer, em face daqueles males sociais, profundamente enraizados na estrutura básica da sociedade e sempre os mesmos desde tempos imemoriais. Depois sabia que não era bastante que ele e seus homens fossem prestar auxílio a umas poucas pessoas famintas aqui e a uns poucos doentes ali. O que o preocupava agora era a ideia de atacar o mal como um todo, e o objeto sobre o qual desejava experimentar as forças de seus seguidores e dele próprio era toda a sociedade humana. E as necessidades da sociedade humana em geral só podiam ser enfrentadas por uma organização, em larga escala, de socorro planejado.

O enorme entusiasmo impulsivo, a devoção sem reserva a um alvo espiritual, ambos expressões tão características da mentalidade medieval, tomavam novas formas agora e vinham sobreviver à guisa de uma organização estritamente racional de força compulsiva. Os motivos impulsionadores de todos esses esforços revelam claramente a nova forma de pensamento de tendência socializadora, cujo desenvolvimento e cujo esclarecimento estavam destinados a prosseguir até os tempos modernos.

Os males contra os quais Inácio e seus homens decidiram concentrar sua atenção assemelhavam-se, sob muitos aspectos, aos males que ainda são característicos do presente moderno: desemprego, pauperismo, delinquência juvenil, prostituição. Inácio traçou um plano que provia o estabelecimento, em todos os centros mais populosos, de escritórios destinados à coordenação de pedidos e doação de esmolas, à organização de um eficiente serviço de emprego para os capazes de trabalhar, e, finalmente, à construção de casas, por meio de contribuições públicas para os velhos e doentes. Prestou também considerável atenção ao mal da prostituição e tentou combatê-lo com todas as suas forças.

Decerto, sua concepção religiosa da luxúria carnal, como um dos pecados mortais, desempenhou papel importante. Além disso, seu desejo de ver a prostituição desaparecer inteiramente mostra, de maneira clara, que possuía ele ouvido bastante sensível às queixas sociais de seu tempo.

Porque naqueles dias a chamada doença gálica, trazida da França e da Espanha, começava a fazer numerosas vítimas em todas as camadas da sociedade romana. Nas classes altas, as pessoas tentavam ainda ocultar o alarme geral atrás de uma fachada de displicência e galanteria, mas os menos favorecidos não hesitavam em revelar a pungência de seu desespero. De modo que o trabalho de Inácio em prol da remissão de moças e mulheres decaídas foi um passo decisivo para a mitigação de uma infeccionante chaga social. Inácio recolheu contribuições de pessoas ricas e fundou uma casa para a reforma de prostitutas, chamada a Casa de Marta. Ali as mulheres e moças viviam debaixo de severa vigilância, faziam várias espécies de trabalhos úteis e só podiam de lá sair depois de haverem prometido voltar a uma vida de ordenada respeitabilidade.

As necessidades sociais, porém, eram apenas um lado da decadência do mundo cristão no começo do século XVI. O outro era a total decadência religiosa da época.

O clero estava completamente fascinado pelas ideias e pelos prazeres mundanos e perdera toda a sua antiga influência sobre as massas populares. Os bispos viviam fora de suas sedes, substituídos por delegados pagos, e os padres consideravam seu ministério como uma tarefa fácil e viviam uma vida de diversões e conforto, na companhia de suas concubinas, sem prestar a menor atenção ao bem-estar espiritual de seus paroquianos. Os conventos e mosteiros, com exceção de uns poucos notáveis mas raros exemplos, tinham perdido seu vigor moral e ético. E as poucas ordens excepcionais, que se haviam conservado alheias ao declínio geral, estavam completamente fora de contato com o povo. Seus instruídos membros estavam inteiramente absorvidos por uma vida de refinada cultura e contemplação e careciam de qualquer influência sobre o povo como um todo. Assim, o homem comum era deixado inteiramente a si próprio e estava prestes a perder todo o respeito pela autoridade da Igreja. O povo, ainda animado de um espírito de verdadeira piedade, voltava-se em número crescente, mais ou menos abertamente, para a confissão protestante.

Entre todas as confrarias espirituais, somente os franciscanos, os dominicanos, os agostinianos e os teatinos mantinham certo contato com as massas populares. Somente elas falavam e pregavam para os homens e mulheres comuns.

Uma direção planejada do povo, em termos de ideais verdadeiramente cristãos, só começou quando Inácio, o homem da força de vontade, juntamente com seus bem disciplinados seguidores, cujo número ia aumentando de dia para dia, decidiu influenciar as massas por meio de sermões e propaganda espiritual. Procedendo de acordo com um plano bem pensado, com dispositivos para todas as contingências e para todas as minúcias, mandou seus discípulos a todas as cidades da Itália para conquistar o povo por meio de sermões à causa de uma forma mais severa de piedade.

No começo, os métodos que eles usavam, exatamente como no caso de seu trabalho social, não estavam inteiramente livres de exagero romântico. Surgiam nas praças mais populosas, pulavam para cima de uma pedra ou de um banco e, agitando os chapéus, convidavam os ociosos e passantes a virem ouvir o que tinham a dizer-lhes; e depois, sem deixar que o sarcasmo e as risadas em voz alta os interrompessem, pregavam seus sermões. Repetiam isso até que sua veemente vibração dominasse o auditório e atraísse cada vez maior número de ouvintes.

Por aquela ocasião, a estratégia deles podia ser ainda descrita como consistindo em investir contra as almas de suas vítimas em perspectiva para dominá-las num súbito ataque de surpresa. Em breve, verificaram que uma duradoura mudança de espírito, uma permanente mudança de vida dificilmente poderia jamais ser levada a efeito com métodos tão pouco refinados. A fim de estabelecer um círculo de sectários seguros, fortes e fiéis, tinham de abandonar suas táticas de efeitos emotivos teatrais e, ao lado de seus sermões, começaram a estar de atalaia para descobrir outros meios que lhes possibilitassem a direção das almas humanas. Nesta circunstância, passaram a considerar a confissão auricular como um plano particularmente promotedor. Em todas as épocas, fora tido como um dos mais fortes meios de influenciar os fiéis. Inácio, com sua aguda visão psicológica, vinha há muito reconhecendo que ela proporcionava um meio ideal de controle duradouro e sistemático. No *examen conscientiae*, que tinha de preceder a absolvição em todos os casos, o penitente era obrigado a abrir as profundezas mais ocultas de sua alma ao inquérito do confessor e enumerar todos os pecados que cometera contra as leis de Cristo. Neste estado de mais ou menos completa contrição, naturalmente encarava o confessor como um juiz onipotente, que detém o poder de atar ou desatar, de modo que era fácil para o confessor lograr controle pleno da alma do penitente.

Assim, Inácio e seus discípulos começaram a consagrar todas as suas energias a uma vigorosa agitação em favor da confissão auricular. Em todos os seus sermões, cuidavam em primeiro lugar de impelir o maior número possível de homens e mulheres a voltarem ao confessionário.

Mas à medida que os jesuítas conquistavam número cada vez maior de penitentes, cujas confissões ouviram, chegaram também à conclusão de que o poder sobre as almas das massas não era a única coisa importante. O que contava, tanto ou mais, era o poder sobre as almas dos poucos em posições influentes, pois deles é que dependia o destino de povos inteiros.

Do mesmo modo que suas tarefas e métodos mudaram na esfera do trabalho social, bem como na da cura espiritual, todo o procedimento deles tinha de naturalmente mudar também, seu teor de vida e até mesmo sua aparência exterior. Os organizadores de bem-estar social em larga escala, os confessores de personalidades influentes não eram mais os mendigos entusiasticamente românticos dos primeiros anos, andando ostensivamente com andrajos sujos e vivendo em casebres arruinados. Cingindo-se a seu novo trabalho, mais prático e mais moderno, tinham mudado por completo seu estilo de vida, suas moradas, suas roupas e todo o seu modo de proceder.

Adaptáveis e flexíveis como eram, em breve conseguiram tornar-se os melhores trabalhadores sociais, os confessores influentes, os diplomatas mais argutos e os emissários mais eficientes. A princípio, o papa sentiu-se um pouco embaraçado porque não sabia absolutamente o que fazer com o seu "corpo auxiliar", mas agora mudava-se num utilíssimo instrumento, cuja importância não podia deixar de ser encarecida, numa ocasião em que a Reforma ameaçava os próprios fundamentos do poder da Igreja e do pontífice.

A decisão do papa Paulo de preencher duas vagas de professor, no corpo docente da Universidade de Roma, com discípulos de Inácio, revelou-se uma felicíssima escolha. Laynez e Le Fèvre reconheceram imediatamente que os postos que lhes haviam sido designados, mais ou menos acidentalmente, eram de grande importância estratégica para o plano de seu chefe de conquista do mundo. Conheciam vivamente o fato de que quem está encarregado da educação da mocidade pode moldar o futuro segundo o modelo de sua própria vontade. Seu profundo instinto das necessidades do momento fazia-os adotar a mais esperançosa estratégia. O Humanismo e a Renascença haviam produzido uma emancipação de pensamento, crescentemente pronunciada, em relação à letra da fé ortodoxa. Os princípios da pedagogia medieval não eram bastante elásticos para oferecer resistência eficaz à investida do modernismo. Laynez e Le Fèvre, os dois mais jovens professores da Sapienza, foram os primeiros a conseguir manter a autoridade da Igreja em matéria de fé, sem negar às tendências liberais da época certa amplitude; foram os primeiros a realizar uma fusão orgânica do escolasticismo e do pensamento científico.

A princípio, as novas ideias educacionais só prevaleceram com os dois professores da Universidade de Roma, mas, dentro em pouco, discípulos de Inácio tomaram conta de cátedras nas inúmeras universidades de todos os países; fundaram colégios, seminários e escolas de todos os graus. E finalmente, Inácio teve seu próprio centro educacional em Roma, o "Collegium Romanum", espécie de quartel-mestre de onde dirigia ele suas campanhas educacionais em todos os teatros do mundo.

Embora o número dos sequazes de Inácio tivesse aumentado, formando massa considerável, mal podia ele satisfazer todos os pedidos de auxílio, pois em todos os lugares o papa e dirigentes do mundo católico necessitavam do zelo e habilidade urbana da Companhia de Jesus.

O rei João III, de Portugal, que havia estendido a fé cristã à Índia, estava profundamente impressionado com os extraordinários talentos de Bobadilha, um dos primeiros membros da Companhia de Jesus. Pediu a Inácio que mandasse Bobadilha para a Índia, a fim de organizar a obra dos missionários cristãos na colônia portuguesa recentemente adquirida. Inácio ficou muito satisfeito por poder satisfazer o pedido do rei. Mas Bobadilha caiu doente um dia antes de partir para a Índia na companhia do embaixador português. O único membro da velha guarda que aconteceu estar disponível no momento, Francisco Xavier, teve de tomar-lhe o lugar.

Xavier passou sua derradeira noite em Roma remendando uma batina rasgada. Na manhã seguinte, seguiu por terra para Lisboa. As roupas que usava, um breviário e algumas provisões para a viagem eram tudo quanto possuía. Em Lisboa, embarcou num navio que o levaria, dobrando o cabo da Boa Esperança, até a Índia. O frívolo mundano de outros tempos, que se tornara um dos mais fiéis discípulos de Inácio, achou-se de súbito transferido para o fantástico novo mundo de Goa, na Índia portuguesa.

Com espanto, observava a variada multidão que enchia as ruas, gritando, cantando e tentando abrir caminho para enormes elefantes e vacas sagradas; rostos brancos, morenos e negros, com longas vestes e cafetãs; camponeses e comerciantes; árabes, persas e hindus de Gujarate e Ormuz; e entre eles, andando sob imensos guarda-sóis, os conquistadores estrangeiros, fidalgos portugueses, com roupas de preço de tafetá e de seda, acompanhados de inúmeros pajens e escravos negros de Cafraria. Andando mais adentro da cidade, descobriu Xavier que os nativos adoravam ídolos de elefantes e macacos nos seus templos. Os europeus que encontrava eram quase sem exceção especuladores gananciosos e aventureiros, cujos pensamentos inescrupulosos só se preocupavam com a possibilidade de enriquecer no mais curto espaço de tempo possível.

De modo que Xavier teve de relatar para o rei: "É uma tortura ter de olhar com paciência o espetáculo de vossos capitães e demais oficiais maltratando nossos recém-convertidos."

Xavier fora para aquele mundo estranho por puro acaso, mas a decidida vontade de Inácio, que ele fizera vontade sua, havia-lhe ensinado a resolver seu difícil problema com habilidade e êxito. Começou por aprender as línguas e até mesmo os vários dialetos dos nativos que tinham de ser conquistados, pois queria familiarizar-se ele próprio, perfeitamente, com o estilo de vida deles e seus modos de pensar. Ocupava a posição de delegado papal, mas recusou-se a mudar-se para o palácio para ele preparado e, ao invés, vivia num pequeno quarto do hospital municipal.

Dificilmente poderia ter encontrado posição mais adequada a seus propósitos, pois ali entrava em contato, desde o começo, com todas as classes da população e encontrava gente em condições de maior receptibilidade de guia espiritual. Todos, soldados brutais, cúpidos funcionários, idólatras supersticiosos, negociantes soberbos e miseráveis escravos, mostravam-se ávidos — ali no hospital — de falar ao afável sacerdote e deixavam que ele os ajudasse a esquecer suas preocupações. E quando curados e de volta a seus lares, permanecia quase sempre em seus corações a memória das edificantes palavras de Xavier.

Para os humilhados e maltratados escravos, as conversas espirituais que tinham tido com o missionário tornavam-se muitas vezes o principal apoio de toda a sua vida futura. E Xavier, que deles se havia aproximado, com sua batina velha, que lhes havia falado em linguagem simples e mansa e tinha pacientemente escutado todas as suas preocupações e inquietudes, era logo recebido por eles, como se houvera sido sempre seu igual. Ajudavam-no o melhor que podiam em todas as suas tentativas e lhe relatavam em segredo os hábitos e fraquezas, os atos bons e maus de seus senhores. Tinha ali Xavier uma excelente oportunidade de obter pormenorizadas informações a respeito do caráter e interesses, das fraquezas e vícios daqueles a quem desejava converter.

Quando um ou outro daqueles homens o recebia como convidado, sempre parecia que Xavier estava apaixonadamente devotado aos mesmos interesses de seu hospedeiro. Se era um comerciante que o convidava, discutia com ele as tendências correntes nos negócios e comércio e parecia não ter outro cuidado que não fosse pensar em novos meios de ganhar dinheiro. Em casa de um usurário, exibia espantosa familiaridade com todas as espécies de transações de crédito e mostrava-se senhor dos mais complexos problemas de compor juros com facilidade. Se era conviva de um capitão de navio, conversava a respeito de questões náuticas e astronômicas e imediatamente lograva conquistar a confiança de seu hospedeiro. Os militares ficavam surpreendidos por verificar que aquele simples padre estava bem a par dos princípios da arte bélica, de modo a poder confundir muito perito com suas inteligentes questões. Os servos não eram tampouco esquecidos por ele. Nunca se retirava sem se deter uns momentos à porta para indagar dos negócios particulares, das esperanças e queixas da criada ou do lacaio que o estava conduzindo à saída.

Somente muito tempo depois, quando senhor ou servo tinham chegado a sentir-se inteiramente ligados a ele, é que por fim começava a conversar a respeito de seus verdadeiros objetivos, de uma maneira casual e agradavelmente discreta. Procurava então convencer o usuário de que há outros meios de ganhar dinheiro, menos censuráveis e igualmente proveitosos. Convencia o explorador brutal de que os escravos mostravam-se mais desejosos de trabalhar, que trabalhavam melhor quando eram tratados menos desumanamente. Aludia cautelosamente às desvantagens da poligamia e traçava um quadro alegre do conforto e dos prazeres de uma vida familiar bem ordenada.

O que um trovejante fanático jamais poderia ter conseguido entre aquela gente rude, Xavier realizou sem qualquer complicação. Em breve, estavam todos tão habituados a contar-lhe suas preocupações e desejos, que bastava um pequeno passo a mais para aceitá-lo também como seu padre confessor. Assim, executava sua obra missionária, de acordo com os ensinamentos de Inácio, sendo "tudo para todos os homens" a fim de a todos conquistar.

De Goa continuou Xavier sua viagem missionária à Índia meridional, ao longo da costa dos pescadores de pérolas. Os nativos dali, os paravás, viviam em miseráveis mocambos de palhas e adoravam demônios do fogo, serpentes e touros.

Um dia, Xavier apareceu entre eles, de pés descalços, vestido com uma batina esfarrapada e toda remendada, levando na cabeça um velho barrete de lã preta. Tinha uma sineta numa das mãos e, tocando-a sem cessar, gritava com estranha pronúncia algumas palavras em tâmil, que os nativos entenderam como significando: "Venham, venham! Tenho boas notícias para vocês!"

De volta a Goa, mandara Xavier traduzir algumas orações e sermões em tâmil. Teve muito trabalho em aprendê-los de cor e agora, quando em alguma aldeia de nativos, o som de sua sineta lograva atrair uma multidão de crianças curiosas em torno dele, ensinava-lhes o catecismo e mostrava-lhes como rezar e cantar a Ave-Maria. E os pequenos entregavam-se a isso de coração e alma, como se lhes houvessem pedido que aprendessem novo jogo.

Em breve, o entusiasmo das crianças pelo homem estranho afetou também seus pais e o que tinha acontecido aos senhores portugueses e a seus escravos da cidade, aconteceu da mesma maneira aos pescadores de pérolas do litoral: criaram amizade a Xavier, confiavam nele cegamente e vieram a olhá-lo como a um ser superior.

O mesmo respeito habilidoso à mentalidade dos nativos capacitou Xavier, um pouco mais tarde, a dominar as almas do povo e dos governantes de Ceilão. Dali prosseguiu viagem e avançou até o Japão, até então permanecendo como um reino totalmente desconhecido. Antes de se pôr a caminho, aprendeu o japonês e acolheu algumas informações a respeito da personalidade do imperador e também da casta dos sacerdotes japoneses, chamados bonzos. Quando chegou ao Japão, podia discutir os problemas de governo com o governador, os problemas religiosos com os bonzos e, com o japonês das classes mais baixas, podia conversar compreensivelmente a respeito de seus casos cotidianos a ponto de poder conquistar a afeição de todos e obter extremo êxito na sua tarefa missionária.

A mais alta ambição de Xavier, contudo, era levar a fé cristã à China. Não distante de seu objetivo, foi forçado a esperar, dia após dia, pelo navio chinês que o levaria por mar até Cantão. Ficou numa miserável choupana. O tempo estava frio. E um dia Xavier caiu doente. Presa de febre intermitente e de náuseas, dentro em breve não pôde mais alimentar-se. Seu estado foi piorando cada vez mais. Contudo, ainda esperava pelo navio que o levaria à China.

Certa manhã, foi tomado de delírio. De súbito, ergueu os olhos ao céu e, com uma expressão de júbilo no rosto, começou a pregar em várias línguas, em tâmil, malaio, japonês, basco. Chegou então o fim.

Xavier, cuja carreira como missionário tinha começado por uma insólita concatenação de circunstâncias, foi canonizado pela Igreja em reconhecimento pelos seus extraordinários feitos. Estes feitos não eram devidos realmente às extraordinárias capacidades de um indivíduo isolado. Foram levados a cabo por aquela decidida força de vontade de que Inácio havia imbuído todos os seus discípulos.

Embora a morte de Xavier o houvesse impedido de levar avante seu grande plano, a obra que iniciara foi não obstante continuada com maravilhoso êxito. O lugar do morto foi ocupado por outros. Dúzias e até mesmo centenas de missionários jesuítas estavam agora tentando completar a obra que Xavier tinha sido forçado a abandonar inacabada. Cada um deles era inspirado pelo mesmo zelo entusiasta e cada um possuía, no mesmo grau, a habilidade de ser mercador entre mercadores, soldado entre soldados, de tornar-se conselheiro de príncipes, amigo de escravos, de arrostar o japonês soberbo com comedido orgulho e de derrotar os sábios bonzos com argumentos dialéticos.

Os discípulos de Inácio dispersaram-se por todo o globo. Suas tarefas eram das mais diferentes espécies. Mantê-los juntos, num corpo homogêneo, de superior poder combatente, levando em plena conta sua dispersão local e a variada natureza de seu trabalho, não era problema de somenos, mas foi resolvido por Inácio nas *Constituições* que estabeleceu para sua ordem. Seu conteúdo pode ser resumido numa simples palavra: obediência. "Como um cajado na mão de um velho, da mesma forma o subordinado deve obedecer à direção de seu superior." Esta famosa sentença de Inácio exprime claramente a severidade incondicional da sua insistência a respeito da obediência. Da maneira que a postulou Inácio, a regra de obediência diferia da exigida por todas as outras ordens monásticas, visto que não se dirigia a homens e mulheres, levando vida passiva dentro das paredes de uma cela reclusa, mas a homens que saíam pelo mundo, para engajar-se num trabalho prático. De modo que se torna possível comparar a concepção jesuítica de obediência com a concepção militar da mesma.

As *Constituições* representam um desenvolvimento lógico dos princípios militares estabelecidos nos *Exercícios*. Fixam a estrutura da ordem como um todo, de maneira tal que seu poder militante depende, em última análise, dos exercícios de seus membros individuais, justamente como as operações de um exército são basicamente condicionadas pelo treinamento dos soldados individuais.

A ideia que tinha Inácio de sua ordem era, fundamentalmente, como ele próprio a criou, a de um corpo militar em excelente preparo bélico. Um general com ilimitada autoridade permanecia à sua direção. Designava seus comandantes delegados, traçava seus planos de grande estratégia e ordenava, segundo os casos, uma escaramuça de vanguarda aqui, uma manobra chamariz ali, ora o mais cauteloso avanço e depois súbito ataque ou retirada estratégica.

Contudo, todos esses princípios de comandância militar e de subordinação são aplicados nas *Constituições* a uma atividade de orientação espiritual, exatamente como tem sido o caso no treino militar dos *Exercícios*. O propósito estratégico dos exércitos do mundo é conquistar território; o do exército espiritual de Inácio é conquistar almas. Num caso, a força bruta triunfa; no outro, a humildade. A paga dos soldados do reino de Cristo é feita com dinheiro de cunhagem celestial; seu objetivo é o gozo de Deus. O alvo não é a destruição do inimigo, mas a sua conversão.

Embora esta singular organização do exército de Cristo pressuponha a disciplina mais estrita, seus êxitos não teriam sido possíveis sem uma independência de longo alcance da parte de cada membro individual, pois o membro individual da ordem há de encontrar-se sempre tantas vezes inteiramente separado do centro administrativo, num dever de vanguarda, que terá de tomar decisões rápidas e ser obrigado a depender exclusivamente de sua própria iniciativa.

É esta combinação de disciplina com iniciativa pessoal que constitui uma feição essencialmente nova e única da fundação de Inácio. O jesuíta subordinado podia bem ser "um cajado na mão de um velho", quando seu superior lhe designava uma missão específica e lhe dava as necessárias direções; mas dentro dos limites dessas instruções, sua iniciativa pessoal tinha amplo espaço para mover-se. No entanto, ao conceder tamanha liberdade ao membro individual de sua ordem, não corria Inácio risco de espécie alguma. Os pensamentos, as emoções e a imaginação de seus soldados individuais tinham suportado o treino dos exercícios, que impunham a cada discípulo a mesma forma uniforme de pensamento e isto a tal ponto que era completamente impossível supor que as decisões e ações de um jesuíta, individualmente, pudessem romper os princípios básicos e objetivos da ordem.

A Ordem dos Jesuítas de Inácio era a primeira organização realmente moderna. As *Constituições*, sobre as quais repousa, consistem de cinco breves estatutos. A profunda compreensão da natureza humana que inspirou este trabalho pode ser plenamente apreciada por qualquer pessoa familiarizada com o revelador estudo de Sigmund Freud sobre a *Psicologia da massa e a análise do Ego*.

À luz das descobertas de Freud, torna-se aparente que as *Constituições* foram escritas por um psicólogo para o qual os mais profundos abismos da alma humana não tinham segredo e que, quatrocentos anos antes de Freud, tinha compreendido o anseio dualista do homem de ser livre e ao mesmo tempo de ter "liberdade" de obedecer. Neles a liberdade da vontade e a obediência estão misturadas por meio da subordinação voluntária da vontade individual a uma vontade coletiva mais alta.

Em setembro de 1540, a Ordem dos Jesuítas foi confirmada pelo papa Paulo III. Na primavera do ano seguinte, reuniu-se o primeiro capítulo com o fim de eleger o geral da ordem. A escolha recaiu, por unanimidade, sobre o fundador. No entanto, a posição que ele agora mantinha não era, do ponto de vista de Inácio, uma posição de poder para sua glória pessoal, mas antes um cargo de responsabilidade cujos graves deveres ele executava com realística exatidão. A ninguém mais do que a si próprio, na sua ordem, fazia ele maiores exigências. Nenhum esforço era demasiado estênuo para ele, nenhuma tarefa demasiado pequena. Era não somente o primeiro soldado de seu exército, mas também o primeiro servo na casa e tomava literalmente a frente na execução dos mais baixos serviços domésticos. Varria o chão, limpava as privadas, distribuía roupa de cama e ajudava seus homens na cozinha.

Por esse tempo, já seu exército se havia tornado uma força mundial. Seus delegados já estavam de posse dos confessionários das mais influentes cortes da Europa; representavam seus chefes temporais nas dietas imperiais e nos conclaves locais de príncipes; lidavam com os altos dignitários da Igreja e do Estado e agiam como mediadores nos mais delicados conflitos da diplomacia internacional; ocupavam cátedras nas mais famosas universidades e detinham as rédeas do governo na Itália, na Espanha e em Portugal; na Alemanha, onde Le Fèvre se tornou o chefe da Contrarreforma, e na França, onde Laynez conseguiu a adesão de Catarina de Médicis aos seus planos. No Extremo Oriente, governavam província após província e, mais próximo, estavam a ponto de estender seu domínio sobre o negus da Abissínia.

O quartel-mestre do poderoso geral dessa ordem consistia em três pequenos escritórios — mais celas do que quartos — numa casa em Roma. Trabalhava ele numa rústica mesa de madeira e dormia numa cama de lona. Trabalhava vinte horas por dia e dormia quatro. Seu alimento constava de um punhado de castanhas com um pãozinho e água. Nunca se sentava para comer, mas tomava suas refeições de pé.

Contudo, o homem que levava esta espécie de vida não era um ascético nos moldes de santo Antão. Era um general a quem a importância extrema de suas decisões estratégicas não permitia que dedicasse qualquer pensamento às suas necessidades pessoais. Comia sem se sentar a fim de evitar perda de tempo; dormia pouco a fim de aumentar suas horas de trabalho. Durante o dia inteiro, lia relatórios que haviam chegado, traçava novos planos, despachava ordens e conduzia negociações. Para manter contato com seu disperso pessoal, havia traçado Inácio um esquema de controle a longa distância. Cada um de seus subordinados precisava relatar por escrito tudo quanto tinha acontecido e em particular as qualidades e deficiências daqueles que trabalhavam sob seu comando. E da mesma forma que os comandantes tinham de relatar a conduta de seus subordinados, eram os subordinados também aconselhados a relatar ao quartel-mestre a conduta ou o desvio dos que se achavam acima deles. Este mecanismo capacitava Inácio a dirigir recomendações, bem como reprovações, a homens cujo caráter e ações lhe eram conhecidos no mais minucioso pormenor, a despeito da grande distância de espaço que os separava dele.

Toda a sobriedade secular de seu aparelho administrativo altamente eficiente, contudo, servia a um objetivo sobrenatural: a maior glória de Deus. Inácio nunca iniciava seu trabalho diário sem ter consultado o Senhor, que lhe aparecia na forma de iluminações. Mas estas iluminações não se exauriam numa contemplação centralizada em si próprio; eram utilizadas para servir ao trabalho prático de Inácio. Como todas as coisas mais, suas iluminações eram também armadas por sua vontade e só tinham licença de aparecer durante o tempo reservado para elas. Podia conceder-lhes meia hora no máximo e, com uma ampulheta na mão, ficava certo de que elas não lhe tomariam mais tempo.

Por essa ocasião, a vida pessoal de Inácio já havia sido totalmente eclipsada pelos interesses gerais da ordem. Nenhuma paixão poderia influenciá-lo. Nem o vexame nem a alegria podiam perturbar-lhe a eficiência intencional dos atos. Não era destituído de amor, mas isto era também cuidadosamente pesado e distribuído em partes iguais a todos os membros da ordem. Uma forma mais elevada de exigência tinha assumido controle permanente sobre suas emoções mais pessoais e havia-as regulado de acordo com os interesses da sociedade como um todo.

Podia mudar a expressão de seu rosto de um momento para outro. Sorria quando era preciso sorrir e olhava proibitivo e austero quando lhe parecia azada a ocasião. Era estrito ou leniente, teimoso ou complacente, áspero ou amável, silencioso ou conversador, dependendo tudo das exigências do assunto em jogo. E quanto mais a ordem crescia, quanto mais a rede de suas tarefas se espalhava sobre as mais distantes partes do globo, tanto mais a vida pessoal de Inácio desaparecia por trás da administração estritamente impessoal dos inumeráveis interesses e planos da ordem. Inácio e a ordem tinham-se tornado uma coisa só. Havia apenas a obra, a obra que ele tinha criado.

Da mesma forma que viveu seus derradeiros anos, virtualmente despercebido no tumulto de urgentes deveres de administração, assim também partiu por fim.

Foi numa quinta-feira. No quartel-general, em Roma, a carga de trabalho tinha sido especialmente pesada. Na manhã seguinte, o correio deveria partir para a Espanha e toda a correspondência com Espanha, Portugal e Brasil, com a Índia oriental e o Japão precisava ser despachada. Contas tinham de ser aprovadas. Listas de novos ou mortos e de membros expulsos da ordem deviam ser anotadas. Havia perguntas a responder. Instruções incompletas deviam ser esclarecidas, novas decisões e ordens deviam ser dadas, indagações a respeito de antigos relatórios deviam ser feitas. Havia, além disso, o delicado caso de cartas para os reis da Espanha e Portugal, em que cada palavra tinha de ser ponderada tendo em vista a impressão a produzir, de modo que Filipe II aconselhasse seus bispos em Flandres a admitirem os jesuítas em suas dioceses e ainda que João III apoiasse a obra da missão, a qual havia sido recentemente enviada à Abissínia.

À tarde, Inácio estivera ocupado com uma longa carta, tendo grande trabalho em corrigir cada palavra que não fora suficientemente estudada em todas as suas ilações; tinha estudado alguns documentos e feito indagações a respeito de vários pormenores concernentes à correspondência ainda inacabada.

No meio de seu trabalho, um gosto amargo lhe subira à boca e sentiu que iria morrer. Chamou seu secretário Polanco e deu-lhe instruções para ir ao Vaticano pedir ao papa sua bênção, pois seu fim estava próximo.

Polanco era um produto modelar da escola de seu mestre e sentiu-se grandemente perturbado com esta inoportuna missão que interrompia seu trabalho de correspondência incompleta para a Espanha. "Está se sentindo realmente tão mal, padre?" perguntou ele. "Amanhã de manhã cedo não haveria tempo?" E continuou mostrando que tinha ainda numerosas cartas importantes a escrever, o que simplesmente só estaria pronto na manhã seguinte.

Inácio compreendeu os escrúpulos de consciência de seu secretário e despachou-o com as resignadas palavras: "Preferiria que fosse hoje em vez de amanhã; contudo, faça como lhe parecer melhor no interesse de nossos negócios."

E assim aconteceu que a correspondência para a Espanha foi despachada a tempo, enquanto que o fundador da ordem morreu despercebidamente durante a noite de quinta para sexta-feira, sem a bênção do papa e sem a extrema-unção.

Durante sua vida, Inácio firmemente recusara-se ser retratado. Depois de sua morte, seus discípulos tentaram descrever seu rosto a um pintor para que este fosse capaz de pintar um retrato do mestre morto, mas com grande desaponto tiveram de admitir ser impossível a eles próprios recordar-lhe as feições. Era como algo pregresso, como se, durante a vida deles a seu lado, nunca lhe tivessem visto o rosto.

Tinham ficado diante dele, dias e dias, e fixado seus olhos, quando ele discutia com cada um os negócios da ordem, quando lhes recebia os relatórios ou lhes determinava suas ordens. Tinham-no encontrado quando coxeava, com sua perna curta, pelos quartos e salões do prédio, sempre ocupado, sempre cuidadoso, sempre preocupado com as menores ou com as mais importantes coisas. Contudo, dir-se-ia que as feições de seu rosto e o olhar de seus olhos tinham desaparecido para eles anos antes de sua morte. Durante todos aqueles anos, os negócios da ordem e nada mais tinham-nos mantido em contato com seu geral.

O geral morto foi substituído por um novo e, quando este morreu, veio um terceiro. E como os gerais, também mudaram os soldados, mas somente seus nomes e rostos, pois o exército permaneceu o mesmo em estrutura e em objetivo, em espírito militante e poder atacante. Tão duradouros eram os efeitos dos exercícios de Inácio, de seus estatutos, de seu princípio da obediência, que nenhuma mudança de tempo podia afetá-los. A coerência íntima do exército dos jesuítas não foi debilitada pela sua extrema dispersão no espaço e demonstrou sua firmeza perene através dos séculos.

Como vitoriosos, têm os jesuítas marchado pelos últimos quatro séculos da civilização ocidental e a mesma vontade triunfante que os capacitou, no século XVI, a conquistar o globo, ajudou-os mais tarde a explorar, em proveito de seus propósitos, as várias descobertas e invenções dos tempos modernos em todas as esferas do esforço humano. O estudo da história desta ordem torna-se um estudo da história cultural da humanidade por todos os passados quatro séculos.

Dificilmente se encontra um exemplo de acontecimento político de qualquer importância, de movimento nacional ou social, no curso dos últimos séculos, no qual os jesuítas não estejam envolvidos como iniciadores, apoiadores ou opositores. Foram os confessores de imperadores, de reis e príncipes; governaram os governantes; exerceram seu poder sobre os reis franceses de Henrique IV a Luís XV. Influenciaram Jaime II da Inglaterra; conseguiram fazer Cristina, da Suécia, a filha de Gustavo Adolfo, o maior chefe protestante, voltar ao aprisco da Igreja católica; induziram os imperadores e príncipes do Extremo Oriente a tolerar, durante um século e meio, a obra missionária de Roma. Como diplomatas, foram medianeiros entre soberanos em luta, negociaram o tratado de paz entre a Polônia e a Rússia ao tempo de Ivã, o Terrível, e na pessoa de João II Casimiro tiveram mesmo um rei jesuíta no trono polonês.

Quando quadrava com seus fins ajudar monarcas absolutos a reforçar seu poder sobre seus súditos, sabiam como agir e aplicar os meios mais eficientes. Quando uma revolta das massas concordava melhor com os planos que tinham em vista, os discípulos de Inácio tornaram-se chefes dos oprimidos contra os tiranos. Organizaram a revolta contra os Tudor, na Inglaterra e, quando apoiaram a rebelião da Liga, na França, proclamaram, duzentos anos antes de Rousseau, a soberania do povo. No Paraguai, estabeleceram um Estado em bases de princípios comunistas e conservaram-no durante cento e cinquenta anos.[5] No século XIX, quando as classes trabalhadoras começaram a vir à cena, prestaram auxílio a muitos importantes chefes de suas fileiras e, em Oxford, fundaram e administraram um colégio católico para operários.

---

[5] O autor se refere às célebres reduções dos jesuítas no Paraguai, pequenas povoações cristãs, nas quais viviam os índios convertidos, no século XVII. O regime era estritamente comunitário. Solo e casas pertenciam à comunidade. As colheitas eram distribuídas aos habitantes pelos poderes públicos. Note-se, entretanto, que a comunidade era muito restrita e em condições especiais. (N. do T.)

Foram ativos pioneiros em revelar o Novo Mundo. Tomaram parte na fundação de Maryland, estavam entre os primeiros moradores das matas da Virgínia e pacificaram, no atual distrito de Colúmbia, o poderoso chefe índio Chitomachon, que tinha jurado inimizade mortal a todos os caras-pálidas. Davam-lhe presentes de anzóis, pregos e bombons, converteram-no ao cristianismo e fizeram dele amigo fiel de todos os moradores brancos. Graças a meios semelhantes, conseguiram dominar os huronianos, os iroqueses e numerosas outras tribos no Leste, no norte e no sul da América, e assim se tornarem o instrumento da abertura de vastos territórios aos colonos por vir.

Exploraram os distritos setentrionais do rio Colorado; foram os primeiros a ver o rio Pedra Amarela e a baía de Hudson; e ainda hoje se veem no Capitólio de Washington duas estátuas que proclamam a fama de dois jesuítas, os primeiros a alcançar o Mississippi, nas vizinhanças da moderna cidade de Nova Orléans. Fizeram os primeiros mapas do México, do Brasil, do Tibete e da China e escreveram as primeiras narrativas etnográficas de todos os países que haviam explorado.

Quanto à história do progresso cultural, através dos passados quatrocentos anos, há dificilmente um campo em que pelo menos um dos discípulos de Inácio não possa reclamar fama imortal.

Os jesuítas dirigiram a primeira campanha educacional bem planejada em solo americano. Professores jesuítas ensinaram os moradores de Nova York, Georgetown, na Pensilvânia, Delaware, Arizona, Califórnia e no novo e no velho México.

Em todos os tempos, os jesuítas esforçaram-se por ter sua parte nas várias formas de pensamento e pesquisa levadas a efeito pelo homem. Eram tanto teólogos quanto homens de ciência, matemáticos, artistas, economistas e juristas.

A idade do progresso científico tem visto considerável número de extraordinários cientistas emergirem das fileiras do exército de Inácio. O jesuíta são Vicente lançou os fundamentos da geometria analítica. O jesuíta Boscovich adiantou, antes da eletrodinâmica de Maxwell, uma teoria de ação e reação, que juntamente com a teoria da ondulação, apresentada pelo jesuíta Grimaldi, veio a tornar-se da maior importância para todos os últimos trabalhos de Newton.

Um dos mais universais inventores de todos os tempos é o jesuíta padre Atanásio Kircher, cujo nome está ligado a acontecimentos tão variados como a introdução do ruibarbo e da baunilha na Europa, a invenção da lanterna mágica e da buzina e a redescoberta do espelho incendiário de Arquimedes. Kircher lançou também os fundamentos de uma investigação científica do hipnotismo, formou um alfabeto para os surdos-mudos e foi um dos primeiros a estudar os hieróglifos egípcios.

Outro jesuíta, padre Francisco Lana Terzi, inventou uma semeadeira e criou um método de instrução para os cegos. Outro ainda precedeu os irmãos Montgolfier no levar a efeito a primeira subida num balão.[6]

Igualmente notáveis são as contribuições daqueles jesuítas que tomaram a cargo o estudo das línguas. Missionários da ordem jesuítica são autores de dicionários e gramáticas praticamente de todas as línguas das tribos indígenas norte e sul-americanas e também da Indochina e do Japão.

Não menos criadores, em termos culturais, foram aqueles discípulos de Inácio que empregaram a arte como meio de desenvolver e guiar o gosto estético, a imaginação e o gozo das coisas belas, da parte das massas. Este esforço inspirou sua obra arquitetural e deu-lhe aquela nota característica que ajudou a determinar o estilo barroco, muitas vezes chamado simplesmente estilo jesuítico. Um de seus pintores, Andrea dal Pozzo, descobriu, no curso de suas experiências pedagógicas, certos princípios da ciência da perspectiva. Muitos dos grandes artistas devem aos jesuítas inspiração e guia.

As bases da moderna arte teatral foram lançadas pelos jesuítas, cuja obra de pioneiros levou a cabo a transição entre o "mistério" religioso da Idade Média e a nossa comédia moderna. Seus músicos compuseram e dirigiram as primeiras chamadas "óperas-cômicas". Influenciaram o desenvolvimento da ópera, fundaram uma das primeiras escolas de dança, encenaram o primeiro bailado, foram mestres na invenção e uso de efeitos teatrais extraordinários e introduziram o alçapão e o palco móvel.

De modo que os jesuítas foram ativos, com considerável êxito, em praticamente todas as esferas dos empreendimentos humanos. Ser todas as coisas para todos os homens a fim de conquistá-los era o lema que Inácio deixara à sua ordem como o mais precioso legado. E de fato, por mais variadas que

---

[6]Refere-se, por certo, ao jesuíta brasileiro, padre Bartolomeu Lourenço de Gusmão. (*N. do T.*)

hajam sido suas esferas de ação, quer sua obra os tenha levado às cortes de príncipes europeus ou dos tiranos asiáticos, aos acampamentos dos índios americanos, aos observatórios astronômicos, aos laboratórios de biologia ou ao palco, quer traçassem regras de ética, desenvolvessem sistemas filosóficos, pintassem quadros, construíssem igrejas, convertessem pagãos, ouvissem confissões ou dessem aulas, um espírito uniforme levava-os adiante para um objetivo uniforme.

É claro que uma organização, que desde seu início tentou com tamanha habilidade dar a todas as coisas sua feição própria, haveria de encontrar em todos os tempos a mais violenta oposição. E justamente como o exército de Inácio ia-se perpetuando, de geração em geração, da mesma forma as fileiras de seus inimigos também iam constantemente engrossando. Cristãos piedosos, homens de saber, grandes pensadores e poetas, soberanos mundiais, diplomatas, historiadores e reformadores sociais de todos os tempos e de todas as partes do globo uniram-se em incessante coro de queixas. Acusaram os discípulos de Inácio "de terem transportado para a esfera da fé os princípios mais cínicos da astúcia mundana", de terem substituído o espírito do Evangelho pelo espírito das maquinações políticas, de terem falsificado a ciência e a arte, e de terem desgarrado gerações inteiras de moços cristãos.

Carlyle condenou o "Evangelho de Loyola" como "o mais fatal de todos os tempos". Napoleão odiava e temia os jesuítas a tal ponto que aconselhou seu chefe de polícia a proibir toda espécie de referência escrita ou falada à sua existência. O presidente americano John Adams advertiu seu sucessor Thomas Jefferson contra os discípulos de Inácio, "que inundam este país, sob tantos disfarces quantos somente um rei de ciganos poderia assumir, vestidos de impressores, de publicistas, de escritores e professores. Se em algum tempo houve um grupo de homens — dizia Adams — que merecesse eterna condenação na terra e no inferno, é esta Sociedade de Loyola".

Pascal, Racine, Eugênio Sue, Quinet e Dostoiévski contam-se entre os mais radicais detratores da ordem jesuítica.

Contudo, os jesuítas foram capazes em todos os tempos de enfrentar a lista de seus acusadores com uma lista igualmente longa e igualmente gloriosa de defensores. Kepler e Leibniz contam-se entre seus devotados amigos. Miguel Ângelo exprimiu-se a seu favor e concordou, sem remuneração, apenas por amor de Deus, a desenhar para eles a igreja que planejavam construir em Roma. Rubens e Bernini serviram-nos com sua arte; Lope de Vega, Calderón e Molière devem-lhes as inspirações para suas primeiras peças; Mozart compôs uma ópera para eles; Voltaire, que, como Diderot e Descartes, fora educado em uma de suas escolas, louvava-lhes a conduta exemplar e os métodos pedagógicos. Robert Louis Stevenson escreveu esplêndida narrativa da humanidade de sua obra missionária na Califórnia. Goethe, na sua *Viagem à Itália*, exprimiu sua admiração pela arte deles e o grande filósofo protestante Herder escreveu que "se o nome dos jesuítas caiu de reputação em toda parte, o bem que eles fizeram pela humanidade permanecerá sempre digno de louvor e as futuras gerações serão certamente beneficiadas por ele".

Incólume à controvérsia raivosa, o exército de santo Inácio marchou através de todas as mudanças e vicissitudes do desenvolvimento político e espiritual dos séculos; marcha no presente para o futuro e o que o poeta Novalis disse a respeito da *Societas jesu*, mais de cem anos passados, ainda é verdadeiro hoje como era outrora: "A história do mundo não conhece outra organização igual. Nenhuma maior garantia de êxito inspirou os planos de conquista mundial do senado da Roma antiga. Nenhuma razão mais aguda jamais serviu à execução de uma maior ideia. Por todos os tempos esta sociedade permanecerá como modelo de todas as outras, animada por uma ânsia orgânica de difundir-se e de durar sem limites."

Esta extraordinaríssima organização é a herança viva de um homem, seu fundador, Inácio de Loyola. Foi ele quem deu à Companhia de Jesus a arma da vontade disciplinada e a estratégia da conquista mundial, que há quatrocentos anos a tem conduzido de êxito em êxito. Em reconhecimento a seus serviços, a Igreja canonizou-o no ano 1622. Com ele, as fileiras dos santos piedosos, devotados, extáticos e inspirados, de todos os homens e mulheres escolhidos por Deus, foram acrescidas por um "santo da vontade", por um pecador que achou seu caminho para Deus porque sua vontade era procurar Deus, por alguém que foi coroado com o halo da santidade porque lutou por ela com todas as suas forças.

A grandeza excepcional deste santo da força de vontade dificilmente pode ser negada, mesmo por aqueles para quem a fé católica não representa uma mensagem qualquer, pois Inácio estabeleceu e ainda representa, com perfeição ideal, o tipo moderno do homem de força de vontade — tipo que desde então se tornou característico de chefia em todos os domínios do esforço humano. No curso dos últimos quatro séculos, tem ele surgido na pessoa de muitos grandes homens proclamadores de grandes ideias, conquistadores e gênios da organização. Mas suas realizações sobrevivem hoje apenas como memórias nos arquivos da História, ao passo que a ideia de Inácio e sua obra de organização têm sobrevivido através dos séculos como uma realidade sempre ativa. O segredo de sua permanência jaz no fato de que a vontade humana escolhe no caso delas um objetivo fora do tempo e do espaço, no reino do espírito. A obra de Inácio sobreviveu na terra, porque aspirava ao céu; sobreviveu no tempo, porque lutava pela eternidade.

SANTA TERESA

A Santa do Êxtase[1]

COM SANTA TERESA SURGE, NO CÍRCULO DOS SANTOS, UMA MULHER CUJA SANtidade lhe foi imposta por Deus. Sua experiência de Deus lhe veio num estado de arrebatamento extático e dominou-a com força elemental.

Na vida extraordinária desta santa, os acontecimentos naturais cruzam-se sobre esferas sobrenaturais, as ordens terrenas e celestes se misturam, visões emergem da percepção, o som de vozes humanas foi absorvido pelos chamados celestiais e a frágil forma humana serviu, em momentos de êxtase, de nave da abundância divina.

Em Teresa temos por diante uma habitante de dois reinos, tendo como lar o céu e a terra, e constantemente indo e vindo dos confins espaciais de uma cidadezinha espanhola e do infinito espaço da eternidade. O relógio do convento batia as horas; mas para Teresa tornava-se ele, de súbito, silente; o tempo cessava; a intemporalidade a cercava. E muitas vezes era apenas um relâmpago que separava sua rotina diária do repouso imoto em Deus.

O contraste entre o natural e o sobrenatural, tão extraordinariamente manifesto na existência dual de Teresa, foi intensificado pelo tempo em que ela nasceu. Era uma época de progressiva secularização.

Os castelos, catedrais, conventos e mosteiros, as cidades fortificadas e burgos que tinham protegido a quietude introspectiva da vida medieval contra a

---

[1] Certos fenômenos de ordem sobrenatural são considerados pelo autor de maneira puramente natural nesta biografia de santa Teresa. (*N. do T.*)

investida da interferência mundana estavam ainda de pé, com seus baluartes, seus torreões e claustros, mas pareciam agora ter sobrevivido apenas como recordações do que tinham sido realmente no passado.

O século de Teresa não era mais parte da era de transição da Idade Média para os tempos modernos; era, a todos os respeitos, o próprio novo começo. Dentro de poucas décadas — e foram estas precisamente as décadas da vida de Teresa — as energias expansivas do ativismo moderno aumentaram o tamanho da Terra pelos continentes. A América do Norte acabava justamente de ser descoberta. Cortez tinha conquistado o México e cruzado o istmo de Panamá. Magalhães dobrou a extremidade meridional do novo mundo e descobriu as Filipinas. A terra começou a assumir a forma de um globo e os tesouros que os conquistadores traziam de volta dos mares além aumentaram a riqueza do velho mundo.

O poder era o ideal da cobiça conquistadora. Era o tempo em que a ideia de domínio mundial, do imperialismo moderno, havia nascido.

Esta tendência à secularização lançava seu fascínio também sobre as pretensões espirituais do homem. Não mais olhava ele para *dentro* de si mesmo. Olhava em *redor* de si mesmo e o que via ali absorvia sua atenção e esporeava seu pensamento a indagar e examinar. A terra, o aqui e o agora, tinham empurrado os céus para além.

Continentes nunca sonhados do conhecimento humano eram descobertos. Tesouros de sapiência eram reunidos para uso de futuros tempos.

O século XVI via o mundo como a realidade tangível de domínios conquistados, de continentes descobertos, de oceanos atravessados e de tesouros conquistados para gozo descuidado, mas também como um mundo de ciência, como a revelação da verdade a respeito das coisas.

Essa época, quando o mundo exterior realizou tão gloriosos triunfos em todas as suas esferas, foi precisamente a época em que não menos gloriosos triunfos foram levados a efeito por Teresa de Ávila no mundo interior; um mundo sem espaço e ainda mais espaçoso; sem ouro e domínios e, contudo, não menos rico; sem conquistas, mas ainda assim de posse de segurança maior; um mundo sem tempo, mas de permanência mais duradoura; sem forma tangível mas nem por isso menos real do que o globo terrestre recentemente conquistado.

O *Vitória*, de Magalhães, primeiro navio a dar a volta ao globo, acabava justamente de regressar, após uma ausência de vários anos, ao porto de Espanha de onde saíra, quando uma freira, regressando de uma viagem em volta do mundo da alma, emergiu em sua cela da intemporalidade do arrebatamento extático para juntar-se a suas companheiras no parlatório de seu convento em Ávila.

Os conquistadores tinham visto a América, a Índia, Java, Panamá; ela vira o sem-fim; navios carregados de ouro voltavam de novos mundos conquistados à porta de ouro da embocadura do Guadalquivir; ela voltava à terra vindo de visões do reino dos céus, carregada de uma felicidade que o casco de navio algum poderia transportar.

A um mundo governado pela força, opunha ela seu mundo interior, conquistado num rapto sem força e governado pela voluntária submissão. A completa submissão era o fundamento de seu verdadeiro reino de Deus.

A um mundo complacente com a distração e a tagarelice, trazia ela notícias de um mundo em que a extrema concentração, a oração espiritual silenciosa, recebia as mais altas bênçãos.

Sua verdade era uma antítese da nova verdade da ciência. A percepção dos sentidos era o caminho dos cientistas para a verdade; a razão ponderada servia-lhe de freio; as experiências ofereciam provas. A visão, fora da esfera dos sentidos, era o caminho de Teresa para a certeza; o sentimento sem medidas era seu freio; a experiência mística fornecia provas.

Um mundo de princípios determinados e um mundo de visão defrontavam-se como rivais. Copérnico tinha explorado o universo por meio de seus cálculos astronômicos. Tinha chegado à conclusão de que o sol é o centro de nosso mundo. A Terra havia sido rebaixada. Era um simples satélite e não mais o centro da criação. O homem não era mais o senhor da criação, mas simplesmente o governador da terra.

Santa Teresa tinha explorado o universo da alma, por meio de visões extáticas, e tinha chegado à conclusão de que o derradeiro centro, em redor do qual os sóis e as terras se movem, jaz nas profundezas da alma humana. Rivalizando com a descoberta de Copérnico, de que o sol é o centro da criação, Teresa descobriu a astronomia da alma e encontrou Deus, o criador e sol dos sóis, na alma do homem. O homem era o Alfa e o Ômega de tudo quanto existe.

Kepler, contemporâneo de Teresa, descobriu as leis da gravitação para os corpos materiais; ela as descobriu para a alma.

Vesálio, jovem anatomista de Bâle, abriu um corpo humano e estudou os órgãos nele existentes. Teresa, a freira de Ávila, descarnava a única coisa imperecível no homem: sua alma.

Servet descobriu a circulação capilar do sangue que nutre o corpo. Teresa descobriu a grande circulação da iluminação divina que nutre a alma.

O primeiro relógio de precisão acabava justamente de ser construído. O curso do tempo começou a ser medido em minutos e pela primeira vez os sinos das igrejas tocavam os quartos de hora. Mas Teresa experimentou a indivisibilidade do tempo, que não pode passar porque sua medida é a eternidade.

O século, absorvido num delírio de razão fria, era desafiado por uma freira espanhola que se elevava a uma grandeza sobre-humana, no encantamento das visões temporais.

O poder universal da Igreja tinha sido severamente abalado. No ano do nascimento de Teresa, Lutero havia proclamado seu cisma. Calvino fez de Genebra uma segunda Roma. Henrique VIII fundara sua própria igreja e Maria, rainha da Escócia, submetera-se humildemente às imposições do herético John Knox.

As velhas formas de piedade dogmática tinham perdido muito de seu rigor em virtude da ofensiva da ciência e de outras forças de secularização. Em defesa do catolicismo, reis pegavam em armas e pregadores populares tentavam fortificar a fé com ameaças de castigo e de torturas infernais no reino de além-túmulo. No Concílio de Trento, cardeais, bispos e teólogos se reuniram a fim de resolver o problema de nova codificação do dogma católico. Um exército organizado de treinados soldados de Deus era conduzido por Inácio de Loyola para a grande e decisiva batalha contra as forças da Reforma. Os doutores da Igreja citavam suas autoridades sagradas ou tentavam, pelos meios mais oportunos de provas racionais de Deus, revigorar a velha fé.

Santa Teresa escreveu o que tinha aprendido na quieta solidão de sua cela, fora da confusão do tempo e do espaço, para além do dogma e da demonstração racional, para além de sua própria compreensão e da percepção dos seus sentidos. Descreveu as visitas de seu invisível Senhor e anotou a Sua vontade, que Ele lhe comunicava em palavras inaudíveis.

A Igreja em decadência disso retirou novas energias, nova vitalidade que emanava dos abismos mais profundos da experiência da fé, da verdadeira fonte de toda a piedade, do contato direto com Deus.[2]

---

[2] Não há verdadeira mística fora da Igreja, organismo normal pelo qual Deus se comunica aos homens. Sobre o assunto, precisam ser lidas as profundas páginas de dom Vonier, O. S. B., no capítulo V de seu livro *A nova e eterna aliança*, de que existe tradução portuguesa, edição *Lumen Christi*. (N. do T.)

Para a Igreja daquele tempo, Cristo tinha chegado a ser meramente uma etiqueta alegórica, um objeto de credo e um tópico de disputas teológicas. Por meio de Teresa, a Igreja aprendeu uma vez mais que o Cristo era uma realidade viva, esse Cristo que os discípulos viram na estrada de Emaús, que Saulo de Tarso encontrara no caminho de Damasco, o Cristo em quem a fé da Igreja tinha começado, em cujo espírito fora ela renovada por são Francisco de Assis.

Ávila, onde santa Teresa nasceu em março de 1515, era uma cidadezinha da velha Castela, um daqueles monumentos de pedra que haviam sobrevivido nos tempos modernos, como lembrança do passado.

Jaz nas montanhas da serra de Guadarrama, nas margens do Adaja, e com seus pesados muros fora, durante a Idade Média, poderoso baluarte da cristandade espanhola contra às investidas ameaçadoras dos mouros. Suas ruas eram estreitas e tortuosas. Suas casas, construídas de escuras pedras, tinham sido lares de cavaleiros que dormiam com suas espadas ao lado, pois tinham de estar prontos quando o sino de alarma tocasse para repelir os infiéis invasores. E em todas as partes da cidade havia igrejas, mosteiros e monumentos sagrados. Dificilmente se encontraria uma pedra que não houvesse sido santificada pelo martírio ou pelo milagre. Ávila era uma cidade de pedras e santos. *Ávila cantos y santos*, como era corrente dizer-se.

Havia mais de cem anos que o sino de rebate não soava. A guerra moderna, com exércitos a pé e táticas com armas mecanizadas, tornara a cavalaria supérflua. A armadura dos cavaleiros viera a ser um traje de fantasia para torneadores e as espadas a tiracolo eram parte dos atavios dos fidalgos.

Contudo, entre aqueles que viviam por trás das pesadas paredes das casas fortificadas de Ávila, havia muitos cujos corações tinham permanecido como bastiões do passado. O pai de Teresa, o fidalgo castelhano dom Alonso Sánchez de Cepeda, era um deles. Em homens como ele, o ardor cavaleiresco da fé, baseado numa tradição secular, tinha mantido seu antigo espírito militante e assumido atitude hostil para com aquelas tendências modernas em que se via um novo inimigo surgindo dentre as próprias fileiras da cristandade.

Dom Alonso era um homem que vivia como seus antepassados haviam vivido, que se aferrava tenazmente à sua religiosa concepção de honra e governava sua casa e educava seus filhos de acordo com o exemplo que sua austeridade tinha estabelecido. Pensava, julgava e agia como seus ancestrais tinham feito e estimava os livros, pelos quais eles tinham sido também edificados, os livros dos santos e as crônicas dos heróis medievais.

A mãe de Teresa, dona Beatriz de Ahumeda, jovem esposa do segundo casamento de dom Alonso, era de tipo diferente. A rotina de sua vida, sua atitude exterior, diferiam pouquíssimo da de suas antepassadas que, durante séculos, haviam cumprido os deveres de mães e esposas nas casas fortificadas de Ávila. Mas nos seus sonhos despertados, essa bela e gentil mulher deixava secretamente a cidade fortificada e, livre de toda a carga doméstica, viajava os sete mares, via distantes ilhas e terras e vivia todas as espécies de aventuras terrestres. Sua jornada por reinos desconhecidos tinha como roteiro aqueles romances da moda, que os prelos de impressão, recentemente estabelecidos em Sevilha, lançavam em profusão. Seu guia era o "belo e moreno" cavaleiro Amadis de Gaula, a quem Cervantes iria derrubar um século mais tarde, com a arma mortal de sua ironia, mas que naquela época estava guiando e desviando muita alma aventurosa. O compilador dos romances de Amadis, o vereador espanhol García Ordóñez de Montalvo, era mestre na arte de prolongar infindavelmente as aventuras de seu herói. Dona Beatriz, sempre doente e cada vez mais frequentemente presa ao leito, devorava, com ávida impaciência, os fascículos à medida que eles iam aparecendo.

Dom Alonso, na sua biblioteca, dedicava-se à leitura para subir ao céu. Dona Beatriz, na sua cama de doente, dedicava-se à leitura para correr mundo. No espaço, os mundos dos sonhos de ambos eram tão diferentes como o céu e a terra, mas o tempo em que suas almas se sentiam à vontade era o mesmo: a Idade Média. Absorvido no *Flos sanctorum*, o piedoso dom Alonso contemplava o céu da santidade medieval e o mundo, por onde viajava Beatriz, no encalço das aventuras de Amadis, não era de nenhum modo o do século aurorescente, que o desejo de conquista e a sede de saber tinham começado a explorar; era um mundo cheio de aventuras arrepiantes e sedutoras, perigos de viagem, monstros do mar, conflitos de amor, exatamente como fora construído na imaginação das mentes medievais.

Dom Alonso observava o costume de seus pais quando lia todas as noites para edificação de sua família, as histórias dos santos. Dona Beatriz satisfazia simplesmente seu pendor, quando contava a seus filhos, na ausência do pai, as mais recentes façanhas de seu admirado herói.

As histórias edificantes do pai e as histórias divertidas da mãe formaram, no mesmo grau, a imaginação nascente de Teresa e marcaram-lhe o caráter de certa ambivalência, na qual as aspirações celestiais se combinavam com os interesses do mundo.

Teresa era uma criança de imaginação insolitamente forte. Podia transformar todo o ambiente que a cercava, de acordo com o mundo de sua fantasia. O pátio cheio de colunas, que era por tradição o centro de todas as atividades de um lar espanhol, tinha de ceder complacentemente aos caprichos rapidamente mutáveis da menina de sete anos e tornava-se, em constantes mudanças de cenários, ora o mar encapelado, ora a terra distante da fantasia de Amadis de Gaula, ora o campo de batalha, onde piedosos cavaleiros combatiam valentemente contra os infiéis, ora o eremitério e lugares de sacrifícios de santos mártires. E seus companheiros de brinquedo eram tripulações, ou soberanos, ou combatentes da fé, monstros marinhos, bárbaros pagãos ou fadas benévolas.

A inexaurível habilidade de Teresa em inventar novos jogos, sua vivacidade e sua audácia pueril, tornavam-na o chefe natural de seus numerosos irmãos e primos. Era ela sempre o "belo e moreno" cavaleiro, o herói vitorioso da fé, a boa fada, ou o santo que morria morte de mártir, amarrado a uma coluna do pátio.

Até que um dia a fantasia infantil de Teresa removeu a derradeira barreira que ainda havia entre a realidade e o brinquedo... Então decidiu fugir de casa secretamente, junto com seu irmão favorito Rodrigo, mais velho do que ela poucos anos, e seguir para a terra dos mouros, que, estava ela certa, deveria achar-se situada em qualquer parte fora das portas da cidade de Ávila, para sofrer nas mãos do soberano dos infiéis morte de mártir.

Os dois fugitivos conseguiram sair de casa sem serem percebidos. Fora dos muros da cidade, tomaram a estrada para Salamanca. A noite ia caindo e os pequeninos pés mal podiam caminhar, doloridos. Teresa não queria desistir. Na sua imaginação, não havia distância que não pudesse ser coberta. Justamente atrás da próxima moita, o branco castelo do príncipe mouro deveria surgir à vista. Mas em vez do castelo de sua imaginação a próxima moita lançou as crianças de surpresa face a face com a realidade que vinha a cavalo, sob o disfarce de um primo de seu pai. Estava de volta à casa, vindo de seus campos situados fora dos limites da cidade, e quando soube do aventuroso plano das crianças, reprovou-as severamente e levou-as a salvo para seus pais aflitos.

Depois dessa infeliz aventura, inventou Teresa novo brinquedo relativo a freiras e frades, em substituição de "espanhóis e mouros", que até então tinha sido seu brinquedo favorito. A colunata do pátio era o claustro. Havia uma capela no centro do pátio. Em ambos os lados achavam-se as celas, nas quais se sentavam seus companheiros de brinquedos, as freiras à direita, os frades à esquerda. Recusavam toda alimentação e rezavam e mantinham-se em silêncio.

Na idade de dez anos, era Teresa uma menina delgada, de aspecto rude, com fundos olhos negros e séria expressão compensada pelo sorriso cordial de covinhas nas faces e no queixo. Fizera votos de tornar-se realmente a freira que pretendia agora ser em seus brinquedos e induziria seus irmãos e primos, pelo seu exemplo, a abraçar igualmente uma vida espiritual de renúncia ao mundo.

Na idade de catorze anos, porém, tornou-se uma senhorinha precoce e sorria condescendentemente ao pensar na piedosa criaturinha que tinha sido. Seu esbelto corpo juvenil tinha perdido sua rudeza angular e desenvolvera as macias redondezas das formas femininas. Seu crespo cabelo negro, suas sobrancelhas retas e quase avermelhadas e seus grandes olhos negros como um poço, cuja seriedade parecia agora dificilmente capaz de contrabalançar a zombaria travessa de suas covinhas, davam ao seu rosto juvenil um encanto especial a que dificilmente se podia resistir. Seu atrevimento inato perdera seu jeito pueril e se transformara na vivacidade pronta e ligeira de uma moça, cuja beleza cativava quantos a viam. Quando ria, e gostava de rir e ria frequentemente, sua jovialidade era de uma pureza tão primaveril, que até mesmo os mais rabugentos não podiam deixar de rir com ela.

Na idade de sete anos, Teresa havia desejado veementemente uma morte de mártir, mas na idade de catorze, achava pouco tudo quanto pudesse tirar da vida, o que significava para ela ser cortejada e admirada. Na idade de dez anos, tinha escolhido o traje de freira como atavio para todo o resto de sua vida, pois desejava agradar a Deus. Agora não tinha outro pensamento senão aumentar sua beleza com adornos e folhos, pois desejava agradar ao mundo. Gostava imensamente da cor laranja e dela usava sempre que possível, pois as laranjas acabavam justamente de ser introduzidas na Europa e eram ainda olhadas como um luxo reservado ao gosto requintado de poucos.

Sua imaginação vívida aplicava-se agora à invenção de novas burlas e distrações. O pátio não era mais um campo de batalha para combatentes da fé; tinha-se tornado o campo de jogo de formosos *caballeros* verdadeiros e reais e não apenas produto da fantasia caprichosa de Teresa. Amadurecera em feminilidade e, durante algum tempo, sua vida prosseguiu um curso normal.

A severa etiqueta espanhola, que não tolerava contato entre pessoas jovens de sexo diferente, a menos que fossem parentes, estava ainda em vigor naquele tempo. Mas viera a desempenhar cada vez mais o papel de engraçada velha dama de companhia, a quem as jovens a seu cargo conseguiam a cada passo lograr. Todos os belos *caballeros* solteiros de Ávila descobriram subitamente que estavam um tanto quanto aparentados com Teresa e rivalizavam entre si pela primeira dança com sua bela "prima", por um sorriso dela ou por um olhar encorajador.

A piedosa menina tinha atingido perfeita mestria na arte de distribuir olhares prometedores a cada um dos pretendentes até que um dia encontrou o "primo" que, dali por diante, teria exclusivo direito a todos os seus olhares e a todos os seus sorrisos. Foi este o começo do primeiro amor da muito cortejada jovem beldade e bastante de acordo com o modelo dos tempos.

No século XVI, o amor tinha cessado de ser meramente um sonho romântico de felicidade. Tornara-se um assunto extremamente realista. O anjo guardião do primeiro amor de Teresa não foi uma fada benévola, mas justamente uma prima mais velha de uma menos próspera linha colateral da família Cepeda. Esta prima sabia mais a respeito da vida do que Teresa e era bem versada em questões de amor. Encarregou-se ela de contrabandear à vigilância de dom Alonso, introduzindo na casa fortificada as primeiras cartas de amor de um admirador de Teresa. Entregou ao destinatário as respostas de Teresa e tratou de arranjar uma entrevista secreta dos dois.

Fortes paredes e a severidade antiga de dom Alonso preservaram a casa dos Cepeda contra as aberrações da era vindoura. E agora a força inimiga dos tempos modernos aprontava-se para semear sua semente justamente no solo do pátio dos Cepeda. A filha de dom Alonso foi afetada pelo novo espírito e, com descuidada exuberância e alegria de vida, cercava-se de um grupo de gente jovem, a quem os esplendores da mundanidade mantinham fascinada.

No pátio dos Cepeda, o novo século dançava a *lavolta*, aquela mesma dança que a mocidade de Sevilha, ébria de vida, dançava diante da Porta de Ouro. Na casa de dom Alonso a nova era trabalhava e divertia-se doidamente, pois estava cansada da solenidade do passado. Uma nova geração namorava e divertia-se, sem se preocupar com ameaças de castigo e fogo eterno.

Os rostos de todas aquelas jovens beldades de Ávila brilhavam com o mesmo carmim artificial que as mulheres de Sevilha aplicavam a suas faces, quando saíam para a Porta de Ouro, a fim de receberem os navios que voltavam com homens e ouro.

Teresa de Cepeda, a filha de dom Alonso, estava a ponto de vender sua virtude à licenciosa idade nova, que havia penetrado no pátio interno da fortaleza dos Cepeda, à guisa de parente e hóspede. Mas antes que chegasse a hora que a prima marcara para o primeiro encontro clandestino, a educação severa de Teresa levou a melhor e, amedrontada diante de sua própria temeridade, confessou tudo a seu pai.

Nessa ocasião, já não era mais viva a mãe doente de Teresa. Maria, a filha mais velha de dom Alonso, que poderia ter servido de guia à sua irmã, com maternais conselhos, estava prestes a casar-se e tinha seus próprios problemas. Não havia na fortaleza dos Cepeda mulher madura que pudesse prestar auxílio a uma moça para evitar todos os perigos e quedas dos anos difíceis da adolescência. Dom Alonso decidiu portanto confiar o cuidado de sua filha às freiras agostinianas de Ávila. Sua escola conventual era uma das poucas instituições remanescentes em que a disciplina medieval e o rigor continuavam a prevalecer. Quarenta freiras estavam vigilantemente de guarda à boa conduta e à virtude das almas que frequentavam a escola.

O vermelho artificial do carmim foi limpo do rosto de Teresa. Seus vestidos cor de laranja foram substituídos pelo mais simples traje conventual. A graça bailarina de seu andar teve de adaptar-se ao compasso solene das procissões em torno do claustro. Em vez de prazerosos namoros, haveria preces e devoções e as histórias edificantes da madre superiora foram o único substituto para os deliciosos bilhetes do primo e os mexericos de suas amigas.

A princípio, sentiu-se Teresa profundamente infeliz na sua piedosa prisão. Sua natureza vivaz e animada, porém, não podia manter-se para sempre naquele abatimento de espírito e, dentro em pouco, conseguiu aproveitar o melhor que podia daquilo que não podia ser mudado. Aprendeu a usar com boa graça seu simples traje conventual. Não mais se ressentiu das solenes procissões. Rezava como lhe mandavam que fizesse. E ouvia com paciência as edificantes histórias da superiora. O encanto de sua natureza alegre não a abandonou. Desarmava a todos quantos a cercavam e arrancava do rosto mais severo, dos lábios mais hermeticamente fechados, uma palavra cordial ou um sorriso encorajador.

Depois de poucas semanas, Teresa tornou-se a favorita das freiras agostinianas. Era um raio de luz nos sombrios salões do convento. E passado o primeiro ano, à medida que corriam os dias e semanas do segundo, ao aproximar-se o termo de sua estada no convento, devendo ela em breve voltar ao mundo, as boas freiras fizeram uso de toda espécie de piedosos estratagemas para induzir Teresa a tomar o véu e ficar com elas.

Mas Teresa não planejava coisa alguma dessa natureza. Com toda a sua docilidade, estava apenas esperando o momento em que poderia lançar fora o opressivo traje monacal e voltar a usar um vestido mundano e uma vida mundana. Ansiava e rezava para que chegasse o dia em que as orações constantes cessassem e pudesse ela de novo retomar sua vida interrompida de beldade admirada, com danças e namoros.

"Tinha imensa aversão em tornar-me freira", confessou ela mais tarde e acrescentava que a simples ideia disso a enchera de desgosto. Verdade é que se tornara amante do convento, mas somente como se pode a gente tornar desejosa de um descanso de viajar ao longo de sua caminhada. Seu lar estava lá fora no mundo e tudo quanto desejava justamente agora fazer era ter paciência e esperar até que seu aprendizado passasse e pudesse voltar à sua vida entre as pessoas.

Então subitamente esta vida que estava a ponto de tornar-se a de uma comum dama espanhola, foi cortada cerce e, em vez dela, continuou a vida de uma santa. Não começou numa onda de luz sobrenatural, nem em sublimidade celestial, nem em exuberância de gozo; começou num *tremende,* em "algo que fazia tremer"; começou na escuridão da noite, em fraqueza mortal, em lamento desesperado e em dor insuportável.

Teresa acabara de completar quinze anos. Até então sempre fora uma moça saudável e bem disposta. Estava cheia de planos para um futuro feliz e desde que seus dias na escola conventual estavam prestes a terminar, cumpria seus deveres com redobrado zelo.

Um dia, em meio da rotina habitual, foi subitamente dominada pela doença. Começou esta por um ataque de inexprimível fraqueza; mal podia ela conservar-se de pé. Depois uma dor penetrante traspassava-lhe o peito e espalhava-se rapidamente até o fundo do estômago, até o pescoço e os membros e finalmente tomava-lhe todo o corpo. Pensou que iria morrer naquele mesmo instante.

Ali jazia ela, mísera criatura, tremendo de dor e tentando desesperadamente escapar às suas garras cruéis. O rosto mostrava-se de um vermelho flamejante; sua respiração era ofegante e curta. A vida em seu corpo parecia estar pronta a lançar tudo num desesperado ponto final. Palavras murmuradas, não articuladas sob controle consciente, saíam-lhe dos lábios; depois, nada mais senão gemidos dolorosos. As freiras estavam certas de que o fim havia chegado.

Mas foi apenas um primeiro ataque. Poucos minutos depois as dores cederam tão súbita e inesperadamente como tinham vindo. A tensão de seu rosto relaxou-se. Seus olhos voltaram a brilhar. Sua respiração tornou-se tranquila como antes. Suas faces apresentaram de novo sua cor normal. Teresa levantou-se. Falava como de costume. Pôde retornar de novo à rotina cotidiana que o súbito ataque havia interrompido.

Superficialmente tudo continuou de novo seu curso normal. Mas em seu coração não podia Teresa achar repouso. A memória da terrível experiência a perseguia. Vivia aterrorizada à simples ideia de que, a qualquer tempo e em qualquer parte, suas forças pudessem abandoná-la de novo, que seu corpo pudesse de novo ser transformado num amontoado de dores e que o mundo em torno dela pudesse de novo ser separado de seus sentidos. A luz do dia não era mais o que tinha sido. Trazia consigo uma linha de escuridão e, sobre todos os seus planos de felicidade futura e de alegria, pairava o constante perigo de um ataque renovado.

Seus temores foram justificados. Depois de algum tempo, o ataque sobreveio de novo. E mais outra vez e mais outra. E de cada vez a dominava com a mesma subitaneidade. Então Teresa verificou que caíra vítima de uma insidiosa doença.

Mas esta terrível doença iria precisamente ser a primeira fase de sua santidade. Seu tormento era o arauto de uma felicidade nunca sonhada. Teresa tinha de sofrer dores e doenças, antes de poder tornar-se eleita de Deus.

Justamente como nos mais ocultos processos da natureza, tremores violentos correm pela terra para anunciar o começo das erupções vulcânicas; como a maré vaza antes de encher; como as dores precedem o parto; da mesma forma, de acordo com a mesma misteriosa lei, as convulsões físicas são muitas vezes o começo de erupções espirituais, que marcam o início de uma forma mais elevada de existência; da mesma forma é a doença a maré vazante nas vidas de homens e anuncia a vinda da maré alta de Deus; e da mesma forma em vidas santas e seculares, a santidade e a grandeza nascem muitas vezes entre dores e moléstias.

O grande poeta Novalis perguntou: "Não é muitas vezes a doença o começo do que há de melhor nos homens?" Como Teresa, o frívolo e jovial João Bernardone, filho de um comerciante, foi arrebatado pela doença de suas ligações mundanas e posto no caminho que o levaria a tornar-se *il Poverello*, são Francisco de Assis. O cavaleiro Íñigo de Oñez, cuja vida fora dedicada às vaidades do mundo, reconheceu, no correr de sua penosa reconvalescença, que as ambições mundanas são indignas e mudou seus objetivos seculares em objetivos celestiais de sua nova vida, graças aos quais veio a tornar-se são Inácio de Loyola.

Como Teresa, muito santo preparou-se numa extrema escuridão de uma noite de padecimentos e dores para sua jornada ao longo da estrada brilhante que leva às glórias celestiais. O apóstolo Paulo, que viu o Senhor numa visão, trazia suas enfermidades como um "espinho na carne". Um súbito ataque de doença tinha feito tombar o perseguidor dos cristãos, Saulo, no seu caminho para Damasco. Então o Senhor lhe aparecera. Ferido de cegueira, jazia ele num quarto de hospedaria à beira da estrada. E de súbito, a luz irrompeu dentro dele e o cego Saulo tornou-se o vidente Paulo.[3]

Santa Hildegarda de Bingen, a grande antepassada espiritual de Teresa, no século XII, escreveu uma vez: "Durante quase uma vida inteira, lutei contra as visões que o Senhor me enviava, até que finalmente o divino látego me derrubou em meu leito de doente. Então, compelida por tantos sofrimentos, comecei a escrever e, à medida que proclamava minha visão, recobrava minhas forças e levantei-me do leito."

Para muitos grandes profetas, reformadores e fundadores de uma nova fé, a dor e o sofrimento foram uma grande dádiva da graça divina. Maomé, o profeta que conquistou o céu para os infiéis, sofreu, como Teresa, durante toda a sua vida, o látego de ataques epilépticos. Mas o que havia começado como insuportável tortura transformava-se afinal numa felicidade e, daí por diante, cada novo ataque lhe comunicava novas revelações e novas graças. História bastante semelhante pode-se contar a respeito de Cromwell, Lutero e muitos outros.

---

[3] É possível ver-se a Deus face a face *nesta vida*? Sim, dizem os teólogos, mas apenas *"per mode um actus"*, privilégio extraordinário talvez concedido a são Paulo e a Moisés. (*N. do T.*)

Em tempos que concebem a grandeza como grandeza na fé, a doença produz santos e profetas e fundadores de novas fés; mas em tempos em que a grandeza se manifesta em realizações artísticas ou científicas, o produto da doença é igualmente muitas vezes um homem de gênio na arte ou na ciência. A dor torna-se uma tensão que pode ser aliviada pelo trabalho criador e o fato estranho da doença age como penoso estimulante, não diverso do grão de areia que se introduz dentro da ostra e se torna causa e centro de uma pérola.

Para o poeta Alfredo de Musset, a doença significava inspiração e Heine, que passou muitos anos de seu período criador como um cadáver vivo no seu "colchão-sepultura", louvava-a como o primeiro móvel de toda criação. O poder produtivo da dor manifesta-se nas vidas de grande número de homens criadores e a biografia de quase todo gênio é um tratado sobre conexão entre o sofrimento e a realização.

Os imortais *Pensamentos*, de Pascal, erguem-se contra um fundo de doenças infindáveis. Por trás das grades de sua cela, entre os mais terríveis ataques e longos lapsos da mais profunda letargia, Auguste Comte construiu a maravilhosa estrutura de pensamento de sua *Filosofia positiva*.

Vicente Van Gogh escreveu numa carta a seu irmão: "Quanto mais caio aos pedaços, quanto mais inválido e fraco me sinto, tanto mais artista me torno; pois graças à doença concebo ideias em profusão para trabalhar." E de fato, no caso de Van Gogh, a doença foi o irritante que tornou o dotado copista formalista de Millet o maior gênio da pintura moderna.

Uma doença, completamente igual à em que a santidade de Teresa criou raízes, deu a Dostoiévski o abençoado poder de produzir suas maiores obras. Passando em revista a história da doença e produção de Dostoiévski, pode-se muito bem confundi-la com uma história do sofrimento e da santidade de Teresa. "Estranha e insuportável doença sempre me torturou", escreve Dostoiévski. "Sentia muitas vezes que ia morrer instantaneamente e depois algo se seguia semelhante à verdadeira morte: ataque que usualmente terminava em estado de letargia." Embora Dostoiévski sofresse grandemente com esses ataques, durante toda a sua vida não ignorava a força criadora que estava inerente a eles e aos mesmos se referia chamando-os de sua "doença sagrada". "Em tais momentos", escreveu ele, "sinto como se o céu houvesse baixado à terra para devorar-me. Vós, homens de boa saúde, não podeis experimentar que sensação de felicidade tal doença pode proporcionar. Não trocaria pela felicidade de tal segundo todas as alegrias da vida."

Quando o estado de Teresa na escola deixou de apresentar melhora, dom Alonso levou-a para casa, pois esperava que, fora da disciplina do convento, viesse a recobrar a saúde mais depressa. O resultado que esperava não se realizou porém.

A casa fortificada para onde voltou a paciente já não era mais a mesma. Sombria quietude pesava sobre ela. O círculo espirituoso que a cercara em anos passados já não estava mais ali. A maior parte de seus primos, atendendo ao chamado dos tempos, havia deixado Ávila. Trabalhavam para casas comerciais em Sevilha, ou viajavam na esteira dos conquistadores por distantes terras. De seus irmãos, somente os dois mais novos, Lourenço e Antônio, tinham ficado em casa. A maior parte de suas amigas estava casada e tinha acompanhado seus maridos para as grandes cidades. Joana, sua favorita, permanecera em Ávila, mas, desiludida da vida, tomara véu de freira.

Por esta ocasião, estava Teresa apenas com cerca de dezesseis anos de idade. O espelho ter-lhe-ia mostrado o mesmo rosto fascinante de outrora. Com um pouco de pó e de *rouge* e um sorriso poderia ela encher em pouco tempo o pátio de nova turma de *caballeros* cortejadores e de amigos admiradores. A interrompida alegria de sua mocidade podia ter continuado. Mas seu olhar feliz, seu sorriso despreocupado tinham sido afugentados pela doença. Ali estava ela, doente e desalentada, com o olhar vago a errar pelo pátio, que lhe parecia escuro e estreito como o de uma prisão. Pois ele continuava a ser o que a imaginação de Teresa dele fazia.

Às vezes, lembrava-se ela das conversas frívolas e fáceis dos anos passados e via-se de novo como a beldade espirituosa e bastante cortejada. Mas um instante depois, seu pensamento se detinha de novo na sua presente condição e uma pobre moça, abalada pela doença, caminhava desamparadamente, para baixo e para cima, no pátio da prisão.

O contraste entre o passado e o presente tornava-a cada vez mais penosamente ciente de seu lastimável estado. O silêncio na casa fortificada mantinha-lhe viva a lembrança de quão cruelmente a doença lhe crestara todos os sonhos e esperanças da mocidade. Naquele estado de depressão, a moça doente caía mais prontamente vítima dos ataques, que ocorriam agora com frequência sempre crescente.

Dom Alonso era a única pessoa em contato com Teresa e não a mais apropriada. A vida reclusa que ele levava na sua casa quieta e deserta, havia incrementado suas tendências introspectivas. Passava os dias quase inteiros em sua biblioteca dedicado exclusivamente a seus livros de devoção. Embora idolatrasse sua filha, não podia, dominado por histórias de heróis e de santos, encontrar caminho para o coração da jovem, cujo problema era simplesmente o de estar com a vida despedaçada. A edificação que retirava de seus autores piedosos não podia ser de auxílio para sua filha melancólica. E quando sobrevinham os ataques, olhava-os com um espanto desesperado.

Decidiu confiar a moça aos cuidados de sua filha mais velha, Maria, que vivia numa pequena propriedade rural, em Castelanos. Esperava que o ambiente rural, juntamente com o cuidado amoroso de Maria, pudesse melhorar o estado de saúde de Teresa.

Tão logo seu estado o permitiu, dom Alonso pôs Teresa sobre uma mula e partiu para uma viagem de dois dias. Em caminho, pararam em Hortigosa, onde vivia Pedro de Cepeda, irmão mais velho de dom Alonso.

Ali, em um dos quartos menores de sua magnífica mansão, o tio de Teresa havia vivido durante anos a mais severa vida ascética, como um homem de Deus. Dom Pedro vivia de todo para a vida de além-túmulo, seu interesse pela vida aqui na terra havia-se desvanecido por completo e quando afinal falava das coisas deste mundo, só o fazia até o ponto em que elas pudessem servi-lo nos seus preparativos para a grande jornada para Deus. Sua conversa com os hóspedes inesperados foi exclusivamente relacionada com as coisas sagradas.

São Jerônimo, o sábio eremita do quarto século, era o modelo escolhido por dom Pedro. Dos escritos admonitórios de são Jerônimo, tirava ele o padrão para todos os seus atos. Entregou à sua sobrinha um daqueles pesados tomos e pediu-lhe, para edificação de todos, que lesse algumas passagens que ele havia marcado.

Teresa sentia certo ressentimento contra aqueles textos, que lhe lembravam sua meninice e foi, a princípio, por mera cortesia que satisfez o pedido de seu tio. Mas enquanto lia, seu interesse foi despertado, e dentro em pouco escutava sua própria voz com a mesma devota atenção de seu auditório. Agora a voz que lia as palavras de são Jerônimo não era mais a voz de monótono enfado que tinha sido; era uma voz de piedosa concentração. Uma moça atemorizada e doente estava lendo a mensagem do reino dos céus como uma mensagem de alívio para os sofredores e doentes. E quando partiram no dia seguinte, Teresa pediu a seu tio um volume dos escritos de são Jerônimo, que desejava levar consigo na sua viagem para o interior.

A princípio, o ambiente rural não pareceu produzir a esperada melhora. Nem o terno cuidado de sua meia-irmã nem as distrações da vida campestre puderam restituir-lhe a jovial disposição. As palavras confortadoras de seus parentes a atormentavam e só se sentia feliz quando a deixavam sozinha no quarto, absorvida na leitura do livro de são Jerônimo. Suas palavras de promessa do reino dos céus, dirigidas a todos aqueles que lutam aqui embaixo por levar uma vida agradável a Deus, reviviam nela o velho sonho de tornar-se freira. Seu antigo amor pela vida e pelo mundo, porém, não estava inteiramente morto; estava apenas doente; e tão logo houve a mais fraca esperança de recuperação, renovou ele suas exigências à intimidada paciente, disposta a procurar refúgio num convento.

Depois, certo dia, deparou Teresa, nas suas leituras, com as ameaças de são Jerônimo de castigo e de fogo infernal. Todas as coisas por que ansiara sua frustrada fome de vida, o desejo de ser admirada, os namoros, os casos secretos de amor, até mesmo os inofensivos excessos no trajar e no pintar-se, todas essas coisas eram enumeradas ali e condenadas, uma por uma, como infalíveis guias para o inferno. E se a retórica de são Jerônimo fora impressionante, quando descrevia com melíflua ternura as alegrias que o céu poderia prometer àqueles que voltassem costas ao mundo, muito mais o era agora, quando começava com violentas censuras a descrever o tormento infernal que aguardava aqueles que haviam dedicado suas vidas às coisas mundanas. Teresa ficou vivamente aterrorizada.

Pouco tempo depois, sofreu outro severo ataque. Maria passou a noite à sua cabeceira. Jazia ela ali em letargo e sua irmã estava prestes a perder toda esperança.

Na manhã seguinte Teresa deixou o quarto e, para surpresa de todos, era outra pessoa. Como se sua doença houvesse desaparecido sem deixar traço, dava de novo a impressão de uma jovem sem cuidados. Ninguém compreendia a causa desta súbita transformação. A própria Teresa explicou muitíssimo mais tarde que as ameaças de são Jerônimo de retribuição no inferno tinham feito por ela o que suas promessas de alegria celestial não tinham sido capazes de fazer. O temor do inferno induzira a indecisa moça a escolher entre as alegrias celestiais e as alegrias mundanas. Decidiu dar costas ao mundo e pôr-se a caminho do céu. Uma vez que resolvera tornar-se freira, as dores e sofrimentos a abandonaram. Era como se as "pequenas mortes" de sua doença tivessem apenas servido de pungente lembrança da iminência dos perigos infernais. A melancolia que lhe ensombrecera a alma havia desaparecido também. A luz celestial, em cuja direção ela agora se movia, não conhecia sombras. E dores e doença, vida e morte, tudo se transfigurava no seu esplendor.

Outrora, Teresa planejara fazer-se freira, mas depois, quando se tornara consciente de sua beleza e de seu encanto, rejeitara a ideia como pueril e ridícula. Agora, porém, quando a doença a esclarecera sobre a transitoriedade das glórias do mundo, quando as ameaças do inferno lhe encheram a alma de inexprimível horror, nada podia fazê-la desistir de seu voto.

No temor de que seu plano pudesse de novo ser impedido, conservou-o em estrito segredo. Depois de sua volta a Ávila, só à sua amiga íntima Joana fez partícipe de seu segredo, pois a própria Joana era freira e seria capaz de ajudá-la a atingir o seu alvo.

Para não atrair a atenção do demônio, que está de tocaia em toda parte do mundo, que se embosca no conselho dos amigos, bem como nas mentes cheias de dúvidas dos parentes bem-pensantes, empregou Teresa piedoso estratagema: para que ninguém pudesse suspeitar de suas intenções, participava das atividades sociais, conversava, sorria e namorava como nos velhos tempos. Mas finalmente resolveu dar adeus ao mundo. Certa vez, um *caballero* exprimira em termos nada imprecisos sua admiração pelas pernas bem-feitas de Teresa e ela replicara sem demora: "Olhe bem, talvez seja sua última oportunidade!" Todos riram e acharam que ela pensava em casamento e que sua resposta era alusão à iminência de sua união com outro apaixonado. Por essa ocasião, porém, já havia ela completado seus preparativos para vestir o modesto traje das esposas de Cristo.

Logo que Joana dera termo aos arranjos necessários, de modo que Teresa tivesse simplesmente de apresentar-se no convento das carmelitas da Encarnação, para ali ser recebida como noviça, decidiu ela informar seu pai do que tencionava fazer.

Dom Alonso ficou siderado. Na verdade, era um bom cristão. Admirava os santos e os mártires e suas vidas de sacrifício inspiravam-no e edificavam-no. Mas afinal era também pai, ligado à sua filha por amor terreno. O cristão e o pai entraram em conflito e o pai venceu e protestou veementemente contra o plano de Teresa. Dom Alonso estava em bons termos com seu Deus. Deu-Lhe tudo quanto Lhe devia e mais ainda, mas não era possível que o Senhor exigisse o sacrifício de sua filha.

Teresa sempre fora uma filha obediente, mas o inferno era uma coisa muito séria, e as severas ordens de dom Alonso não podiam induzi-la a abandonar seu plano. Para escapar à vigilância do pai, fez ela agora, na idade de dezessete anos, o que havia feito tempos antes quando tinha sete anos. Fugiu. Então havia persuadido seu irmão Rodrigo a fugir consigo para a terra dos mouros e agora levou consigo seu irmão mais moço Antônio, na sua fuga do mundo.

Certa manhã, cedo, Antônio e Teresa deixaram a casa fortificada. Separaram-se diante do portão do mosteiro de Santo Tomás, onde o grande inquisidor Torquemada jaz sepulto. Antônio entrou e pediu aos frades dominicanos que o admitissem como noviço. Teresa seguiu para o convento carmelita da Encarnação, poucas milhas adiante da cidade, onde sua amiga Joana a estava esperando.

O plano de Antônio fracassou tão logo cruzou ele os umbrais do mosteiro. Era em Santo Tomás que dom Alonso costumava confessar-se e os dominicanos tiveram cautela bastante de mandar saber dele se era de seu consentimento a decisão de Antônio. Pouco tempo depois, apareceu dom Alonso no mosteiro e levou de volta para casa seu filho fugitivo.

Graças à previsão e à habilidade de Joana, o plano de Teresa foi muito mais bem preparado. Dom Alonso foi também notificado do passo que a filha dera, mas chegou ao convento apenas a tempo de ver como eram cortados os belos cachos de Teresa e como trocava ela suas roupas mundanas, cor de laranja, pelo branco véu de noviça carmelita. Defrontava-se ele com um fato consumado e tudo quanto podia fazer era dar sua bênção tardia.

No convento carmelita da Encarnação, isolada do mundo pelas pesadas paredes, acreditava-se Teresa a salvo de todas as tentações. "Estava cheia da maior das alegrias", escrevia ela mais tarde, a respeito de sua entrada para o convento, "e Deus converteu a acidez de minha alma amargurada na maior das ternuras." Mostrava-se zelosa e alegre no cumprimento de seus deveres de noviça. Obediência para ela significava libertação; sua cela era um lar verdadeiro; e a renúncia enchia-a de completa alegria.

Não durou muito, porém, a felicidade inicial de seu noviciado. O temor do inferno, que a havia levado a tomar o véu, e o zelo com que prosseguia no seu caminho para o céu aguçaram-lhe o olhar para o que se estava passando em redor dela. Para grande decepção sua, descobriu que o lugar para onde fugira achava-se ainda no mundo do qual tencionara escapar.

O principal inimigo era o espírito de mudança dos tempos. Na verdade, as paredes da Encarnação eram espessas e altas, mas separavam o convento do mundo lá de fora apenas no espaço e não no tempo. E então como agora, o tempo queria dizer mudança; queria dizer mudança de coisas e de pensamentos; era uma força que tudo invadia e que tudo abarcava. Dentro e fora da Encarnação, o tempo havia mudado da Idade Média para a Idade Moderna. Nenhuma parede nem baluarte podia impedir a entrada do tempo. Não havia lugar fora de seu alcance. Ninguém podia a ele escapar. A vida laboriosa do mundo e a vida de contemplação no convento, a distração e a renúncia ocorriam no mesmo século, estavam afinadas ao mesmo tom de vida.

As paredes da Encarnação eram medievais, mas aquelas que viviam por trás delas eram filhas dos tempos modernos. O véu pertencia à Idade Média, mas as mulheres que o usavam eram do século XVI. As orações, missas, devoções, observâncias, todos os elementos da rotina que regulavam a vida diária das carmelitas vinham dos tempos medievais; mas a vida assim regulada era a vida de freiras do ano 1536. O espírito da Idade Média tinha ditado as formas de oração, a música medieval tinha composto os hinos do coro. Mas aquelas que rezavam as orações e cantavam os cânticos eram freiras de uma era moderna.

A capelinha com seu teto fazendo água, através do qual a chuva podia gotejar sobre as cabeças e ombros das freiras em oração, conservava a fé com o velho voto de pobreza e abnegação. Mas nas celas da Encarnação, que eram realmente pequenos apartamentos com dois quartos, as irmãs sabiam como viver uma vida de renúncia com facilidade e conforto. Nada possuíam, mas aceitavam pequenos presentes. Seus vestidos eram remendados, mas usavam colares, braceletes e anéis. Diante de Deus eram todas iguais, como esposas de Cristo, mas as de berço nobre conservavam o título de "dona". As refeições eram feitas em conformidade com todos os jejuns prescritos, mas eram apetitosas e fartas, e no intervalo delas as freiras comiam toda espécie de guloseimas e manjares.

As piedosas irmãs serviam ao Senhor em castidade e obediência, mas de tempos em tempos tinham permissão de passar um dia fora, ou mesmo longas férias, que podiam gozar como lhes agradasse, com parentes ou amigos lá fora no mundo.

E assim como as moradoras do convento podiam sair para ver o mundo, da mesma forma o mundo podia visitar o convento. A reclusão do mundo não era mais uma autêntica retirada do mundo, mas antes um brinquedo de esconder.

O lar das silenciosas carmelitas abrira suas portas para o culto moderno do falatório e da conversa. Uma das salas da Encarnação tinha sido sublocada ao mundo. Lá em cima, estavam as celas e, apenas a poucos passos abaixo, localizava-se o parlatório, onde as freiras podiam receber visitas de ambos os sexos. Na verdade, havia no *locutório* uma grade de ferro, que separava as freiras de seus visitantes mundanos, mas era uma divisória que separava apenas os corpos no espaço e podia ser transposta pela vista e pelo ouvido. Através dela, o silêncio do convento e a mundanidade barulhenta, a renúncia e a cobiça podiam travar cordial conversação. E no espelho agitado da tagarelice, o mundo se refletia com todas as suas vaidades e tentações.

Na sua quieta cela, Teresa conversava com Deus e sentia-se segura. Mas quando tinha de aparecer no parlatório, via-se confrontada com o mundo de que tencionara fugir. Em breve, veio a reconhecer que seu coração também era um convento semelhante, com celas e devoção no alto e um parlatório a um lance de escadas abaixo. Sua paz de espírito desaparecera. Via que estava ainda dentro do alcance dos poderes do inferno.

Em momentos tais, começava a duvidar do acerto de sua escolha da Encarnação carmelita, como um lugar seguro para sua vida religiosa. E essas dúvidas em sua mente eram o primeiro indício de que a grande reformadora da ordem das carmelitas, que Teresa estava destinada a ser posteriormente, começava a surgir nela. No momento, porém, era apenas uma pequena noviça, cujo dever era ser humilde e obediente. As concessões que a ordem carmelitana fazia às solicitações do mundo tinham sido sancionadas pelo papa, na chamada regra mitigada, e uma noviçazinha não podia ser mais papal do que o papa. O que acontecia na Encarnação era o costume consagrado dos tempos e todas as irmãs, desde a prioresa, a ele se submetiam. A força da convenção abrandou as dúvidas de Teresa e é provável que viesse a submeter-se à rotina estabelecida, que sua vida acabasse por tornar-se igual à das comuns freiras espanholas da época, se a doença não houvesse intervindo pela segunda vez e a houvesse posto fora da rota do sistema aceito.

Depois de haver pronunciado seus votos como freira, seus antigos ataques reapareceram com aumentada violência. Dominavam-na com a fúria tumultuosa das coisas elementais. Nenhuma parte do corpo permanecia ilesa; nenhuma função ficava imune; nenhum membro, nenhum músculo, nenhum nervo escapava da dor abrasadora. E a agonia de suas "pequenas mortes" assemelhava-se cada vez mais à verdadeira agonia da grande morte.

As freiras amedrontadas chamavam-na pelo seu nome. Permanecia ela imóvel. Sacudiam-na, friccionavam-na, punham-na de pé. Todos os seus esforços eram vãos. Seu corpo continuava frio e rígido, como se houvesse ela morrido.

À medida que os ataques se sucediam, a doença estendia seu domínio sobre toda a vida de Teresa. Alguns de seus órgãos nunca ficaram inteiramente livres de dor. E de um ataque para outro, a folga que lhe era dada encurtava cada vez mais. A princípio, era coisa de semanas, mas, afinal, apenas de dias.

Teresa encarava essas provações com desamparado desespero. Outrora havia atendido à exortação que sua doença parecia significar. Havia deixado o mundo e entrara para um convento; mas pela segunda vez e com brutalidade acrescida, barrava-lhe ela o caminho, desfazia-lhe os planos e lançava-a fora da sossegada facilidade da rotina conventual.

Teresa estava destinada a realizar coisas maiores. Iria tornar-se a santa do êxtase e sua doença era um fator a contribuir para o desenvolvimento de sua santidade. Mas até então, esta santidade, amadurecendo sob o véu da dor, era invisível a olhos profanos.

Dom Alonso retirou sua filha do convento e chamou os melhores médicos de Castela para examiná-la. Chegaram eles, solenemente vestidos com suas becas e capelos, com os escritos de Galeno numa mão e o indispensável urinol na outra. Cumprindo os métodos de diagnósticos em vigor, tomaram o pulso e examinaram a urina, com sapiente pedantice. Depois passaram a consultar a autoridade do seu Galeno e disputaram uns com os outros, em teóricas discussões, a respeito da causa do estado da paciente. Mas com toda a sua prolongada falação, não conseguiam encontrar defeito orgânico algum e suas deduções e conclusões teoréticas eram incapazes de explicar os desmaios, a contorção muscular, as convulsões e a rigidez tônica que caracterizavam o caso de Teresa. Era claramente um caso não previsto nos manuais de medicina e as prescrições, que a análise racional silogística dos doutores parecia invocar, mantinham-se sem efeito.

Desde que a ciência tinha fracassado tão lastimavelmente, Dom Alonso decidiu confiar o tratamento de sua filha a um leigo, a uma *curandera*. A de Becedas, que ele consultou, gozava a fama de haver curado inúmeros casos sem esperança. Era uma espécie de naturopata e só receitava na primavera, quando as ervas começavam a repontar. Estava-se agora no começo do inverno, e, portanto, ficou decidido que Teresa passaria os meses intermédios com sua irmã Maria, no campo. A viagem foi de novo interrompida em Hortigosa, e de novo a curta estada em casa de Dom Pedro acarretou mudança decisiva no desenvolvimento espiritual de Teresa. Foi uma dessas pequenas coincidências que sempre parecem desempenhar um papel nas mãos de uma necessidade maior.

Desta vez, o piedoso tio presenteou sua sobrinha doente com o livro de um frade franciscano, o espanhol Francisco de Osuna. Sua intenção era lê-lo na sua viagem para Castelanos, mas veio ele a tornar-se seu guia na sua viagem para Deus. Intitulava-se o *Abecedário do Terceiro*, e em vez de oração verbal, que se tornara uma rotina formal, ensinava uma forma espiritual de oração silenciosa. "Deus vive sem falar, é a essência da quietude", ensinava este místico discípulo de são Francisco, "e somente aqueles que se aproximam d'Ele em silêncio podem ouvir e receber uma resposta." Era uma espécie de ABC espiritual de uma linguagem silenciosa, que Osuna chamava a língua-mãe do céu.

Quando, durante sua estada no campo, os ataques diminuíam às vezes, Teresa praticava o ABC místico e a mesma excitação jubilosa que as crianças experimentam quando aprendem a soletrar as letras no seu primeiro ano tomava conta dela. E deleitava-se verdadeiramente como uma criança que está quase a dominar os rudimentos da soletração e sente vagamente que as letras formarão palavras e frases, com significação e coerência, que são a chave para um mundo onde só pode entrar por meio de assídua prática. Sua boca, acostumada à palavra falada, não era ainda capaz de rezar em silêncio e invocar a Deus por Seu nome silencioso. O ouvido inábil não podia ainda compreender a linguagem sem palavras do Senhor. Nem tinham seus olhos adquirido ainda a capacidade de ver o que não é visível. O primeiro raio de luz que emanava para ela do livro de Osuna era simplesmente um bruxuleio na escuridão de seu quarto de doente, pois na vida de Teresa a doença era ainda mais forte do que a santidade.

Quando chegou a primavera, Teresa viajou para Becedas. A cura era uma espécie de choque terápico medieval e consistia principalmente em drásticas tentativas de excitar o organismo inteiro. Todas as espécies de ervas vomitivas e purgativas eram usadas para limpar o corpo. Mas uma vez que a *curandera* achava que a doença era como um mal demoníaco que se havia metido na doente, acrescentava a seus expelentes naturais toda sorte de cozimentos exorcísticos que ela preparava por meio de fórmulas mágicas, de dedos de rãs da fonte, de asas pulverizadas das primeiras moscas e excrementos frescos de cobras.

O demônio da doença de Teresa não somente não se deixou intimidar por toda a feitiçaria da *curandera*, mas redobrou realmente sua oposição e pareceu ressentir-se da intervenção desautorizada da feiticeira nos seus próprios negócios privados. A cura da *curandera* demonstrou ser mais desastrosa do que a própria doença.

"Não sei mesmo como pude suportar aquilo", escreveu Teresa na sua autobiografia. "Fiquei três meses naquele lugar, sofrendo as mais terríveis dores. Em dois meses, minha vida esteve prestes a findar-se e a severidade da dor em meu coração, para a cura do qual estava eu ali, tornou-se muito mais aguda; parecia-me de vez em quando que meu coração vinha sendo mordido por agudos dentes. Havia grande perda de força, pois uma excessiva aversão pela comida não me permitia tomar outra coisa que não líquidos. A febre nunca me deixava e aumentou durante o tratamento. Parecia-me que tremenda conflagração ia-me consumindo internamente. Meus nervos começavam a contrair-se. As dores que sofria eram intoleráveis e achava-me tão dominada pela mais profunda tristeza que não tinha descanso, nem de noite, nem de dia. Em resumo, esta cura deixou-me apenas um fraco sopro de vida."

Quando o pai de Teresa a levou de regresso a Ávila, no verão de 1537, era um destroço humano que se dirigia para a casa fortificada dos Cepeda. Teresa ansiava pela morte como único meio de libertar-se de seu tormento e pediu para confessar. Supersticioso amor induziu dom Alonso a negar-lhe o pedido. Temia que tal confissão, concebida como preparação para a morte pudesse, por algum modo mágico, acelerar a própria morte.

Privada da derradeira consolação que o sacramento poderia ter-lhe dado, a paciente entrou num estado de excitação que nem o corpo nem a alma podiam suportar por mais tempo. Na mesma noite, sofreu um ataque que ultrapassou em fúria tudo quanto havia ela experimentado antes. Suas convulsões tornaram-se um delírio de dor. Enraiveceu-se contra si mesma. Suas unhas lanhavam-lhe a carne. Dava gritos de angústia. Mordia a língua. O halo da morte irrompia de seus lábios azulados. Mas o horrível tormento continuava, até que ela por fim caiu em estado de coma, no qual permanecia fria e imóvel, como se houvesse sido afinal aliviada de todo o sofrimento humano.

Passaram-se uma noite e um dia e não havia ainda o mais leve sinal de vida no seu corpo prostrado. Os doutores tentavam tomar-lhe o pulso, mas não conseguiam senti-lo. A mão que pegavam estava sem vida e gelada. O espelho, que colocaram diante de sua boca, permaneceu claro do sopro da vida. "Está morta!", disseram eles, e para eles o caso estava liquidado.

"Minha filha não está morta!", gritou dom Alonso, como se houvesse perdido o juízo. Não era possível que Deus quisesse puni-lo tão duramente.

Passou-se uma segunda noite e Teresa não havia ainda recuperado os sentidos. Já era tempo de começar os preparativos para o funeral. O corpo devia ser lavado. Devia ser enrolado em mortalha e era preciso acender velas à direita e à esquerda, à cabeceira do ataúde.

Duas irmãs da Encarnação rezavam e faziam o velório. Na manhã seguinte, as freiras cavaram e sepultura de Teresa no cemitério do convento. Na capela, foi rezada uma missa por alma da falecida e as irmãs cantaram solenes hinos funerários.

À tarde, a prioresa da Encarnação apareceu em casa de dom Alonso, a fim de levar o corpo de Teresa para o convento. Com a teimosia de um pai amoroso, dom Alonso recusou-se a deixar que a enterrassem. "Minha filha não está morta!", gritava ele mesmo agora, quando o corpo estava pronto para ser enterrado. A dor e o pesar pareciam ter-lhe feito perder as faculdades mentais. A prioresa teve de voltar sem levar a efeito seu propósito.

Na noite seguinte, a terceira depois do ataque, o irmão mais moço de Teresa estava de vigília. Pela manhã, foi dominado pelo sono. Quando despertou, viu o ataúde em chamas. Uma das velas tinha-se consumido até o fim e caíra em cima da mortalha. Em pânico, gritou pelos criados que procuraram apagar o fogo. Dessa forma foi Teresa salva de morrer queimada.

Durante um dia e meio, estivera a cova de Teresa pronta para recebê-la no cemitério do convento. Todos os preparativos para o enterro estavam prontos. As irmãs mostravam-se encolerizadas com aquela inconveniente demora e, pela segunda vez, a prioresa foi à casa de dom Alonso para exigir o corpo que pertencia ao convento. Entrou resolutamente no quarto mortuário e, com grande espanto, encontrou Teresa, a quem julgava morta e pronta para ser enterrada, calmamente sentada no ataúde. Nas suas pestanas, viam-se ainda os pingos de cera que haviam caído das velas derretentes, mas falava ela a dom Alonso num tom claro e natural de voz, implorando-lhe que a deixasse confessar-se. Era como se estivesse apenas terminando a frase que o ataque havia interrompido, como se o período de quatro dias de absoluta ausência de vida não houvesse transcorrido. Agora a prioresa, que tinha vindo reclamar o cadáver de uma de suas freiras, nada podia fazer senão satisfazer os desejos daquela que acabava justamente de voltar à vida, indo chamar seu padre confessor.

Depois que Teresa se confessou e comungou, sentiu a alma aliviada. Sua enfermidade física, porém, continuava sem mudança. Na sua autobiografia, dá ela viva descrição dos efeitos devastadores causados por aquele derradeiro ataque: "Depois daqueles quatro dias, durante os quais estive sem sentidos, tão grande era minha angústia, que só Deus sabe o intolerável sofrimento que eu suportava. Minha língua estava toda mordida; minha garganta estava obstruída por não haver eu tomado coisa alguma e por causa de minha fraqueza, de modo que não podia eu engolir nem mesmo uma gota d'água; todas as minhas juntas pareciam estar desconjuntadas e a desordem na minha cabeça era extrema. Estava eu contorcida como um rolo de cordas — resultado das torturas daqueles dias —, incapaz de mover braço, pé, mão ou cabeça, mais do que se estivesse morta, a menos que os outros me movessem... só um dedo, parece-me, da mão direita, podia eu mexer. Quanto a tocar-me, era impossível, pois estava eu tão dolorida que não podia tolerá-lo. Costumavam mover-me num lençol, cada uma pegando numa extremidade."

Neste estado, de acordo com seus desejos, foi ela levada de volta para o convento, no Domingo de Ramos do ano 1537. "Ali", relata ela, "receberam aquela que haviam esperado como morta; mas seu corpo estava pior do que morto... Era impossível descrever minha extrema fraqueza, pois não era eu senão ossos."

Durante oito meses, esteve Teresa na enfermaria do convento, totalmente paralítica e torturada por dores incessantes. Afinal, quando o ataque cedeu um tanto, quando pôde por fim arrastar-se pelo quarto, foi levada para sua cela, onde passou mais três anos em estado de paralisia parcial e com severas contrações. Não havia sinais de melhora. Durante três anos, levou uma vida de inválida.

Finalmente, Teresa viu-se livre do arrocho deformante da doença, mas mesmo depois continuou a sofrer toda espécie de outros males e doenças. "Tão fraco era meu estômago", escreve ela, "que durante vinte anos só podia conservar nele algum alimento lá pela tarde. Na verdade, eram raras as vezes em que não me sentia atormentada por várias e severas dores."

Os médicos modernos atribuíram ao atraso da medicina escolástica a responsabilidade do fato de encararem seus colegas do século XVI a doença de

Teresa como um mistério inexplicável. Naquele tempo não tinham os médicos conhecimento bastante exato da estrutura do organismo; nada sabiam a respeito de hormônios; não estavam equipados com captadores de ondas cerebrais, cardiógrafos, raios X, registradores do metabolismo e todos os demais auxílios a diagnósticos que tornam possível à medicina moderna desencavar as mais ocultas moléstias.

Mesmo supondo que nenhum daqueles meios pudesse produzir o resultado desejado no caso de uma doença como a de Teresa, ainda assim não estaria a medicina moderna disposta a admitir sua derrota. Porque quando um fenômeno patológico não pode ser rastreado até uma causa fisiológica, pode ser o caso remetido ainda à ciência da psiquiatria, que atribuirá a uma perturbação psíquica a responsabilidade pela moléstia orgânica. Há nos anais da experiência clínica da psiquiatria moderna considerável número de casos em que certos estados de consciência ou de excitação psíquica têm causado modificações anatômicas ou funcionais em tecidos e órgãos.

Nossa ciência contemporânea sumariaria os sintomas da doença de Teresa da maneira seguinte: suas convulsões eram contrações tônicas; a rigidez de seus músculos uma forma de tetanização muscular; a sensação de obstrução, que lhe dificultava tanto o engolir, era um *globus hystericus*; suas dores intoleráveis, indicação de hiperestesia; seus frequentes desmaios extáticos, devidos a desordens nervosas no sistema circulatório; e toda a sua doença, que a afligia desde a adolescência até a idade madura, era um exemplo clássico daquelas perturbações psicofisiológicas que podem ser às vezes observadas em mulheres entre a puberdade e a menopausa. No diagnóstico final, poderia ocorrer pelo menos algum desacordo sobre se o caso de Teresa era simples histeria ou histerepilepsia. Quanto ao melhor tratamento possível, não haveria dúvida alguma. Consistiria em duchas de água fria com luminal e dilatin como medicamentos e, possivelmente, psicanálise.

Contudo, a mais cuidadosa análise médica haveria de errar o alvo. Indicaria uma doença, mas não o fenômeno oculto por trás dela. Este pertence a uma esfera fora da província da ciência médica. O que se torna manifesto na vida de santa Teresa é a interdependência entre a doença e a grandeza criativa. O dela é um dos casos em que o termo doença como tal nada pode explicar. O fenômeno patológico apenas aprofunda o milagre. E uma simples patografia de santa Teresa é justamente tão inadequada, quando tomada como tentativa de definir sua verdadeira natureza, como todas as patografias que tentaram explicar a grandeza de são Paulo, de Lutero, de Maomé ou Dostoiévski, em termos exclusivamente médicos.

Um médico moderno verdadeiramente grande, Karl Luig Schleich, cujo nome está não somente ligado a seus êxitos contemporâneos em psiquiatria, mas que é famoso pela sua descoberta da anestesia espinhal, conta-se entre os raros cientistas dos tempos modernos que vieram a reconhecer que a nomenclatura médica não pode fazer justiça aos fenômenos ocultos sob os sintomas de histeria. Para ele, a histeria é uma expressão meramente simbólica para alguma coisa não observável na natureza. Na sua opinião, a histeria significa que o espírito ganhou domínio sobre a matéria, que está tentando formar um organismo segundo sua própria imagem. Na base dos fenômenos a que aplicamos o nome de histeria, há um complexo de ideias concebidas no espírito, mas atuando no corpo. A essência real desta doença só pode ser entendida, de acordo com Schleich, na base do princípio metafísico que jaz sob toda a criação.

O mundo com suas variegadas formas foi criado segundo um modelo de uma ideia plástica. E isso é que pode ser precisamente visto na histeria, através do poderoso microscópio, por assim dizer, que nos permite estudar a vida e o crescimento na natureza um tanto mais perto do que o olho nu e o chamado senso comum saudável são capazes de fazer.

Se se examina com cuidado a doença de Teresa, torna-se indubitavelmente claro que um princípio mais alto está nela em atividade, e isto a tal ponto que a doença e a santidade aparecem às vezes, simplesmente, como duas diferentes manifestações de uma e mesma força criativa.

A vitalidade de Teresa representa assim um tipo bastante peculiar de existência santa, em que o sofrimento desempenha um papel nas mãos da grandeza, em que o paciente dá a deixa para o santo. As dores cortantes, que a separavam do gozo mundano da vida, guiavam seus pensamentos na direção da felicidade celestial e quanto mais sua vontade pessoal é eliminada em períodos de desmaio físico tanto mais prontamente dá ela caminho ao governo pela vontade superpessoal de Deus.

Mas a função da doença, no caso de Teresa, não se exaure em purificação e mudança de vida. Torna todos os seus sentidos e todo o seu corpo mais receptivos, mais sensíveis e prontos para as experiências supersensuais. Sua doença efetuava uma brecha nos baluartes corpóreos de sua existência e, através dela, forças mais altas eram capazes de nela penetrar. "Às vezes", escreve ela, "uma sensação da presença de Deus me dominava, inesperadamente, de modo que não me era possível de maneira alguma duvidar de que Ele estivesse dentro de mim, ou de que estivesse eu inteiramente absorvida por Ele." Esta sensação veio a tornar-se mais e mais a força decisiva na vida de Teresa e finalmente culminou naquele estado de fascínio extático, que nenhum ser criado pode atingir por meios puramente criados, porque este estado de existência jaz fora do domínio dos sentidos. Nele Teresa via o que os olhos não podem ver; ouvia o que os ouvidos não podem ouvir; e compreendia o que o pensamento não pode imaginar.

No seu *Castelo interior*, Teresa escreveu a respeito dessas coisas: "A gente se sente inteiramente transportada para outra e bem diferente região daquela em que vivemos, onde uma luz esplende tão celestial que, se durante uma vida inteira quiséssemos tentar descrevê-la e as maravilhas vistas, não haveria possibilidade de fazê-lo com êxito. Num instante, a mente aprende tantas coisas ao mesmo tempo, que se a imaginação e a inteligência gastassem anos tentando enumerá-las, não poderiam recordar uma milésima parte delas."

Tentando descrever estes êxtases, diz Teresa que neles "um voo para o alto se efetua no interior da alma e isto com a velocidade de uma bala disparada de uma arma". E nestes estados, tal superioridade é dada às vezes às forças interiores sobre as exteriores, à alma sobre seu corpo, ao céu sobre a terra, que as leis da natureza são suspensas, que a terra se move fora de seu eixo de gravidade, que, quando a alma parte em seu voo para o céu, o corpo é imponderavelmente erguido do chão. Extraordinários acontecimentos na alma casam-se a extraordinários acontecimentos na matéria; o êxtase é completado pela levitação.

O que aqui acontece é coisa fora do natural. A continuidade do mundo físico sofre interrupção. O tempo se dissolve na eternidade e a natureza abre caminho para o sobrenatural. Contudo, tudo isso ocorre dentro do domínio do espaço criado e do tempo. Uma freira carmelita do século XVI, no convento da Encarnação em Ávila, é arrebatada ao céu, enquanto seu corpo paira acima do chão. O paradoxo torna-se fato. A existência humana torna-se divina. A doença fornece a dinâmica tangível. A doença é o abismo de sofrimento e de morte, sobre o qual a natureza executa seu pulo para dentro do sobrenatural.

Quando a doença suspende todas as funções da vida orgânica, segue-se um interregno, que dá origem a uma nova forma de existência. É a existência do êxtase, dotada de poderes sobrenaturais. Quando os olhos do corpo estão cegos à luz da natureza criada, porque o impacto da doença cerrou as pálpebras sobre eles, então novo olho se abre, capaz de perceber o esplendor de Deus. Quando a doença ensurdece o ouvido físico, a própria alma torna-se capaz de perceber as palavras inaudíveis que a voz do Criador diz. Quando a inconsciência vela os espelhos da percepção física, a derradeira essência das coisas aparece sem reflexos e imaterializada. Quando a razão é reduzida a nada pela investida da doença física, então a revelação pode começar a falar verdades que excedem a razão. Quando o coração cessa de bater aos ritmos deste mundo, então novo coração surge que bate aos ritmos de Deus.

A subitaneidade dos acessos de Teresa, com suas abruptas mudanças da vida para falta de vida, treinara-lhe o corpo para mais elevadas mudanças da existência natural para os êxtases sobrenaturais. A ressurreição da morte, milagre de todos os mitos, a sequência do lento perecer e da mais alta vida, tiveram a realidade da verdade histórica. Das "pequenas mortes" de uma freira espanhola nasceu santa Teresa, a santa do êxtase.

Teresa estava com quase dezessete anos quando foi dominada pelo primeiro ataque de sua doença. Tinha quarenta e três quando recebeu a graça de seu primeiro arroubo extático. Havia experimentado inúmeras "pequenas mortes" antes que, por fim, a santidade pudesse cristalizar-se na doença, a felicidade arrebatante do tormento físico.

Durante estes vinte e cinco anos de quase contínuo sofrimento e dor, sua santidade era simplesmente uma pequena faísca que bruxuleava através da escuridão de uma noite interminável. Mesmo quando finalmente luziu em chama mais brilhante, sua luz conservava uma linha negra como vestígio da doença de onde havia brotado. Seus raptos extáticos exibiam todos os sintomas de seus ataques mórbidos e deles diferiam somente em que ocorriam em esferas sobrenaturais. Relatos de testemunhas oculares, como o da irmã sacristã de Toledo, revelam que, em seus êxtases, Teresa não tinha controle sobre seus sentidos, que seu pulso parava de bater, que sua respiração se interrompia, que todo o seu corpo ficava tão rígido que não podia ser movido e que suas mãos e pés esfriavam, como se ela estivesse morta.

Quase a sua vida inteira consistia em dias de sofrimento, em noites de dor e letargias semelhantes à morte. No começo, buscou ela o auxílio dos homens na sua luta contra a doença. Mas depois de algum tempo, abandonou os remédios dos doutores e passou a confiar na "medicina dos santos", que não tenta remover a doença, mas ensina como suportá-la.

O exemplo do sofredor bíblico e, ainda mais, as palavras de Cristo, no Evangelho segundo são Mateus, "E aquele que não toma a sua cruz e não me segue não é digno de mim", eram a fonte de sua energia e tornaram finalmente possível que seu sofrimento perdesse seu aguilhão e sua doença o poder de amedrontar. Reconhecia que eram parte de sua sina e aceitava-os humildemente.

O perigo realmente grande na vida de Teresa não estava acoitado no quarto de doente, mas no parlatório. Não eram as dores, mas as distrações que obstruíam seu caminho para a santidade. Não era a doença, mas a recuperação da saúde que abria as portas do quarto da doente e punha-a em confronto com o problema decisivo: o mundo.

Ocorreu isso no ano 1540.

Teresa veio a recobrar a saúde, de um dia para outro, depois que os doutores haviam dado o seu caso como incurável. Uma manhã, despertou e achou que seus membros não se sentiam mais paralisados. Era capaz de levantar-se e andar como dantes. Ela mesma atribuiu esta recuperação de saúde, já sem esperança, à força da oração. Cientistas modernos, como por exemplo Alexis Carrell, afirmaram poder a oração concentrada acumular energias curativas, que afetam o organismo de tal maneira que distúrbios funcionais e defeitos anatômicos são removidos. As freiras da Encarnação, que haviam deixado Teresa no dia anterior como uma inválida na sua cela, pensaram que era um milagre de Deus verem-na caminhando livremente ao encontro delas.

Teresa reintegrou-se na vida do convento; podia atender a seus deveres de monja; podia tomar parte nas devoções da comunidade; podia cantar no coro e visitar o parlatório. Voltava, cercada do halo de alguém que fora agraciado por um milagre. Todos se recordavam do Domingo de Ramos, três anos passados, quando Teresa, a quem os médicos haviam declarado morta, voltara à vida e fora carregada em um lençol pelas ruas de Ávila até o convento da Encarnação. Durante o tempo de sua paralisia total, toda a cidade tomara ativo interesse pela lastimável sorte da monja incurável. E agora, podia ser ela vista de novo por trás da grade do parlatório, andando abaixo e acima como todas as outras graças ao poder da oração. Um milagre ocorrera no convento da Encarnação. Qualquer visitante poderia vê-lo com seus próprios olhos, poderia ouvir como ele ocorrera dos próprios lábios de Teresa.

Nada mais natural que a cidade em peso se encarreirasse para o convento. Vinham todos, parentes e amigos, o fiel que desejava encontrar confirmação para a sua fé, o curioso e os céticos que esperavam desmascarar uma pia fraude. Às portas da Encarnação, longas filas de visitantes esperavam pacientemente a sua vez.

A prioresa não tardou em reconhecer as grandes vantagens que poderiam advir para a Encarnação desta inesperada modificação dos acontecimentos. Teresa era um exemplo vivo do poder da fé. O convento das carmelitas era pobre, e se Deus o tinha escolhido como cenário de Seu milagre, obviamente queria Ele distingui-lo, por um sinal especial de Sua graça. Numa época em que os ricos preferiam inverter seu dinheiro no comércio e no tráfico, somente uma ocorrência extraordinária poderia induzi-los a serem liberais com donativos caridosos. Assim foi Teresa encorajada e teve mesmo ordem para aparecer frequentemente no parlatório, mesmo em detrimento de seus exercícios devocionais. Este pio cálculo deu certo. Teresa tornou-se uma exibição sacra, uma fonte importante de renda para a Encarnação.

Cumpria ela seus novos deveres com pronta obediência e até com espírito de satisfeita complacência. Contudo, as dúvidas que, durante o tempo de seu noviciado a haviam perturbado, voltaram à tona outra vez advertindo-a com sempre crescente insistência de que o mundo estava de novo a preparar-lhe uma armadilha, pois no parlatório via-se cercada por gente que se maravilhava apenas diante do visível milagre de sua volta à saúde, sem suspeitar de coisa alguma a respeito do invisível milagre, muito maior, das visões místicas, que não podiam ser trazidas da solidão e da quietude de sua cela.

Sua experiência íntima da santidade era forçada a competir com sua vida no parlatório; o indescritível, o invisível e místico milagre, conhecido só de Deus, era forçado a rivalizar com o milagre descritível e demonstrável de seu restabelecimento. Era aparente que a mística monja na sua cela sossegada entraria, mais cedo ou mais tarde, em conflito com a atração que o convento exibia no parlatório. Foi um fator externo, um ardil diabólico da sorte que trouxe a furo a situação.

A força que arrastava sempre mais gente de Ávila ao parlatório da Encarnação, atraindo a todos com um fascínio nunca diminuído, era a beleza natural de Teresa, que sua doença servira apenas para aumentar. O sorriso delicado, em que uma donzela de vinte e dois anos e um anjo pareciam estar sorrindo juntos, seu encanto etéreo e a mágica de suas palavras, em que a inteligência terrestre de um ser humano casava-se à experiência sobrenatural de uma alma que havia provado a morte, eram o deleite de todos os visitantes. Havia em tudo isto um elemento picante que tornava o parlatório do convento um ponto de encontro da vida social de Ávila, tendo Teresa como centro.

Mas sua beleza não poderia transitar sem tributo. Quem agrada, sentirá o prazer de agradar. A princípio, Teresa fora ao parlatório, em espírito de devota obediência. Mas depois de algum tempo, permanecia ali porque achava difícil resistir ao deleite de ser admirada. No parlatório, era uma serva do mundo, não apenas em cumprimento de seu voto de obediência, mas também por causa de seu próprio gozo. E justamente então o mundo com todos os seus acontecimentos, manifestações e experiências apresentava o contraste mais agudo com o que era revelado a Teresa na reclusão de sua cela. Nunca antes fora a arte da conversação tão exclusivamente ligada às coisas da terra. Nunca fora ela tão exclusivamente determinada pela confusão e pela evanescência dos fenômenos terrestres. Passava-se dificilmente um dia sem acontecimentos surpreendentes. O povo vivia em constante tensão e o ritmo de sua conversa modelava-se segundo o compasso de suas vidas. Em determinado momento, as notícias da descoberta de uma nova lei cósmica enchiam a inteligência de admiração desmedida, mas um momento depois era a nova de que um navio, com um carregamento de ouro, havia chegado a Sevilha, que excitava a imaginação. Ora o povo era abalado por um novo poema místico, relativo à paixão de Cristo, para logo depois entusiasmar-se, da mesma forma, por um tecido laranja que uma visitante trazia e fazia andar de mão em mão no parlatório como uma curiosidade esquisita. Um minuto antes, aqueles homens e mulheres tinham ouvido, de respiração entrecortada, o mais recente veredicto da Inquisição e agora concentravam seu divertido interesse no mais recente mexerico que corria na cidade. Narrativas de aventuras em terras distantes, o renovado problema do amor platônico e a estreia de um alegre gracioso em alguma nova comédia eram avidamente discutidos como tópicos do dia, com o mesmo grau de fascinação. A conversa daqueles homens e mulheres, justamente como suas vidas, mudava de um tema para outro, sem rima nem razão, sem continuidade ou perseverança. As formas de conversação social, que sobreviveram até os dias atuais, desenvolveram-se no século XVI. Foi no tempo de Teresa que se cultivou o tom e o curso leve e fácil da conversação superficial, o dito e a réplica rápidos e inteligentes, essa forma de diálogo que não mais tencionava clarificar, edificar, mas simplesmente dar e encontrar distração na multiplicidade da vida.

Contudo, a oração espiritual que Teresa praticava em sua cela exigia contemplação de Deus em concentração sobre uma e única essência.

Como aumentassem de frequência as visões místicas de Teresa, tornava-se cada vez mais evidente que não é apenas uma diferença em grau que separa alguém, a quem Deus escolheu, de alguém que se aquece ao calor da admiração de um grupo variegado de socialidades mundanas. Somente um lance de escadas separava a cela de Teresa do parlatório. Todos os dias, Teresa descia este lance de escadas. Mas de dia para dia, de momento para momento, a distância crescia. Continuou a crescer até que se tornou o abismo que separa o céu da terra. Na sua cela, Teresa sentava-se como um anjo no céu, conversando com Deus em silenciosa prece. Sua descida ao parlatório era a queda de um anjo. Como um anjo caído, dava ela ouvido atento às notícias do mundo e participava da frívola tagarelice no parlatório do convento.

Deus não queria perder sua monja, e mostrava-se bastante paciente. Quando Teresa voltava à quietude de sua cela, a porta que levava ao céu estava sempre aberta. De cada vez, prometia a si mesma nunca mais descer ao parlatório. Mas quando o relógio do convento batia a hora da mundanidade, a monja obedecia a seu chamado.

Involuntária e voluntariamente, inconsciente e conscientemente, tinha ela e não tinha culpa ao mesmo tempo. Seus talentos e seu temperamento faziam-na salientar-se na conversação. Gostava de perguntar e gostava de ouvir. Suas respostas eram vivas e prontas. Dominava a arte de fazer sobressair o aspecto saliente e podia contar uma boa história para deleite de todos. Era encantadora e encantava-se a si mesma. Era amada e amava. Quanto mais vezes descia ao parlatório, tanto mais sucumbia aos costumes do mundo. Tornara-se presa da vaidade das palavras.

Quando verificou a que perigos suas mais altas aspirações tinham acabado por ficar expostas, sentiu-se amedrontada e tentou escapar. Mas fracassou miseravelmente. "Por um lado", escreve ela, "Deus estava a chamar-me e pelo outro acompanhava eu o mundo. Queria combinar estas duas coisas opostas: a vida espiritual com seus deleites e a vida dos sentidos com seus prazeres." E quando reconheceu que estas duas coisas opostas não eram compatíveis uma com a outra, decidiu em favor... do mundo.

Teresa, que tinha permanecido firme na tortura e na dor, a quem nenhuma doença tinha sido capaz de deter na prossecução de seus santos objetivos, ergueu a bandeira de rendição diante das vãs distrações do mundo. Sua oração espiritual, sua comunhão com Deus, a quietude contemplativa, as visões místicas, tudo quanto o Senhor lhe dera, decidira agora sacrificar ao mundo.

Um desesperado desamparo juntamente com uma piedosa humildade eram os responsáveis por esta espantosa decisão. "Minha alma", escreve ela, "estava então de tal modo distraída por muitas vaidades, que eu me sentia envergonhada de aproximar-me de Deus em qualquer ato de tão especial amizade, como o da oração mental." Sua decisão foi uma espécie de punição infligida a si mesma. A santa privava a monja do dom da graça.

Teresa abandonou a oração do silêncio. Deus não mais apareceu em sua cela. Suas revelações lhe foram negadas. Não tinha mais visões. Tomava parte na devoção da comunidade, ouvia a missa, cantava no coro e... conversava no parlatório. Participava da rotina cotidiana de todas as outras freiras, mas ainda assim... não se achava submergida nela.

Estava destinada a tornar-se uma santa. Um destino é uma força que pode tomar um atalho, mas não perde de vista seu alvo e move-se em meio da escuridão da noite, clarividentemente, na direção do objetivo visado.

Depois de haver Teresa renunciado à oração espiritual, durante um ano e meio, seu pai veio a falecer. No seu leito de morte, encontrou ela o frade dominicano Vicente de Barrone. Até o fim, fora ele o padre confessor de dom Alonso. A confiança que seu falecido pai tinha posto, durante toda sua vida, na experiência e no saber de seu guia espiritual fazia parte da herança de Teresa. Diante do ataúde de seu pai, dirigiu-se ao monge e revelou-lhe as inquietudes de sua alma agitada. Como havia abandonado a oração espiritual, os motivos que a haviam induzido a assim fazer, tudo isso revelou ela e nada reteve, nem mesmo o mais leve pecado de pensamento.

Era a confissão de um santo. O frade dominicano via apenas uma contrita freira carmelita e não conseguiu descobrir em todas as acusações que fazia ela a si mesma o menor traço de pecado. Suas visitas ao parlatório estavam de acordo com uma convenção estabelecida e sancionada por uma "regra mitigada". Suas conversações através da grade eram uma forma de distração que nenhuma das pias regras violava. Tranquilizou Teresa, absolveu-a de culpa em virtude da autoridade de que a Igreja o investia e encorajou-a a retomar sua oração espiritual.

Este bom monge de Ávila, que não podia ver para além do horizonte de sua paróquia, não conseguiu apreender o conflito da alma de Teresa e, contudo, seu conselho foi decisivo no futuro desenvolvimento de sua santidade.

O tempo que Teresa havia perdido sem oração espiritual foi por ela descrito mais tarde como a época mais miserável de sua vida. Quando Barrone a aconselhou a retomar sua silenciosa comunhão com Deus, sentiu-se grandemente aliviada, pois durante o exílio que impusera a si mesma na terra, fora constantemente perseguida por nostálgicos pensamentos do céu. Todavia, a alegria de sua absolvição pelo padre confessor dominicano não ficaria livre de renovados tormentos. Quando retomou sua oração espiritual, reapareceram de novo suas visões místicas, mas, ao mesmo tempo e quase automaticamente, também suas antigas dores de consciência. Agora que a divina felicidade, que já dera como perdida, voltava-lhe, tornou-se ainda mais penosamente cônscia da discrepância entre o parlatório e a cela. Vicente de Barrone, a quem a vista de Deus nunca fora revelada, não podia ver dano em sua presença no parlatório. Mas ela, a quem Deus havia escolhido, que tinha comungado com Deus em contato imediato, sentia o peso esmagador da incompatibilidade dos dois mundos. "Sofria bastante na oração", queixa-se ela, "pois o espírito era escravo, e não senhor, de modo que era incapaz de retirar-me para dentro de mim mesma, sem ao mesmo tempo encerrar dentro de mim mil vaidades."

Nessa sua agonia mental, passava de um confessor a outro. Todos eles lhe prestavam ouvidos com paternal benevolência, mas nenhum deles a compreendia, pois o que santa Teresa achava ser pecado, a Igreja não cogitava de incluir na sua lista de pecados. Jazia fora do escopo das leis humanas. Seu destino obrigava-a a ser mais rigorosa do que as regras do convento, mais santa do que a Igreja, mais piedosa do que o mais piedoso dos pios.

Sua consciência era mais sensitiva do que a de seus confessores. Falava a linguagem da penitência, que somente podem compreender aqueles que experimentaram a graça da concentração criativa e conhecem, por conseguinte, o pecado contra o espírito, o pecado da distração e da dissipação. Homens, como são Bernardo, o santo da contemplação, ou o místico Mestre Eckhart, teriam sido capazes de apreendê-lo; mas também homens como Newton, que confessava ter podido descobrir as leis da gravidade somente porque aprendera a resistir a todas as formas da tentação distraidora. Teresa tinha de seguir seu caminho sozinha, incompreendida até mesmo pelos melhores dentre os cristãos de seu século.

No momento, porém, suas intenções de renunciar ao parlatório não eram bastante fortes. Sua vontade humana e todos os seus esforços não bastavam. Poderia ter continuado, tropeçando e erguendo-se, até que, como ela mesma diz, "caísse diretamente no inferno", se a oração silenciosa e a experiência mística não tivessem realizado aquilo que as mais piedosas exortações da vontade não tinham sido capazes de fazer. Sua energia espiritual ia sempre em crescendo. Crescia em presteza e vigor e veio a desempenhar papel cada vez mais importante em sua vida, até que pôde afinal replasmar toda a sua existência, todo o seu destino.

Um dia, o sino do convento estava dando a hora do parlatório. Desta vez, chamava a freira Teresa mesmo mais tentadoramente do que de costume para fora de sua cela a fim de que mergulhasse na atmosfera da mundanidade, pois alguém, a quem ela gostaria grandemente ver de novo, estava esperando ali por ela. Seu amor dos homens tingia-se da fraqueza que marca todo humano amor. Chegara a singularizar uma "certa pessoa" entre todas e preferia-o, gostando mais de sua conversa. Ora, quando o relógio do convento soou a hora, Teresa deixou a cela, e o céu, Deus e correu, escada abaixo, para o parlatório, onde o preferido esperava ansiosamente que ela aparecesse.

Era ela toda ouvidos, numa conversa incoerente, tão absorvida, tão esquecida de tudo quanto a cercava, que recebeu como que um choque e perdeu mesmo o fôlego, quando de repente percebeu bem junto da forma humana de seu visitante a figura sem corpo d'Aquele que muitas vezes viera vê-la na solidão de sua cela. "Fiquei grandemente atônita e perturbada", confessa ela. Deus, na pessoa do Salvador, havia-a acompanhado até o parlatório. "Cristo estava diante de mim", continuou ela, "severo e grave, dando-me a entender o que na minha conduta O ofendia. Vi-O com os olhos da alma mais distintamente do que poderia tê-lo visto com os olhos do corpo."

O "favorito", ferido de cegueira mundana, continuava sua conversa sem consequências. Teresa não respondia mais. Observava, em extrema confusão, que, enquanto seu visitante terreno falava sem parar, seu visitante celestial permanecia silencioso. Um visitante olhava para ela com admiração cortejante; o outro olhava para ela com severidade e, com sua censura sem palavras, atraía-lhe toda a atenção. Os olhos e os ouvidos de Teresa estavam sempre mais concentrados na aparição silenciosa e não prestavam atenção ao visitante loquaz da cidade. Ele, "o preferido", estivera inteiramente confiante em que aquele seria o dia da vitória de seu irresistível encanto sobre a castidade da bela Teresa e agora achava-se face a face com uma freira distraída, que não olhava para ele, mas fixava o espaço vazio, que não respondia às suas perguntas, mas permanecia ali em mortal silêncio, separada dele pela grade do parlatório profundamente absorta em conversa muda com o ar, com ninguém, com coisa nenhuma. Foi embora, dolorosamente desapontado. Teresa não lhe notou a partida. E quando a hora da visita terminou, estava ela ainda de pé, atrás da grade do parlatório; no espaço vazio; rígida e imóvel.

As freiras, que lhe sabiam da doença, verificaram que era novamente um dos seus ataques que lhe ocorriam de tempos em tempos. Carregaram-na para a cela e a pousaram na cama.

Este incidente durou apenas uma hora, na tarde de um dia de 1542, mas em tempo intemporal durou uma eternidade. Teresa voltou a si rapidamente do ataque e por algum tempo pareceu que a rotina conventual iria continuar como de costume.

Desde o começo, os livros haviam desempenhado na vida de Teresa o papel de marcos indicadores na sua peregrinação para Deus. Um livro mostrara à moça, mergulhada nos prazeres da vida, o caminho para o convento. Um livro conduzira a freira, enredada nos gestos da devoção formal, para a estrada da contemplação. Um livro revelou à paciente, dominada pela dor, a estrada salvadora do padecimento que Jó havia palmilhado. E agora, iria ser de novo um livro que a guiaria. Por acaso deu com as *Confissões* de santo Agostinho, e lendo-as, pensou, como o exprimiu mais tarde, que se estava vendo a si própria. Este santo, que havia vagado e andado sem norte, ao longo de seu caminho para Deus, e que, contudo, havia atingido o seu alvo, revelou a Teresa a estrada de seu destino.

Esta estrada passava por uma coluna do claustro do convento, da qual pendia um retrato do Salvador, coroado de espinhos. A prioresa mandara pendurá-lo ali, em memória da paixão do Senhor, em preparação para a próxima procissão da Páscoa. Nas fileiras de cento e oitenta carmelitas da Encarnação, a caminho da missa, marchava a freira Teresa. Quando a procissão alcançou a coluna, as monjas olharam com piedosa emoção para o sofredor Filho de Deus e fizeram o sinal da cruz. Mas contrariamente aos planos, tiveram de parar, pois uma das freiras, Teresa de Cepeda, saiu da fila, caiu de joelhos em frente da imagem e rebentou em desesperados soluços. As irmãs tentaram acalmá-la e levá-la para seu lugar na procissão. Mas Teresa estava "fora de si", em pleno sentido da expressão. Via o que nenhuma das outras freiras podia ver. Em lugar da imagem, via o próprio Redentor em toda a Sua divindade. Poucos passos adiante dela sofria Ele a morte pelo martírio, para salvação da humanidade.

A monja Teresa, ajoelhada diante do Senhor, chorava sobre a traição diária que lhe fazia, a Ele que assumira o sofrimento de todos os homens. Vergonha, autoacusação e arrependimento explodiam numa torrente de lágrimas. "Aquela visão", escreve ela, "me comovia de tal maneira que meu coração se despedaçava. Quão mal retribuía eu aquelas feridas!"

As outras monjas viram neste incidente apenas um ataque mórbido e, para que a procissão pudesse continuar, afastaram a santa.

Quase todos os que seguiram a estrada que leva a Deus tiveram de passar pelo "negro portão da penitência". Santo Agostinho, justamente como Teresa, rebentara em violentos soluços quando lhe cruzara os umbrais.

Para o místico, a contrição é um segundo nascimento para um mundo mais alto. Assim como a criança saúda a luz deste mundo com choro, aqueles que renascem no espírito acolhem com lágrimas a luz do mundo celestial.

A freira Teresa, renascida no arrependimento, ajoelhou-se numa manhã do ano 1558, juntamente com as outras freiras, absortas em oração, na capela da Encarnação. As freiras entoaram o hino *Veni Creator*. Juntamente com elas, Teresa cantou: "Veni Creator, Vinde Espírito Criador." Mas na sua voz, o arrependimento cantava. O Criador, que tudo ouve, ouvia o cântico das freiras. Ouvia-lhes as vozes e entre elas a voz de Teresa. Mas na voz de Teresa, ouvia Ele também sua prece penitente. Através das eras e das eternidades, ouvia-lhe Ele o chamado e respondia e descia ao tempo, descia à terra, descia à capelinha do convento da Encarnação de Ávila. Libertava a alma de Teresa de seu corpo, arrebatava-a da capela, arrebatava-a do tempo, arrebatava-a até do seu lar no reino dos céus e fazia-a olhar do alto para a vida na terra. Quão fútil lhe parecia! Fútil a terra e a vida no tempo e no espaço e sem dúvida fútil o parlatório da Encarnação! E enquanto a alma de Teresa olhava de tão angélicas alturas para as coisas do mundo, ouvia uma voz dizer-lhe: "Não quero que converses com homens, mas com anjos!"

Embora o corpo de Teresa, com todas as suas funções naturais e todos os seus órgãos e sentidos, tivesse permanecido aqui embaixo, enquanto sua alma subira ao céu, não somente ouvia estas palavras, mais distintamente do que um ouvido carnal pode ouvir o que se diz, mas via também e reconhecia de maneira mais evidente do que mesmo um olho corpóreo ou a percepção física são capazes de fazê-lo, que era o Próprio Senhor quem lhe falava.

Enquanto sua alma estava ligada a seu corpo material, estava ela sujeita à fraqueza humana e às ambiguidades humanas. Mas agora, quando a alma estava livre do corpo, a escravidão da matéria e com ela a fraqueza material haviam desaparecido. O Próprio Senhor tinha-se prestado a ser seu guia, como nenhuma de suas servas na terra, nenhum padre, nenhum confessor fora capaz de sê-lo, por mais que ela necessitasse disso. Naquele momento de êxtase, o destino de Teresa se cumpria.

Depois sua alma voltou a seu corpo. Teresa voltou ao espaço e ao tempo, à capela do convento em Ávila, à manhã de um dia do ano 1558, e todos os seus sentidos lhe eram restituídos. Somente uma coisa o Senhor tinha retido no céu: sua vontade. Mas esta vontade no céu continuava a ser ativa nela na terra. "Desde aquele dia", escreveu ela, "minha resolução de abandonar tudo por causa d'Ele tornou-se inabalável." Havia dominado suas tendências mundanas. Ela própria dividiu sua vida em dois períodos, sua vida própria e a vida de Deus, que ia começar agora. Começava no martírio e a Igreja, enredada nas coisas da terra, traçou-lhe a Via Dolorosa.

Cheia de exuberante alegria, Teresa correu a seu confessor, frei Gaspar Daza. Acabava de ver o Senhor da Igreja, tinha-O visto e tinha-O ouvido mais real e mais verdadeiramente do que qualquer outra coisa no mundo. Mas o confessor olhou para ela suspeitosamente e disse com severidade: "O demônio iludiu vossos sentidos." E com toda a autoridade de sua função, como vigário de Cristo na terra, aconselhou Teresa a resistir desde então a tais "visitas".

A piedosa monja tentou obedecer. Mas Deus era mais forte do que a ordem de Daza. Na vez seguinte em que apareceu ela no confessionário, teve de admitir, completamente intimidada e receosa: "Ele voltou de novo." Espantado e aterrorizado diante da obstinação do demônio, que havia escolhido para sua morada uma freira de sua própria paróquia, Daza recusou indignado permitir que seu piedoso ouvido prestasse de novo atenção a essa vítima de ardis diabólicos.

O venerando padre, frei Gaspar Daza, era um funcionário consciencioso da Igreja e gostava de manter em ordem seus negócios espirituais. A seu ver, as revelações de Deus tinham sido feitas de uma vez para sempre pelos padres da Igreja em seus concílios e a Igreja as havia executado no seu credo e na doutrina. Que Deus de repente lançasse abaixo esta tradição, nitidamente ordenada, e surgisse com uma irregular revelação extra, que Ele escolhesse para esse propósito uma freira carmelita que caía vítima muitas vezes de ataques mórbidos parecia-lhe mais do que duvidoso. Tudo lhe parecia muito mais um ardil traiçoeiro perpetrado pelo demônio nas suas tentativas de comprometer a fé.[4]

A recusa do distinto pastor de receber Teresa no confessionário acarretava graves consequências. A maior parte das irmãs e muitas de suas antigas amigas afastaram-se dela. Acostumada a ser cortejada, era agora evitada, e somente muito poucas lhe permaneceram fiéis. Sem dúvida ter-se-ia ela envolvido com a Inquisição, não fosse o fato de terem, por esse tempo, chegado a Ávila os militantes discípulos de Inácio de Loyola, estabelecendo-se no mosteiro de São Gil, e tomado Teresa sob sua proteção.

A Companhia de Jesus estava imbuída de um espírito inteiramente novo e os confessores jesuítas eram peritos em compreensão psicológica e direção. Inácio, o fundador de sua ordem, que em Manresa tivera ele próprio visões algumas vezes, ensinara-lhes que as visões não eram de modo algum privilégio de escolhidos santos de idades passadas, mas que Deus pode escolher alguém, em qualquer tempo, para agraciá-lo com elas. Mas Inácio, que tinha experimentado visões de Cristo, justamente como Teresa, tinha também sido às vezes iludido por ardis diabólicos e, a fim de distinguir a verdade da decepção, havia ideado um sistema completo de controles, traçado nos seus *Exercícios espirituais*. Para os que sabiam aplicar corretamente esses exercícios, constituíam eles o meio mais seguro de experimentação.

Os padres jesuítas aproximaram-se de Teresa, sem temor nem preconceito. Que fosse uma contemporânea e apenas um ser humano doente, não significava para eles que Deus não pudesse ter-lhe aparecido na pessoa do Redentor e se suas visões eram de Deus ou do demônio deveria ser estabelecido por meio de experiências relevantes.

O padre Diogo de Cetinas, o padre João de Padranos, um padre jesuíta após outro, fizeram Teresa praticar os exercícios e idearam sempre novas experiências controladoras. O zelo dos venerandos padres era aumentado pelo benevolente interesse que o novo geral da ordem, Francisco de Borja, antigamente duque de Cândia, havia demonstrado pelas visões da monja carmelita. Para ele,

---

[4] De fato, pela doutrina católica, o Apocalipse constitui a *última* revelação de Deus. A Igreja é guarda de um depósito doutrinário *completo*. Contudo, pode haver revelações *particulares* e *extraordinárias*. (N. do T.)

que tinha sido também agraciado por muitos sinais da divina graça, uma conversa com Teresa foi bastante para convencê-lo da verdade e da divindade de suas visões.

Os veteranos representantes da Igreja olhavam, no entanto, com suspeita o que os recém-vindos jesuítas estavam fazendo. Induziram mesmo a prioresa da Encarnação que recusasse o acesso dos confessores jesuítas ao convento. Mas então uma rica e conhecidíssima senhora dona Guiomir de Ulhoa, devotada amiga de Teresa, bem como dadivosa benfeitora da Encarnação, interveio e obteve permissão de levar Teresa por algum tempo para sua casa, onde os jesuítas tinham liberdade de entrar e sair como lhes aprouvesse.

Por esse tempo, o padre Baltasar Álvarez tomou a direção espiritual de Teresa. Sua tarefa era completar as investigações do caso insólito que ela representava. Tinha ele apenas vinte e quatro anos e havia-se ordenado recentemente. A despeito de sua mocidade, era o orgulho da província castelhana de sua ordem, principalmente por causa de seu extraordinário saber, de sua perspicácia e de sua indormida austeridade.

Teresa sofreu muito sob sua direção e, lamentosamente, se submetia às mortificações que ele lhe impunha. Este jovem era tão rigoroso nas suas perguntas e exigências, que a fraca e madura freira achava difícil suportá-lo. "Ele ordenava os negócios de minha alma e me inquietou bastante", escreveu ela mais tarde. "Contudo, foi ele que me fez maior bem." E depois acrescentou, com aquele seu característico humor: "Gosto muito desse padre, embora tenha ele muito má disposição."

Por esse tempo foi Teresa dominada por visões. Uma vez, o Cristo ressuscitado lhe apareceu em Sua sacrossanta humanidade, em inexprimível beleza e majestade; depois novamente tornou-Se Ele invisível, de modo que nem mesmo o olhar interior podia vê-Lo, muito embora Teresa soubesse de Sua presença com evidente segurança. Às vezes via a Trindade, depois de novo alguns anjos. Uma visão seguia-se à outra e, depois de algum tempo, surgiam não mais esporadicamente, mas com coerente sucessão. Muitas vezes passava ela dias e semanas em transe visionário. Sentia-se à vontade no mundo de além, como outros aqui embaixo, e os acontecimentos ali ocorriam para ela com santa realidade, como para nós os acontecimentos da terra.

Quando comunicava ela a Álvarez o que via no céu, ficava ele transportado e tinha de lembrar a si próprio a obrigação de não esquecer seus deveres como examinador. Desde o começo tivera ele fé na divindade das visões dela, mas desde que dele se esperava que apresentasse provas, pensava sempre em novos meios de pô-la em experiência.

A fim de excluir até mesmo a mais ligeira possibilidade de decepção, estendeu os exercícios à vida espiritual dela. Tomou-lhe qualquer espécie de livro edificante, pois queria estar certo de que suas visões não eram apenas o produto de sua imaginação, que tais leituras poderiam estimular. Durante estes jejuns espirituais, sofria Teresa agonias de necessidade e privação. Mas depois, um dia, o Senhor apareceu e disse: "Não te aflijas, minha filha. Dar-te-ei um livro vivo."

Para apertar ainda mais a disciplina espiritual, Álvarez chegou ao extremo de proibir as orações espirituais de Teresa. Então o Senhor apareceu de novo e disse num colérico tom de voz: "Isto é por certo tirania!"

Estas duas últimas visões influenciaram Álvarez a tal ponto que decidiu concluir suas exaustivas investigações. Mas justamente naquele momento, o escândalo estalou em Ávila. As visões de Teresa haviam-se tornado o assunto de conversa da cidade e toda ela estava dividida em dois campos. Uns viam em Teresa uma santa, outros — e eram a maioria — uma impostora que enganava seu confessor e deveria ser julgada pela Inquisição. Seus adversários foram ao ponto de compará-la com Madalena da Cruz, aquela notória "visionária de Córdova", por quem até mesmo o Grande Inquisidor e a rainha haviam sido ludibriados e que finalmente, desmascarada como trapaceira, comparecera perante seus juízes, num estado de extrema miséria, com uma corda no pescoço e uma vela nas mãos.

Quando Teresa voltou de novo ao confessionário, falando de uma visão em que o Senhor lhe aparecera numa forma informe, Álvarez olhou para ela, desconfiado. Numa forma informe? Os boatos que corriam na cidade, o caso advertidor de Madalena da Cruz, a sombra ameaçadora da Inquisição, todas essas coisas fizeram-no parar e, mais severamente do que nunca, chamou Teresa à ordem.

— Como sabeis que era Ele, desde que não O vistes? — perguntou-lhe concisamente.

— Não sei como. Tudo quanto posso dizer com certeza é que vi o Senhor perto de mim.

— Mas como se revelou Ele?

— Não era uma visão sensorial e eu não via forma. Nada via com os olhos de meu corpo. Nada via com os olhos de minha alma. Mas sentia Sua presença a meu lado.

— Se não O víeis, nem com vossos olhos do corpo, nem com vossos olhos da alma, como pois podeis sustentar que era Ele? Quem vo-lo disse?

— Ele Mesmo — disse ela. — Mas mesmo antes que Ele Se me desse a conhecer, estava impresso na minha alma com muito maior segurança do que a percepção pelos sentidos poderia fazê-lo.

— Como ouvistes Suas palavras? — perguntou Álvarez.

— Não ouvi palavras. Eram outros os meios pelos quais o Senhor me transmitia Seus pensamentos. Mas era tudo muito mais claro para mim do que uma palavra falada poderia ter sido. Compreendia mistérios bastante profundos a respeito da verdade que é a Própria Verdade. Não tem começo nem tem fim. Ó Senhor meu, que diferença a que existe entre ouvir essas palavras e compreender-lhes a significação de tal maneira! Eu compreendia tudo, embora minhas palavras sejam obscuras comparadas com tamanha clareza.

Álvarez estava extremamente confuso. Sentia-se pronto a acreditar em Teresa, mas sua história era dura de aceitar, mesmo por alguém cuja razão tinha raízes na fé.

Os venerandos representantes da Igreja, Daza à frente, vieram ter com Álvarez e insistiram: "Ela vos está enganando! Ela vos está enganando!"

Chamou ele Teresa e perguntou-lhe:

— Acreditais realmente nas coisas que me contastes ou mas contastes somente para enganar-me?

— Tudo quanto disse era pura verdade — respondeu ela.

Antes de deixá-la ir-se, advertiu-a Álvarez de novo:

— Pensai duas vezes! É realmente como me dissestes ou haveis permitido que vos enganásseis vós mesma com fantasias quiméricas? Sondai-vos vós mesma! Deveis isto à nossa santa fé.

Obedientemente sondou Teresa sua alma. Mas depois de algum tempo a forma informe apareceu-lhe numa visão e lhe falou:

— Nada receies, minha filha, sou Eu.

Ela foi confessar-se:

— O Senhor confirmou.

Álvarez mergulhou em livros e escritos sábios. Leu todas as narrativas autorizadas de visões que pôde encontrar. Leu durante dias e noites e os livros se empilhavam em cima de sua escrivaninha. Certa vez um companheiro jesuíta perguntou-lhe por que tinha ele de andar às voltas com todo aquele material, ao que respondeu enraivecido:

— Devo ler todos esses livros porque quero compreender a freira carmelita Teresa.

Finalmente seus esforços foram recompensados. Na *Summa theologiae*, de santo Tomás de Aquino, encontrou uma passagem relatando, em termos extremamente eruditos, visões que não eram percebidas pelos sentidos, mas em *species imprensa*, pela imediata concepção através do intelecto. Aprendeu que, em tais visões e locuções intelectuais, a revelação do Senhor é dada, sem mediação sensorial, ao próprio poder de compreensão. O Doutor Angélico achava este tipo de visão mais seguro mesmo do que qualquer outro, porque a exclusão dos sentidos excluía também toda espécie de autoengano. De modo que eram visões divinas da espécie das que Teresa dissera ter tido! Sua confiança na veracidade dela estava justificada.

Mas o bando de duvidosos não descansava. Agora insistiam mesmo no exorcismo de Teresa. Álvarez, porém, não se deixaria intimidar. Encorajado pelo seu saber recentemente adquirido, pôs-se como defensor de Teresa. Mas quer tenha sido mera coincidência, quer o diabo estivesse realmente metido nisso, justamente quando Álvarez estava pronto a sair a público com sua defesa de Teresa, foi enviado a uma turnê de inspeção e um lugar-tenente o substituiu.

Tinha chegado agora o momento há tanto esperado por Daza e seu grupo. Não seria difícil intimidar o confessor substituto. Apoiados na força de sua posição na hierarquia da Igreja, foram ter com ele, exigindo que exorcizasse a freira possessa e lançasse fora suas alucinações diabólicas. Obedecendo à pressão deles, o confessor substituto recorreu aos meios mais brutais. Ordenou a Teresa que afugentasse a próxima aparição com um gesto desdenhoso e ofensivo. "Dai-lhe figa!", disse ele. "Se for o demônio, poderá tomá-la como expressão de vosso desprezo, e se for o Senhor, não Se agastará com isso, pois estais simplesmente obedecendo a uma ordem que vos dei para proteger nossa santa fé."

Com grande relutância Teresa obedeceu. "Este negócio de dar figa", relata ela, "causou-me a maior tristeza, pois minha próxima visão foi a do Senhor padecente. Quando eu O vi presente diante de mim, não podia acreditar, mesmo se me cortassem em pedaços, que fosse o demônio, e assim foi aquilo uma pesada penitência para mim. Roguei-Lhe que me perdoasse, uma vez que estava eu obedecendo a alguém que Ele pusera em Seu lugar. Ele me disse que não me afligisse com aquilo, uma vez que Ele faria a verdade ser compreendida."

Quando Álvarez voltou a Ávila, toda a cidade estava em fermentação por causa das visões de Teresa. As últimas amigas que ainda lhe restavam, exceto dona Guiomir, haviam-na abandonado e o escândalo ultrapassara os muros de Ávila. Toda a Espanha estava discutindo as visões de Teresa e, na sua excitação, o público exigia cada vez mais insistentemente que o caso da carmelita visionária fosse investigado pela Inquisição.

Somente a poucos passos de São Gil, agora ocupado pelos jesuítas, erguia-se o mosteiro dominicano de Santo Tomás, onde jazia sepultado o corpo do grande inquisitor Torquemada. O espírito deste homem, morto havia já uma geração, estava ainda terrificantemente vivo. O maquinismo da Inquisição continuava a funcionar com rapidez e precisão. Por toda parte na Espanha as piras ardiam, sobre as quais heréticos e feiticeiras purgavam seus crimes com a morte nas chamas.

Aqueles que queriam ver Teresa entregue às mãos da Inquisição começaram a mencionar o nome de Álvarez, juntamente com o dela. Depois até mesmo ele, seu derradeiro suporte espiritual, tornou-se hesitante e ela receou, como o disse, que não tivesse ninguém para ouvi-la em confissão e que todos fugissem dela. "Não fazia outra coisa senão chorar", acrescenta ela. Contudo, em meio desta barafunda geral, o Senhor apareceu-lhe e disse-lhe: "Não tenhas medo, minha filha. Eu não te abandonarei."

Teresa sabia com absoluta certeza que era o Senhor quem lhe aparecia, contudo... toda a gente suspeitava dela. Nada dizia senão a verdade, contudo... chamavam-na de mentirosa. Via o Redentor face a face,[5] Ele por quem os sinos tocam, por quem as missas são celebradas, a quem toda a cristandade roga em piedosas preces, contudo... os reverendos padres da Igreja a perseguiam, chamavam-No a Ele, que lhe aparecia, de demônio e queriam arrastá-la perante os juízes da Inquisição. Seu padre confessor ouvia a confissão de sua alma, mas não confiava nela. Como podia ele deixar de compreender que as palavras que ela lhe transmitia lhe tinham sido transmitidas por Aquele que o havia ordenado? Tinha ela visto o Salvador e trazia Sua mensagem ao mundo cristão, mas o mundo cristão não queria ouvi-la.

Seu pensamento humano jamais podia apreender tudo isso; teria de rebentar. Seu coração humano jamais podia ter suportado toda a dor imerecida; teria desesperado. Mas Teresa era uma das eleitas. Suas decisões eram tomadas no céu; seu saber lhe vinha pela revelação; sua força era conquistada em êxtase; seu pesar era partilhado pelo Senhor.

---

[5] Reportamo-nos à nota anterior, sobre a possibilidade de ver-se o Redentor nesta vida, face a face. (N. do T.)

Quando o céu baixava à terra nas suas visões, quando o Senhor lhe falava na Sua revelação, a profunda significação de todos os seus sofrimentos se tornava aparente. Transfigurava-se em felicidade celestial. Um dia, quando mal podia ela suportar aquilo por mais tempo, aconteceu que, enquanto estava de joelhos em oração na casa de dona Guiomir, um anjo apareceu a seu lado. "Eu o vi", escreve ela, "junto de mim em forma corporal, do meu lado esquerdo. Era de baixa estatura, mas excessivamente belo. Pela sua cintilante fisionomia, reconheci nele um daqueles espíritos da mais alta hierarquia, que parecem ser um inteiro esplendor: devem ser os que chamamos de querubins. Vi em suas mãos um comprido dardo de ouro e, na extremidade do ferro, parecia haver um pequeno fogo. Este me parecia que penetrava pelo coração algumas vezes e que me chegava até as entranhas. Tão real era a dor, que me fazia dar elevados gemidos e, contudo, tão excessivamente suave que não desejava que desaparecesse. Nenhum deleite da vida pode dar mais contentamento. Ao retirar o anjo o dardo, deixava-me toda abrasada de um grande amor de Deus. Tão confusa ficava eu com esta dor e felicidade ao mesmo tempo, que não podia compreender tal coisa. Contudo, é uma linguagem tão deliciosa de amor que se passa depois entre a minha alma e Deus, que rogo à Sua bondade que Ele queira dá-la a gozar a quem possa pensar que estou mentindo."

Não ousou falar a respeito disto a Álvarez, pois o seu esplendor era por demais caro a seu coração para expô-lo à dúvida e à desconfiança. Durante dias ficou totalmente absorvida por aquela sensação, não falava a ninguém e evitava todo contato com homens.

Mas a felicidade enjaulada exigia expressão e encontrou-a em um de seus mais ternamente fervorosos poemas:

> "No mais íntimo foi meu ser ferido
> e maravilhas tais o golpe trouxe
> que dúvidas não tenho de que fosse
> ele por mão divina desferido.
>
> E embora fosse grave o ferimento,
> pois mortalmente o dardo me atingira
> com dor que igual ninguém jamais sentira,
> é dessa chaga que retiro alento.

Mortal — e como pode então dar vida?
Dá vida — e como pode então destruir?
Como pode curar após ferir
e a Deus fazer-me com mais força unida?

Divina habilidade é de supor
a essa Mão por que a lança é dirigida
que o inimigo atravessa e dá-lhe vida,
curvando-o ao que deseja o Vencedor."*

Entrementes, os negócios de Teresa na terra não haviam melhorado. Todo o mundo estava contra ela, mas a graça do céu estava com ela. Justamente quando a agitação em Ávila havia atingido o auge e todos clamavam a uma só voz: "Levem-na à Inquisição! À Inquisição!", as vozes vociferantes silenciaram de súbito, graças a um inesperado acontecimento. Frei Pedro de Alcântara, o pregador citadino do Senhor, tinha chegado a Ávila e todos corriam para a praça do mercado onde o asceta emaciado, de pés descalços, esqueleto vivo metido num burel, falava à multidão. Alcântara era famoso em toda a Espanha, pois dizia-se que nele havia são Francisco voltado à vida. Justamente como são Francisco, andava pelos bosques e louvava em alegres canções as glórias da criação de Deus. E tão profundamente estava ele imbuído do espírito de são Francisco que se havia dado à tarefa de reformar a ordem franciscana decadente. Fundara vários mosteiros em que os frades franciscanos estavam vivendo de novo como humildes servos de sua dona Pobreza.

As multidões exigiam a atenção do santo homem por si mesmas, mas parecia que viera a Ávila somente para ver uma pessoa: Teresa de Cepeda. Quando se achou rosto a rosto com ela pela primeira vez, foi como se já se conhecessem há muito tempo. Cumprimentaram-se como cidadãos da cidade de Deus e conversaram um com o outro na língua nativa do céu.

Teresa havia encontrado seu paladino. Alcântara escudou-a contra todos os ataques e defendeu a sua veracidade. Sua primeira vitória foi um triunfo sobre as dúvidas da mente do padre Álvarez, e com ele muitos amigos que haviam desertado, voltaram a Teresa. Mas Alcântara trouxe-lhe também novos amigos, entre os quais frei Pedro de Ibáñez, prior do mosteiro dominicano de santo

---

*Tradução de Mílton Amado.

Tomás, e Gaspar de Salazar, reitor de São Gil, a nova casa dos jesuítas. Finalmente, os protestos de Alcântara conseguiram mesmo convencer o arqui-inimigo de Teresa, o desconfiado Daza, da divindade das suas visões.

Quando muitos de seus adversários persistiam na campanha de calúnias, tinha chegado o momento de cumprir Deus Sua promessa. "Farei que a verdade seja entendida!", tinham sido as silenciosas palavras da visão invisível e agora a verdade iria tornar-se audível e visível.

A história relata que um dia — era um dia santo e muitos tinham ido assistir à missa — estava Teresa de joelhos diante do altar, quando foi subitamente arrebatada em êxtase. Diante dos olhos de todos os presentes, a freira ajoelhada pairava acima do solo. Seu rosto, acrescenta a história, estava transfigurado em tão sobrenatural beleza que todos ficaram dominados de admiração e veneração.

Por este tempo, estava a Inquisição ainda em mãos dos dominicanos. Pedro de Ibáñez, o prior de Santo Tomás, bem conhecedor dos processos da Inquisição, aconselhou Teresa a antecipar a ação contra si, expondo seu caso à própria Inquisição, submetendo-lhe uma narrativa escrita de sua vida e de suas visões. Assim, a primeira versão da famosa *Vida*, de santa Teresa, veio a ser escrita.

O conselho de Ibáñez foi bom. Os examinadores da Inquisição estudaram o depoimento da monja carmelita com conscienciosa desconfiança, investigando nele os mais ocultos traços de heresia ou embuste. Mas todo o seu preconceituoso pedantismo não pôde descobrir provas bastantes que justificassem um processo contra ela. Para ficarem inteiramente a salvo da sua parte, submeteram o documento à inspeção do dominicano Banes, temido pela sua inexorável severidade. Leu-o com seu olho experimentado e reconheceu nele provas de revelação divina. Em vez do esperado veredicto de condenação, o Santo Ofício publicou um breve de recomendação, no qual se afirmava que a leitura da *Vida*, de Teresa, serviria para avigorar a fé e edificar os fiéis.

A cidade de Ávila, a igreja cristã e o mundo podiam, sem constrangimento, decidir-se a tolerar e aceitar a freira visionária. Teresa podia viver tranquila na sua cela, sem ser incomodada e plenamente absorvida em suas divinas visões. Mas justamente como a moça Teresa, ao entrar para o convento, não fora destinada a viver vida normal de uma freira comum, da mesma forma a carmelita visionária, em graça de Deus, não estava destinada a levar uma vida plenamente contida na contemplação mística. Era sua missão conhecer os céus, estar à vontade entre anjos, e, ao mesmo tempo, viver na terra e agir entre homens. Os derradeiros vinte anos de sua vida mostram-nos uma mulher prática e ativa, infatigavelmente atarefada na reforma de sua ordem, e fundando, dentro deste período de tempo, dezessete novos conventos. Sua obra prática no mundo e sua vida contemplativa, contudo, não devem ser tomadas como duas faces diversas de sua natureza. Nela tudo era uma mesma coisa e de uma só peça. Da mesma forma que sua doença e suas visões brotavam da mesma fonte, sua contemplação e sua vida ativa tinham uma e mesma origem. Seus trabalhos no mundo tentavam edificar a casa de silêncio e eram portanto orientados no sentido de fazer voltar a Ordem das Carmelitas ao caminho de seu destino original.

Para proporcionar silêncio numa casa na terra, a primeira casa carmelita fora ereta no solitário monte Carmelo. Quando os eremitas carmelitanos emigraram para o Ocidente trouxeram consigo nos lábios e nos corações o silêncio do Líbano, e seus primeiros mosteiros na Europa foram construídos segundo o modelo dos claustros orientais. Desde então, séculos haviam passado e as casas de contemplação dos velhos carmelitas tinham-se tornado centros de vida social para freiras e frades.

O plano de Teresa de reformas monásticas tinha suas raízes em experiência pessoal direta. Passara três anos fora das paredes do convento. Na casa de sua piedosa amiga dona Guiomir, gozara o privilégio da perfeita reclusão, que tornara possível para ela estar pronta, a qualquer hora, dia ou noite, para a meditação, para a visão ou o exercício devocional. Durante este tempo, viveu em quase ininterrupta união mística com Deus. Agora suas férias estavam terminadas e ela voltava do mundo para o convento. Um grupo de freiras barulhentas recebeu-a. Retirou-se para sua cela a fim de contemplar a Deus. Mas a sineta do convento tocou. Chegara a hora do parlatório. Teresa queria ficar na sua cela. Mas as freiras vieram procurá-la. No parlatório visitas esperavam. Diante dela, separado pelas barras simbólicas de uma débil grade, estava o burburinho da vida mundana, estavam os mexericos e ninharias, as lisonjas e presentes. Sentia-se como que torrar nas grelhas da mundanidade. Tentou escapar, mas em vão. O mundo era parte da rotina diária do convento. Sempre, sempre era a contemplação interrompida por ociosas diversões, a humildade desencaminhada pela vaidade, a pobreza pelos presentes.

Enquanto ela própria fora uma vítima dessas tentações, suas lutas desesperadas tinham sido simplesmente relacionadas com sua própria salvação. Fora fraca e nada vira além de sua própria fraqueza. Fora culpada e nada olhara além de sua própria culpa. Mas agora havia ela sobrepujado os perigos da mundanidade na sua própria alma e reconhecia a culpa maior além de sua culpa individual, a culpa do convento secularizado, da regra mitigada da ordem carmelitana, que procurava agradar a Deus e ao mundo ao mesmo tempo.

"Oh! que extrema ruína", exclamava ela. "Que extrema ruína de nossas religiosas, onde o mesmo convento oferece duas estradas, uma de virtude e observância, outra de inobservância, e ambas igualmente frequentadas. As pobres criaturas não têm culpa, pois seguem o caminho que lhes é mostrado. Muitas delas são dignas de piedade."

Mas eram as "pobres criaturas" da Encarnação as únicas a serem dignas de piedade? Em todos os mosteiros e conventos carmelitas da regra mitigada, as almas de freiras e de frades eram confundidas pelas duas estradas. A própria Teresa tinha-se erguido acima dos perigos de tal tentação. Mas não era ela uma dessas que se dão presumidamente por satisfeitas com a salvação de suas próprias almas. Ter sido salva implicava para ela o dever de tentar salvar os outros. Deus tinha-Se entregue a ela em segredo, de modo que podia ela mesma dar-se abertamente aos outros. No silêncio era construída a casa do Senhor, a qual fora ela preparada para ver em seus êxtases, de modo que pudesse construí-la de novo na terra para auxiliar suas irmãs. Em silêncio, encontrara ela o meio de redenção; tinha sido levada a encontrá-lo de modo que pudesse ser capaz de mostrá-lo aos outros.

Se seu plano houvesse surgido exclusivamente de considerações práticas, teria tido de abandoná-lo logo ao primeiro pensamento. Aqui estava ela, uma freira, que nada possuía como próprio, senão as roupas que usava, e decidida a fundar um convento, bem certa do fato que era uma aventura que exigia considerável base financeira. Uma visionária, à vontade no outro mundo, travou a luta com duras realidades, com homens astutos, com freiras ciumentas, com homens da Igreja intrigantes, com todos os caprichos, frivolidades e inconstância do mundo. Uma criatura doente, que passara a maior parte de sua vida em um leito de sofrimentos, que atingira agora a idade de cinquenta e sete anos, tomava em seus ombros uma carga de trabalho, cujo esforço exigido bastaria para sobrecarregar as energias de uma pessoa jovem no apogeu da saúde. Uma mulher da Espanha do século XVI, vivendo numa idade e num país cujas tradições e convenções excluíam as mulheres da participação em todas as atividades públicas, escolhe uma tarefa que a traria à ribalta da atenção pública. A criança de uma era que se entregara à mundanidade empreendia uma tarefa que corria de encontro à mais poderosa tendência dos tempos. Uma freira da ordem carmelitana da regra mitigada era bastante audaz para romper com formas monásticas que, desde seu início, graças ao papa Eusébio, havia um século, haviam-se estabelecido como costumes consagrados. E tudo isso ela fazia sem quebrar o voto de obediência absoluta.

No fim, seu apaixonado querer conseguiu vencer todas as oposições. O capital necessário apareceu subitamente, sem ser solicitado e como coisa natural, como se acabasse apenas de aguardar uma oportunidade de pôr-se a serviço dela. Seu corpo doente provou ser adequado a todas as fadigas, como se a tensão de uma vida ocupada e as enfermidades da idade não pudessem causar-lhe dano, porque fora temperado pelas "pequenas mortes" que sofrera. Infatigavelmente, viajava na sua carruagem sem molas, por estradas estragadas, em todas as direções pelos campos da Espanha. Permutava e barganhava, queixava-se, protestava, arranjava e organizava, e no meio de todos os azares, a mulher idosa preservava a coragem sorridente, o coração jucundo de uma jovem que acha gosto na perspectiva de aventuras, no desafio contra as adversidades.

Ela, que se sentia à vontade no céu, mostrou saber como agir na terra. A visionária, lutando pela sua fundação, desenvolveu espantosa habilidade no trato com homens de negócios e comerciantes e nenhuma das complicações de notas de venda e de cálculos financeiros pôde vencê-la. Nas suas negociações, era um diplomata astuto e dominava a arte de fazer de adversários amigos, de perseguidores auxiliares. Tinha certo jeito de reduzir o orgulho à humildade, de apanhar o astuto em seus próprios estratagemas, de mudar acusações contra o acusador. A agudeza de sua mente levou um dignitário da Igreja, que entrara em discussão teológica com ela, a exclamar cheio de desespero: "Grande Deus, preferia discutir com todos os teólogos do mundo a fazê-lo com esta mulher." E um padre, a quem ela procurara com uma carta de apresentação, escreveu, depois de sua visita, a seu correspondente: "Falais em vossa carta de uma freira, mas haveis-me enviado um homem barbado!"

O gênio desta santa mulher sobrepujava todas as dificuldades, toda a confusão e toda a perfídia do mundo. Por fim, a Espanha, o país onde as mulheres eram consideradas incapazes de grandeza, orgulhava-se de ter dado ao mundo, na pessoa de Teresa, uma das maiores mulheres de todos os tempos; e a Igreja, que se havia oposto a suas aspirações, cancelou, por causa dela, um decreto papal, abandonou costumes havia muito firmados, e recebeu-a, principalmente por causa de sua reforma da ordem carmelitana, na comunidade dos santos.

A carreira de Teresa como reformadora, que prosseguiu através de riscos, de aventuras e de dramáticas complicações, começou como um tranquilo idílio conventual. No curso de uma conversa ocasional, seu ideal há muito sonhado apareceu subitamente nos limites de realização possível. Depois de uma missa de dia santo, rezada na capela da Encarnação, Teresa voltou para sua cela com algumas freiras amigas e uma sobrinha sua, Maria de Ocampo, que viera de visita e falou-lhes a respeito da celebração que acabavam de testemunhar. O estilo de música de salão de concerto e toda pompa e exibição, achava ela, eram feitos para atrair visitantes mundanos a um lugar de Deus, e a missa em conjunto era muito mais uma exibição pública do que um exercício de devoção. O que havia de louco em tudo aquilo aprofundava seu anseio de uma casa de quietude e devoção, não perturbada pelo burburinho mundano de visitantes intrusos, uma casa da espécie da que os fundadores de sua ordem tinham tido no monte Carmelo. Discutiu então essas coisas com suas amigas. Mas o que ela dizia era formulado apenas como um vago desejo de uma freira devota. Então a sobrinha de Teresa interrompeu-a nos seus devaneios com a pergunta por que tal casa não podia ser estabelecida. "Principalmente", replicou Teresa, "porque não temos os meios." Mas isto não podia Maria aceitar como desculpa válida e, com o rápido e pronto entusiasmo da juventude, ofereceu sua herança como capital inicial para a fundação.

No momento em que o sonho criou raízes nas realidades terrenas, a sonhadora provou que poderia fixar-se firmemente com ambos os pés em chão sólido. Para realizar o plano necessitava ela, em adição ao capital inicial, do consentimento do provincial da ordem.

Carecia de qualquer experiência mundana, mas de súbito soube abrir caminho nos negócios do mundo. A proteção aplaina o caminho para o êxito. E assim começou por procurar, em execução de um plano bem traçado, o endossamento de três homens que sabia serem favoravelmente inclinados a seu respeito e que eram, respectivamente, representantes de três das mais influentes ordens monásticas: santo Alcântara, o franciscano; são Francisco de Borja, o geral dos jesuítas, e frei Luís de Betran, o famoso dominicano. Quando chegaram as cartas de recomendação desses três homens, pediu a dona Guiomir que as levasse ao provincial das carmelitas e lhe solicitasse a dispensa eclesiástica. Excelente fora essa escolha de dona Guiomir. Era uma viúva de todos respeitada, que gostava de pôr mão na mediação de negócios sagrados e criara nome como benfeitora liberal da ordem carmelitana. O provincial, Ângelo de Salazar, tendo em sua presença essa nobre senhora e vendo as cartas de recomendação abertas diante de si, não podia bem recusar seu consentimento, pois a petição era piedosa e os fundos já estavam conseguidos.

Começou então Teresa a procurar uma casa. Encontrou o que lhe pareceu bem adequado para o objetivo que tinha em mente e pôs-se a traçar a escritura de compra. Só faltavam as assinaturas. Então a tempestade na Encarnação desencadeou-se. "Que terrível perfídia!", exclamava a prioresa, quando soube dos planos de Teresa para uma fundação rival. "Aquela arrogante doidinha!", acompanhavam as freiras. "Pensa ela que este nosso convento não é bastante bom para sua mercê?"

Em breve a agitação do convento afetou toda Ávila. Entre o povo da cidade encontraram as freiras prontos aliados na sua cólera. "Uma freira tentando traçar escrituras de compra! Deixem-na ficar no convento a que pertence", escarneciam os homens. E as mulheres acrescentavam: "Quanto àquela protetora delas, aquela dona Guiomir, era melhor que tomasse conta de seus filhos órfãos!" Toda a cidade estava enraivecida.

Quando a prioresa foi protestar junto ao provincial, seus protestos tiveram o apoio de uma delegação de vociferantes burgueses. Sob a pressão da opinião pública, Salazar retirou seu consentimento, usando de uma sutileza como pretexto. Disse ele que havia esquecido que os fundos disponíveis não eram absolutamente suficientes para sustentar o novo convento depois de fundado.

Teresa ficou desapontada, mas não desencorajada. O provincial não era a derradeira palavra no assunto. Acima dele, à frente de toda a hierarquia da Igreja, estava o santo padre em Roma e uma dispensa papal se sobreporia a qualquer decisão de um provincial. Essa freira, que contemplava o mundo do abrigo recluso de sua cela, era espantosamente astuta na sua compreensão dos negócios práticos e descobriu imediatamente um meio de atrair a atenção de Roma para seu problema. Recrutou o auxílio de frei Pedro de Ibáñez, prior do mosteiro dominicano de Santo Tomás. Ibáñez não a havia abandonado quando toda Ávila havia suspeitado de suas visões. Ibánez ajudá-la-ia agora a realizar seus planos de uma casa de devoção verdadeiramente cristã. A ordem dominicana era o apoio mais seguro do poder de Roma na Espanha. E depois havia a reputação pessoal de que Ibáñez, um dos mais eminentes tomistas de seu tempo, gozava junto à sede papal. Uma sugestão dele estava certa de ser favoravelmente recebida pelo santo padre.

O provincial carmelita percebeu novas complicações quando soube das frequentes visitas que o prior dominicano fazia a Teresa, o carneiro preto entre suas monjas. Não podia fazer abertamente objeções ao interesse que tão altamente colocado homem da Igreja demonstrava pelas ideias de Teresa, mas era-lhe facultado pensar numa remoção que tranquilamente eliminasse a interferência importuna do dominicano. Era senhor absoluto dentro de seu domínio e, se assim decidisse, podia simplesmente remover da cena a freira embaraçante. Não levou muito a achar um pretexto satisfatório.

Em Toledo, acabara justamente de morrer o duque de la Cerda. Sua mulher Luísa, da casa ducal de Medina Celli, estava tão abatida pela tristeza que nenhuma das pessoas que a cercavam podia consolá-la. Seus parentes andavam à procura de uma pessoa capaz de espertá-la e de confortá-la. De repente pareceu ao provincial que a tristeza intolerável da rica e nobre dama não podia ser tolerada por mais tempo pelo mundo cristão. Aliviar-lhe a tristeza era a mais urgente necessidade do momento. Ora, era coincidência notável que o convento da Encarnação, sob sua direção, tivesse uma freira a quem Deus visitava em suas visões e que muitos consideravam como santa. Esta era seguramente a pessoa mais bem adequada como companheira da nobre dama, de gostos exigentes, e que não pensaria em aceitar uma freira qualquer. Luisa de la Cerda e todos os seus parentes ducais dignaram-se mostrar o mais gracioso entusiasmo a respeito da oferta generosa do provincial carmelitano e estavam impacientes à espera da chegada da visionária. Foi no meio do inverno, pouco antes do Natal; as estradas estavam intransitáveis e cobertas de neve e gelo. Mas a duquesa estava impaciente e o provincial não havia de querer prolongar a tristeza de tão grande dama. Teresa teve de viajar imediatamente para Toledo.

Todo o seu coração prendia-se à sua projetada fundação, cujas perspectivas de realização tinham-se tornado mais brilhantes de novo, graças ao apoio de Ibáñez. Todos os seus pensamentos concentravam-se na questão de como poderia construir seu próprio convento, de acordo com as regras do silêncio e da pobreza evangélica. Mas aqui seguia ela aos solavancos no seu carrinho guinchante, por estradas perigosamente bloqueadas pelo gelo, transpondo torrentes rugidoras e desfiladeiros solitários, passando pelo Adaja gelado, embargada por montanhas de neve e finalmente, depois de quatro dias de terríveis fadigas, chegou a Toledo, à residência da duquesa.

Lacaios de ricas librés ajudaram-na a sair de seu desconjuntado carrinho e disputavam uns aos outros o privilégio de carregar-lhe a mesquinha malinha, que continha tudo quanto possuía, até o alto da mansão ducal. A própria Teresa foi escoltada para dentro com as devidas cerimônias e levada ao quarto onde a duquesa, exausta de pesar, recebeu-a na cama. Ali jazia ela, cercada de seus parentes, profundamente consternados, que vigiavam ansiosos qualquer contração de seu rosto, qualquer suspiro de seus lábios.

Depois destas cerimônias introdutórias, Teresa foi levada para uma série de quartos, que seriam de agora em diante seus aposentos. Em seu coração, havia o ideal de uma modesta cela de convento com paredes nuas, mas via-se condenada a viver em meio dos luxos de um palácio ducal. Imbuída do espírito da humildade cristã e do desejo de servir, via-se perseguida por lacaios servis, cujo único dever era aguardar suas ordens. Ela, que exigia apenas uma dura crosta de pão, tinha de tomar parte em banquetes festivos e comer em mesas que se curvavam ao peso das comidas e bebidas.

A duquesa tratava-a com encantadora condescendência. Lia-lhe todos os desejos nos olhos e até mesmo satisfazia seu desejo sobrenatural de alimentos frugais e de alguma solidão. Permitia que ela vivesse em um pequeno quarto e dispensava-a de toda etiqueta excessiva. Contudo, Teresa sentia-se como uma prisioneira em meio de toda aquela pompa esplendorosa. Com sua característica finura de observação, resumiu suas impressões nestes termos: "Via quão pouco devia ser estimado o poder da nobreza, e como, quanto maior, mais cuidados e complicações acarreta; cuidado em conservar a etiqueta adequada à posição, que não lhes permite aos nobres viverem ou comerem sem hora fixada e planejamento, pois tudo tem de andar de acordo com essa posição e não com a natureza de cada qual; muitas vezes têm de comer comidas adequadas à sua posição mas não a seu gosto… Isto é uma escravidão, e uma das mentiras do mundo é chamar a tais pessoas de senhores e senhoras, quando para mim parecem apenas escravos de mil coisas."

Teresa rejubilou-se como uma mulher libertada, quando seus seis meses de serviço consolador se passaram e quando, livre do palácio, viajava de novo no seu carrinho rangente e sem molas pelas estradas da Espanha, agora cobertas de pó e torradas pelo sol, pois aquelas estradas a estavam levando de volta a Ávila.

Seis meses pareciam ter sido perdidos, mas o estratagema do provincial não tinha logrado apartá-la de seu plano. Pelo contrário, sua estada no palácio de Toledo tinha apenas aumentado sua determinação. A experiência com ricos grotescos tinha-lhe demonstrado, apenas mais pungentemente, que a verdadeira vida em Deus só é possível na pobreza frugal e na devoção humilde. Esta excursão a um meio rico tinha-lhe ensinado a apreciar a verdadeira liberdade que a pobreza voluntária pode proporcionar. O que ela tem a dizer a esse respeito mostra sua profunda visão e sua grande sabedoria "A pobreza", escreve ela, "é um muro forte. É uma riqueza que inclui todas as riquezas do mundo; é uma posse e um domínio completos. O que são reis e nobres para mim, se não lhes invejo as riquezas? A verdadeira pobreza, suportada por amor de Deus, traz consigo certa dignidade, nisso em quem a professa não precisa de procurar agradar a ninguém senão a Ele; e não há dúvida que o homem que não pede auxílio tem muitos amigos. Se a pobreza é real, guarda a pureza e todas as outras virtudes melhor do que os ricos edifícios."

A volta de Teresa a Ávila coincidiu com a chegada de uma carta de Roma. Trazia a resposta da santa sé e era uma bula papal na qual Pio IV dava sua permissão para o convento de Teresa.

A alegria de Teresa foi prematura. O cardeal de Santo Ângelo, que havia redigido a dispensa em nome do papa, havia inadvertidamente deixado de especificar sob qual jurisdição o novo convento deveria ser colocado, dentro da organização da Igreja. Assim a dispensa papal permanecia legalmente inválida, até que uma decisão definitiva pudesse ser obtida de Roma, se a fundação iria ser colocada sob a proteção da ordem carmelitana ou do bispo de Ávila.

Durante este intervalo não ficou Teresa ociosa. Sem deixar sua cela, continuou com a energia de um "homem barbado" a fazer todos os arranjos necessários, de modo que, quando a resposta de Roma chegasse, a consagração do seu convento não sofresse mais demora. Aprendera sua lição do furor que havia causado entre os bons burgueses de Ávila, quando ela, mulher e freira, havia ousado comprar uma casa.

Desta vez conduziu as negociações por intermédio de seu cunhado João de Ovalle. Possuía este uma casa no campo, era inteiramente desconhecido em Ávila e se comprasse uma casa e arranjasse para Teresa, até que ela estivesse pronta para tê-la consagrada como seu convento, podia ele fazer facilmente isto sem despertar suspeitas, sob o pretexto de que ele e sua família desejavam mudar-se para a cidade.

Mas a despeito da circunspeção de Teresa ainda havia muitas dificuldades a vencer. A casa que João havia comprado necessitava de alterações. Os fundos, fornecidos pela sobrinha de Teresa, tinham sido empregados na compra e ninguém queria atrair sobre si a cólera da cidade inteira dando seu auxílio financeiro à aventura de Teresa. A bula papal chegou com a especificação requerida e designava o bispo de Ávila como o protetor da nova fundação. Mas o bispo, temeroso da reação da cidade, começou a valer-se de subterfúgios. Ibáñez, que tentou obter dele uma ordem definitiva, não o encontrou em parte alguma, e quando Alcântara, de seu leito de morte, pediu uma audiência, o bispo caiu, por conveniência, doente e retirou-se para um repouso em sua propriedade no campo, em El Tiemblo.

Começava a parecer que todos e tudo conspiravam contra o plano de Teresa, quando, de súbito, as coisas tomaram rumo melhor. Uma carga de ouro chegou a Sevilha e o navio que a transportava trouxe também uma pequena soma de dinheiro para Teresa, de seu irmão Lourenço, que estava no Peru. Era justamente o bastante para financiar as alterações necessárias. A mulher de João de Ovalle tinha de ir a Alba por causa de urgentes razões de família. Depois que ela partiu, João caiu seriamente doente e Teresa, que teve de tratar dele, recebeu permissão de ficar de fora do convento. Assim estava em condições de dirigir e supervisionar a alteração de sua casa sem atrair a atenção.

Alcântara, à beira da morte, reuniu suas derradeiras forças, montou sua mula e foi atrás do bispo, que havia fugido dele para seu retiro no campo. Uma manhã, quando o bispo olhava de sua janela, viu, com grande consternação sua, um esqueleto envolto num burel, que se aproximava no lombo de uma mula. Era Alcântara. Este homem, imbuído do espírito de reforma, que ele mesmo havia iniciado na ordem franciscana, olhava a reintrodução da primitiva regra das carmelitas como uma tarefa cujo apoio era bastante importante para ser a última grande obra de sua vida.

Seu ardente entusiasmo, a par da estabelecida reputação de sua poderosa personalidades induziu o bispo a prometer, finalmente, que voltaria para Ávila e discutiria o assunto com Teresa. Depois de sua primeira conversa com ela, o bispo não mais tentou resistir ao poder persuasivo de seus argumentos e concordou em colocar o novo convento sob sua proteção.

O consentimento do bispo pôs simplesmente a chancela da sanção oficial sobre um plano de reforma, traçado por Teresa até o último pormenor e concebido por ela a fim de dar ao mundo o exemplo de uma comunidade verdadeiramente temente a Deus. Com notável circunspeção, tinha ela pensado em todas as contingências e organizado um sistema de defesa em profundidade, que nenhuma tentação humana poderia atravessar. Sua instituição iria ser construída sobre a base da pobreza sem compromissos em um tempo em que todos os outros mosteiros e conventos viviam de concessões e dádivas de nobres patronos, de modo que nunca podiam estar inteiramente livres de certa dependência da riqueza e do poder do mundo. O novo convento de Teresa iria ser sustentado sem donativos. Até mesmo o pedido de esmolas, praticado por tantas ordens religiosas, fora banido dos regulamentos de Teresa, pois o pedir também torna o piedoso dependente do mundo; e a dependência sempre gerará um espírito de compromisso se não de obsequiosidade direta. Esta mulher, que tinha partilhado da mais alta felicidade por meio do dom da graça, chegara à conclusão de que também as mais baixas necessidades da vida, as provisões para suas acompanhantes e para ela mesma deveriam ser deixadas à graça d'Aquele que provê aos lírios do campo. Para tornar possível a mais alta forma de devoção a Deus e à vida eterna, o novo convento não iria ter parlatório, mas somente celas, uma capela e um refeitório. As freiras cantoras não iriam ter outro auditório senão Deus, e a missa, desvestida de pompa e exibição, iria ser celebrada exclusivamente como observância devocional. Estas regras estritas e simples eram aconselhadas por uma mulher que conhecia por experiência os perigos a que as vidas das pessoas piedosas estão expostas. Eram elas estabelecidas para o novo convento, mas eram concebidas como um exemplo para toda a devoção cristã. Seu principal propósito era a reforma da ordem carmelitana que, ao tempo de seu início, tinha sido uma demonstração de tal devoção verdadeiramente cristã.

Para evocar o exemplo original às mentes dos fiéis, Teresa reintroduziu também o austero hábito das carmelitas originais. Vestidas com grosseiro burel e sempre descalças, era dessa forma que suas freiras deveriam servir ao Senhor. Uma mínima mudança de hábito, uma pequena redução da importância das coisas materiais, mas a sua mais profunda significação era a rejeição implícita de materialidade em todas as coisas e a todos os respeitos.

A princípio, as carmelitas tinham andado descalças; depois passaram a usar sapatos; a reforma de Teresa fê-las andar de novo descalças. A história da ordem inteira está contida nestes estágios. A humildade era significada pelos pés nus, que haviam tocado a terra do Líbano. Mas aqueles que caminharam do monte Carmelo para o Ocidente usaram sapatos quando cruzaram o limiar dos tempos modernos e, assim fazendo, tornaram-se filhos da modernidade, pois não somente seus pés eram debruados pelos sapatos do tempo, mas também suas almas, sua devoção, suas orações, sua piedade. Na sua peregrinação para Deus, usavam os sapatos da mundanidade.

O sapato era um símbolo de tudo mais. Descalças, haviam as carmelitas praticado o silêncio. Quando usaram sapatos, conversaram com o mundo.

Descalças, viveram suas vidas em fervorosa devoção. Quando usaram sapatos, ansiaram por alívio, por isenções e relaxamento. A alimentação frugal, os jejuns contínuos das carmelitas descalças dos primeiros tempos não podiam satisfazer os membros da ordem em período mais tardio, quando usavam elas sapatos e temperavam sua comida e tornavam-na atraente com todas as espécies de guloseimas e delicadas iguarias. Teresa queria que sua ordem descalçasse os sapatos, mas com eles o espírito de mundanidade que representavam, e assim chamou sua ordem a Ordem das Carmelitas Descalças.

Para santo padroeiro de seu convento escolheu Teresa são José, o pai da Sagrada Família. Fora são José a quem ela implorara mais vezes do que a qualquer outro santo para ajudá-la nas provações de sua doença e, uma vez que fora ele misericordioso, colocava ela agora seu convento sob sua proteção. O propósito das alterações na "casa da cidade" de João de Ovalle fora conservado em segredo e a consagração final do prédio, como o convento de São José, foi igualmente arranjada sem atrair a atenção pública. No dia de São Bartolomeu, do ano 1562, a fundadora descalça, vestida de burel, ajoelhou-se absorta em prece diante do altar, cercada por suas primeiras quatro monjas. Daza, o mesmo funcionário da Igreja que olhara Teresa como uma possessa do demônio, fora delegado pelo bispo para, em seu nome, consagrar o convento de uma santa que queria restaurar a verdadeira fé. As quatro monjas fizeram seus votos. Cantaram o *Te Deum*. Não havia cerimônias cheias de cor, de pompa e exibição. Mas a freira arrebatada, que ali se ajoelhava, cercada por suas quatro discípulas, diante do altar da capelinha, estava ajoelhada no céu. E a proximidade do céu iria permanecer como essência da vida diária em São José.

As freiras do parlatório da Encarnação sentiram-se ludibriadas pela santa e encheram-se de raiva. Nada havia que pudessem fazer contra a fundação do novo convento, que ficara sob a proteção do bispo. Mas a própria fundadora era uma freira carmelita que fizera voto de obediência e estava sujeita à jurisdição de sua ordem. Não foi surpresa, portanto, quando a freira descalça e vestida de burel teve ordem de sua prioresa para pôr os sapatos da mundanidade, o traje branco da regra mitigada e aparecer na Encarnação para dar conta de seus atos.

Quando Teresa entrou no refeitório, achou-se face a face com cento e oitenta freiras, como um tribunal de cento e oitenta promotores de justiça, prontos a lançar um libelo contra ela. A prioresa falou em nome delas e acusou Teresa das culpas de desobediência, arrogância e perfídia. Quando chegou a ocasião de determinar a forma de punição a ser-lhe imposta, o júri achou-se em embaraçosa posição. Jejuns mais rigorosos dificilmente seriam um castigo para quem tinha verdadeira mania de jejuar; a reclusão em solitária cela era precisamente o que ela desejava ardentemente; a exclusão de toda a vida social significava felicidade para ela; trabalho duro era uma felicidade e até mesmo o castigo uma humilhação bem-vinda. Aquela ré privava de sua força todas as formas correntes de punição, pois a mudava em recompensa, e o único meio era sentenciá-la a usar os sapatos e o traje branco da regra mitigada, comer no refeitório e aparecer no parlatório; conservá-la encadeada à vida fácil e confortável do convento, até que os homens de Ávila descobrissem um meio de fechar a nova fundação, a despeito da sanção papal e da proteção episcopal.

Os homens de Ávila mantinham-se unidos por trás das freiras da Encarnação. Rivalidades de longa data foram esquecidas. Os partidos adversos enterraram o machado e pegaram em armas pela causa comum. Essa monja renitente, que tinha tido a imprudência de abrir um convento reformado, a despeito da explícita desaprovação proferida pelas autoridades locais, que haviam mesmo conseguido intimidar o bispo, tinha de ser tratada exemplarmente.

Uma primeira tentativa de libertar a cidade, rápida e suavemente, do vexatório convento foi levada a efeito pelo prefeito da polícia. Mandou quatro dos seus homens mais dignos de confiança para tomarem conta das quatro freiras em São José. Mas este ato redundou em lamentável fracasso. Aqueles rudes sujeitos sabiam como deitar mão a ladrões, arruaceiros e ébrios; sabiam como penetrar nos mais perigosos esconderijos de criminosos; mas toda a sua experiência não lhes trouxe bem terrestre, quando abriram caminho até o interior do convento e se encontraram face a face com quatro mansas e humildes virgens de Cristo, que iam repetindo: "Deus quer que fiquemos, e portanto ficaremos!" Tão calma determinação era mais do que desconcertante para os dignos guardiães da paz e da ordem. Despediram-se sem cerimônias e juraram não mais voltar ali.

Mas este fiasco da polícia serviu apenas para aumentar a cólera da cidade e induziu as autoridades municipais a empregar plenamente toda a sua força contra as freiras descalças. O governador convocou a junta para uma sessão solene de protesto e convidou representantes de todas as ordens monásticas, cuja atitude era considerada segura. Uma resolução unânime do corpo governamental foi levar a efeito o fechamento de São José.

Quando o bispo de Ávila viu que todo o seu rebanho passava para a oposição, caiu doente de novo e partiu para outro repouso no campo. Ibáñez estava ausente, numa excursão de inspeção, e a prioresa da Encarnação sentiu-se obrigada a deter Teresa no convento, por causa de "assuntos domésticos de grande urgência", de modo que se tornava impossível para ela aparecer em pessoa e explicar suas ações perante a junta. Parecia não haver obstáculo para uma rápida e suave solução.

A ocasião era importante, e a junta reuniu-se com grande solenidade. A sessão foi tumultuosa, mas não era o tumulto dos pontos de vista em choque e sim o barulho da fúria unânime. O próprio governador formulou a acusação de sedição, de perigo para o Estado e de desrespeito aos interesses orçamentários da cidade. Nenhum dos representantes das organizações municipais e monásticas, que falaram após o governador, via necessidade de exigir provas ou evidências. Era tudo bastante claro. O convento tinha de ser fechado. Todos concordavam com o governador. Houve uma tempestade de aplausos.

Depois o representante do mosteiro dominicano de Santo Tomás, o influente frei Domingos Banes, levantou-se e falou. Foi uma coisa inesperada. Suas palavras, como uma saraivada de um céu sem nuvens, caíram martelando com sarcástica precisão sobre a jovem seara de ódio, da qual toda a cidade parecia orgulhar-se tanto. "Que foi", perguntou ele ironicamente, "que nos reuniu aqui? Que exército hostil penetrou dentro de nossa cidade? Que conflagração ameaça Ávila? Que espécie de peste está ceifando a população? Que fome está matando milhares de pessoas? Que praga ameaça nossas casas? Ou são simplesmente quatro virgens descalças a causa de toda essa agitação? Não posso deixar de sentir que o prestígio de nossa cidade deve sofrer, quando uma assembleia tão distinta é convocada por causa de um motivo tão insignificante."

O discurso foi curto mas prejudicou o plano artificioso da junta. Em vez de lograr uma decisão, teve de adiar tudo, em embaraçosa confusão. E depois foi adiando, adiando, até que o assunto, por completo, pôde ser tranquilamente retirado da agenda.

O bispo voltou sorridente e de boa saúde. As quatro freiras em São José andavam descalças, rezavam e jejuavam. Mas o encolerizado provincial das carmelitas mantinha-se inabalável na sua decisão de que Teresa deveria ser detida na Encarnação. Tinha de obedecer às ordens de seu superior, por mais penoso que lhe fosse não poder partilhar da vida de suas freiras.

Entretanto, o tempo estava trabalhando em seu favor, o tempo que traz aos homens e às coisas visão e maturidade. Chegou o dia em que uma humilde observação da prisioneira bastou para mudar o pensamento de seu carcereiro. Com toda a humildade de uma freira subordinada, mas ao mesmo tempo com a segurança superior de quem tinha tido relações com os poderes do céu, Teresa disse ao provincial Salazar: "Vede, padre, estamos resistindo ao Espírito Santo." Seguramente não queria ele incorrer em tal risco e deu a Teresa permissão para voltar a seu convento. Tornou-lhe mesmo possível que levasse consigo quatro outras freiras que tinham vindo para seguir suas opiniões.

Numa manhã do inverno de 1563, cinco monjas descalças, vestidas de burel, andavam pelas ruas de Ávila cobertas de neve. Teresa de Cepeda voltava com quatro novas discípulas para o convento de sua escolha. Em São José, as quatro freiras que tinham vivido ali como crianças órfãs acolheram-lhe a volta com jubilosa exclamação: "Madre!" E dali por diante todas as suas freiras chamavam-na *la madre*. Para o mundo exterior, contudo, Teresa de Cepeda tornou-se Teresa de Jesus. Seu nome de nobreza herdado foi substituído por um nome de nobreza por herança espiritual.

Pouco tempo depois, três outras virgens bateram à porta do convento de São José e pediram para serem admitidas nas fileiras das freiras descalças. Mais tarde, certo dia, a deserta rua em frente do convento tornou-se cenário de um acontecimento que pôs toda Ávila em polvorosa. Uma procissão de quinze carruagens, festivamente adornadas, parou em frente do modesto prédio. Catorze delas estavam ocupadas por belos jovens *caballeros*, trajados com todo o esplendor da nobreza castelhana do tempo. Eram os filhos das mais ricas famílias de Ávila e formavam a comitiva de dona Maria D'Ávila, a beldade mais popular da cidade, que ocupava a décima quinta carruagem e havia convidado todos os seus admiradores a tomar parte nessa estranha parada. Estava vestida da cabeça aos pés de veludo e seda; suas faces e lábios mostravam-se belamente pintados; seu pescoço e seus pulsos, adornados de ouro e pedras preciosas. Nunca, nunca estivera ela mais bela, mais digna de admiração, do que agora, quando de pé em sua carruagem, observava o tenso silêncio nas fileiras de seus admiradores. Era pensamento de todos que ela anunciaria agora, daquela maneira excêntrica, sua escolha final, e cada um deles estava cheio de temor e de esperança ao mesmo tempo. Uma vez mais olhou ela em redor, lançando olhares estranhamente fixos. Depois abriu os lábios carminados. "Adeus, adeus!", disse ela e seus olhos tornaram-se mais duros e solenes e pareciam fitar bem além das coisas que podia ver.

"Mundo, adeus!" Os *caballeros* em suas carruagens não tiveram tempo para voltar a si da surpresa antes que dona Maria tivesse descido de seu assento e corrido para a porta do pequeno convento, onde bateu e desapareceu para nunca mais voltar.

Lá dentro foi recebida por madre Teresa e suas onze freiras, que a conduziram em silêncio até a capela. Ali, diante do altar, as freiras tiraram-lhe os luxuosos adornos, as joias preciosas, peça por peça, e vestiram-na de burel, deixando-a descalça. Depois, irmão Julião, o padre das carmelitas descalças de São José, recebeu-lhe os votos. No dia seguinte, o rico e respeitado José D'Ávila recebeu uma trouxa com a seguinte nota: "São estas as coisas pertencentes a vossa filha Maria." Estava assinada: "Maria de Santa Jerônima, filha da *madre* de São José". A encantadora moça, que assim se fizera freira, iria tornar-se um dos pilares mais seguros da reforma descalça.

O sonho de Teresa tinha-se tornado realidade. Ansiara por ele, combatera e sofrera por ele. Agora se cumpria. A casa de silêncio era uma realidade. A caridade era o único patrono de seu convento. A pobreza fora seu construtor, a privação era sua cozinheira e a disciplina sua guardiã. O chão de tijolos nas celas era mesa, cadeira e cama ao mesmo tempo. As vidraças nos caixilhos das janelas eram substituídas por pedaços de pano. Um disco giratório, o chamado *torno*, embutido na parede, servia para receber donativos de comida. O que quer que fosse ali colocado por almas caridosas constituía a alimentação diária das freiras. Às vezes havia um pedaço de queijo, alguns ovos ou um pequeno pão, muitas vezes apenas algumas crostas já velhas e vezes havia em que o *torno* permanecia inteiramente vazio. O mais que a pequena comunidade não pudesse dispensar tinha de ser ganho por meio de trabalhos de fiação e de agulha. O produto não era determinado pelo valor ou pelo preço, mas por aquilo que a caridade quisesse dar. As freiras punham simplesmente seu trabalho ao lado de fora do portão do convento e o preço era deixado à discrição do comprador. Não havia parlatório nem horas para visitas que pudessem encurtar as horas de trabalho. Não havia freiras para interferir na oração e na contemplação.

A vida não era fácil para as habitantes de São José. Não havia segurança, e hoje ninguém podia saber o que o amanhã podia trazer. Contudo, havia doze freiras vivendo ali felizes, sob a direção de sua alegre superiora, pois a piedade da *madre* era da espécie prazenteira. "Deus nos livre de santos tristes", dizia a prioresa de São José e, vezes sem conta, transmitia às filhas sua profunda convicção. "Uma freira triste é uma má freira."

Imbuiu o convento do espírito de sua própria piedade prazenteira e, quando convidara a pobreza para viver com ela e com suas freiras nos tijolos nus de São José, o contentamento descuidado tinha entrado também. O que as freiras não tinham não lhes fazia falta; e desde que nada possuíam, a necessidade de possuir não podia escravizá-las às coisas materiais. Desde os dias de são Francisco, a fé cristã em Deus nunca fora tão alegre, tão jubilosa.

Em São José, tinha Teresa encontrado pela primeira vez um verdadeiro lar na terra. Situava-se numa estreita rua da cidade espanhola de Ávila, mas estava também na imediata vizinhança do céu, aonde era ela muitas vezes transportada em raptos extáticos. Quando voltava para suas freiras, não era mais uma queda em profundezas abismais, como fora na Encarnação; voltava para seu lar, como quem regressa de uma visita à casa do vizinho.

Durante cinco anos, Teresa viveu feliz na serena tranquilidade de seu convento. Mas este período de felicidade contemplativa foi apenas um intervalo de repouso na vida missionária que a esperava.

A visita inesperada de João Batista Rubeo, o geral carmelitano, foi o prelúdio de nova fase da vida de Teresa. Rubeo tinha tido ordem do papa para inspecionar os mosteiros carmelitanos e conventos de toda a Espanha. No Concílio de Trento, medidas para revigorar a Igreja periclitante tinham sido o tópico principal das discussões. O ponto de vista prevalecente fora o da necessidade primacial de pôr um paradeiro à frouxidão de vida nas ordens monásticas. E este era o objetivo da viagem de inspeção de Rubeo. Onde quer que estivera, encontrara dificuldades e oposições, pois após um século de regra mitigada, grande quantidade de abusos tinham acabado por ser considerados como direitos estabelecidos.

Em São José descobriu Rubeo, com grande surpresa sua, que todas as reformas, que vinha em vão tentando promover em toda parte, estavam ali plenamente em vigor. Santa Teresa havia-se antecipado aos decretos do concílio de Trento e havia cumprido suas recomendações, bem antes que qualquer outro tivesse pensado em formulá-las. De modo que veio a acontecer que Rubeo, antes de partir de novo, deu não somente permissão para serem fundadas casas adidoriais, no espírito da de São José, mas realmente encorajou e aconselhou Teresa a estender suas atividades.

Numa manhã de agosto de 1567, estranha caravana atravessou os portões da cidade de Ávila. Consistia em quatro carroças cobertas, com rodas de madeira e sem molas. Na primeira carroça, estava sentada uma mulher velada —

la madre —, na segunda e na terceira algumas de suas freiras; a quarta e última transportava os trens das viajantes e seus vasos sagrados. Padre Julião, o sacerdote ordenado de São José, cavalgava um jumento junto à carroça *da madre*, e muleteiros, com os coloridos trajes espanhóis de sua profissão, caminhavam à esquerda e à direita das parelhas. Fazia um calor de rachar. A estrada era má e, em alguns trechos, quase intransitável. As mulas teimosas pouca atenção prestavam aos encorajadores gritos de arre! arre! de seus condutores, que tinham de recorrer às mais vigorosas pragas castelhanas e, depois das primeiras cinco milhas, nada mais apreciariam do que ceder às mulas e voltar. Medina, o destino da pequena caravana, estava ainda à distância de setenta milhas. Teresa, que queria alcançar seu destino a todo o custo, nada tinha a dizer para pacificar os muleteiros senão que Deus tinha ordenado aquela viagem e que eles deveriam seguir para adiante por amor de Deus. A princípio suas palavras eram afogadas no praguejamento geral. Mas dentro em pouco, aqueles rudes homens foram caminhando mais devagar, prestando ouvidos a Teresa, que estava falando com eles como uma mãe fala aos seus filhos.

Em Medina del Campo, a pequena caravana de pobreza teve tudo, menos boa acolhida. Os monges carmelitas e agostinianos, firmemente estabelecidos, olharam de esguelha as intrusas, cujos postulados de ascetismo punham em desfavorável perspectiva suas vidas de piedade confortável e cuja completa carência absorveria sem dúvida bastante do potencial caritativo das cinquenta mil almas de Medina. Toda sorte de obstáculos foi posta no caminho dos planos de Teresa para a fundação de um novo convento. A única casa que lhe ofereceram para abrigo de suas freiras era um prédio arruinado, de telhado esburacado e rachaduras nas paredes. Ninguém podia recordar-se de tê-lo visto ocupado e até mesmo vadios e vagabundos não gostavam de ficar ali, porque podiam sempre encontrar alguma coisa melhor.

Na manhã seguinte, o povo da cidade de Medina foi despertado pelo som de um novo sino, proveniente da velha casa e anunciando a primeira missa das descalças. Naquela noite, alguns ovos jaziam em frente da porta do convento e logo houve pão e queijo para alimentar as freiras. Poucos dias mais tarde, justamente depois das matinas, ressoava São José ao barulho forte de atarefadas marteladas. Operários haviam começado a tarefa de reparar os buracos do telhado e de tapar as fendas das paredes. No correr da manhã, uma carroça parou em frente do prédio, e mesas e bancos de madeira foram descarregados. Ninguém havia chamado os carpinteiros e entalhadores; ninguém tinha comprado mesas e bancos. A caridade havia-os enviado para a casa das freiras descalças. A mulher de um lavrador veio implorar às freiras que rezassem por sua filha que estava perigosamente enferma. Poucas semanas mais tarde, a moça, que havia recobrado a saúde, veio em pessoa e ficou como noviça. O povo de Medina havia ficado ao lado das freiras; mas no momento persistiam os monges encolerizados na sua hostilidade.

Depois, certo dia, a madre foi informada de que dois monges desejavam falar-lhe. Deparou dois monges carmelitas, calçados, que formavam um par extremamente desconforme. Um era homem de idade madura, de compleição robusta, um gigante em trajes de monge; o outro, um jovem de uns vinte e quatro anos, de pequena estatura, mal batendo no peito de seu companheiro, e de porte tão delgado e delicado que havia nele qualquer coisa de etéreo, um menino em traje de monge. A figura imponente era o prior dos carmelitas calçados de Medina, Antônio de Heredia; seu jovem companheiro era frei João, um dos monges do mosteiro. O prior falou pelos dois. O exemplo das freiras descalças, disse ele, havia neles despertado o desejo de levar uma igual vida piedosa. Tinham pensado que, se lhes fossem comunicadas as regras vigorantes ali, ela, Teresa, poderia ajudá-los no plano que tinham de estabelecer um mosteiro de descalços.

Este inesperado pedido vinha realizar para Teresa, em virtude de um dom de não solicitar graça, aquilo que ela não tinha ousado esperar nos seus mais audaciosos sonhos: a possibilidade de estender sua obra ao ramo masculino dos carmelitas e assim imbuir toda a ordem de suas ideias de reforma e de restauração. Consentia com alegria no coração. Quando, mais uma vez, olhou para o estranho, para seu inato senso de humor não se pôde coibir a jocosa observação: "Louvado seja Deus, pois tenho frade e meio para a fundação de meu novo mosteiro." Mas depois de sua primeira e bastante exaustiva conversa com os dois frades carmelitanos, reconheceu que o meio-frade seria consideravelmente mais importante para a propagação de suas ideias de reforma monástica do que o venerando gigante, o convertido prior dos frades calçados, e que aquele frágil moço, num burel de monge, era-lhe enviado por Deus e tornar-se-ia seu igual como sócio na obra de sua vida, pois frei João era nada menos do que o frade carmelita a quem a história dos santos festeja como são João da Cruz, san Juan de la Cruz, um dos mais bem dotados e dos mais imaculados poetas místicos da literatura mundial.

Era de origem camponesa, filho de um tecelão, completamente inortodoxo, é verdade, com suas visões, que o salteavam durante passeios pelas florestas e campos, e com os hinos místicos que compunha. Voltara costas ao mundo e buscara a segurança de uma vida agradável a Deus, num mosteiro carmelitano. Mas no tumulto mundano do monasticismo contemporâneo, não havia encontrado resposta à sua indagação e estava convencido de que a salvação só podia ser obtida no espírito de reforma de Teresa.

Contribuiu para sua obra com entusiasmo que brotava de uma profunda ânsia de verdadeira piedade, com a fé avigorada pela experiência mística e com a quietude de seu coração, que tinha sua origem no céu.

Teresa e João eram de diferente linhagem mundana, de sexo e de idade diferente; contudo, eram ambos da mesma linhagem espiritual, do mesmo sexo espiritual e tinham a mesma naturidade espiritual. Eram ambos místicos, poetas e santos. O que os distinguia exteriormente era eliminado por uma identidade íntima de propósitos e de ideal. Sua obra era vivificada pelo mesmo espírito, pela mesma santidade. Estava destinada a ser uma única espécie de trabalho, pois a quietude de seus corações e o misticismo de seus pensamentos uniam aqueles dois visionários em atividade prática e faziam do silêncio e da visão uma realidade terrestre.

O primeiro mosteiro de frades descalços foi estabelecido em Duruelo, não distante de Salamanca. O antigo prior dos carmelitas calçados, Antônio de Heredia, agora Antônio de Jesus, foi também o primeiro prior descalço; mas foi o espírito de frei João que informou a organização da nova instituição, que formulou os princípios de sua disciplina e assumiu absoluta preponderância sobre todos os seus assuntos. O edifício desse primeiro mosteiro descalço era uma estrutura semelhante a um calabouço, sendo sua mobília duas pedras e dois feixes de feno, que serviam a João e Antônio de travesseiros e camas. No correr do tempo, o mosteiro dos frades descalços em Duruelo cresceu de tamanho. Mas nada de sua organização mudou. Apenas foi aumentado o número de travesseiros de pedra e o de feixes de feno, na proporção do aumento de frades, de austeros jejuadores e de adoradores silenciosos.

Medina del Campo, o primeiro palco da obra reformadora de Teresa, significava, assim, não apenas a primeira fundação de um convento descalço fora de Ávila, mas também o primeiro movimento de êxito na sua compreensiva campanha pela reforma de ambos os ramos, masculino e feminino, da ordem carmelitana. Significava algo que nunca fora ouvido antes, o êxito e a fama para uma mulher espanhola. Aqui aparecia uma mulher à luz da atenção pública, a qual não somente havia quebrado a interdição que barrava a participação de todas as mulheres nas atividades públicas, mas havia-se tornado a fundadora de uma instituição masculina, da qual iriam participar homens de todas as idades e de todas as nações.

Um após outro, surgiram novos conventos e mosteiros da reforma, sob a mão criadora daquela infatigável missionária. Teresa não tinha mais de lutar pelo consentimento para o funcionamento das comunidades; não mais tinha motivos de contentar-se com velhas casas arruinadas. De toda parte recebia cartas pedindo-lhe que honrasse esse ou aquele lugar, com a fundação de um convento descalço. As pessoas porfiavam umas com as outras pelo privilégio de colocar à disposição dela casas e habitações, em que suas freiras pudessem viver sua vida de piedosa contemplação. E agora, quando a fama desta santa popular havia atingido a corte de Filipe II, a nobreza também não quis ficar atrás, mas mostrava-se ávida de tomar parte ativa na reforma. A primeira dentre os ricos e nobres que pôde orgulhar-se de ter doado uma casa de pobreza foi a velha conhecida de Teresa, a outrora inconsolável viúva Luísa de la Cerda.

Quando a princesa Ana Éboli soube que sua mais odiada rival, a duquesa de la Cerda, havia galgado sorrateiramente um degrau acima dela, decidiu ultrapassá-la e não somente pôr um de seus solares, em Pastrana, à disposição da santa reformadora, mas tomar o véu e retirar-se ela mesma para o convento de pobreza. Abandonou seu suntuoso palácio, deu adeus à sua centena de custosos vestidos e às suas quinhentas custosas mantilhas rendadas, vestiu um hábito de burel, artisticamente costurado, alugou uma carroça raquítica de camponês e pôs-se a caminho, acompanhada de duas criadas de quarto, da casa que ela própria tinha doado à reforma e anunciou sua intenção de viver ali, de agora em diante, como freira carmelita descalça.

Insistiu para que suas camareiras fossem admitidas também como noviças. Depois deu ordem às "suas freiras de quarto saidinhas do forno" que lhe abrissem os baús. Sua cela ficou cheia de dúzias de hábitos carmelitanos, cuidadosamente remendados, de vários cortes e modelos, cada um para uma ocasião diferente, na carreira que se propusera como freira descalça. Havia um para as matinas, outro para as vésperas, um para a cozinha, um para a contemplação e um, bastante especial, para a missa solene em honra dos santos mártires.

Seus alimentos, esmeradamente preparados para uma jejuadora descalça, eram trazidos de seu palácio. Insistiu em manter seu título de nobreza e recebia visitas de fora quando lhe aprazia. Desde o começo as freiras e até mesmo a prioresa passaram a receber suas ordens, pois não via razão para que não fosse senhora de todas.

Teresa estava justamente ocupada com a organização de um novo convento, em Alba de Tormes, quando a prioresa de Pastrana lhe escreveu, em desespero, a respeito dos atos ridículos da princesa Éboli. Imediatamente correu a Pastrana, pois o que estava acontecendo ali era mesmo mais importante do que o estabelecimento de uma nova casa da reforma. Dizia respeito à integridade e pureza de reforma em conjunto. Nenhum donativo de dinheiro, nenhuma doação de casas, por mais liberal que fosse, podia perturbá-la na prossecução de seu ideal de vida pia. E quando chegou a Pastrana e se viu rosto a rosto com a princesa, para discutir a situação que se havia criado, não era uma grata protegida falando a uma generosa patrona, mas um protagonista decidido do ideal de pobreza combatendo a arrogância de uma presunçosa representante da riqueza. Uma superiora desgostada repreendia uma freira insubmissa, que havia ousado violar as regras do silêncio, da pobreza e da humildade. A princesa estava acostumada a dar ordens e não a obedecer, e cheia de raiva exclamou: "Esta é minha casa e exijo que minhas ordens sejam obedecidas!" Mas Teresa replicou: "Esta é a casa do Senhor e exijo que Suas ordens sejam obedecidas!" A princesa nada mais tinha a dizer.

Retirou-se imediatamente. Levou consigo suas camareiras e seus baús e jurou vingança contra as freiras ingratas. Aos olhos dos fiéis, porém, a conduta destemida de Teresa, diante da poderosa princesa, fortificou-lhe a reputação e a da reforma que defendia. Tinha provado que sabia não só como fundar uma ordem de pobreza, mas também como defendê-la.

As carmelitas da regra mitigada observavam com crescente interesse o êxito do movimento da madre Teresa. As casas das descalças aumentavam em rápida sucessão. A reforma tinha começado a afetar o ramo masculino da ordem carmelitana também. Não era mais o convento da Encarnação sozinho, mas a ordem toda que estava em perigo. Como freira carmelita, estava Teresa ainda sujeita à jurisdição da ordem, embora como santa, cujo nome era conhecido e admirado em toda a Espanha, estivesse à prova de qualquer ataque direto. Não era mais possível, como tinha sido, fazê-la reverter à Encarnação e formar um júri de freiras para julgá-la; mas era possível paralisar-lhe a obra, dando-lhe uma posição de honra no convento-mor. As carmelitas da regra mitigada sabiam como preparar a armadilha das recompensas honorárias.

O provincial carmelitano fez de Teresa a prioresa da Encarnação. Sua tarefa era dar remédio ao relaxamento prevalecente e reconduzir as freiras a uma forma mais estrita de devoção. Que triunfo! Que maravilhoso reconhecimento de sua habilidade de organizadora! Que satisfação ser colocada como prioresa das freiras que outrora a haviam julgado! Mas principalmente, que esplêndida oportunidade de tê-la afastada, durante três anos inteiros, de sua obra reformadora e de conservá-la prisioneira na Encarnação!

A princípio Teresa ficou chocada com a nomeação. Percebia a intriga que se ocultava por trás da máscara de honra e de reconhecimento. No auge do êxito, era forçada a abandonar sua obra como reformadora, a fim de funcionar como prioresa de um convento da regra mitigada, onde as freiras estavam em protesto de franca rebelião contra sua designação.

Mas quando Teresa se pôs a caminho de volta à Encarnação, assim o fez não só porque estava ligada pelos seus votos a prestar obediência à ordem, mas tencionava devotar-se de todo o coração à solução da tarefa que lhe havia sido confiada. Sabia que sua recente nomeação era uma armadilha de seus inimigos, mas se tinha realmente resolvido servir a Deus, devia servi-Lo, também na armadilha de seus inimigos, com ardor nunca diminuído. Tinha agora apenas um fim em vista: fazer reconduzir as "pobres criaturas" da Encarnação, que tinham sido outrora suas colegas, à única estrada que leva a Deus. O contratempo transformou-se em nova tarefa e, a fim de lutar contra ela eficientemente, designou são João da Cruz para padre confessor da Encarnação, pois nele as freiras teriam um guia espiritual segundo seu modo de pensar, sua humildade e sua quietude de alma.

As freiras da Encarnação receberam-na com espírito de indisfarçável hostilidade. Acolheram-na com insultos e acusações. Mas depois que o provincial havia confirmado a finalidade de sua decisão, a cólera das freiras mudou-se em apreensão, pois temiam a severidade retaliatória de sua nova superiora. No capítulo do primeiro dia, quando a prioresa teria de fazer seu discurso de investidura, uma fila de freiras inquietas marchou para o refeitório. Mas que surpresa as estava esperando ali! A tribuna, habitualmente reservada para a prioresa, achava-se ocupada por uma imagem da santa virgem. Teresa encontrava-se ajoelhada diante dela. Quando se levantou para falar às freiras, apontou para a Virgem e disse: "Aquela é a vossa nova prioresa. Às suas ordens, vós e eu teremos de obedecer. Fui apenas designada para conduzir-vos e ser vosso guia na obediência."

Como por magia, todo o temor havia desaparecido dos corações das freiras e também toda a indignação e todo o ódio. Dentro em pouco, as freiras da Encarnação pediram a Teresa que fosse abolido o parlatório; empreenderam a prática da oração mental na quietude de suas celas e modelaram suas vidas cada vez mais pelas regras das descalças.

Assim o ardil da mitigação virou-se contra as próprias instigadoras. Agora tinha Teresa de seu lado um convento da regra mitigada, onde freiras calçadas viviam no espírito da reforma descalça. Contudo, o preço que suas adversárias tinham de pagar não era demasiado alto. Aproveitaram bem os anos que Teresa tinha de passar na Encarnação e conseguiram induzir Rubeo, o geral da ordem, a mudar de pensar a respeito dela; persuadiram a santa sé e começaram a minar a reputação de Teresa na Espanha, com uma bem organizada propaganda de calúnias. Enquanto ela e são João da Cruz guiavam as freiras da Encarnação para uma vida de sossegada devoção, despachavam-se mensageiros para Placência, onde tinha sede o geral dos carmelitas; emissários eram enviados a Roma para influir no papa; visitadores eclesiásticos, favoráveis à reforma, viram-se substituídos por outros hostis; as freiras descalças eram atiçadas contra a *madre* e os monges advertidos contra uma mulher que, descaradamente, usurpava a direção de homens. Quando Teresa completou seu tempo de priorado na Encarnação e saiu para reassumir sua obra de reforma interrompida, imediatamente teve que enfrentar as sólidas fileiras da oposição que estava preparada para um ataque de bem acertados golpes.

Excesso de zelo da parte das amigas de Teresa havia sido manejado por seus inimigos. O mais entusiasmado de seus acompanhantes, o padre Gracián, revelou-se também o mais prejudicial. Encontrara-o quando se erigia novo mosteiro em Veas. Era trinta anos mais moço do que ela, rude e robusto, bem versado em questões teológicas, mas totalmente inábil no trato com os homens; era piedoso e cheio de verdadeira bondade de coração, mas desbridado, obstinado e agressivo na prossecução de seus fins. Era homem de rasgos excelentes, mas também de igual número de faltas. A princípio deixou-se Teresa cegar pelo seu entusiasmo e via apenas suas virtudes. Instalou-o como prior de seu mosteiro em Veas e não somente confiou-lhe a tarefa de organizar outras casas da reforma, mas até mesmo tornou-o padre confessor dela própria.

No seu fervoroso desejo de servir à *madre*, Gracián pôs-se imediatamente a organizar mosteiros descalços em Granada e Peñuela. Mas Granada e Peñuela estavam na Andaluzia e isto forneceu às carmelitas calçadas excelente argumento contra a reforma. Quando o geral da ordem, Rubeo, dera consentimento para se estabelecerem novas casas, nenhuma menção fora feita da Andaluzia e assim a reforma havia-se excedido em seus direitos. As fundações na Andaluzia eram ilegais.

Outro amigo da reforma, o visitador papal Vargas, acirrou ainda mais o ódio dos adversários de Teresa, escolhendo, entre todas as possíveis escolhas, o descalço Gracián como seu delegado em Andaluzia, de modo que as carmelitas da regra mitigada vieram a cair sob a jurisdição de um carmelita da reforma.

Este incidente local foi aproveitado pelos partidários das calçadas de outras partes, dando causa à convocação de um capítulo geral da ordem, em Placência, onde Rubeo achou conveniente retirar sua proteção de Teresa, a fim de acalmar os espíritos excitados. O capítulo votou unanimemente em favor do fechamento das novas casas em Andaluzia. No caso de haver qualquer espécie de resistência, deveria agir-se com um espírito de implacável determinação. Para evitar qualquer possibilidade de interferência mal desejada, Rubeo obteve do papa a promessa de que Vargas seria chamado e que o português carmelita frei Jerônimo Tostado, seguro adversário da reforma, seria designado para substituí-lo. Tudo isso assegurava a liquidação da reforma na Andaluzia, mas não garantia o que era realmente o principal propósito da mitigação, a destituição da cabeça da reforma, da própria Teresa. Para isto, alguma coisa mais parecia ser precisa: um escândalo que excitasse a Espanha em peso.

Teresa gozava reputação de santa e esta reputação tinha de ser derrubada. O simples fato de que sua vida e conduta estavam acima de censura não perturbou a má vontade de seus inimigos. Se não havia fatos, à calúnia caberia a tarefa de inventá-los. E a calúnia executou essa tarefa, e executou bem.

Gracián havia cometido graves despropósitos, todavia Teresa recusou-se a destituí-lo de seu posto. Conservou-o mesmo como seu padre confessor e tinha-o como companheiro em suas viagens. Por que se apegava ela tão teimosamente a esse monge criminosamente estúpido? A calúnia respondeu com engenhosa habilidade. Evidentemente porque ele era seu amado, porque ela queria confessar-lhe seu amor, porque necessitava dele nas suas escapadas amorosas. Onde quer que Teresa chegasse, para fundar novas casas da reforma, boatos caluniosos já a haviam precedido e esperavam por ela às portas da cidade, interferindo na execução de seus planos.

A próxima viagem levou-a a Sevilha. Dez de suas freiras e padre Gracián a acompanhavam. Durante dez dias, tiveram de suportar o calor abrasador da

Espanha meridional. Sua alimentação compunha-se de algumas sardinhas salgadas. Durante milhas em redor não havia uma gota de água para se beber. Torturada pela sede e pela fadiga, Teresa adoeceu, numa estalagem à beira da estrada. Rufiões embriagados ridicularizavam as freiras e ameaçavam atacá-las, quando um bando de *caballeros* de espadas desembainhadas apareceu em cena e libertou as freiras depois de uma regular escaramuçazinha. Afinal Teresa e seu grupo puderam prosseguir viagem. Depois de muitas dificuldades, chegaram a Sevilha.

Era a cidade do ouro. Era a cidade onde os navios do México e do Peru chegavam com suas preciosas cargas. Os habitantes por nenhuma outra coisa se interessavam que não o ouro. O ouro era seu deus e o amor da vida sua religião. Ali uma mulher que pregasse a pobreza, a renúncia e o silêncio não podia esperar ser bem acolhida de braços abertos. Era mais que natural que o boato de seus amores tivesse caído em solo fértil. Toda Sevilha estava contra ela. Até mesmo o velho arcebispo, o bom e piedoso cristão, estava tão prevenido contra ela que, não somente retirou sua dispensa para novo convento da reforma, mas até se recusou conceder-lhe uma audiência. Ainda assim, não estavam satisfeitos os inimigos de Teresa. Sua simples presença em Sevilha era um escândalo e o arcebispo, achavam, o melhor que tinha a fazer era ordenar que Teresa deixasse a cidade imediatamente. Foi este excesso de zelo que estragou toda a intriga.

O arcebispo ordenou ao "impostor" que a informasse da ordem de expulsão, mas ao tempo em que ela saía da cidade, tinha ele reconhecido a santa que nela havia, permitira que fundasse mosteiros e conventos e garantira-lhe de todo o coração o seu apoio. Quando foi consagrado o convento de São José de Sevilha, o arcebispo compareceu pessoalmente, à frente de solene procissão, e quando Teresa ia ajoelhar-se para receber sua bênção paternal, impediu-a de fazê-lo, ajoelhou-se diante dela e pediu-lhe que o abençoasse a ele com a bênção da santidade. Juntamente com o arcebispo, grande número dos fiéis de Sevilha passou-se para o lado de Teresa e muita filha de muito comerciante rico abandonou o lar confortável, para buscar refúgio no convento de pobreza das freiras descalças.

Esta inesperada reviravolta dos acontecimentos despertou a cólera das carmelitas calçadas a ponto incandescente. Aprontaram-se imediatamente para o próximo novo golpe contra a odiada reformadora e sentiam-se certas então de que liquidariam com ela, de uma vez para sempre. Haviam conseguido contrabandear uma de suas partidárias para o convento da reforma como noviça. Um dia esta irmã "descalça" fugiu de São José e espalhou-se a chocante história de que a *madre* açoitava suas freiras e ouvia-as em confissão, como se fosse seu padre confessor. Esta última acusação era particularmente grave, pois implicava iluminismo, o mais abjeto crime de heresia aos olhos da Inquisição.

Certo dia, quando padre Gracián apareceu às portas de São José, guardas montados impediram-no de entrar. Madre Teresa, a respeito de quem pediu informações, já tinha sido posta sob custódia.

O caso de Teresa era especial, mas dizia respeito não só a Sevilha e às carmelitas, mas a Roma e à corte real em Madri.

A Inquisição não poupou esforços. Reexaminou todas as acusações anteriores, inclusive as horrendas acusações da princesa Éboli, pois desejava decidir, de uma vez para sempre, se Teresa era uma desejável reformadora, no espírito das resoluções do Concílio de Trento, ou uma infame herética.

Tranquila e intimorata, a acusada estava de pé diante de seus juízes, sem pronunciar uma única palavra em defesa própria. Olhava para o grande inquisidor, mas não via sua face sombria; via somente a benévola face do Senhor, que estava sentado a julgá-la no céu. E o Senhor tinha um aspecto colérico para com seus acusadores no salão do tribunal, mas quando Seus olhos pousaram nela, a acusada, sorria encorajadoramente. Teresa foi arrebatada num de seus êxtases. Mas quando ele passou, quando voltou ao salão do tribunal e encarou de novo o grande inquisidor, então pareceu que sua visão tinha-se tornado uma realidade terrestre. Ele olhava encolerizado para os acusadores dela e voltava-se para fitá-la sorrindo encorajadoramente, da mesma forma que o Senhor fizera em sua visão, e dizia: "Estais absolvida de todas as acusações. O que tendes feito e o que fazeis está de acordo com a vontade de Deus. Ide pois e continuai vosso trabalho."

Mas havia ainda as carmelitas calçadas na terra, que queriam defender seus meios confortáveis de servir a Deus contra os perigos da reforma. E justamente quando sua campanha de calúnia parecia ter definitivamente fracassado, graças à absolvição de Teresa pela Inquisição, receberam elas, de súbito, reforços poderosíssimos. O português Tostado, o delegado das carmelitas no capítulo de Placência, chegou à Espanha para pôr em vigor as resoluções que o capítulo havia votado contra Teresa. Trazia consigo várias autorizações, que reviveram as esperanças dos partidários da regra mitigada. Agora parecia de novo que seus planos pudessem surtir efeito afinal.

Teresa foi proibida de continuar sua obra. Tostado ordenou-lhe que se retirasse para um convento de sua escolha e se abstivesse de fundar novas casas da reforma. "Era o mesmo que me mandar para a prisão", observou ela. Escolheu São José de Toledo. O padre Gracián, que havia apressadamente convocado um capítulo das descalças, foi detido por ordem de Tostado. Aliás também tudo parecia tornar-se favorável à mitigação. Ormaneto, núncio papal na Espanha, que era bastante simpático à reforma descalça, morreu de repente e as carmelitas calçadas conseguiram induzir o papa a nomear para o seu lugar Sega, bispo de Placência. O novo núncio estava equipado para seu ofício com todos os preconceitos concebíveis contra as descalças. Chamava Teresa de criatura revoltosa e resumia suas opiniões a seu respeito nestes termos: "É uma desobediente, uma mulher contumaz, que promulga doutrinas perniciosas, sob o disfarce da devoção, que abandona seu claustro contra as ordens de seus superiores, que é ambiciosa e ensina teologia como se fosse um doutor da Igreja, com desprezo do ensinamento de são Paulo, que condenava o ensino pelas mulheres." O que quer que Tostado decretasse, em nome da ordem carmelitana, era sancionado por Sega, em nome do papa.

Quando Teresa se retirou para Toledo, vários panfletos contra ela já haviam sido postos em circulação. Mas estava ela acostumada às angústias e desapontos e não levou as coisas muito a peito. "Tudo isto me diverte", disse ela, "Deus perdoe a essa gente! Contudo, é melhor que façam tantas acusações de uma só vez, pois assim ninguém pode acreditar em todas elas."

Mas então aconteceu algo que a própria Teresa não podia encarar friamente, mas que a obrigou a pensar em imediatas contramedidas. São João da Cruz foi separado dela e isto de uma maneira que desafiava todas as leis da decência humana. Um dia ele desapareceu, foi raptado e escondido pelos carmelitas calçados. Os desesperados esforços de Teresa para descobri-lo resultaram todos em vão.

Depois do esmagador veredicto que o núncio papal havia lançado contra Teresa e que, entrementes, se espalhara entre o clero de toda a Espanha, ninguém havia disposto a dar-lhe mão prestadia em sua busca. Enfrentava ela uma frente unida de conspiradores. Então, seguindo um rápido impulso, voltou-se para Filipe II. Era não somente o rei da Espanha, mas naquele tempo "o homem mais poderoso da cristandade", e sua palavra tinha não menos peso do que a do pontífice em Roma. Se ela pudesse conseguir seu apoio, triunfaria sobre todos os seus inimigos, inclusive o núncio papal.

Como hábil diplomata, astutamente esperto para a luta pelo poder entre os grandes, redigiu uma carta ao rei, descrevendo em termos calorosos as intrigas contra a reforma e o sequestro do mais temente a Deus de seus seguidores e implorando ao rei que agisse como seu protetor na terra. Filipe II respondeu sem demora. Conhecia a *Vida*, de Teresa, e conservava seu exemplar da mesma como um bem precioso, numa caixa especial, cuja chave trazia consigo para onde quer que fosse. Em noites sossegadas, a *Vida* tinha muitas vezes proporcionado a ele o alívio e a edificação por que sua alma ansiava. Ele, que conhecia a história da vida dela, que tinha lido a narrativa de suas visões com confiante admiração, não necessitava de provas outras para sentir-se convencido de sua pureza e da injustiça da causa de seus perseguidores.

Estava acostumado a um ambiente de cortesãos servis e de dignitários da Igreja intrigantes e fascinava-o a ideia de avistar-se com uma santa. Mandou um correio especial convidar Teresa para uma audiência na corte.

Teresa realizou a viagem a Madri novamente na sua carruagem sem molas. Uma tempestade de neve deteve-a por alguns dias em Valladolid, e, em meados de dezembro de 1577, chegou ela à residência real. O mais poderoso governante do mundo e a representante de um reino que não é deste mundo encontraram-se face a face. Foi uma audiência que se desviou também, na sua aparência exterior, da etiqueta usual na corte. Teresa abriu a conversação, citando as observações desprezíveis que o núncio papal fizera a respeito dela. "Senhor", disse ela, "estais pensando agora, então esta é aquela mulher desobediente e contumaz, que promulga perniciosas doutrinas sob o disfarce da devoção!" Mas o rei parecia ter opinião diferente, pois inesperadamente relaxou sua atitude friamente majestática e fez, como Teresa relatou depois, "a inclinação mais cortês que eu jamais vira".

Sua petição e a resposta dele constavam de bem poucas palavras. Depois que ela apresentou seu caso e pediu-lhe o apoio, Filipe indagou: "É tudo quanto quereis?" "Pedi muita coisa", respondeu Teresa e o rei tranquilizou-a: "Então ficai tranquila, pois será tudo como desejais." Depois o rei falou como alguém a quem a presença de uma santa torna profundamente cônscio da mesquinhez de sua posição sobre o trono do mundo.

Quando Filipe determinou cumprir sua promessa, fê-lo como um altivo autócrata que se ressente das maquinações que um estrangeiro, o português Tostado, se permitira fazer em solo espanhol, contra uma santa espanhola. Ordenou simplesmente que esse indesejável estrangeiro abandonasse o país.

Quando Sega solicitou uma audiência, teve de ouvir uma fieira de reprimendas severas. As primeiras palavras que o rei dirigiu ao representante do papa foram estas: "Estou ciente das hostilidades dos frades mitigados contra a reforma, e isto parece mau, pois as descalças levam vida austera de perfeição. Tratai de favorecer a virtude, pois me disseram que não sois amigo das descalças." Pediu que Sega autorizasse imediatamente uma investigação imparcial sobre a reforma. O diplomata romano não sentia prazer diante da perspectiva de um atrito com o mais poderoso monarca cristão e concordou imediatamente. A investigação imparcial demonstrou, fora de qualquer dúvida razoável, a absoluta insustentabilidade de todas as acusações contra Teresa e a reforma. Convenceu mesmo Sega de que ele e o santo padre tinham sido mal orientados por uma oposição malévola. E então a própria santa sé parou, de uma vez por todas, com as intrigas das calçadas contra as carmelitas descalças. O papa Gregório XIII lançou uma bula que estabeleceu a reforma, criando uma ordem separada de carmelitas descalças. Dessa forma, atingia o movimento de Teresa sua independência e nada havia que pudesse interferir no seu crescimento ulterior.

Depois recuperou também Teresa são João da Cruz. Voltou ele, fortificado pelo martírio da prisão, transfigurado aos olhos de todos os cristãos pelo milagre de sua fuga. Os carmelitas calçados, que o haviam sequestrado, conservaram-no durante nove meses fechado num estreito quarto dentro dos muros de um de seus mosteiros, com apenas seis pés de largura e dez pés de comprimento e mal iluminado por uma abertura gradeada, que deitava para um passadiço fortificado. Tinha são João uma ou duas cobertas sobre as quais dormia e sua alimentação consistia em duas ou três crostas de pão velho e meio copo de água, que lhe eram dados, a princípio diariamente, mas depois de certo tempo, apenas duas vezes por semana. Não estando ele, ainda assim, disposto a abjurar sua fé na reforma, os frades pensaram em medidas mais duras e levavam-no todas as noites ao refeitório para açoitá-lo. Seu corpo emaciado, despido até a cintura, ajoelhava-se no centro do salão, enquanto os frades calçados, armados de varas e clavas, andavam em círculo, revezando-se no bater-lhe com toda a sua força, até que seu corpo sangrento e lacerado caísse inconsciente no chão. Noite após noite prosseguiu o flagício, mas são João da Cruz não abjurou. "Estúpido idiota!", gritavam seus atormentadores com raiva impotente, mas ele olhava para eles, firme e silencioso, pois toda aquela tortura era para ele apenas uma das estações de sua *imitatio Christi*.

E depois que a provação terminava, quando seu corpo lastimosamente maltratado, mais morto do que vivo, jazia mais uma vez no escuro buraco da parede do claustro, então, de repente, nova vida despertava nele, não vulnerável ao ódio humano, pois era uma vida que se mudava em canção, em versos e estrofes, e nela o tormento que havia sofrido transformava-se em doçura. E esta canção de doçura tinha um tom que pairava acima da vida e da dor em Deus. Não queria perdê-la e conservava-a de memória repetidamente, até ficar indelevelmente gravada no seu espírito mortal. Durante dezessete noites, os frades açoitaram-no. Cada noite, a flagelação acrescentava nova estrofe à sua canção. Foram essas dezessete noites que deram ao mundo as dezessete estrofes do "Cântico espiritual", de são João da Cruz, o mais sublime e, ao mesmo tempo, o mais apaixonado hino místico da literatura espanhola, da literatura universal.

Os carrascos estavam cogitando em novas formas de tortura, mas as estrofes da divina paixão tinham sido levadas à perfeição. Uma radiosa visão penetrou as trevas do cárcere de são João. Emanava do vestido de luz da santa Virgem que lhe apareceu e lhe ordenou que se levantasse e fosse embora. Através da abertura gradeada? Por cima das paredes e do alto dos telhados? São João não fez perguntas, não se espantava de nada. Obedeceu à ordem da visão de luz.

Seu corpo lacerado ergueu-se cheio de força hercúlea. Seus braços cansados puderam dobrar as pesadas barras de ferro com perfeita facilidade. Duas cobertas esfarrapadas foram transformadas em corda e são João escorregou por sobre o passadiço, até o muro lá embaixo. Então deixou-se cair. Não se machucou. Tombou sobre um monte de restos de cozinha, não sabia como. Um cachorro, que estivera procurando encontrar alguma coisa para comer ali, saiu correndo para a escuridão. João acompanhou-o. O cachorro pulou por cima de um muro. João pulou também e achou-se num pátio. Ouviu a voz de uma mulher. Seguindo na direção de onde ela vinha, chegou a uma casa e entrou. Era o convento das freiras descalças. E enquanto os frades calçados o perseguiam com lanternas, clavas e gritos de cólera, ficou ele escondido e tratado na enfermaria do convento. O sonhador do céu tinha resistido aos tormentos do mundo e retomava seu lugar ao lado de Teresa.

Teresa estava com sessenta e três anos. Mais quatro anos era tudo quanto lhe era concedido para estender e fortificar sua obra, os derradeiros anos, como ela mesma escreveu, "de uma mulher idosa, boa para nada agora, muito velha e muito cansada...". Mas depois acrescentava: "Contudo, meus desejos ainda são vigorosos." As doenças de seus anos de mocidade estavam acrescidas agora das enfermidades da velhice. Dominada por um desmaio extático, caiu da escada a caminho da missa, no dia de Natal, em São José de Ávila, e quebrou o braço esquerdo. Daí por diante ela não mais foi capaz de vestir-se e desvestir-se sem auxílio. Durante algum tempo ficou quase completamente paralítica e, quando se levantou da cama, não podia andar sem uma bengala. Seu estômago dificilmente conservava qualquer alimento. Ataques cardíacos, de frequência sempre crescente, mantinham-na periodicamente retida no leito. "Não sou mais do que uma pobre bruxa velha", escrevia ela a padre Gracián.

E contudo, os derradeiros anos de sua vida foram cheios de atividade. Continuou a viajar. Não temia dificuldades e não evitava trabalhos. Durante esses anos, esteve infatigavelmente em atividade para dar firmeza e permanência a sua reforma. Visitava sempre suas antigas fundações. Examinava e inspecionava, melhorava e corrigia. Estabeleceu numerosas novas casas da reforma. Redigiu uma bem ordenada constituição para sua ordem e convocou o primeiro capítulo geral das carmelitas descalças.

A doença era apenas o negro pano de fundo contra o qual sua radiante figura se destacava ainda mais brilhantemente. Se bem que suas doenças tivessem sido outrora a fonte terrena de suas visões celestiais, eram agora a pedra de toque que demonstrava a predominância de sua vontade sobre toda a fragilidade humana.

Durante uma viagem de inspeção, foi dominada por um ataque de paralisia, em Málaga. Mas tão logo melhorou um pouco, continuou sua viagem. Em Toledo sofreu outro ataque. Suas companheiras imploraram-lhe que descansasse por alguns dias pelo menos. Mas nada quis ouvir e insistiu: "Estou tão acostumada a sofrer que posso muito bem suportar a viagem." Na manhã seguinte, dirigiu-se para Segóvia e dali, tremendo de exaustão e sempre no seu carro sem molas, para Valladolid, onde se prostrou. Mas ainda seguiu para Salamanca e voltou a Ávila. Não deu atenção a um grave ataque cardíaco e partiu de novo para Palência, onde queria estabelecer novo convento. Em Palência, seu estado piorou e ela própria teve de admitir: "Estou bastante doente e pensa-se que não posso viver." Uma vez mais, contudo, partiu com sua pequena caravana, a fim de estabelecer em Burgos um último convento para maior glória de sua ordem. Nem sua fraqueza, nem as palavras de advertência de seus amigos, que tentavam persuadi-la das grandes dificuldades que tal viagem já no fim do inverno acarretaria, fizeram-na mudar de opinião.

Torturada de dores, mas inabalável na sua decisão e cheia de alegria à ideia de seu novo empreendimento, fez-se conduzir a seu carro. Alegremente ordenou aos muleteiros que partissem. Chuvas torrenciais, marcando a passagem do inverno à primavera, haviam inundado as estradas. Os carros rodavam de eixos enterrados na lama e afinal ficaram inteiramente enterrados. Os viajantes tiveram que deixar os veículos para trás e tentaram seguir a pé. Não fosse a doente e idosa madre, que se ia arrastando alegremente, apoiada nos braços de duas de suas freiras, confortando e encorajando seu pequeno grupo com observações humorísticas ou edificantes, todas elas, como seus carros, teriam ficado perdidas na lama. Com quase sobre-humanos esforços, conseguiram romper caminho afinal. Em certo ponto, de onde se avistava a cidade de Burgos, alcançaram o rio Arlazón, que as chuvas haviam inturgescido em violenta torrente. A ponte havia sido arrastada, mas a madre não quis voltar, especialmente agora que via à distância os contornos da casa do Cid Campeador. "Venha o que vier", disse ela, prazenteiramente. "Se desmaiardes no caminho, se morrerdes na estrada, se o mundo for destruído, tudo isto está bem se atingirdes vosso alvo." E quando via que alguma de suas companheiras estava ainda indecisa, acrescentava confidencialmente: "O Senhor que nos ajudou a livrar-nos da lama, também nos ajudará a cruzar o rio." Com estas palavras seguiu à frente, entrando na água gelada. Sua determinação incitou as freiras indecisas. Uma após outra, acompanharam-na dentro da água. No meio da torrente, escorregou. Uma onda empurrou-a para o fundo do rio. Não gritou, não se mostrou atemorizada, simplesmente rogou a Deus em suas dificuldades: "Ó Senhor, por que pusestes tais dificuldades em nosso caminho?" Então o Senhor apareceu sobre a água e respondeu: "É assim que trato meus amigos." E Teresa, que nunca perdia uma resposta, disse com seu característico senso de humor: "Ah! meu Senhor, é por isso que tendes tão poucos."

Entrementes as freiras permaneciam sem auxílio e perdidas no meio do rio. Depois, repentinamente, viram com grande alegria e surpresa a figura de sua madre acenando para elas do outro lado. Como conseguiram atravessar, não o puderam explicar mais tarde. Tudo quanto recordavam é que tinham atendido ao chamado de sua madre. Naquela mesma noite, chegaram a Burgos, e na manhã seguinte começaram a trabalhar para fundar novo convento. Foi a última fundação de Teresa e ela deu-lhe o nome de "Glorioso São José de Burgos".

Se a viagem a Burgos não a matara, tinha ela a certeza de que poderia também sobreviver à viagem a Alba de Tormes. Mas em Alba, uma hemorragia dos pulmões forçou-a a descansar e desta vez para sempre. Na primeira semana, seguiu estritamente, a despeito de sua doença, as regras do convento que ela própria havia estabelecido. Observava as horas de oração e jejum, executava todos os seus deveres domésticos, mas finalmente reconheceu que sua tarefa agora não era dominar a vida, mas triunfar da morte. E mais alegremente, mais corajosamente, mais determinadamente do que executara as tarefas de sua vida, aceitava agora a tarefa de morrer. Não era inexperiente na arte de morrer, e a própria morte, o alvo desta derradeira jornada, sempre lhe fora familiar. Na sua mística experiência da morte, nos seus extáticos poemas de morte, tinha muitas vezes antecipado sua vinda. Para ela, cuja vida aqui embaixo tinha sido vivida simultaneamente neste mundo e no próximo, a morte não tinha aguilhão. Para ela, a morte era apenas o limiar que ela cruzava para viver daí por diante e para sempre no reino da vida eterna.

"Ó morte, ó morte!", havia ela exclamado muitos anos antes. "Não conheço quem possa amedrontar-se de vós, uma vez que estais cheia da própria vida. Que felicidade pensar que não estamos seguindo para um país estranho e sim para nossa própria terra." E em um de seus mais belos poemas, "O desejo ardente da alma para juntar-se a Deus", escreveu ela:

"Vivo porque hei de morrer;
morrendo, que hei de viver
assegura-me a esperança;
Morte, em que a vida se alcança,
vem, não tardes a descer,
que morro por não morrer."*

Franciscana era a jovialidade de sua aceitação da vida, mas franciscana era também a seriedade de sua aceitação da morte. Até o fim, permaneceu como seu grande esforço fazer justiça à sua missão no mundo, e quando suas freiras se reuniram em torno de seu leito de morte, voltou-se para elas e disse: "Pelo amor de Deus, rogo-vos que tenhais grande cuidado no conservar a Regra e Constituições e não presteis atenção ao mau exemplo que esta mísera monja

---

*Tradução de Milton Amado.

vos tem dado e perdoai-me por isso." Depois voltou-se para o outro lado e disse a seu Mestre: "Ó meu Senhor! A hora há tanto almejada chegou afinal, e minha alma rejubila-se por abrigar-se em Vós para sempre."

As derradeiras nove horas de sua vida na terra, passou-as em estado de coma. Entre nove e dez horas da noite, morreu, no dia 4 de outubro de 1582. De acordo com o calendário dos santos, era o dia de são Francisco de Assis. Para o mundo era a véspera da inauguração do calendário gregoriano.

Sua alma tinha finalmente passado para a eterna quietude em Deus, mas seu corpo continuou a pertencer à agitação da terra. Depois de lhe terem permitido repousar durante nove meses no seu túmulo em Alba, de novo achou-se num carro rústico e sem molas, rolando ao longo das estradas da Espanha, na direção de Ávila. Desta vez, o corpo da santa obedecia ao comando do padre Gracián, geral da ordem dos carmelitas descalços.

Uma peça satírica apensa à tragédia sublime de uma grande vida era, em suma, ao que se assemelhava esta viagem. Teresa havia morrido durante sua derradeira viagem de inspeção, em Alba de Tormes. Morrera em Alba e fora enterrada em Alba. Nascera em Ávila e fora a prioresa de um convento em Ávila. Mal haviam as notícias de poderes miraculosos do seu corpo chegado a Ávila, quando violenta disputa rebentou entre Alba e Ávila, a respeito de qual das duas tinha maior direito a exigir os restos terrenos da santa. Gracián decidiu a favor de Ávila. Não somente porque fora ali que ela viera ao mundo, mas também porque fora ali que o Senhor Se tinha revelado a ela pela primeira vez, de modo que Ávila era o berço de sua santidade bem como da reforma. Mas Alba de Tormes achava-se sob o domínio da poderosa casa dos duques de Alba e eles consideravam o corpo da santa como parte de seu tesouro ducal. O povo de Ávila tinha de agir sob absoluto segredo, se quisesse apoderar-se do corpo. Teresa devia ser roubada.

Gracián obtivera a cumplicidade da prioresa carmelitana de Alba, e ela, a fim de obstar qualquer interferência possível, reunira todas as suas freiras num bem matinal serviço coral. Enquanto as freiras estavam cantando, a santa miraculosa era removida de seu túmulo, posta num carro e remetida para Ávila.

Tão logo foi o corpo enterrado em Ávila, começou a operar milagres. Eram conservados estritamente secretos, porque a casa ducal dos Alba não devia ouvir falar a respeito deles. Também a subsequente exumação do corpo, realizada por especial delegação de homens da Igreja, teve lugar a portas trancadas, e todos os participantes tiveram de fazer voto de absoluto silêncio.

Mas a despeito de todos os votos, a cidade inteira de Ávila sabia, no dia seguinte, que o corpo quando removido de seu ataúde não mostrara sinais de decomposição e que uma de suas mãos estava estendida, claramente, com um gesto de bênção que ela queria lançar sobre sua cidade natal. Bastou apenas o tempo que levaria um mensageiro montado de Ávila a Alba, para que as freiras de Alba fossem informadas de que o túmulo diante do qual choravam e rezavam estava vazio e que o corpo de sua santa estendia sua mão abençoadora sobre a cidade de Ávila. Cheia de medo da duquesa de Alba, a priorésa ordenara a suas freiras que mantivessem absoluto silêncio no assunto. Uma jovem irmã leiga, porém, que estava trabalhando na cozinha, escutou à porta, assou um bolo de aniversário para a patrona ducal e meteu dentro dele um pequeno bilhete, em que toda a história do corpo roubado e dos milagres operados em Ávila era relatada plenamente.

A duquesa ficou comovida com o simples presente de suas devotas freiras. Cortou o bolo, com sua própria mão ducal, mas foi tomada de um frenesi de raiva quando leu a mensagem do bilhete assado. Esqueceu a festa de seu aniversário e todos os seus hóspedes e saindo de seu palácio para a rua, correu na direção do convento, gritando em lastimoso lamento: "Roubaram minha santa! Roubaram minha santa Teresa!" Que infame afronta, clamando aos céus, fora cometida contra ela! Para falar a verdade, Teresa nascera em Ávila, mas tinha morrido em Alba e de Alba havia ascendido ao céu. O corpo de Teresa era propriedade, de direito, de Alba. A duquesa de Alba não podia suportar tão infame roubalheira. Despachou um correio expresso para o papa em Roma, solicitando-lhe que desfizesse a afronta que Alba tinha sofrido. A casa ducal dos Alba era um potente pilar do poder romano. O papa ordenou que o corpo fosse devolvido. A fim de evitar toda a possível interferência, foi necessário proceder sob o maior sigilo. O corpo de Teresa teve de ser roubado de novo. Uma noite, quando as freiras, o bispo e toda a cidade estavam profundamente adormecidos, uma carruagem coberta rolava através do portão da cidade de Ávila. Carregava, de volta a Alba, o corpo de Teresa.

Mas sob o altar-mor da igreja de Alba, onde o corpo de Teresa estava agora encerrado, não havia descanso final para ele. Várias vezes foi o túmulo aberto por comissões especiais, encarregadas de certificar-se de que seu corpo estava realmente incorruto pela mortal decomposição. E logo as notícias de seus poderes miraculosos atraíram ladrões devotos que não recuavam em pilhar-lhe o túmulo.

Além dessa comédia de erros, porém, o país e a Igreja iriam conceder honras mais dignificantes à santa da reforma descalça. As cortes espanholas e o rei da Espanha apelaram juntos para o papa Urbano VIII, que então declarou santa Teresa, juntamente com são Tiago, padroeiros da Espanha. Entrementes, o processo de sua beatificação estava bem adiantado. No ano 1614, dezessete galeras da frota genovesa, sob o comando do alto-almirante dom Carter Porin, chegaram ao porto de Sevilha, para entregar o decreto de beatificação da seráfica Teresa. Oito anos mais tarde, quarenta anos depois de sua morte, a seráfica madre foi finalmente canonizada juntamente com Inácio de Loyola e Francisco Xavier.

Entre os nomes daqueles que apoiaram a beatificação de Teresa encontram-se não somente potentados cristãos e dignitários da Igreja, mas também os dois maiores autores espanhóis do tempo: Miguel de Cervantes e Lope de Vega. Porque ela, que estava para ser admitida nas fileiras dos bem-aventurados, tinha recebido, juntamente com a graça das visões divinas, também a graça da palavra. Vivera a vida de uma santa e, com o gênio de uma grande poetisa, tinha sabido como exprimir em palavras a sua experiência. O inefável tinha-lhe acontecido. Deus aparecera-lhe em Sua essência insubstancial. E a poetisa que nela havia descobrira as palavras que a transmitiram ao reino das formas tangíveis. Encontrou símiles para aquilo a que nada se assemelha, imagens para o que ninguém imaginou e palavras para o que lhe era dito sem palavras. Suas comparações e suas metáforas foram consideradas por Cervantes como "joias de poesia". Era arrebatada por êxtases. Nos seus raptos, era levada ao céu. E o ritmo de seus êxtases e a felicidade de seus raptos eram transpostos por ela no ritmo e na beleza de seus versos e estrofes.

Teresa de Cepeda, agora membro da comunidade dos bem-aventurados, foi uma poetisa por graça de Deus. Sua fama como poetisa é reconhecida na história das letras e perdura até nos tempos modernos, enquanto que sua obra de santa reformadora da ordem das carmelitas é simplesmente um fator na história da Igreja. E entretanto, tudo quanto ela escreveu, com todas as suas imortais belezas, era exclusivamente dedicado ao serviço de sua reforma; tem sido louvado e admirado por leitores de toda parte, por cerca de quatrocentos anos, mas foi concebido em toda a humildade, para benefício de umas poucas freiras descalças.

Tudo na vida de Teresa é interdependente. A visionária não pode ser separada da doente, nem a reformadora prática da mística contemplativa.[6] Assim como uma foi sempre causada e determinada pela outra, da mesma forma a poetisa veio a surgir através da freira militante.

Quando seus planos para a fundação de seu primeiro convento se tornaram conhecidos e suscitaram furioso ataque de injúrias contra ela, seu padre confessor fê-la escrever uma confissão completa, destinada a prover informação segura e pormenorizada do curso exterior e interior de sua vida. Foi esta a ocasião da primeira versão de sua famosa *Vida*. A segunda versão, que é a conhecida hoje e que difere da primeira nisso que contém a história das fundações descalças de Teresa, foi escrita a pedido oficial do grande inquisidor Francisco Soto y Salazar e devia auxiliar os peritos do Santo Ofício, na sua investigação do disputado caso da freira dissidente da ordem carmelitana. Compôs Teresa esta obra enquanto era prioresa de São José de Ávila, após os trabalhos do dia, quando suas freiras tinham ido descansar. Nessa ocasião tinha ela quase cinquenta anos e estava ainda doente. Na sua pequena cela, não tinha cadeira, nem mesa, nem vidraças de janela. Era no inverno e o mordente vento castelhano enfiava-se pelos caixilhos cobertos de pano. A velha madre enrodilhava-se sobre o chão de tijolos, apertando o pergaminho de encontro ao peitoril da janela e escrevia a toda pressa, uma folha após outra, muitas vezes mal podendo mexer os dedos doloridamente enregelados pelo frio. Mas não cedia e ficava ali sentada a escrever, noite após noite, muitas vezes até de madrugada, muitas vezes até chegar a hora de levantar-se para assistir à missa matutina.

Durante essas noites geladas, era composta uma obra-prima no peitoril da janela da pequena cela. Não teve tempo para polir e cortar, para remover os erros gramaticais e prestar atenção à pontuação correta. Todo o manuscrito da *Vida*, como se conserva atualmente no Escurial, mostra apenas catorze correções, mas tais defeitos são mais do que compensados pelos méritos literários, que nenhuma outra obra autobiográfica da literatura mundial pode alegar, com a possível exceção das *Confissões*, de santo Agostinho.

A agudeza e penetração de sua autoanálise enchem de admiração os psicólogos modernos e induziram o grande filósofo dinamarquês Haraud Hoeffer a arrolar santa Teresa entre os fundadores da psicologia atual. A concisão do

---

[6] Os especialistas no assunto acham, entretanto, que os fenômenos místicos não se podem reduzir a estados mórbidos, patológicos ou psicológicos, como a autossugestão, alucinação etc., como o sustentam os negadores do *sobrenatural*. (N. do T.)

relato de sua doença não é ultrapassada por qualquer moderna patografia, e, ao lado de Dostoiévski, nenhum gênio criador igualou esta santa autoanalista do século XVI, na sua magistral intuspecção da interdependência funcional entre a doença e os poderes criadores. Contudo, todas essas qualidades de sua obra resultam simplesmente da conduta de uma freira temente a Deus, para apresentar a seu confessor e a seus juízes uma confissão factual, em que nada é omitido e nada comentado. Quem se revela honestamente revela-se plenamente. E assim emerge da *Vida*, de Teresa, uma pintura completa e viva de seu caráter — uma personalidade extraordinária, uma mulher transbordante de vida, de grande determinação, de humor e de sensitividade. E precisamente estes traços de seu caráter emergem também de suas centenas de fascinantes cartas, coligidas em três pesados volumes.

Sua confissão foi escrita para seu confessor e para a Inquisição; para ninguém mais. Sua segunda obra foi concebida para suas freiras. Imediatamente depois de completada sua *Vida*, começou ela a trabalhar no seu *Caminho da perfeição*. Aqui mostra o caminho que ela mesma descobriu, depois de muitos erros e de muito sofrimento. Ela, que tinha aprendido pela experiência, ensina aos inexperientes, passo a passo, a estrada que leva da oração vocal à oração mental, da meditação à contemplação, do ascetismo físico à mais alta forma de ascetismo espiritual, aos extremos limites da existência humana onde começa o segundo reino, no qual o próprio Senhor acolhe o peregrino. Pois embora Teresa tivesse sido exaltada ao nobre posto da santidade pela graça de Deus, sua concepção da graça, como a de seu contemporâneo Inácio de Loyola, era profundamente democrática e sustentava que a perfeição é alcançável por quem quer que verdadeiramente lute por obtê-la. Advertia suas freiras a nada buscar senão o mais alto: "Deus vos livre, irmãs, de dizer quando tiverdes feito alguma coisa que não é perfeita: Não somos anjos, não somos santas. Embora não sejamos, é o maior auxílio de Deus acreditar que, com a ajuda de Deus, podemos ser. Desejo ver nesta casa esta espécie de presunção." E noutra parte: "É verdade que Sua Majestade concede Seus favores a quem Ele escolhe; contudo, se nós O procuramos como Ele nos procura, conceder-no-los-á a todos nós. Ele só anseia pelas almas às quais pode concedê-los, pois Seus dons não diminuem Suas riquezas."

Teresa, que se transformara e transfigurara pelos exercícios da prece, transmitia no *Caminho da perfeição* seu conhecimento às freiras. Suas direções culminam na discussão do Padre-Nosso, em que consegue fazer os leitores partilharem de todo o poder revigorador desta oração. Somente León Tolstói, o santo de Iasnaia Poliana, iguala Teresa na capacidade de apreensão de seu imediatismo espiritual.

O conjunto de imagens admiráveis, a originalidade dos símiles, a eloquência apaixonada, que são as qualidades literárias desta obra, resultaram da conduta prática de uma prioresa para mostrar a suas freiras o caminho da perfeição. Sua experiência mística de Deus, porém, não podia ser transmitida pela mais convincente explicação, pela mais exata descrição prosaica e, uma vez que ela queria ainda partilhá-la com suas filhas, encontrou para isso, para benefício delas, a forma poética de seus hinos. Assim foram concebidos seus mais belos cânticos, os "Gritos da alma a Deus" e seus primorosos "Cânticos espirituais".

Em 1577, dez anos depois de terminado o *Caminho da perfeição* e cinco anos antes de sua morte, Teresa escreveu em Toledo sua terceira e última obra, *O castelo interior*. De modo que a história de sua alma se completa como uma trilogia; as direções místicas da condutora das freiras carmelitas descalças ficam completas; e a arte singular de análise construtiva da poetisa Teresa atinge uma perfeição consumada e clássica. Essa obra, como as outras anteriores, foi escrita por exigência e em benefício do movimento de sua reforma. Seu confessor, padre Jerônimo Gracián, que, naquela época havia sido feito geral da ordem dos carmelitas descalços, ordenou-lhe que reduzisse as experiência místicas de sua união com Deus a uma apresentação sistemática, apropriada à instrução de suas freiras.

Por ordem de um de seus primeiros confessores em Ávila, Teresa tinha contado em sua *Vida* a verdadeira e pormenorizada história da graça de Deus e de suas visões; no seu *Caminho da perfeição* mostrara a suas freiras o caminho da oração, que ela própria havia tomado até Deus. E agora padre Gracián exigia dela um relato sistemático de seu reino íntimo de Deus. Estava agudamente certa da penosa discrepância entre a experiência do êxito e sua expressão verbal. "Algo dele", escreve ela, "é tão sublime que não é dado ao homem, enquanto vivente neste mundo, compreendê-lo de modo a poder narrá-lo como isto que nós chamamos *unio mystica* se efetua, e o que ela é, não posso dizer. A teologia mística o explica e eu não conheço os termos da ciência; nem posso compreender o que é a mente, nem como difere da alma ou mesmo do espírito."

Quando padre Gracián lhe pediu que escrevesse o *Castelo interior*, respondeu: "Por que quereis que escreva? Deixai que os homens sábios escrevam o que estudaram, pois sou uma maluca e não sei o que estou dizendo; usarei uma palavra em lugar de outra, e estragarei tudo. Há livros numerosos sobre estes assuntos. Pelo amor de Deus, desejo que me deixeis fiar meu linho, acompanhar meus coros e deveres religiosos, como as outras irmãs, pois não tenho dotes de escritora." E quando cedeu e começou seu trabalho, em espirito de obediência, escreveu a seguinte sentença: "Não sei o que dizer, nem como começar esta obra que a obediência deixou a meu cargo."

Completamente à parte da dificuldade do assunto, as circunstâncias sob as quais começou esta obra foram as mais desfavoráveis que se podiam imaginar. O ano 1577 conta-se entre os mais duros de sua vida. Foi um ano de desesperadas lutas que ela se viu forçada a travar de mãos atadas. Seus adversários, Tostado e Sega, davam golpes sobre golpes contra a reforma; os partidários da mitigação espalhavam panfletos caluniosos contra ela; fora exilada para seu convento de Toledo e condenada a restringir sua luta pela reforma na forma de correspondência. No dia 2 de junho começou a escrever o *Castelo interior*. Duas semanas depois teve de interromper-se e só retomar seu trabalho em meados de novembro.

Todas essas vicissitudes eram agravadas pela doença. Uma epidemia de gripe que se havia disseminado por toda a Espanha quebrou a força de resistência de Teresa e quando, finalmente, ela se levantou, seus antigos males voltaram com violência ainda maior.

"Devo dizer-vos o que se vai passando na minha cabeça", diz ela no *Castelo interior*. "Padeço barulhos que me tornam quase impossível escrever a respeito de coisas essenciais. Dir-se-ia que numerosas torrentes caudais estão-se despenhando dentro do meu cérebro num precipício; e depois ainda, abafadas pelo barulho das águas, há vozes de pássaros cantando e assobiando. Enfraqueço meu cérebro e aumento minhas dores de cabeça tentando obedecer."

Todavia, tão logo começava a escrever, lograva o impossível e conseguia descrever os acontecimentos divinos de que fora testemunha em suas visões. A expressão adequada para o inexplicável chegava com fácil precisão. A distinção entre os vários tipos de visão era expressa por meio dessa humilde e ignorante freira, com um grau de lucidez que os eruditos mais tarde compararam com a do grande pensador escolástico santo Tomás de Aquino. Todas as perturbações externas desapareciam, o mundo inteiro dos acontecimentos exteriores se apagava, enquanto estava ela escrevendo *Castelo interior*. E até mesmo a interrupção de cinco meses inteiros, que a luta pela reforma lhe impusera, parecia durar apenas um segundo. Quando retomou de novo seu trabalho, foi como se estivesse simplesmente continuando uma página nova. Todo o turbilhão de torrentes caudais, o canto e chilreio dos pássaros em sua cabeça silenciavam tão logo se sentava ela para escrever a respeito da verdade divina e do significado de toda a criação. Que todas as doenças físicas a torturassem, a freira, que estava descrevendo o tesouro de sua alma, não sentia seu corpo. Mas então, era mesmo realmente uma freira doente e ignorante que ali se sentava para escrever? O êxtase estava escrevendo por ela! O êxtase, que conhece todas as palavras e todos os símiles e que tem o poder de exprimir o inexprimível, que sabe mais a respeito das distinções entre as várias espécies de visão do que os mais sábios doutores da Igreja. E tal êxtase não é uma coisa deste mundo. As perseguições não podem prejudicá-lo. As águas caudalosas e o chilreio dos pássaros não podem perturbá-lo. Tal êxtase foi o que transpôs Teresa para o papel no seu *Castelo interior*, em quatro curtas semanas.

Conta a lenda que uma freira entrou certa vez na cela de Teresa para dar um recado e encontrou a madre sentada diante de uma folha branca de pergaminho. Teresa não havia percebido que alguém tinha entrado e a freira notou que ela estava em êxtase. Quando Teresa voltou a si de novo, a folha estava toda coberta com sua letra vigorosa. Em uma de suas cartas ao irmão Lourenço, descreveu Teresa este período extático de sua vida, com seu estilo caracteristicamente marcante: "Vou passando estes dias como um bêbedo aos ziguezagues."

A 29 de novembro de 1577, a obra ficou pronta. "Embora, como vos disse", escreve ela no epílogo, "me sentisse relutante ao começar esta obra, agora, que está terminada, sinto-me muito alegre por tê-la escrito e penso que meu esforço tem sido meritório, embora, confesso, me tenha custado muito pouco. Se alguma coisa neste livro está perfeita, deveis compreender que isto não se originou em mim e que não há razão para atribuí-la a mim, pois com minha defeituosa compreensão e falta de habilidade nada poderia escrever assim, se Deus, na Sua misericórdia, não me houvesse capacitado a fazê-lo."

A madre, cujo interesse único na vida era mostrar a suas freiras o caminho para Deus, escreveu este livro, também, como diz ela, "somente para minhas irmãs; a ideia de que alguém mais possa tirar dele benefício seria absurda". Mas tão logo o publicou frei Luís de León, um dos maiores poetas da Espanha renascentista, sua obra por ordem do rei, a fama imediatamente a ergueu em suas asas. E a fama corrigiu seu veredicto humildemente errôneo, incorporando a obra, escrita para suas freiras, no tesouro das inalienáveis posses da humanidade.

Imortalizada pela posteridade, a madre de um convento espanhol tornou-se a mãe seráfica que vemos nos dias de hoje. Seus descendentes espirituais aumentaram cada vez mais numerosamente, à medida que os séculos rolavam. Às fileiras de suas filhas descalças, juntaram-se papas e teólogos, grandes poetas e pensadores. Pascal e Malebranche, Leibniz e até mesmo Voltaire, o apóstolo do ceticismo, contam-se entre eles. A verdade de seus ensinamentos não foi abalada por séculos de pensamentos científicos. Ela é a mãe seráfica, hoje como ontem e amanhã, para todos aqueles que querem transcender a efemeridade do ego e do mundo, para enveredar pelo caminho da perfeição até Deus. Que o alvo para o qual sua estrada nos leva existe realmente, tem sido confirmado antes e depois de seu tempo por todos os mais elevados mestres da humanidade: os brâmanes do Upanichade, oitocentos anos antes de Cristo; Xáquia-Múni, o místico mestre do budismo; são Paulo; os neoplatonistas; os místicos da Idade Média; os poetas do sufismo persa; e pintores e poetas como El Greco, Milton, Tennyson, William Blake, Francis Thompson.

Mas o que fez da madre de Ávila a seráfica mãe do grande *chorus mysticus* foi principalmente seu cuidado maternal. Nos seus escritos, uma mãe guia, com mãos amorosas, da noviça até os derradeiros segredos de Deus, pois Teresa não somente conhecia o caminho, mas por ele seguia como um guia amoroso e maternal, encorajando outros a acompanhá-la.

BIBLIOGRAFIA

(Literatura para estudos ulteriores)

Geral

Alexander, Samuel. *Space, Time and Deity*. Londres, 1920.
Ball, Hugo. *Byzantinisches Christentum; Drei Heiligenleben*. Munich, 1931.
Bazin, René. *Fils de l'Église*. Paris, 1927.
Beckwith, Clarence Augustine. *The Idea of God*. Nova York, 1922.
Bergson, Henri Louis. *L'Évolution Créatrice*. Paris, 1909.
Bergson, Henri Louis. *The two Sources of Morality and Religion*. Londres, 1935.
Bollandus, Joannes. *Acta Sanctorum*. 64 vols. Antuérpia, 1643-1931.
Branford, Victor. *Science and Sanctity*. Londres, 1923.
Branford, Victor. *Living Religions*. Londres, 1924.
Breysig, Kurt. *Die Geschichte der Sede*. Breslau, 1931.
Brittain, Alfred. *Women of Early Christianity*. Filadélfia, 1908.
Bühler, Johannes. *Die Kultur des Mittelalters*. Leipzig, 1930.
Bussell, Frederick William. *Religious Thought and Heresy in the Middle Ages*. Londres, 1918.
Butler, Alban. *Lives of the Saints*. Londres, 1926.
Campbell, James Marshall. *The Greek Fathers*. Nova York, 1929.
Carrell, Alexis. *Man the Unknown*. Nova York, 1935.
Case, Shirley Jackson. *The Social Triumph of the Ancient Church*. Nova York, 1933.
Chateaubriand, François Auguste René. *Génie du Christianisme*. Paris, 1807.
Chateaubriand, François Auguste René. *Les Martyrs*. Paris, 1859.
Chesterton, Gilbert Keith. *St. Thomas Aquinas*. Londres, 1933.
Conybeare, Frederick Cornwallis. *Myth, Magic, and Morals; A Study of Christian Origins*. Londres, 1909.
Dawson, Christopher. *Progress and Religion*. Londres, 1929.
Duchesne, Louis Marie Olivier. *Early History of the Christian Church*. 3 vols., Londres, 1909-24.
Eddington, Sir Arthur Stanley. *Space, Time and Gravitation*. Cambridge, 1920.
Eddington, Sir Arthur Stanley. *The Nature of the Physical World*. Cambridge, 1928.
Eddington, Sir Arthur Stanley. *The Expanding Universe*. Cambridge, 1933.
Foakes-Jackson, Frederick John. *The History of the Christian Church*. Cambridge, 1914.
Freud, Sigmund. *Group Psychology and the Analysis of the Ego*. Londres, 1922.
Friedell, Egon. *Kulturgeschichte der Neuzeit*. 3 vols., Munich, 1927-30.
Friedlaender, Ludwig. *Sittengeschichte Roms*. Viena, 1934.

Gibbon, Edward. *History of the Decline and Fall of the Roman Empire*. 6 vols., Londres, 1910.
Gode-von Aesch, Alexander. *Natural Science in German Romanticism*. Nova York, 1941.
Haldane, John Scott. *The Philosophy of a Biologist*. Oxford, 1936.
Harnack, Adolf von. *Outline of the History of Dogma*. Nova York, 1893.
Harnack, Adolf von. *Das Wesen des Christentums*. Leipzig, 1901.
Heiler, Friedrich. *Das Wesen des Katholizismus*. Munique, 1920.
Hocking, William Ernest. *Living Religions and a World Faith*. Nova York, 1940.
Hodges, George. *Saints and Heroes to the end of the Middle Ages*. Nova York, 1911.
Huizinga, Johan. *The Waning of lhe Middle Ages*. Londres, 1924.
Huxley, Thomas Henry. *Science and Christian Tradition*. Nova York, 1894.
James, William. *The Varieties of Religions Experience*. Nova York, 1902.
Jones, Sir Henry. *A Faith that Inquires*. Nova York, 1922.
Jung, Carl Gustav. *Modern Man in Search of a Soul*. Londres, 1933.
Jung, Carl Gustav. *Psychology and Religion*. Londres, 1938.
Knox, Wilfred Lawrence. *St. Paul*. Nova York, 1932.
Kobler, A. *Der Christliche Kommunismus in den Reduktionen von Paraguay*. Würzburgo, 1877.
Labriolle, Pierre Champagne de. *History and Literature of Christianity*. Nova York, 1924.
Lake, Kirsopp. *The Apostolic Fathers*. 2 vols., Londres, 1919.
Latourette, Kenneth Scott. *A History of the Expansion of Christianity*. 7 vols., Nova York, 1937-45.
Lot, Ferdinand. *The end of the Ancient World and the Beginnings of the Middle Ages*. Nova York, 1931.
Lucius, Ernst. *Die Anfänge des Heiligenkults*. Tübingen, 1904.
Luthardt, Christoph Ernst. *Das Johanneische Evangelium*. Nurembergue, 1852.
MeGiffert, Arthur Cushman. *A History of Christian Thought*. Nova York, 1932-33.
Maritain, Jacques. *Antimoderne*. Paris, 1922.
Maritain, Jacques. *Science and Wisdom*. Nova York, 1940.
Mathews, Shailer. *Creative Christianity*. Nashville, 1935.
Mayer, Anton. *Geschichte der Musik*. Berlim, 1928.
Mecklin, John Moffatt. *The Passing of the Saint*. Chicago, 1941.
Meier-Graefe, Julius. *Pyramide und Tempel*. Berlim, 1927.
Michael, André. *Histoire de 1'Art Depuis les Premiers Temps Chrétiens Jusqu'à nos Jours*. 8 vols., Paris, 1905-1929.
Michael, L. F. *Die Religion des Neuen Testaments*. Halle, 1905.
Millikan, Robert Andrews. *Evolution in Science and Religion*. New Haven, 1927.
Millikan, Robert Andrews. *Science and the New Civilization*. Nova York, 1930.
Moerchen, F. *Die Psychologie der Heiligkeit*. Halle, 1908.
Morgan, Conway Lloyd. *Life, Mind, and Spirit*. Londres, 1926.
Oman, John Wood. *The Natural and the Supernatural*. Nova York, 1931.
Ortega y Gasset, José. *El Tema de Nuestro Tiempo*. Madri, 1923.
Phillips, Charles Stanley. *Hymnody Past and Present*. Nova York, 1937.
RacheI, Hugo. *Kulturen, Völker und Staaten*. Berlim, 1931.
Rand, Edward Kennard. *Founders of the Middle Ages*. Cambridge, 1928.

Raven, Charles Earle. *Science, Religion, and the Future.* Nova York, 1943.
Sanford, Hugh Wheeler. *Science and Faith.* Nova York, 1930.
Schilpp, Paul Arthur. *The Philosophy of Alfred North Whitehead.* Evanston, 1941.
Seth Pringle-Pattison, Andrew. *The Idea of God in the Light of Recent Philosophy.* Aberdeen, 1917.
Shann, George. *The Evolution of Knowledge.* Londres, 1922.
Sheen, Fulton John. *God and Intelligence.* Nova York, 1925.
Sorokin, Pitirim Aleksandrovich. *The Crisis of our Age.* Nova York, 1941.
Spengler, Oswald. *The Decline of the West.* 2 vols., Nova York, 1927-28.
Stead, Francis Herbert. *The Story of Social Christianity.* Londres, 1924.
Thode, Henry. *Giotto.* Bickfeld, 1899.
Trueblood, David Elton. *The Logic of Belief.* Nova York, 1942.
Uhlhorn, Gerhard. *Die Christliche Liebestätigkeit.* Stuttgart, 1884.
Wells, Herbert George. *God, the Invisible King.* Nova York, 1917.
Whitehead, Alfred North. *Science and the Modern World.* Nova York, 1925.
Whitehead, Alfred North. *Adventures of Ideas.* Nova York, 1933.

SANTO ANTÃO

Anson, Peter F. *The Quest of Solitude.* Nova York, 1932.
Atanásio, Santo. *The Life of Saint Antony the Hermit.* Londres, 1932.
Ball, Hugo. *Byzantinisches Christentum; Drei Heiligenleben.* Munique, 1931.
Berdyaev, Nicolas. *Solitude and Society.* Londres, 1938.
Bourbon, Antoine. *La Thébaïde Chrétienne, ou La Vie de Saint Antoine,* Lyon, 1861.
Brittain, Alfred. *Women of Early Christianity.* Filadélfia, 1908.
Butler, Edward Cuthbert. *The Lausiac History of Palladius.* Cambridge, 1898.
Byron, Robert. *The Byzantine Achievement.* Londres, 1929.
Case, Shirley Jackson. *The Social Triumph of the Ancient Church.* Nova York, 1933.
Chapman, John. *Saint Benedict and the Sixth Century,* Nova York, 1929.
Clarke, William Kemp. *Saint Anthony.* Londres, 1924.
Courtenay, Charles. *The Empire of Silence.* Nova York, 1916.
Delehaye, Hippolyte. *Les Saints Stylites.* Paris, 1923.
Ellwood, Charles Abram. *Christianity and Social Science.* Nova York, 1923.
Flaubert, Gustave. *La Tentation de Saint Antoine.* Paris, 1900.
France, Anatole. *Thaïs.* Nova York, 1919.
Garçon, Maurice. *The Devil,* Nova York, 1930.
Gregório, o Grande, São. *The Dialogues of Saint Gregory.* Londres, 1911.
Hannah, Ian Campbell. *Christian Monasticism.* Nova York, 1925.
Harms, Ernst. *Psychologie und Psychiatrie der Conversion.* Leiden, 1939.
Harnack, Adolf von. *Das Mönchtum, Seine Ideale und Seine Geschichte.* Giessen, 1903.
Harnack, Adolf von. *The Expansion of Christianity in the First Three Centuries.* 2 vols., Londres, 1904-1905.

Jedlicka, Gothard. *Pieter Brueghel.* Erlenbach, 1938.
Jung, Carl Gustav. *Das Unbewusste in Normalen und Kranken Seelenleben.* Zurich, 1936.
Kautsky, Karl. *Foundations of Christianity.* Nova York, 1925.
Lecky, William Edward. *History of European Morals.* Londres, 1869.
Ludwig, Emil. *Der Nil.* Amsterdão, 1935.
Mackinnon, James. *From Christ to Constantine; the Rise and Growth of the Early Church.* Nova York, 1936.
Möhler, Johann Adam. *Geschichte des Mönchtums in der Zeit Seiner Entstehung und Ersten Ausbreitung.* Regensburgo, 1840.
Nietzsche, Friedrich. *Jenseits von Gut und Böse.* Leipzig, 1930.
Ould, Robert Fielding. *The Wonders of the Saints.* Londres, 1919.
Petrarca, Francesco. *The Life of Solitude.* Urbana, 1924.
Reade, William Winwood. *The Martyrdom of Man.* Nova York, 1874.
Reich, Wilhelm. *Der Triebhafte Charakter.* Leipzig, 1925.
Reik, Theodor. *Der Eigne und der Fremde Gott.* Leipzig, 1923.
Runciman, Steven. *Byzantine Civilization.* Londres, 1933.
Schürmeyer, Walter. *Hieronymus Bosch.* Munique, 1923.
Troeltsch, Ernst D. *Die Soziallehren der Christlichen Kirchen und Gruppen.* Tübingen, 1919.
Waddell, Helen Jane. *The Desert Fathers.* Londres, 1936.
Zoeckler, Otto. *Kritische Geschichte der Askese.* Frankfurt, 1863.
Zoeckler, Otto. *Askese und Mönchtum.* Frankfunrt, 1897.

SANTO AGOSTINHO

Agostinho, Santo. *The Works of Aurelius Augustine.* Edimburgo, 1872-1934.
Agostinho, Santo. *The Confessions of Saint Augustine.* Londres, 1907.
Agostinho, Santo. *The City of God.* Londres, 1931.
Amiel, Henri Frédéric. *Jean Jacques Rousseau.* Nova York, 1922.
Arcy, d'. *A Monument to Saint Augustine.* Londres, 1936.
Arquillière, Henri Xavier. *L'Augustinisme Politique.* Paris, 1934.
Bakewell, Charles Montague. *Source Book in Ancient Philosophy.* Nova York, 1907.
Barker, Ethel Ross. *Rome of the Pilgrims and Martyrs*: Londres, 1913.
Bertrand, Louis. *Saint Augustine.* Paris, 1913.
Birt, Theodor. *Römische Charakterköpfe.* Leipzig, 1913.
Butler, Edward Cuthbert. *Western Myslicism; The Teachings of Saint Augustine, Gregory and Bernard.* Londres, 1922.
Cassirer, Ernst. *Leibniz' Sistem in Seinem Wissenschaftlichen Grundlagen.* Marburgo, 1902.
Cassirer, Ernst. *Kants Leben und Lehre.* Berlim, 1921.
Cellini, Benvenuto. *The Autobiography of Benvenuto Cellini.* Nova York, 1929.
Cochrane, Charles Norris. *Christianity and Classical Culture.* Oxford, 1940.
Combès, Gustave. *La Doctrine Politique de Saint Augustin.* Paris, 1927.

Comte, Auguste. *The Positive Philosophy*. Nova York, 1868.
Cosgrave, John O'Hara. *The Academy for Souls*. Nova York, 1931.
Cunningham, William. *S. Austin and his Place in the History of Christianity*. Londres, 1886.
Dashiell, John Frederick. *Fundamentals of Objective Psychology*. Boston, 1928.
Davidson, Henry M. P. *Good Christian Men*. Nova York, 1940.
Descartes, René. *A Discourse on Method*. Londres, 1912.
Dill, Sir Samuel. *Roman Society in the Last Century of the Western Empire*. Nova York, 1899.
Eschweiler, Karl. *Die Aesthetischen Elemente in der Religionsphilosophie des Hl. Augustin*. Euskirchen, 1909.
Eskridge, James Burnette. *The Influence of Cicero upon Augustine*. Menasha, 1912.
Eulenberg, Herbert. *Cicero*. Berlim, 1932.
Ferrero, Guglielmo. *Christianity and the Fall of Borne*. Nova York, 1921.
Foerster, Th. *Ambrosius, Bischof von Mailand*. Halle, 1884.
Gibbon, Edward. *History of the Decline and Fall of the Roman Empire*. 6 vols., Londres, 1910.
Gilson, Étienne Henry. *Introduction à l'Étude de Saint Augustin*. Paris, 1931.
Glover, Terrot Reaveley. *Life And Letters in The Fourth Century*. Cambridge, 1901.
Grandgeorge, L. *Saint Augustin et le Néoplatonism*. Paris, 1896.
Harnack, Adolf von. *History of Dogma*. 7 vols., Londres, 1896-99.
Henry, Paul. *Plotin et l'Occident*. Louvain, 1934.
Largent, Augustin. *Saint Jérôme*. Paris, 1898.
Merivale, Charles. *Four Lectures on Some Epochs of Early Church History*. Londres, 1879.
Mommsen, Theodor. *Römische Geschichte*. 3 vols., Berlim, 1854-56.
Monceaux, Paul. *Histoire Littéraire de l'Afrique Chrétienne*. 7 vols., Paris, 1901-23.
More, Sir Thomas. *Utopia*. Roterdão, 1516.
Murray, John O'Kane. *Little lives of the Great Saints*. Nova York, 1880.
Neumann, Johannes. *Die Gefühle und das Ich*. Munique, 1926.
Papini, Giovanni. *Der Heilige Augustinus*. Berlim, 1930.
Pascal, Blaise. *The Thoughts*. Londres, 1899.
Rousseau, Jean Jacques. *Les Confessions*. 4 vols., Paris, 1782-89.
Tatham, Edward Henry Ralph. *Francesco Petrarca*. 2 vols., Londres, 1925-26.
Wellesz, Egon. *Byzantinische Musik*. Breslau, 1927.
Werner, Karl. *Die Augustinische Psychologie in Ihrer Mittelalterlichscholastischen Einkleidung und Gestalt*. Viena, 1882.
West, Rebecca. *St. Augustine*. Londres, 1933.

SÃO FRANCISCO

Anglade, Joseph. *Les Troubadours, Leurs Vies, Leurs Oeuvres, Leur Influence*. Paris, 1908.
Bett, Henry. *Joachim of Flora*. Londres, 1931.
Boaventura, S. *The Life of Saint Francis of Assisi*. Londres, 1898.
Boaventura, S. *Der Leben des Heiligen Franziskus*. Praga, 1931.

Chesterton, Gilbert Keith. *St. Francis of Assisi*. Londres, 1923.
Coulton, George Gordon. *From St. Francis to Dante*. Londres, 1906.
Coulton, George Gordon. *Two Saints, St. Bernard and St. Francis*. Cambridge, 1932.
Egan, Maurice F. *Everybody's Saint Francis*. Nova York, 1932.
Francisco, S. *Opera Omnia*. Colônia, 1848.
Freer, Arthur. *The Early Franciscans and Jesuits*. Londres, 1922.
Jörgensen, Johannes. *Saint Francis of Assisi*. Nova York, 1912.
Jusserand, Jules. *Wayfaring Life in the Middle Ages*. Nova York, 1890.
Mandonnet, Pierre Félix. *Saint Dominique, l'Idée, l'Homme et l'Oeuvre*. Paris, 1938.
Nilsson, Martin Persson. *Moyen Age et Renaissance*. Paris, 1938.
Prestage, Edgar. *Chivalry... Its Historical Significance*. Londres, 1928.
Sabatier, Paul. *Life of St. Francis of Assisi*. Nova York, 1912.

SANTO INÁCIO

Arsac, J. d'. *Die Jesuiten, Ihre Lehre, Ihr Unterrichtswesen, Ihr Apostolat*. Viena, 1867.
Boehmer, Heinrich. *Die Bekenntnisse des Ignatius von Loyola*. Leipzig, 1902.
Boehmer, Heinrich. *Die Jesuiten*. Leipzig, 1904.
Boehmer, Heinrich. *Studien zur Geschichte der Gesellschaft Jesu*. Bonn, 1914.
Boehmer, Heinrich. *The Jesuits, an Historical Study*. Filadélfia, 1928.
Brou, Alexandre. *Saint François Xavier*. Paris, 1922.
Brucker, J. *La Compagnie de Jésus*. Paris, 1919.
Campbell, Thomas Joseph. *The Jesuits, 1534-1921*. Nova York, 1921.
Carne, J. *Lives of Eminent Missionaries*. Londres, 1832.
Clair, P. *La Vie de Saint Ignace de Loyola*. Paris, 1891.
Cros, Léonard Joseph Manè. *Saint François de Xavier, sa Vie et ses Lettres*. Toulouse, 1900.
Dallas, Robert Charles. *The New Conspiracy Against the Jesuits Detected and Briefly Exposed*. Londres, 1815.
Daurignac, J. *Histoire de la Compagnie de Jésus*. Paris, 1862.
Dreydorff, Johann Georg. *Die Moral der Jesuiten, Dargestellt von... Pascal*, 1893.
Feder, A.. *Das Geistliche Tagebuch des Heiligen Ignatius*. Regensburgo, 1922.
Feder, A. *Lebenserinnerungen des Heiligen Ignatius*. Regensburgo, 1922.
Funk, Phillipp. *Ignatius von Loyola*. Berlim, 1913.
Gothein, Eberhard. *Ignatius von Loyola un die Gegenreformation*. Halle, 1895.
Griesinger, Theodor. *The Jesuits*. Londres, 1885.
Harrasser, G. *Studien zu den Exerzitien des Heiligen Ignatius*. Munique, 1925.
Heiner, Franz. *Die Jesuiten und Ihre Gegner*. Munique, 1906.
Herrera Oria, Enrique. *Vida de San Ignacio de Loyola*. Barcelona, 1923.
Jovy, Ernest. *Pascal et Saint Ignace*. Paris, 1923.
Kip, William Ingraham. *The Early Jesuit Missions in North America*. Nova York, 1847.
Koehler, B. *Exercitia Spiritualis*. Berlim, 1907.

Lippert, Peter. *Zur Psychologie des Jesuitenordens*. Kempten, 1912.
Lomer, George. *Ignatius von Loyola; Von Erotiker zum Heiligen*. Leipzig, 1913.
Lorulot, André. *Les Secrets des Jésuites*. Paris, 1928.
Loyola, Inácio de. *Letters and Instructions*. St. Louis, 1914.
Loyola, Inácio de. *Manresa, the Spiritual Exercises of St. Ignatius*. Nova York, 1914.
Loyola, Inácio de. *Geistliche Briefe und Unterweisungen*. Friburgo, 1922.
Luccis. *Vida de San Ignacio de Loyola*, 1633.
Maffei, Giovanni Pietro. *De Vitae et Moribus Divi Ignatii Loyolae*. Colônia, 1585.
Menschler, M. *Die Gesellschaft Jesu; Ihre Satzungen und Ihre Erfolge*. Friburgo, 1911.
Michelet, Jules. *The Jesuits*. Nova York, 1845.
Parkman, Francis. *The Jesuits in North America in the Seventeenth Century*. Boston, 1867.
Pascal, Blaise. *Les Lettres Provinciales*. Manchester, 1920.
Perrault. *La Morale des Jésuites*. Möns, 1702.
Pluvia. *Vida de San Ignacio de Loyola*. Madri, 1758.
Prat, Jean Marie. *Le Bienheureux Pierre le Fèvre*. Lyon, 1873.
Rivadeneira, Pedro de. *Vita del B. P. Ignatio Loiola*. Veneza, 1606.
Rosa, E. *San Ignazio di Loyola e le Origini della Compagnia di Gesù*. Roma, 1927.
Schoel, E. *Der Jesuitische Gehorsam*. Halle, 1891.
Thompson, Francis. *Saint Ignatius Loyola*. Nova York, 1910.
Weber, C. J. *Die Jesuiten, Ihre Lehre und Ihr Wirken in Kirche, Staal und Familie*. Colônia, 1874.

SANTA TERESA

Barrès, Maurice. *Les Maîtres*. Paris, 1927.
Bertrand, Louis. *Sainte Thérèse*. Paris, 1927.
Breysig, Kurt. *Die Geschichte der Seele*. Breslau, 1931.
Buber, Martin. *Ekstatische Konfessionen*. Iena, 1909.
Chesterton, Ada. Elizabeth. *St. Teresa*. Nova York, 1928.
Crashaw, Richard. *Three Poems on St. Teresa*. Londres, 1938.
Forbes, Francis Alice. *The Life of Saint Teresa*. Londres, 1917.
Frost, Bede. *Saint John of the Cross*. Londres, 1937.
Graham, Gabriela Cunninghame. *Santa Teresa*. Londres, 1894.
Heiler, Friedrich. *Die Mystik im Leben der Kirche*. Munique, 1919.
Heiler, Friedrich. *Das Gebet, Eine Religionsgeschichtliche und Religionspsychologische Untersuchung*. Munique, 1921.
Hocking, William Ernest. *The Meaning of God in Human Experience*. New Haven, 1912.
Hogan, John Gerard. *Heralds of the King*. Boston, 1934.
Húgel, Friedrich Freiherr von. *The Mystical Element of Religion*. Nova York, 1909.
Jung, Carl Gustav. *Das Unbewusste im Normalem und Kranken Seelenleben*. Zurique, 1936.
Karrer, Otto. *Der Mystische Strom*. Munique, 1926.
Leuba, James Henry. *The Psychology of Religious Mysticism*. Nova York, 1925.

Maréchal, Joseph. *Études sur la Psychologie des Mystiques*. 2 vols., Bruxelas, 1938.
Mariejol, Jean Hipollyte. *Philipp II*. Nova York, 1933.
Moore, Virginia. *Distinguished Women Writers*. Nova York, 1934.
Peers, Edgar Allison. *Studies of the Spanish Mystics*. 2 vols., Londres, 1927-30.
Peers, Edgar Allison. *Spirit od Flame, a Study of St. John of the Cross*. Londres, 1944.
Riley, Isaac Woodbridge. *The Meaning of Mysticism*. Nova York, 1930.
Sackville-West, Vitoria Mary. *The Eagle and lhe Dove*. Nova York, 1944.
Santayana, George. *The Genteel Tradition at Bay*. Nova York, 1931.
Sencourt, Robert Esmonde. *Carmelite and Poet..., Saint John of the Cross*. Londres, 1943.
Taylor, Henry Osborn. *Thought and Expression in the Sixteenth Century*. 2 vols., Nova York, 1930.
Teresa, Santa. *La Vida*. Madri, 1752.
Teresa, Santa. *The Way of Perfection*. Londres, 1911.
Teresa, Santa. *The Interior Castle*. Londres, 1912.
Underhill, Evelyn. *The Essentials of Mysticism*. Londres, 1920.
Underhill, Evelyn. *The Mystics of the Church*. Londres, 1925.
Walsh, William Thomas. *Philipp II*. Londres, 1937.
Walsh, William Thomas. *Saint Teresa of Avila*, Milwaukee, 1944.

Este livro foi composto na tipografia
Minion Pro, em corpo 11/15, e impresso em
papel off-set no Sistema Digital Instant Duplex
da Divisão Gráfica da Distribuidora Record.